Allegría

Der Autor

Otmar Jenner wurde 1958 in Hamburg geboren und kam schon in frühester Kindheit mit Geistigem Heilen in Kontakt. Krankheiten linderte sein Vater durch Handauflegen und ermunterte ihn, es ihm später gleichzutun. Erste heilerische Erfolge als Jugendlicher brachten ihn aber nicht davon ab, zunächst Journalist zu werden und als Kriegsreporter zu arbeiten. Aus seinen Erfahrungen dieser Zeit entstand der Roman »Sarajewo Safari« (K&W, 1998). Ein Nahtoderlebnis weckte erneut sein Interesse für die spirituelle Dimension menschlichen Daseins. Er ging bei bekannten Heilern in die Lehre, um nach mehreren Jahren intensiven Lernens eine eigene Methode zu entwickeln: Spirituelle Medizin nach Otmar Jenner. Charakteristisch für diese Methode ist die Befreiung von Belastungen aus früheren Inkarnationen, die Auflösung von Geburtstraumen, die Befreiung von Besetzungen und energetische Reinigung der Aura und Chakren – sowie energetische Heilung auf allen Daseinsebenen. Er leitet das Zentrum für Energetisches Heilen in einem Berliner Ärztehaus, arbeitet eng mit Medizinern zusammen und unterrichtet Energetisches Heilen.

Weiterführende Informationen erhalten Sie unter:
www.otmarjenner.de

Otmar Jenner

Das Buch der Ankunft

Der Weg der Seele bis zur Geburt

Ullstein

Besuchen Sie uns im Internet:
www.ullstein-taschenbuch.de

Allegria im Ullstein Taschenbuch
Herausgegeben von Michael Görden

Ullstein Taschenbuch ist ein Verlag der Ullstein Buchverlage GmbH, Berlin.
1. Auflage August 2012
© 2010 by Ullstein Buchverlage GmbH, Berlin
Lektorat: Bernd Jost
Umschlaggestaltung und -abbildung: © Walter Schönauer
Satz: Keller&Keller GbR
Gesetzt aus der Goudy
Papier: Pamo Super von Arctic Paper Mochenwangen GmbH
Druck und Bindearbeiten: GGP Media GmbH, Pößneck
Printed in Germany
ISBN 978-3-548-74564-0

Für Leontine

Inhalt

Gebrauchsanleitung
für dieses Buch

Geht es auch etwas kleiner? Schon der Titel »Das Buch der Ankunft« klingt irgendwie so mächtig. Und dann auch noch dieser Untertitel nicht minder staatstragend: »Der Weg der Seele bis zur Geburt«.

Entschuldigung!? Gebären und Geborenwerden ist großartig. Und im Ergebnis tatsächlich Staaten tragend. Trotzdem wird es in unserer Lebensrealität nicht selten kleingeredet und sehr häufig kleingehalten.

Warum?

Erstens, weil sehr viele Menschen der Meinung sind, darüber könne man noch reden, wenn es für sie an der Zeit ist. Also später, bei persönlichem Bedarf. Und zweitens sind wir ja alle irgendwie auf die Welt gekommen. Weil sich aber niemand so richtig an seine Geburt erinnern kann, man daher ein eher Schlecht-als-Recht rückblickend kaum zu beklagen vermag, sei das Thema auch für die Zukunft getrost zu vernachlässigen.

Übertrieben? Ich glaube nicht. Alles Mögliche ist Teil der öffentlichen Diskussion. Inzwischen auch Altern und Ableben. Doch Geburt? Noch nicht. Oder so gut wie nicht. Das wird sich ändern. Ein wenig hoffentlich auch durch dieses Buch.

Es handelt vom Einzug der Seele in den Körper – und von einem Leben, das klein und fein beginnt. Unter bestimmten biologischen Bedingungen mit einer geglückten Empfängnis, der Einnistung der befruchteten Eizelle im Uterus und dem weiteren Wachstum im Verlauf der embryonalen und fetalen Entwicklung. Dazu gehört auch die Hirnreifung mit der Ausbildung kognitiver Fähigkeiten.

Die medizinischen Aspekte des Lebensbeginns sind faszinierend. Nicht weniger staunenswert sind die psychologischen Facetten des werdenden Lebens. Doch erst die spirituelle Dimension der Ankunft im Körper und der wachsenden Nähe von Mutter und Kind vervollständigt das Bild vom Einzug der Seele.

Diese Verbindung von medizinischen Fakten, psychologischen Mechanismen und spirituellen Möglichkeiten des Werdens will dieses Buch schaffen.

Wie das Werden des Lebens folgt auch dieses davon handelnde Buch einem logischen Aufbau.

In der »ersten Passage« beschreibe ich meine Begegnung mit zwei »vollständigen« Kindern und ihrer sehr achtsamen und behütenden Mutter, berichte von deren Geburten und erzähle die Geschichte der Familie, um anschließend ein Panorama von Schwangerschaft, Geburt, zivilisatorischen Schranken und modernen Chancen zu entfalten.

In der »zweiten Passage« werden die Monate der Schwangerschaft durchschritten. Dieser Teil ist angelegt wie ein praktischer Leitfaden zur Geburt. Dabei werden das kindliche Wachstum und auch die wechselnde Befindlichkeit der Mutter auf medizinischer und psychologischer Ebene dargestellt – ergänzt durch die spirituelle Dimension des jeweiligen Entwicklungsstands. Zudem beschreibe ich Praktiken der Spirituellen Medizin, die eine kindliche Entwicklung fördern und helfen, die Anstrengungen der werdenden Mutter zu lindern.

Was ist zu tun, damit eine Schwangerschaft möglichst gesund und harmonisch verläuft? Was erleichtert die Geburt und hilft dem Kind, möglichst kraftvoll ins Leben zu kommen? Diesen und weiteren Fragen wird in den beiden Passagen des Buches mit möglichst großer Konsequenz nachgegangen.

Einige Leserinnen und Leser könnten diese Konsequenz meiner Darstellung als zu radikalen Aufruf für eine behütete Schwangerschaft und sanfte Geburt kritisieren: In dieser radikalen Konsequenz ist dies in der Realität unserer modernen Gesellschaft kaum umsetzbar und lebbar.

Ich halte das Wort »radikal« im Zusammenhang mit Geburt für vollkommen unpassend und möchte es durch den Begriff »eindeutig« ersetzen. Bei Schwangerschaft und Geburt geht es tatsächlich um Eindeutigkeit.

Unsere Gesellschaft geht aber sehr zweideutig damit um. Einerseits wünscht sie Kinder, braucht sie Kinder, andererseits verhält sie sich, als würde sie weder welche wünschen noch brauchen.

Mit den Folgen dieser Zweideutigkeit auf persönlicher wie auf gesellschaftlicher Ebene habe ich als spiritueller Heiler in einem Berliner Ärztehaus seit Jahren zu tun. Das sind die körperlichen Krankheiten und psychischen Traumen, mit denen Klienten zu mir kommen. Deshalb werde ich auf den folgenden Seiten nun umso eindeutiger und vehementer für das sprechen, was ich im Zusammenhang mit Schwangerschaft und Geburt für sinnvoll halte.

Sie, liebe Leserin, lieber Leser, werden schon sehen, was für Sie hilfreich und umsetzbar ist. Doch machen Sie sich bitte keinen Stress: Das Leben findet seinen Weg ins Leben – auch wenn man im Nachhinein erkennen könnte, dass dabei nicht immer alles ideal verlaufen ist.

ERSTE PASSAGE

Merle – ihr Auftritt
und der Beginn dieses Buches

Die Geburt ist das größte Abenteuer des Lebens, behaupten Hebammen. Natürlich bietet auch das spätere Dasein jede Menge Abenteuer, und wer Katastrophen überlebt hat, ahnt, das allergrößte kommt womöglich noch. Trotzdem, denke ich, enthält die Behauptung viel Wahrheit. Erstens, weil das Leben nun mal mit der nicht selten titanisch anmutenden Erfahrung der Geburt beginnt. Und zweitens, weil dieses Abenteuer nach meiner Erfahrung das gesamte spätere Leben prägt.

Viele Menschen kommen mit ihren Problemen zu mir. Sehr häufig begannen die Probleme mit der Geburt, manchmal sogar schon im Mutterleib. Nicht selten wurzeln die wachsenden Schwierigkeiten, denen ein Mensch sich im Zuge seines Lebens ausgesetzt sieht, auch in traumatischen Erfahrungen direkt nach seiner Geburt, meistens handelt es sich dabei um Trennungstraumen. Oft sind die während Schwangerschaft, Geburt und Stillzeit erwachsenen seelischen und körperlichen Probleme so gravierend, dass sie sich auf das spätere Leben tief greifend auswirken.

Mehr als tausend Menschen haben mir davon berichtet. Sie haben mir ihre Biografien erzählt, vor allem deren leidvollen Aspekte. Immer wieder habe ich gedacht, diese Geschichte, die müsste man unbedingt aufschreiben. Wie seltsam, einfach unglaublich. Doch all die seltsamen und unglaublichen Geschichten, die ich durch meine Arbeit als Heiler erfahre, sind nicht zum Weitererzählen, weil ich der Schweigepflicht unterliege, also nicht darüber sprechen darf. Umso verblüffender, was ich nun berichten kann. Und das kam so:

Im vorigen Jahr, an meinem ersten Arbeitstag nach Ostern, erschien eine junge Frau, meiner Einschätzung um die 20 Jahre alt, in meiner Praxis und verlangte mich zu sprechen. Im Internet habe sie gelesen, dass ich ein Buch über das Thema Geburt schriebe, begann sie, »und ich bin gekommen, um Ihnen meine Geschichte zu erzählen. Weil ...«, sie blickte mich kurz an, »... ich mich dazu entschlossen habe. Ja, ich meine, Sie können sie aufschreiben.« Sie zog ihren Mantel aus und hängte ihn an die Garderobe, wobei mir auffiel, dass sowohl ihr Lippenstift als auch ihr Nagellack pink waren, jedoch nicht der identische Ton, weshalb die Farben sich gegenseitig bissen. Noch greller wurde ihr Auftritt durch den hellgelben Lidschatten, den sie aufgelegt hatte. In dem bleichen Mädchengesicht wirkte das wie eine bunte Mischung aus kindlicher Frechheit und erwachsener Impertinenz, eine visuelle Radikalität, die an optischen Lärm grenzte und genau so wahrscheinlich auch gewollt war. »Seht her!«, sollte das wohl heißen. »Ich will Aufmerksamkeit, hier, jetzt, sofort.« Eine Erscheinung, die ein Befehl war, ein Kommando auf zwei Beinen.

Einige Leute erwarten von mir grenzenlose Nettigkeit. Sie suchen mich auf und rechnen mit nicht enden wollender Geduld. Obwohl meine Termine weit im Voraus vergeben werden, kommen sie spontan in die Praxis, um sich eines meiner Bücher signieren zu lassen. Oder sie wollen nur mal mit dem Autor reden. Einfach so, ohne konkreten Anlass wie körperliche oder seelische Probleme. Den Ausdruck »informelles Gespräch« habe ich in dem Zusammenhang auch schon gehört. Was das ist? Ich glaube, ganz einfach Neugier, jedenfalls sehr Zeit raubend. Zeit ist das Kostbarste, was ich habe, deshalb reagiere ich womöglich übersensibel, wenn sie, meinem Empfinden nach, vergeudet wird.

Sicher, ich schreibe Bücher, die viele Leser für esoterisch halten, und übe eine Profession aus, die Liebenswürdigkeit geradezu berufsbedingt mit einschließt, doch so bedingungslos sanftmütig, wie viele meinen, das muss ich hier gestehen, bin ich nun auch wieder nicht. Jedenfalls kann ich ungehalten reagieren, wenn meine Zeit durch Nichtigkeiten verschwendet wird, und Geld möchte ich auf diese Weise nicht verdienen. Also, bitte nicht wundern, wenn ich mich in so einer Situation nicht abwartend wie ein Lamm verhalte.

»Haben Sie denn einen Termin?«, frage ich also die Erscheinung, darauf vorbereitet, sie im Falle eines Neins auf eine möglichst höfliche und zugleich entschlossene Art hinauszukomplimentieren.

»Logisch«, antwortet sie knapp, gleitet auf den Stuhl mir gegenüber und legt ihre Hände vor mir auf den Tisch.

Ich atme langsam aus und ein, vergegenwärtige mir den Ozean der Liebe, der ja meines Wissens jeden Menschen in seinem Wesen erfüllt, also auch mich in diesem Moment, und blicke dann auf ihre Hände, die sie irgendwie demonstrativ auf meinem Schreibtisch geparkt hat. Der rosa Nagellack ist sorgfältig aufgetragen, und mir fällt auf, dass er seidenmatt glänzt wie Autolack. Am Ringfinger der rechten Hand trägt sie einen Ring aus gelbgrünem Plastik, der aussieht, als stamme er aus einem Kaugummi-Automaten. Ihre Hände sind offensichtlich sehr gepflegt, bis auf den Zeigefinger der linken Hand, wo sie den Nagel bis ans Bett abgebissen oder abgerissen hat.

Einen Augenblick denke ich darüber nach, welchen Rat ich ihr denn mit auf den Weg geben kann, um sie zu ermutigen, über sich selbst zu schreiben, jugendliche Autobiografien haben dieser Tage ja einen Marktwert, hebe schließlich den Blick, um die Antwort in ihrem Gesicht zu finden, bemerke dabei, dass sie mich an eine Sängerin aus den 90er-Jahren, deren Name mir aber gerade nicht einfällt, erinnert – um schließlich, während mir all das durch den Kopf geht, festzustellen, dass sie mich ansieht, wahrscheinlich die ganze Zeit schon.

Sie schaut mich direkt an, sehr ruhig, abwartend, geduldig, und während ich mich frage, woher ich diesen Blick kenne, dringt ihre Stimme von außen mit einer Frage in mich ein: »Warum haben Sie Kummer, Herr Jenner?«

Antwort eins: Ich kenne diesen Blick, weil es genau die Art ist, wie ich meine Klienten ansehe, ruhig, ohne den Blick zu fixieren, um das sogenannte Feinstoffliche möglichst genau wahrzunehmen.

Antwort zwei: Gute Frage, weiß ich auch nicht. Oder vielmehr doch: Ich schreibe seit einem halben Jahr an dem erwähnten Buch über die Geburt. Doch obgleich es mein Herzensthema ist und ich mich auch durch meine Arbeit in der Praxis nahezu täglich damit befasse, komme ich auf dem Papier nur sehr langsam voran. Um ganz ehrlich zu sein: dieser Tage gar nicht. Die Sache ist ins Stocken geraten.

»Die Geburt ist das größte Abenteuer des Lebens«, sage ich, »auch wenn man darüber schreibt. Man könnte vor der Größe in die Knie gehen. Und es fällt einem gar nichts mehr ein.«

»Deswegen«, sagt die junge Frau mir gegenüber, hebt die linke Hand und lässt sie zur Bekräftigung wieder fallen, »bin ich ja da.«

Sie lächelt.

Ich lächele auch. Warum lächele ich? Ich weiß es nicht. Vielleicht weil diese Begegnung langsam komisch wird und mein Lächeln nur der Übergang zum Lachen ist, also die Geburt eines schallenden Gelächters.

»Warum lachen Sie dann nicht?«, fragt sie.

»Hören Sie«, sage ich.

»Ich sehe Sie«, sagt sie. »Das reicht mir.«

An dieser Stelle gebe ich auf. »Was wollen Sie von mir?«, frage ich.

»Das habe ich doch schon gesagt«, erwidert sie. »Ich möchte, dass Sie mir zuhören. Ich möchte, dass Sie mir genau zuhören. Und ich möchte, dass Sie sich Notizen machen von dem, was ich sage. Und ich möchte auch, dass Sie mich behandeln, denn ich habe ein kleines Problem.«

»Fangen wir mit dem kleinen Problem an«, sage ich.

Es war ein guter Anfang, auch wenn das Problem kein kleines war. Und es war der Beginn einer ganzen Reihe von Treffen, zu denen Merle, so heißt die junge Frau, mit immer wieder neuen Kombinationen von Nagellack, Lippenstift, Lidschatten und farbintensiver Kleidung erschien. Der Name der Sängerin, an die sie mich erinnert, ist mir dann doch noch eingefallen: Miss Kier, eine ebenso begabte wie unbekannte Dichterin, die mit ihrer Band Deee-Lite durch den ganz passablen Hit »Groove Is In The Heart« berühmt geworden war. Merle lachte über den Vergleich, erzählte mir ihre Geschichte und behielt natürlich recht. Was sie zu sagen hatte, interessierte mich sehr, es hatte tatsächlich genau mit dem Thema dieses Buches zu tun, also den Umständen der Geburt und wie diese Umstände den späteren Menschen prägen. Ich hörte ihr mit wachsender Spannung zu, machte mir Notizen, schrieb häufig sogar wörtlich mit, was sie sagte.

Bei ihrem Problem, das in Wahrheit eine Katastrophe war, konnte ich ihr wohl helfen. Weil mich ihr Werdegang aber darüber hinaus faszinierte, bat ich schließlich um die Erlaubnis, auch ihre Eltern zu ihrer Biografie befragen zu dürfen. Wenn ich mich richtig erinnere, war das der Tag, an dem sie lindgrünen Nagellack mit gelbem Lippenstift und einem neongrünen Sommerkleid kombiniert hatte.

»Gewährt«, sagte Merle nur und blies die Backen auf. Später kam sie darauf zurück und meinte, es würde sie echt freuen, wenn ich mit ihren Eltern sprechen würde, denn besonders ihre Mutter hätte zu ihrem Leben sicher richtig viel zu sagen.

Wie auch immer das zu verstehen war – jedenfalls rief ich bei den Eltern an und besuchte die Mutter schließlich in einem kleinen Dorf im Nordwesten von Hamburg, Merles Geburtsort. Auch diese erste Begegnung zog weitere nach sich.

Nun, nach einem einvernehmlichen Beschluss von ihr und ihren Eltern, berichte ich über das, was ich bei diesen Begegnungen mit ihr und ihrer Familie erfahren habe.

Merles Mutter

Auf dem Turm der Dorfkirche nisten Störche. An manchen Tagen hört man die Schreie von repatriierten Seeadlern. Ich kenne diese Gegend, weil ich in der Nähe aufgewachsen bin. Aus der Vogelperspektive betrachtet, wirken die Wälder der Gegend wie Inseln zwischen weitläufigen Feldern, die von oben wie gehäkelt oder gestrickt aussehen, denn ihre Streifenmuster laufen fast alle in dieselbe Richtung.

Ich parke das Auto vor einer Buchenhecke, so hoch gewachsen, dass ich nur das Dach des Hauses dahinter sehen kann, und trete durch einen ins Grün geschnittenen Bogen in den Garten. Das Erste, was ich dann erblicke: Blumen, überall, in allen Farben. Das Zweite: Merles Mutter, eine kräftige Frau mit schulterlangen graublonden Haaren, lächelnd, die Arme zur Begrüßung ausgebreitet. »Wer kommt in meine Arme, den hab ich lieb«, geht mir durch den Kopf. Ich muss über die Erinnerung an das Kinderlied lachen. Daraufhin lacht auch sie, greift mit beiden Händen meine rechte Hand und drückt sie.

»Schön, dass Merle Sie geschickt hat«, sagt sie.

Ihre Wortwahl irritiert mich und erinnert mich an die erste Begegnung mit Merle, aber das behalte ich für mich und lasse mich ins Haus führen.

Monica Weiss dankt mir für meine Arbeit mit ihrer Tochter, als Diplom-Biologin sei sie zunächst skeptisch gewesen, doch das Ergebnis habe sie überzeugt. Wir tauschen einige Höflichkeiten aus, dann beginnt sie von ihrer Faszination für die alten Völker Südamerikas zu erzählen.

Besonders beeindruckten sie die Beobachtungen einer Amerikanerin, die in den frühen 60er-Jahren mit einer Expedition in den Urwald am Orinoko reiste, um Diamanten zu suchen, dort aber vor allem glückliche »Wilde« vorfand und in Folge der Frage nachging, wie deren beneidenswerter Gemütszustand angesichts der Widrigkeiten des Urwaldlebens zu erklären war. Mit Freude widmeten sich die Indianer den Verrichtungen des Tages und auch deren Kinder vermittelten das Gefühl, glücklich in sich zu ruhen.

Die Amerikanerin fand die Erklärung in der frühen Kindheit der Indianer. Die Eingeborenen kannten die ursprünglichen Bedürfnisse von Neugeborenen und gingen auf diese auch wirklich ein. Sogenannte »Kulturmenschen« dagegen würden die wahren Bedürfnisse ihrer Kinder entweder nicht kennen oder sie ganz einfach ignorieren.

»Urvölker«, erklärt mir Monica Weiss, »wissen, dass Neugeborene ständigen Körperkontakt brauchen. Während der ersten drei Monate nach der Geburt ohne die geringste Unterbrechung. Ich glaube, das ist das erste Bedürfnis eines jeden Neugeborenen, egal, ob in Australien, Asien, Europa oder Amerika.«

»Und diesen Körperkontakt haben Sie Merle gegeben?«, frage ich nach.

»Absolut«, erwidert Monica Weiss. »Fast ein Jahr lang schlief Merle an meinem Bauch. Selbst auf der Toilette behielt ich sie im Arm. Fast acht Monate riss der Körperkontakt zwischen uns niemals ab.«

»Und dann?«

»Dann begann sie sich wegzustemmen. Ich spürte, nun wollte sie auch eigene Wege gehen. Also setzte ich sie auf den Boden. Sie krabbelte ein wenig von mir weg und sofort wieder zu mir hin. Also nahm ich sie erneut auf den Arm.«

»Haben Sie Merle gestillt?«

»Natürlich, denn das ist das zweite kindliche Grundbedürfnis. Merle hat es fast drei Jahre genossen«

»War das nicht sehr anstrengend?«

»Nein, ich habe diese Nähe geliebt, sie hat mir in Wahrheit Kraft gegeben. Außerdem war Merle ja viel unproblematischer als andere Kinder. Ihr Glück war auch meins. Sie schrie und weinte während der ersten Jahre ihres Lebens nicht. So lange nicht, bis die Kinderkrankheiten kamen.«

»Da hat sie dann schon mal gejammert?«

»Ich würde es nicht Jammern nennen. Sie blieb immer ruhiger als gleichaltrige Kinder. Sie hat ein viel weiter entwickeltes Bewusstsein.«

Eltern lieben ihre Kinder. Ihr Sohn ist der beste aller Söhne dieser Welt. Ihre Tochter ist die beste Tochter sämtlicher Töchter dieses Planeten. Eltern verklären ihre Kinder. Sie überschätzen deren Intelligenz, Fähigkeiten und Begabungen und ergreifen jede Gelegenheit, um sie vor Fremden zu loben. Das weiß ich allein schon deshalb, weil ich selber Kinder habe und diese genau so in den Himmel hebe. Und das muss man wissen, wenn man mit einer Mutter über ihre Tochter redet.

Also erkundige ich mich nach Details: Schule? Noten? Freundschaften mit anderen Kindern im Dorf?

»Einige Leute im Dorf«, sagt Monica Weiss, »kämpfen um ihr Überleben. Ein Bauer ging im vergangenen Jahr bankrott und setzte seinem Leben vorzeitig ein Ende. Seit die Bushaltestelle überdacht wurde, trifft sich die Dorfjugend da zum Saufen, Kiffen und Knutschen. Die Jungs verdreschen sich schon in der ersten Grundschulklasse ständig gegenseitig. Und die Mädchen bekommen manchmal auch was ab.«

»Und Merle?«, frage ich.

Die Mutter schüttelt den Kopf. »Dieses Dorf ist keine heile Welt, auch wenn die Städter das glauben. Es liegt nicht im südamerikanischen Urwald. Wir sind keine Ureinwohner, sondern ein Teil dieser Zivilisation und müssen also auch mit und in ihr leben. Wir haben das Paradies vor langer Zeit verlassen, dürfen uns also nicht wundern, wenn unsere Welt nicht mehr heil ist, sondern zutiefst verwundet und auch Unheil bringt. Aber Merle war kein Opfer und wurde so auch nicht wahrgenommen. Ich habe sie durch Nähe und Liebe dagegen immunisiert. Bis zu dem Unglückstag.«

Sie schweigt, und während sie mich anblickt, sehe ich, wie sich aus ihrem linken Auge eine einzelne Träne löst und über ihre Wange rinnt.

Ich will zu ihr treten, um sie zu trösten, doch sie schüttelt den Kopf und wischt die Träne weg. »Gehen Sie in den Garten. Ich habe Marielle gesagt, dass Sie kommen. Sie wartet schon auf Sie.«

»Wer ist Marielle?«, frage ich. Bis jetzt dachte ich, Merle sei ein Einzelkind.

»Marielle ist meine jüngste Tochter, mein spätes Kind. Ich habe sie fast zwölf Jahre nach Merle bekommen. Marielle ist gerade acht geworden. Hat Merle Ihnen nichts von ihr erzählt?« Auch die Mutter ist überrascht.

»Nein.«

»Sie finden sie im Rosenbeet. Ich habe ihr gesagt, dass Sie kommen. Sie erwartet Sie.«

Immer wieder irritiert mich die Wortwahl der Mitglieder dieser Familie. Eine Achtjährige »erwartet« mich. Ist das etwa nicht merkwürdig?

Meiner Meinung nach verfüge ich über ein belastbares Selbstbewusstsein, meine Freunde finden es bisweilen leicht überhöht, freundschaftlich ausgedrückt, doch die hoheitsvolle Erwartung eines kleinen Mädchens, so jedenfalls verstehe ich das in diesem Moment, zieht mir auf verblüffende Art den Boden unter den Füßen weg, woraufhin ich nun, zu meinem eigenen Erstaunen, mit beiden Beinen etwas wackelig im Unbekannten stehe.

»Machen Sie sich nichts draus«, sagt Monica Weiss und klopft mir aufmunternd auf die Schulter. »Das geht allen so.« Wer, bitte schön, ist »alle«? Ich komme mir vor wie auf dem Weg zum Guru. Die Mutter grinst: »Ja, sie bringt uns an unsere Grenzen. Nun gehen Sie schon.«

Marielle –

sie kann Menschen »lesen«

»Hallo.«

»Hallo.«

Sie beantwortet meine Begrüßung, hält aber weiterhin ihre Augen geschlossen. So habe ich sie auch vorgefunden. Ein Mädchen mit schulterlangen blonden Haaren, im Schneidersitz auf dem kleinen Rasenstück zwischen den Rosen, in sich selbst versunken, die Augen geschlossen, einen glücklichen Ausdruck im Gesicht.

»Was machst du hier?«, frage ich, immer noch irritiert, oder noch viel mehr.

»Ich spüre die Welt«, antwortet sie nach einer Weile.

»Das ist ja großartig, dass du die Welt spürst«, sage ich und muss grinsen.

»Du darfst gern lachen«, sagt sie. »Es ist lustig, wenn man die Welt spürt.«

»Ich weiß«, erwidere ich und spüre tatsächlich ein Gefühl von Heiterkeit in mir hochsteigen.

»Das ist großartig, dass auch du jetzt die Welt spürst«, sagt sie.

Daraufhin sitzen wir schweigend da. Ich versuche, so gut es geht, die Welt zu spüren, und ich denke, in diesem Moment gibt es wahrscheinlich auch nichts Besseres zu tun. Es ist wirklich unglaublich schön, im Garten der Familie Weiss zu sitzen und die Welt zu spüren.

Der Garten ist voller Rosen. Strauchrosen, Kletterrosen, Stockrosen, Wildrosen, Zuchtrosen, Englische Rosen, Damaszener-Rosen, China-Rosen, Rosen aus Übersee, Rosen mit kleinen Blüten und mit großen, Rosen mit dicht gefüllten Blüten und welche mit wenig Blütenblättern, sowie gelbe, weiße, gefleckte, mit Namen »Lady Mary«, »Prince Charles«, »City of London«, »Honorine de Brabant«, »Bourbon Queen«, »Kleine Dortmunderin«, »Le Havre«, »Lilli Marleen«, »Rambling Rector«, »Rock 'n' Roll«, »Champion of the World« und der »Alchimist«, denn die Familie liebe Rosen, wird mir die Mutter später erzählen, deshalb sammele sie ungewöhnliche Sorten aus der ganzen Welt, um sie in ihren Garten zu pflanzen.

Und all diese Rosen duften. Sie duften so verschieden, wie nur Rosen unterschiedlich duften können. In diesem Garten entfaltet sich also ein olfaktorisches Universum. Es zu riechen wird nie langweilig.

»Es ist wirklich unglaublich schön in eurem Garten«, sage ich schließlich zu Marielle, »kein Wunder, dass es dir hier nicht langweilig wird.«

Anstelle einer Antwort sieht sie mich nur an. Mit einem berührenden Blick, kindlich und erwachsen zugleich, naiv und wissend auf einmal. Ein Blick aus dunkelblauen, sehr großen Augen, die sich nicht verengen, sondern vielmehr weiten, denn Marielle, neun Jahre alt, wenn man die Zeit der Schwangerschaft mitzählt, will mir nichts Geringeres zeigen als die Welt, ihre Welt – also die Welt, wie sie ihrem Wissen nach beschaffen ist.

Das jedenfalls ist mein Empfinden, während sie mich direkt und ohne mit den Lidern zu zwinkern ansieht, mit leuchtenden Augen, wie innerlich entflammt, doch äußerlich vollkommen ruhig und ohne eine erkennbare Gefühlsregung im Gesicht. Es klingt vielleicht seltsam, wenn ich sage, es geht mir ein Licht auf, als sie mich so ansieht, und doch meine ich genau das.

Plötzlich ändert sich etwas in ihrem Blick. Das Strömen verebbt, auf einmal habe ich ein Gefühl, wie wenn an mir gezogen würde. Ich spüre ein Kribbeln im Nacken, mir wird fast schwindelig dabei, dann muss ich blitzartig an mehrere Dinge gleichzeitig denken. Meine Eltern kommen mir in den Sinn, ich erblicke Szenen meiner Kindheit, meinen Vater, während er mir die Hände auflegt, um mir Heilung zu geben, als ich die schwere Halsentzündung habe. Während ich meine Kindheitsfreundin umarme, höre ich meine Mutter eine Arie von Verdi singen. Die klare Stimme meiner Mutter erfüllt meinen Kopf, gleichzeitig sehe ich mich in der Schule, wo ich selbst im Kanon »Meister Jakob« singe, was seltsamerweise aber keinen Misston ergibt, sondern einen harmonischen Gleichklang mit dem Lied, das meine Mutter angestimmt hat.

Ich kann nicht mehr alles benennen, was mir durch den Kopf geht. Ich weiß nur noch, dass das Ziehen und Kribbeln schließlich nachlassen. Dabei setzt mein Verstand wieder ein, und ich begreife, dass Marielle mich »gelesen« hat.

Einige Menschen glauben, weil ich die Aura sehen kann, würde ich auch Gedanken lesen können, doch das vermag ich nicht, schon gar nicht so wie Marielle. Ich weiß, dass Menschen wie sie in anderen Menschen wie in einem Buch lesen können. Wenn sie sich darauf konzentrieren, stöbern sie in deren Erinnerung, als würden sie Seiten umblättern. Eine derartige Erfahrung habe ich vor vielen Jahren schon einmal gemacht. Auf einer angeblich unbewohnten und abgelegenen Insel auf den Philippinen traf ich einen alten Mann, »den Zigeuner«, der ohne die leiseste Vorwarnung in meinen Erinnerungen zu lesen begann, indem er mir mit dem gleichen starren Blick in die Augen schaute wie nun Marielle.

Während »der Zigeuner« mich »las«, kam ich mir vor wie eine wandelnde Zapfsäule westlicher Zivilisation und dachte, jetzt tankt er all mein Wissen, indem er mich nur ansieht. Alles, was ich je gedacht, geträumt, gesehen und gefühlt habe, nimmt er in sich auf, weil das seine Art ist, sich das Wissen und die Erfahrungen anderer zu eigen zu machen. Und mein Gefühl in dem Moment: Das ist vollkommen okay.

Genau so fühlt es sich an, als Marielle mich »liest«, absolut okay, ja, sogar schön und richtig. Warum soll ich meine Erfahrungen nicht mit ihr teilen? Ich habe nichts zu verbergen, und das ist gut so, ein gutes Gefühl. Im Moment dieses, meines Empfindens beginnt Marielle zu lächeln.

Daran erinnere ich mich heute, während ich dies aufschreibe, als wäre es gestern gewesen. Ihr Lächeln nimmt seinen Anfang sehr fein in den Augenwinkeln und erfasst nach und nach ihr gesamtes Gesicht. Dann fängt Marielle zu kichern an, muss leise lachen, schließlich sogar immer lauter und heftiger. Bis ihre Nase und ihre Wangen zittern und sie am ganzen Körper bebt. Nie zuvor und nie wieder habe ich ein Kind so lachen gesehen. Sie schüttet sich aus vor Lachen. Irgendwann kippt sie einfach um dabei und rollt lachend über den Rasen zwischen den Rosenbeeten.

Was sie in meinem Kopf gefunden hat, muss sie sehr belustigt haben. Ich mache mir keine weiteren Gedanken darüber, sondern lache einfach mit. Erst nur ein bisschen und dann … Hat die Welt mich jemals lauter lachen hören? Dieses Kind bringt mich so zum Lachen, dass mir die Heiterkeit in Wellen durch die Bauchmuskulatur fährt.

Ich lege mich auf den Boden, um nach Herzenslust lachen zu können. Wie wunderbar das ist! Und ich habe das Gefühl, all die Rosen mit all ihren wunderbaren Düften, all ihren herrlichen Farben und all ihren hochherrschaftlichen Namen lachen mit. Sogar der Rasen vibriert vor Heiterkeit, und die Bäume schütteln sich, weil alles so komisch ist. In meiner Wahrnehmung bebt sogar das Haus belustigt, ganz gewiss aber reißt der Strom der Heiterkeit Marielles Mutter mit, die jetzt lachend auf der Terrasse steht.

Die Welt auf eine so heitere Art zu spüren ist wahrhaftig märchenhaft schön.

Dies ist meine erste Begegnung mit einem vollständigen Kind.

Von der Vollständigkeit –
und was »heil bleiben« heißt

»Verstehen Sie?«, fragt Monica Weiss. »Marielle ist heil geblieben.« Die Tochter sitzt auf ihrem Schoß, an den Bauch gelehnt, die Augen wieder geschlossen. Sie ist so ruhig, dass man meinen könnte, sie schliefe. Aber sie schläft nicht, sondern hört uns zu.

Es dauerte einige Zeit, bis wir uns wieder beruhigt hatten. Nun sitzen wir im Wohnzimmer, ich trinke den Tee, den die Mutter für mich gemacht hat, und wundere mich. Offenbar lache ich zu wenig, sonst hätte ich jetzt nicht diesen Muskelkater im Bauch.

»Ja«, sage ich, »lassen Sie uns über Vollständigkeit reden.«

»Ich denke«, erklärt Monica Weiss, »Vollständigkeit ist eine Erfahrung. Die Erfahrung nämlich, dass alles da ist, was man braucht, es einem also an nichts fehlt.«

»Wird die Erfahrung der Vollständigkeit vom Beginn des Lebens an gemacht«, erwidere ich, »bleibt der Mensch heil, so wie Marielle.«

»Sie sprechen mir aus der Seele«, sagt meine Gesprächspartnerin und lächelt. »Genau das wollte und will ich meinen Kindern geben.«

Ich glaube, und das ist inzwischen ja auch kein großes Geheimnis mehr, alle Menschen werden vollständig geboren. Auch diejenigen, die von der Medizin als unvollständig bezeichnet werden, also Babys mit einem Down-Syndrom beispielsweise oder organischen Unzulänglichkeiten, denn Vollständigkeit bedeutet in diesem Zusammenhang keine durchkonfektionierte biologische Größe mit genau definierter Mindestintelligenz, taktiler und sensorischer Fähigkeit, sondern die ebenso einfache wie schöne Tatsache, dass absolut jedes Leben auf dieser Welt so vollständig ausgestattet in diese Welt kommt, dass es die eigene Vollständigkeit erleben und leben kann. Aus diesem Grund kann ein Mensch vollständig und heil sein, auch wenn ihm ein Organ, eine Gliedmaße oder eine Fähigkeit fehlt.

Wieso Menschen vollständig sein können, die nach medizinischen Standards körperlich und mental unzulänglich sind, ist vor allem jenen Leuten unverständlich, die diese angeblich unzulänglichen Menschen aus Angst und Unkenntnis meiden, denn gerade diese angeblich Unvollständigen sind nicht selten vollständiger als die vermeintlich Vollständigen selbst. Betreuer von sogenannten Behinderten wissen, dass diese sehr häufig von tiefer Liebe zu sich und anderen erfüllt sind, zwar mental eingeschränkt, doch seelisch heil, und dies ist nicht das Ergebnis limitierter Erkenntnisfähigkeit, wie manchmal behauptet wird, sondern vielmehr das Resultat geistiger Vollständigkeit, die sich über scheinbare körperliche Unvollständigkeit mit kindlicher Vehemenz und Bravour hinwegzusetzen weiß. Kinder mit Down-Syndrom sind glücklich, weil sie glücklich sind, und nicht, weil sie dumm sind. Ihre Ratio ist eingeschränkt, umso wacher ist ihr Geist. Menschen, die mit diesen Menschen zu tun haben, wissen auch das. Geistige Wachsamkeit, nennen wir es hier Gewahrsein im Sinne einer Aufmerksamkeit, die über das persönliche Bewusstsein hinausgeht und ins Transpersonale reicht – diese Wachsamkeit des Geistes, dieses Gewahrsein ist bei Menschen mit diagnostizierten mentalen Behinderungen auf eine Weise gegeben, die deren Pflegepersonal im Vergleich nicht selten wie gefangen im Tiefschlaf erscheinen lässt. Das klingt etwas extrem und ist natürlich auch eine Übertreibung. Doch geistige Wachsamkeit ist eine zutiefst menschliche Gabe, die sich auf die Wahrnehmung des Selbst und des anderen richtet. Diese Gabe haben Down-Menschen häufig in einem hohen Maße, und jene wiederum, die sich selbst mit größten Geistesgaben ausgestattet sehen, haben nicht selten auch den größten Mangel vorzuweisen. Mangel im Sinne mangelhaften Verhaltens aufgrund von mangelhafter Selbstwahrnehmung und mangelhafter Wahrnehmung der Bedürfnisse von anderen. Wo die einen hellwach sind, schlafen die anderen. Doch auch die Schläfer wähnen sich wach. Das ist womöglich ihr größter Irrtum.

Vor Jahren traf ich in Hamburg einen Bettler. In einem früheren Buch habe ich über ihn geschrieben und ihn »Meister des Lächelns« genannt. Der Meister des Lächelns kann nicht laufen, weil seine Beine und Füße von Geburt an so verkümmert sind, dass sie als Gehwerkzeuge nicht existieren. Daher schiebt er sich auf einem Brett mit Rollen durchs Leben. Was für ein leidvolles Dasein, denken Passanten, die ihn so sehen. Manche geben ihm Geld und gehen dann schnell weiter. Andere gehen gleich weiter und ignorieren ihn. Ich gab ihm Geld, wollte auch weitergehen, doch ein vages Gefühl hielt mich auf, und ich sah ihm eine Weile zu. Dabei sah ich ihn lächeln. Dieses Lächeln war im wahrsten Sinne des Wortes unbeschreiblich. Ein Lächeln kann heiter sein, liebend, liebevoll, wissend, weise, barmherzig, beglückt, glücklich, ja, selig und noch viel mehr, jenseits von Worten und Beschreibungen. Ein so vollständiges Lächeln schenkte der Meister des Lächelns mir – und nicht nur mir. Er schenkte sein buddhistisches, vom Leben erfülltes Lächeln sogar jenen, die sich offen über ihn lustig machten.

»Wir haben ihn gesehen«, sagt Monica Weiss. »Der Mann ist unglaublich. Er hat genau so gelächelt, wie Sie sagen.«

»Er hat geleuchtet, Mami.« Marielle blinzelt mit den Augen. »Er hatte die Farbe des Himmels. Alle Menschen haben Farben.« Sie dreht den Kopf und drückt ihn an die Brust ihrer Mutter. »Warum siehst du die Menschen nicht so leuchten wie ich, Mami?«

»Weil das eine ganz besondere Begabung ist, mein Schatz«, sagt Monica Weiss, beugt den Kopf und küsst Marielle auf die Stirn. »Nicht viele haben diese Fähigkeit.«

Kurz darauf schläft die Tochter im Arm der Mutter ein. Wir sitzen still, bis sie langsam und regelmäßig atmet. Dann frage ich Monica Weiss nach der Geburt ihrer Kinder.

Ankunft – die Geburt,
das größte Abenteuer des Lebens

Die Geburt ist das größte Abenteuer des Lebens – sagen auch Neurobiologen, die zu erklären versuchen, warum sich Menschen im Allgemeinen nicht bewusst an ihre eigene Geburt erinnern können. Die Tatsache, dass die Geburt im sogenannten vorsprachlichen Erfahrungsraum liegt, kann nur teilweise für die mangelnde Erinnerung verantwortlich sein, denn nicht wenige Menschen können sich an Erfahrungen aus dem ersten Lebensjahr erinnern. Doch die eigene Geburt ist kaum abrufbar. Sie bildet eine Schranke, die auch den Zugang zu noch früheren Erfahrungen versperrt.

Wieso ist die menschliche Erinnerung also derart beschränkt? Am kindlichen Gehirn liegt es jedenfalls nicht. Das arbeitet schon Monate vor der Geburt auf Hochtouren und ist längst so weit entwickelt, dass es prinzipiell Erfahrungen im Gedächtnis speichern kann.

Als Begründung wird sehr gern die Unterschiedlichkeit vom sogenannten impliziten Gedächtnis im Gegensatz zum expliziten bemüht. Das implizite oder prozedurale Gedächtnis speichert Reizempfindung und Verhalten und muss nicht bewusst abgerufen, sondern kann auch reflexartig aktiviert werden. Der Grund, warum wir Fahrrad fahren können, ohne darüber nachzudenken. Das explizite oder deklarative Gedächtnis speichert Erfahrungen, Ereignisse und Fakten, die bewusst wahrgenommen wurden und so auch wieder abgerufen, also benannt werden können.

Das Problem dabei ist allerdings, dass der Unterschied der Gedächtnisleistungen zwar beobachtbar ist, die unterschiedlichen Erinnerungen im Gehirn sogar auch in verschiedenen Regionen abgespeichert werden, doch dass damit nicht zwei verschiedene Gedächtnisse existieren, sondern nur eine Instanz, die ablegt und bewahrt. Und diese Instanz, meine ich, ist mit dem Ereignis der Geburt deutlich überfordert. Sogar eine vergleichsweise leichte, unkomplizierte, weiche Geburt ist für den Menschen, der gerade auf die Welt kommt, so heftig, dass eine kaum vorstellbare Reizüberflutung stattfindet. Sie überfordert die Verarbeitungsfähigkeit des menschlichen Gehirns, das alles im Gedächtnis zu speichern.

Das Prinzip der Amnesie durch Reizüberflutung gilt auch für traumatische Erfahrungen. Opfer von Gewalt können sich häufig an die Erlebnisse während der Tätlichkeiten nur noch mangelhaft oder gar nicht erinnern. Allerdings geht das nicht allen so. Einige erinnern sich sogar überdeutlich, sehen die Szenarien des Übergriffs noch Jahre später so präzise wie in einem Kinofilm.

Das ist der Unterschied zur Geburt. Traumatische Erfahrungen, zum Beispiel auch beim Miterleben von Naturkatastrophen wie Erdbeben und Hurricanes, werden von einigen Menschen vergessen und von anderen umso deutlicher erinnert. Aber bei der eigenen Geburt geht die Erinnerung kollektiv in die Knie. Dabei versagt das Gedächtnis nahezu sämtlicher Menschen. Auch die wenigen, die glauben, sich daran zu erinnern, wie sie auf die Welt kamen, erinnern sich meistens nur schemenhaft. Wie gut, dass man deren Mütter nach ihrer Geburt befragen kann.

»Warum interessiert Sie die Geburt so sehr?« Monica Weiss hat Marielle neben sich aufs Sofa gelegt. Das Kind hält die Lippen im Schlaf gespitzt, als wollte es seiner Mutter einen Kuss geben.

»Weil sie ein Abenteuer ist und weil die Art, wie wir ins Leben treten, unser Leben in höchstem Maße prägt«, antworte ich.

Monica Weiss streicht Marielle über die Haare und schaut mich abwartend an.

»Es beginnt eigentlich mit dem Zeugungsimpuls.«

»Sie meinen, ob die Zeugung eine Vergewaltigung war oder ein Akt der Liebe?«

»Ja, das ist sehr wichtig, dann natürlich auch die Schwangerschaft. Wird dieser Zustand wirklich angenommen, oder wehrt sich die Schwangere dagegen? Womöglich, weil sie ihre körperliche Veränderung nicht mag.«

»Was spielt das für eine Rolle?« Für einen Moment wirkt sie müde wie ihre Tochter. »Jede Frau muss sich an die körperliche Veränderung gewöhnen. Schwangerschaft weckt zunächst auch Widerstände. Ist das nicht normal?«

»Sicher«, sage ich. Plötzlich spüre ich so etwas wie Widerwillen bei ihr. Dann weiß ich, woher der kommt. Frauen unterhalten sich gern mit Frauen über Themen, die ihre sensibelsten seelischen Punkte berühren, sehr ungern aber mit Männern. Eine schwangere Frau möchte mit ihrem Mann die Erfahrung der Schwangerschaft teilen, indem sie ihm den Zustand nahebringt, in der Hoffnung, dafür nicht abgelehnt zu werden. Diskutieren will sie ihren Zustand nicht. Auch nicht im Nachhinein. Schon gar nicht mit einem wildfremden Mann.

Sie nickt. Ich soll weiterreden und weiß das an dieser Stelle zu schätzen. »Meiner Erfahrung nach ...«

»Woher genau nehmen Sie Ihre Erfahrung?«, unterbricht mich Monica Weiss.

Wir müssen beide lachen. Ein Satz aus dem Munde eines Mannes zum Thema Geburt, der mit »Meiner Erfahrung nach« beginnt, kann nur dubios klingen. Marielle wacht auf, blickt mich mit großen Augen an und schläft gleich wieder ein.

Ich versuche, die Frage ihrer Mutter so umfassend und eindeutig wie möglich zu beantworten.

Als spiritueller Heiler befasse ich mich mit den Nöten anderer Menschen. Meistens werden körperliche Krankheiten zum Anlass genommen, mich aufzusuchen, und nicht wenige Menschen kommen mit massiven physischen Leiden wie Krebs oder multipler Sklerose. Und natürlich leitet sie auch die Hoffnung, die Krankheit würde durch die Behandlung einfach von ihnen abfallen, ohne dass sie selbst das Geringste dazu tun müssen. Doch meistens gehört zum Heilungsweg auch eine genaue Ursachenforschung oder vielmehr Ursachenerkenntnis.

Jede körperliche Krankheit hat eine seelische Ursache – ausnahmslos. Selbst der schulmedizinische Gesundheitsbetrieb bezweifelt dies inzwischen immer weniger. Allerdings geraten seelische Ursachen schnell in Vergessenheit, werden negiert und verdrängt, sodass körperliche Symptome urplötzlich und wie aus dem Nichts zu entstehen scheinen, als hätten sie keine Vorgeschichte, doch das Gesetz von Ursache und Wirkung greift in jedem Fall, häufig so unübersehbar wie eindeutig.

Einer Erkältung muss eine körperliche Unterkühlung vorausgegangen sein, auch wenn man sich daran nicht erinnern kann. Wer einen Schnupfen bekommen hat, wird zuvor gefroren und dies ignoriert haben. Und wer häufig Erkältungen bekommt, also regelmäßig friert, muss dies, und das ist eine sehr klare Kausalität, genauso regelmäßig ignorieren.

»Wieso diese Ignoranz?«

»Gute Frage«, sagt Monica Weiss. »Vielleicht ist es ganz einfach Nachlässigkeit.«

»Vielleicht«, antworte ich.

Erkältungen sind ein ideales Beispiel zur Betrachtung von Ursache und Wirkung, weil sie so verbreitet sind. Wer häufig welche bekommt, hat womöglich in den Jahren der Pubertät bis ins Erwachsenenalter hinein Raubbau am eigenen Körper betrieben und das Immunsystem nachhaltig geschwächt. Manche Menschen trinken außerdem zu wenig, was das Immunsystem weiter schwächt. Man könnte sagen, diese Menschen graben sich selbst das Wasser ab, woraus sie zu mindestens 60 Prozent bestehen. Auch das muss man fragen:

»Warum eigentlich graben sich diese Menschen selbst das Wasser ab?«

»Vielleicht, weil sie zu faul zum Trinken sind«, sagt Monica Weiss.

»Ja«, sage ich, »wahrscheinlich ist es Faulheit. Nur woher kommt diese Faulheit? Womöglich ist es eine Faulheit gegenüber dem Leben an sich? Also eigentlich ein verdeckter Todesimpuls?«

»Ist das nicht etwas übertrieben ausgedrückt?«

»Vielleicht«, antworte ich.

Wieder andere Menschen essen zu wenig, vielleicht, weil sie zu faul zum Kauen sind, wodurch der Stoffwechsel beeinträchtigt wird, der Körper in Folge weniger Wärme produziert, der Mensch leichter friert und daher eher zu Erkältungen neigt. Womöglich hat der mangelnde Impuls zu angemessener Nahrungsaufnahme auch ästhetische Gründe. Immerhin sind die Zeitschriften voll von spindeldürren Models, doch die Neigung zum ungesunden Schönheitsideal ist lediglich die weit verbreitete Folge einer ebenso weit verbreiteten Ablehnung des eigenen Körpers.

»Verstehe«, sagt Monica Weiss. »Ich weiß natürlich, worauf Sie hinauswollen.« Marielle schläft noch immer tief und fest.

Wer an Krebs erkrankt, heißt es, und ich habe das vielfach bestätigt gefunden, muss einige Jahre zuvor einen mehr oder weniger bewussten Todeswunsch gehabt haben.

Todeswunsch, Ablehnung des eigenen Körpers, sich selbst das Wasser abgraben, Raubbau und Ignoranz haben wiederum Ursachen. Folgt man der Spur der Ursachen, findet man Gründe, also alte Verletzungen seelischer Art und körperliche Traumata. Dabei gilt: Je früher, umso schwerwiegender. Wann und womit fängt das Elend also an?

»Klar, mit der Geburt«, nickt Monica Weiss.

»Bei den meisten Menschen vor und mit der Geburt oder unmittelbar danach«, sage ich. »Das meine ich so genau zu wissen, weil ich durch meine Arbeit mit mehreren tausend Menschen und deren Problemen zu diesem Schluss gekommen bin.«

»Okay«, sagt mein Gegenüber. »Das also ist Ihre Erfahrung.«

Schwangerschaft und Geburt sind eine Riesensache. Jede Mutter, die gerade ein Kind bekommen hat, wird das bestätigen. Sie weiß, auch ihre eigene Geburt muss eine gigantische Erfahrung gewesen sein, doch weil sie sich an das Geborenwerden entweder gar nicht oder weit weniger deutlich erinnern kann als an den Prozess des Gebärens, erscheint ihr die eigene Geburt vergleichsweise unwichtig, selbst wenn sie damalige Komplikationen und Härten aus den Erzählungen ihrer Mutter kennt.

Männer haben es naturgemäß noch schwerer, der Geburt eine Bedeutung beizumessen, die mehr beinhaltet als die bloße Bestätigung der Tatsache, dass man ja auf irgendeine Art geboren worden sein muss, weil man sonst eben nicht da wäre.

Auch der Tod ist eine Riesensache. Aber während die eigene Geburt Geschichte ist, steht das Ableben noch bevor. Der zukünftige Tod hat in der Fantasie der meisten Menschen eine monströse Dimension. Zum leichteren und vertrauteren Umgang mit dem Sterbeprozess schrieb ich »Das Buch des Übergangs«.

»Das Buch der Ankunft« widmet sich nun dem Geburtsprozess, doch im Gegensatz zur vermeintlichen Schwere des Themas »Tod«

wirkt die Geburt seltsam leicht. Allein weil Abschied zu nehmen den meisten Menschen schwerer fällt, als irgendwo anzukommen. Denn jede Ankunft beinhaltet ja die Frische des Neubeginns.

Die Vorfreude auf neues Leben ist eine der schönsten und menschlichsten Empfindungen überhaupt. Häufig wird diese Vorfreude anfallartig in Hamsterkäufen rosaroter oder hellblauer Strampelanzüge ausgelebt, und wirklich wichtige Aspekte des Lebensbeginns werden fast stiefmütterlich vernachlässigt, wie eine möglichst bewusste und absichtsvolle Zeugung, eine möglichst behütete Schwangerschaft und eine möglichst sanfte Geburt mit anschließendem liebevollen Körperkontakt der Mutter zum Neugeborenen. Das Wort »möglichst« wird in diesem Zusammenhang als sehr dehnbarer Begriff ausgelegt, und es gibt Eltern, die eine Zeugung im Rausch noch als absichtsvoll und bewusst bezeichnen. Was unter »bewusst«, »absichtsvoll«, »behütet« und »sanft« ganz genau und im Sinne einer positiven Prägung für das spätere Leben zu verstehen ist, davon wird später noch genauer die Rede sein.

Die Vaterrolle –

was werdende Väter vielleicht fürchten

Monica Weiss, das werden Leserinnen und Leser bereits erkannt haben, ist eine bemerkenswerte Frau. Voller Hingabe nährt sie ihre Kinder mit Nähe und Liebe. Was dies in dieser Konsequenz bewirkt, habe ich im mitteleuropäischen Kulturkreis so noch nie gesehen. Kinder so liebevoll großzuziehen, ihnen all das zu geben, was sie wirklich brauchen, ist nach meiner Kenntnis eines der schwierigsten Dinge im Leben überhaupt. Wovon ich hier rede, weiß ich auch als Vater, denn ich habe selber zwei. Je mehr ich durch meine Arbeit mit geburtstraumatisierten Kindern lerne, umso schmerzhafter werden mir auch meine Fehler im Umgang mit meinen Kindern bewusst.

Leserinnen und Leser, die wie ich Kinder haben, könnten durch dieses Buch womöglich ebenfalls schmerzhaft an ihre eigenen Fehler im Umgang mit ihren Kindern erinnert werden. Doch seien Sie gnädig mit sich. Alle Eltern machen Fehler. Eine fehlerlose Kindererziehung gibt es nicht. Wir können uns nur bemühen, in Zukunft möglichst wenig Fehler zu machen und unser Bestes zu geben. Doch womöglich wissen wir nicht so genau, was dieses Beste eigentlich ist.

»Ich weiß es auch nicht immer«, sagt Monica Weiss. Marielle dreht den Kopf von der einen zur anderen Seite und wieder zurück, macht mit dem Mund ein schmatzendes Geräusch und kuschelt sich mit dem Kopf an den Oberschenkel ihrer Mutter.

»Sie wissen es vielleicht nicht immer«, sage ich, »aber Sie wissen es meistens. Das muss so sein, denn sonst wären Ihre Kinder nicht so, wie sie eben sind.«

»Meine Kinder sind sehr eigenständig. Manchmal denke ich, die wären in jedem Fall so. Weil sie unglaublich stark sind.«

»Genau. Sie sind so eigenständig, weil mütterliche Zuwendung ihnen die Kraft dazu gegeben hat und gibt. Es kostet sehr viel Kraft, ein eigenständiger Mensch zu werden. Den meisten Menschen fehlt diese Kraft. Sie tun so, als wären sie eigenständig, doch eigentlich hängen sie mit einem ewigen Hunger an der Mutter, emotional unterernährt und schwach. Und wenn man genau hinschaut, merkt man, dass ihre angebliche Eigen- und Selbstständigkeit nur Fassade ist.«

Monica Weiss streicht sich eine Haarlocke aus ihrem Gesicht. »Schon möglich. Aber was ist eigentlich mit den Vätern? Die kommen bisher ja noch gar nicht vor. Was haben die Ihrer Meinung nach zu tun?«

»Zunächst mal sollten sie da sein.«

»Okay«, grinst Monica Weiss. »Das ist für viele Väter schon schwierig genug.«

Dann sprechen wir über Menschen, die abwesend sind, auch wenn sie anwesend zu sein scheinen. Sie sind zwar da, doch in ihrer Vorstellung an einem anderen Ort, in einer Fantasiewelt, wo sie eigentlich lieber sein möchten. Deshalb mäkeln sie ständig an etwas herum, denn die Gegenwart stellt sie nicht zufrieden.

Wenn sie Männer sind und ihre Frauen werdende Mütter, dann sind sie als werdende Väter womöglich unzufrieden, weil die Aufmerksamkeit der Frau sich von ihnen ab- und dem erwarteten Kind zuwendet. Vielleicht ist diese Unzufriedenheit sogar verständlich, da die werdende Mutter sehr mit ihren eigenen Veränderungen beschäftigt ist und dem Mann weniger Aufmerksamkeit schenkt. Wahrscheinlich aber liebt sie ihn umso mehr und wendet sich ihm noch mehr zu, weil etwas von ihnen beiden in ihr wächst. Doch das versteht er nur intellektuell und nicht mit dem Herzen, weil er eine tief sitzende Eifersucht in sich heranwachsen spürt, nämlich das Gefühl, auf eine geradezu unerklärliche Weise von etwas Großem ausgeschlossen zu sein. Je mehr sie ihm zeigt, wie sehr sie ihn liebt, umso mehr misstraut er ihren Liebesbezeugungen und wittert einen verborgenen Betrug. Sein Misstrauen ist sicher übertrieben, doch nicht vollkommen grundlos, denn von nun an, spätestens aber ab der Geburt, wird er nicht mehr die erste Geige spielen, sondern die zweite, und das widerspricht den ungeschriebenen Gesetzen unserer immer noch patriarchalisch geprägten Zivilisation. Eine Herabsetzung so fundamentaler Art nagt am eigenen Selbstwert, und sehr viele Männer haben damit die größten Schwierigkeiten, doch wollen sie sich das nur sehr ungern eingestehen.

Über 60 Prozent aller geschlossenen Ehen in Berlin werden wieder geschieden, warum auch immer. Umfragen zufolge betrügt in der deutschen Hauptstadt jeder zweite Mann seine Frau während der Schwangerschaft oder direkt danach. Umfragen sind Lippenbekenntnisse. Die tatsächliche Zahl der Seitensprünge könnte also niedriger sein, doch wäre sie dann immer noch hoch.

Doch vergessen wir besser alle Umfragen und Statistiken. Jenseits jeglicher gesellschaftlicher Zahlenspiele ist sicher, dass wir noch immer in einer männlich dominierten Welt leben, in der es Rollen und Rollenverteilung gibt. Egal wie modern und aufgeschlossen wir uns wähnen, den Unterschied von Mann und Frau bekommt niemand nivelliert. Dieser Unterschied bewirkt unterschiedliches Verhalten. Ein nicht geringer Teil dieses Verhaltens ist geprägt, nämlich patriarchalisch, ob wir nun wollen oder nicht. Und dieser Unterschied in Geschlecht, Verhalten und Lebensposition bekommt im Laufe der Schwangerschaft eine vollkommen neue Dimension. Der Bauch der Frau, in dem das neue Leben wächst, ist Wahrzeichen einer weiblichen Vitalität, die männliche Kraft nun auf den zweiten Platz verweist. Männer, und zwar alle Männer ausnahmslos, haben damit grundsätzlich ein Problem.

»Interessant, dass ausgerechnet Sie das sagen«, meint Monica Weiss. »Aber Sie haben recht, ich glaube das auch.«

»Es klingt dämlich«, sage ich, »doch Männer haben Angst vor dem wachsenden Bauch der Frau, und auch wenn sie keine Angst zeigen, spüren sie eine seltsame Beklommenheit.«

»Als Verursacher der Leibesfrucht empfinden sie aber auch wachsenden Stolz.«

»Stolz ist kein Heilmittel gegen Angst.«

»Ich glaube«, sagt Monica Weiss nach einem Moment des Überlegens, »die Schwangerschaft gibt einer Frau grundsätzlich das Gefühl von Sicherheit. Aber was empfindet der Mann bei der Schwangerschaft der Frau? Grundsätzlich Unsicherheit?«

»Wahrscheinlich«, erwidere ich.

»Die meisten Männer würden dies vehement abstreiten«, sagt Monica Weiss mit einem Lächeln. »Sie würden sagen, sie hätten sich doch so sehr aufs Kind gefreut.«

»Das ist kein Widerspruch. Schwangerschaft und Geburt sind für alle Beteiligten machtvolle Prozesse. Trotz Risiken und Unwägbarkeiten geben Schwangerschaft und Geburt der Frau allein durch die biologische Eindeutigkeit und Unübersehbarkeit innere Sicherheit. Für Männer nimmt die Unsicherheit mit jedem Schwangerschaftsmonat eher zu. Bei aller Nähe zur Frau bleiben sie naturgemäß Außenstehende. Sie spüren die wachsende Nähe von Mutter und Kind und empfinden wahrscheinlich eine Achterbahn der Gefühle. Angst, Eifersucht, Stolz, Freude, auch Euphorie, alles durcheinander, manchmal auch alles auf einmal.«

Monica Weiss lacht. »Sie freuen sich wie Bolle und dabei schlottern ihnen die Hosen. Sehr witzig, wenn's nicht auch tragisch wäre. Ich habe einen mutigen Mann, der sich immer Kinder gewünscht hat. Als es dann so weit war, hat er sich riesig gefreut und trotzdem Angst gehabt. Ausgerechnet er. Ich fand das faszinierend.«

Marielle muss eben aufgewacht sein. Sie schaut mir ruhig und direkt in die Augen. Ich zögere einen Moment, unsicher, ob wir in ihrem Beisein weiterreden sollen, doch die Mutter nickt mir zu, also frage ich: »Wie hat sich die Angst Ihres Mannes gezeigt?«

»Als ich mit Merle schwanger ging, fing er an zu klammern und wollte nicht mehr von meiner Seite weichen. Anfangs fand ich das schön, doch sehr bald fühlte ich mich kontrolliert und beengt. Früher hatte er sich über Männer lustig gemacht, die mit ihren Frauen im Geburtsvorbereitungskurs saßen, jetzt wollte er selber unbedingt mit. Hurra, so atmen wir in die Wehen. Übertriebene Nähe war der Ausdruck seiner Unsicherheit und Angst.«

Marielle streicht ihrer Mutter mit der flachen Hand über die Wange und geht wortlos aus der Terrassentür in den Garten.

»Grob verallgemeinert«, sage ich, »gibt es wohl drei Grundtypen von werdenden Vätern, nämlich den Flüchtling, den Verfolger und den Gefährten. Der Flüchtling wurde wahrscheinlich einst durch die eigene Geburt traumatisiert, die Schwangerschaft seiner Frau jagt ihm daher größte Furcht ein, also rennt er weg, häufig zu einer anderen Frau.«

»Ist es wirklich so einfach?« Sie blickt mich zweifelnd an.
»Meistens«, sage ich. »Nein, eigentlich immer«, verbessere ich mich.
»Wie würden Sie den Verfolger beschreiben?«
»Der Verfolger hat womöglich in der frühesten Kindheit einen schmerzlichen Verlust erlitten, vielleicht war die Mutter krankheitsbedingt für einige Zeit abwesend. Die Schwangerschaft der eigenen Frau weckt seine tief sitzenden Verlustängste, also beginnt er zu klammern und zu kontrollieren und verletzt womöglich das sehr fragile Gleichgewicht von Nähe und Distanz in der Partnerschaft.«
»Absolut«, nickt Monica Weiss. »Ein wenig war es so bei meinem Mann.«
»Wenn Verfolger oder Flüchtling die Ursachen ihrer Angst erkennen, können sie ihr Kontrollbedürfnis überwinden und zu Gefährten werden. Der Gefährte ist liebevoll und unterstützend, er ist der Beschützer der Schwangerschaft.«
Sie lächelt. Ihre Wangen haben sich leicht gerötet.
Ich spreche weiter: »Als Beschützer der Schwangerschaft und Partner oder Ehemann ist er der ideale Gefährte. Um ihr Kind optimal zur Welt zu bringen, braucht die werdende Mutter den idealen Gefährten.«

»Sie müssen bald wiederkommen und meinen Mann kennenlernen«, sagt Monica Weiss mit glänzenden Augen. »Ich bin sicher, er würde sich auch freuen.« Sie bemerkt meine Irritation. »Nein, nein, keine Angst, ich wollte Sie jetzt noch nicht verabschieden. Ich bin froh über das Gespräch. Kommen Sie, nehmen Sie etwas von dem Kuchen.« Sie reicht mir einen Teller mit Apfelschnitten, besteht darauf, dass ich probiere, und schenkt mir Tee ein.
Dann erzählt sie mir ausführlich von ihren Geburten. Zwischendurch mache ich Notizen. Während ich schreibe, wartet sie ruhig und spricht erst weiter, sobald ich den Stift absetze. Was sie mir erzählt, ist so interessant, dass ich mehrfach nachfrage. Mich fasziniert auch, wie sie über ihre Erfahrungen spricht. Über Merles Geburt beispielsweise redet sie, als wäre sie gestern gewesen. Jedes Detail der Entbindung ist ihr präsent. Sogar an den Verlauf der

Schwangerschaft kann sie sich genau erinnern. Gegen Ende des Nachmittags berichtet sie schließlich von dem sogenannten Unglückstag, einer sehr schwierigen Erfahrung für die gesamte Familie, Merles Trauma.

· Ich hoffe, ich habe auch Monica Weiss dabei helfen können, diese Erfahrung besser zu verarbeiten, sicher bin ich aber nicht. Anschließend sagt sie, sie fühle sich irgendwie befreit. Ob dies von Dauer ist, wird sich zeigen. Ich verlasse das Haus durch den Garten, um auch Marielle Adieu zu sagen, sehe sie aber nicht. Als ich gerade ins Auto einsteigen will, steht sie plötzlich neben mir und zupft mich am Arm. »Es ist gut«, sagt sie und reicht mir zum Abschied eine rosa-gelbe Rose, die, wie sie mir erklärt, »Die Welt« heißt.

Merle explodiert – oder
wie groß ihr »kleines« Problem
wirklich ist

»Die Welt« ist schön. Sie ist es auch noch nach einer Woche. In all ihrer Schönheit duftet »Die Welt« nun in einer Vase auf meinem Schreibtisch in der Praxis. Ein wenig muss ich mich an den Gedanken gewöhnen, die Welt in einer Vase auf meinem Schreibtisch stehen zu haben, und sei es auch nur namentlich, doch je länger ich die Rose anschaue, umso mehr glaube ich tatsächlich, dass sie die Welt ist. Sie ist die Welt und gleichzeitig ein Teil von ihr.

Bei diesen Betrachtungen findet mich Merle. Sie ist gelb wie ein Kanarienvogel gekleidet, dazu grasgrüner Nagellack, türkiser Lidschatten und eine riesige verspiegelte Sonnenbrille auf der Nase.

»Ist die Welt nicht schön?«, fragt sie, schiebt die Sonnenbrille über die Stirn auf den Kopf und lässt sich mir gegenüber in den Stuhl fallen. Das quietschende Geräusch, das dabei erzeugt wird, könnte einen glauben machen, auch Dinge hätten ein Schmerzempfinden.

Ich muss lachen, weil das Ächzen des Stuhls, ihr Auftritt und die Frage eine groteske Einheit bilden. »Ja«, sage ich.

»Huh, das freut mich aber, dass Sie das sagen. Sie sehen auch gar nicht mehr so traurig aus.« Sie streckt die Beine unter meinem Schreibtisch aus, rutscht tiefer in den Stuhl und verschränkt die Hände hinterm Kopf. Sie schaut mich aufmerksam an.

Nachdem ich den ersten Impuls überwunden habe, mich ihr gegenüber als Patient zu fühlen, fällt mir auf, dass sie dunkle Ränder unter den Augen und verquollene Tränensäcke hat. Wahrscheinlich hat sie die letzten Nächte wenig geschlafen und noch vor wenigen Stunden geweint. Ich wechsele in die feine Aufmerksamkeit, um mehr zu sehen.

Das ist der Moment, in dem sie explodiert. Eine so plötzliche Bewegung habe ich selten, wenn überhaupt, in der Form gesehen. Es kommt vor, dass Klienten während der Behandlung auf einmal und scheinbar grundlos zu lachen beginnen. Heiterkeit, die vormals blockiert war, kann sich spontan und machtvoll zeigen. Einige Menschen lachen dann, bis ihnen die Tränen kommen. Das ist ein guter und sehr heilsamer Effekt, der auf eine gelungene Behandlung schließen lässt. Nicht wenige Klienten weinen bei der Behandlung. Durch die Arbeit auf der feinen Ebene kommt der Mensch in Kontakt mit seiner Trauer, und die Tränen, die dann fließen, sind heilsam. Einige Menschen weinen, sobald sie mir gegenübersitzen. Ein größeres Problem, womöglich sogar ein lebensbedrohendes, hat sie zu mir geführt. Dieses Problem nimmt sie so mit, dass sie die ganze Zeit weinen könnten, doch sie haben gelernt, ihre Tränen zu unterdrücken, und im Moment, wo sie vor mir sitzen, mit all ihren Hoffnungen auf Heilung, all ihren Zweifeln, ob dies wirklich möglich ist, geleitet von dem Wunsch, vollständig gesund zu werden, und sei es ihren Angehörigen zuliebe – in diesem Zustand, in diesem Moment können sie ihre Tränen nicht mehr halten und weinen manchmal, sobald sie das Behandlungszimmer betreten haben, und natürlich tröste ich dann, bevor die eigentliche Arbeit beginnt.

Von einer Sekunde zur nächsten spritzen Merle winzige Fontänen aus den Augen. Dass ein so starker Tränenfluss biologisch überhaupt möglich ist, wusste ich nicht. Plötzlich sitzt sie schluchzend da. Ich setze mich neben sie und nehme sie in den Arm. Zitternd legt sie den Kopf auf meine Schulter und weint.

In einem derart aufgelösten Zustand braucht wohl jeder Mensch Trost, und zwar durch Berührung und auch sofort, Worte allein helfen da wenig. Einige Klienten habe ich als Erstes in den Arm genommen, auch wenn ich den Grund ihrer Trauer noch gar nicht kannte, und nichts daran ist unpassend oder unprofessionell, wie kritische Geister jetzt einwenden könnten, im Gegenteil.

Merle klammert sich an mich. Ich halte sie so behutsam wie möglich. Sie hat ein geradezu biblisches Drama überlebt. Kein Wunder, wenn in Folge immer wieder Trauer hochsteigt und die Tränen fließen, manchmal eben auch so heftig wie heute. Wahrscheinlich, das hoffe ich jedenfalls, bietet ihr emotionaler Ausbruch heute die Chance, ihr Trauma aufzulösen und die psychische Wunde zu heilen, die jene von ihr durchlebte Katastrophe hinterlassen hat, ihr »kleines Problem« wie sie anfangs sagte.

Merles Geburt –
und die Schönheit ihrer Ankunft

Monica ist Ende 22, als sie Merle an einem Spätsommertag empfängt. Wenige Wochen zuvor hatte sie Robert Weiss auf dem Campus der Hamburger Universität kennengelernt, einen fünf Jahre älteren, frisch diplomierten Physiker, der später als Strömungsmechaniker in der Flugzeugindustrie arbeiten wird. »Wir liebten uns vom ersten Moment an«, hatte sie mir erzählt, »und wir wollten vom ersten Moment an ein gemeinsames Kind.«

Das Ergebnis des Schwangerschaftstests versetzt beide in einen Zustand der Euphorie. Ein Kind in der Stadt? Nein, da sind sie sich schnell einig. Seine und ihre Familie greifen ihnen finanziell unter die Arme. Sie ziehen in das Dorf und in das Haus, in dem sie heute noch leben. Er organisiert alles, schleppt alles, damit Monica keinen seelischen und körperlichen Stress hat. Sie heiraten im vierten Monat der Schwangerschaft. Monica raucht nicht, trinkt nicht, ist kerngesund. Im neuen Jahr fürchtet sie, von der Grippewelle erfasst zu werden, wird aber nicht krank. Sie planen eine Hausgeburt. Glücklicher Umstand: Im Dorf wohnt eine Hebamme. Die Hausärztin rät zu regelmäßigen Vorsorgeuntersuchungen. Monica lehnt das mit der Begründung ab, sie fühle sich gesund, ihr Kind sei es auch, Ultraschall würde sie beide bloß durcheinanderbringen. Die Ärztin akzeptiert das, insistiert auch später nicht, weil die Schwangerschaft dem Augenschein nach auch vorbildlich verläuft.

Robert erweist sich als sehr liebevoller Mann. Stundenlang kann er neben ihr liegen, ihren Bauch betrachten, ihn bewundern und streicheln. Er spricht mit dem Kind in ihrem Bauch, lange bevor es sich regt. Als es schließlich gegen ihre Bauchdecke tritt und sich sichtbar bewegt, klatscht er vor Begeisterung in die Hände, weint Tränen der Freude. Die Monate der Schwangerschaft empfindet sie als die glücklichste Zeit ihres Lebens. Sie fühlt sich wie in einem Ozean der Liebe, sie liebt und wird geliebt wie vielleicht noch nie zuvor, und als offensichtliches Zeichen dieser Liebe wächst die

Frucht der Liebe, die sie auch noch austragen darf. »Das ist fantastisch. Das ist unsagbar schön. Das ist das Paradies auf Erden«, hatte sie mir dazu gesagt.

Bis in die letzte Woche vor der Geburt haben sie ein reges Sexualleben. »Die Hebamme hatte nichts dagegen. Ich dachte, was mich entspannt, entspannt auch das Kind«, so Monicas Begründung. Allerdings klebt Robert inzwischen fast wie ein zweites Kind an ihr. Sie beruhigt sich mit dem Gedanken, dass ihr Mann durch ihre Schwangerschaft womöglich an sein Kindsein erinnert wird, also irgendwie regrediert ist, sich zum richtigen Zeitpunkt aber wieder vollständig in einen erwachsenen Mann verwandeln wird.

Während der letzten Wochen vor der Geburt kann Monica keine Treppen mehr steigen. Robert trägt sie abends zum Schlafen hinauf in den ersten Stock und morgens wieder herunter. Das allein empfindet sie als so männlich, erwachsen und stark, dass sie ihm die Schwäche eines fast kindischen Nähebedürfnisses leicht verzeihen kann.

Häufig schläft sie in seinen Armen ein, manchmal wacht sie auch in seinem Arm auf. Inniger Beginn eines innigen Tages in einer Zeit größter Innigkeit. Dem Kind geht es gut. Wenn es in der Gebärmutter strampelt, beult sich inzwischen Monicas Bauchdecke. Sie glaubt, die Abdrücke von Händen und Füßen unterscheiden zu können. »Siehst du, wie es sich freut. Es ist schon ganz zappelig vor Freude, weil es bald auf die Welt kommen kann«, sagt Monica zu ihrem Mann.

In der 34. Schwangerschaftswoche bekommt sie unregelmäßige schwache Übungswehen, sogenannte Braxton-Hicks-Kontraktionen, die nach drei Tagen wieder nachlassen. In der 38. Woche hat sie zwei Tage regelmäßige Vorwehen, dann wieder nicht. Weil Monica an die heilende Kraft der Musik glaubt, hört sie immer wieder die »Goldberg-Variationen« von Johann Sebastian Bach, auch das »Wohltemperierte Klavier«, und geht dabei langsam in der Wohnung auf und ab, versucht, ruhig zu bleiben, obwohl sie ein Gefühl großer Rastlosigkeit erfasst hat. Die Tritte in ihrem Bauch sind längst sehr schmerzhaft, doch als Lebenszeichen gleichermaßen beglückend. Robert weicht nicht mehr von ihrer Seite. Inzwischen ist sie dankbar dafür.

Anfang der 39. Woche setzen die Vorwehen mitten in der Nacht wieder ein. Eine Stunde glaubt sie, die Geburt habe begonnen, doch die Wehen werden nicht stärker, gegen Morgen schläft sie endlich ein. Am Donnerstag wecken sie Vorwehen. Sie spürt, dies ist der Tag der Geburt. Robert informiert die Hebamme. Monica bleibt im ersten Stock, geht im Schlafzimmer auf und ab, zu Beginn einer Wehe hockt sie sich hin und erhebt sich gegen Ende, eine indianische Praktik, um die Wehen zu stabilisieren und die Geburt einzuleiten.

Am Nachmittag beginnen die noch heftigeren Eröffnungswehen. Monicas Mutter kommt, kurz darauf die Hebamme. Die Hebamme stellt fest, dass das Kind in Steißlage liegt. Im Moment, wo die Hebamme einen Krankenwagen rufen will, spürt Monica eine Bewegung im Bauch. Die Hebamme ist verblüfft, das Kind hat sich gedreht. Sein Kopf zeigt nun zum Muttermund, sein Rücken zur Wirbelsäule der Mutter, die richtige Position. Trotzdem rät sie zu einer Geburt im Krankenhaus, doch Monica, auch von ihrer Mutter bestärkt, besteht auf einer Hausgeburt.

Nach knapp fünf Stunden unter Wehen und Schreien, die wahrscheinlich im ganzen Dorf zu hören sind, schiebt sich ein zerknautschter Kindskopf in die Außenwelt. Robert erhebt sich von seinem Platz neben Monicas Kopf, um das Kommen des Kindes genauer zu sehen, doch Monicas Mutter hält ihn sanft am Arm fest und rät ihm, sich wieder zu setzen, der Anblick des blutigen Kindskopfes am vaginalen Ausgang sei nichts für ihn. Sie wird später sagen, das Kind habe verschmitzt gegrinst, bevor es noch ganz auf der Welt war. Die Hebamme, die sofort den Kopf greift und das Kind herauszieht, meint, es habe in diesem Moment gelächelt. Das Lächeln eines von seiner Ankunft in der Welt beglückten Babys. Ein derartiges Lächeln habe sie bei einem Neugeborenen noch nie gesehen.

Die Hebamme legt der Mutter das Kind, ein Mädchen, auf den Bauch – ohne es abzunabeln. Blut pulsiert in der Nabelschnur, während es gleichzeitig ruhig zu atmen beginnt.

»Schön, wie entspannt sie ist«, sagt die Hebamme. Die meisten Neugeborenen hielten die Hände zu Fäusten geballt, Ausdruck der titanischen Anstrengung durch die Geburt, die sich erst später lösen würde. Aber dieses Kind sei so entspannt, als habe ihm die Geburt nichts ausgemacht. Wie es eigentlich heißen solle?

»Merle«, flüstert Monica. »Ja«, sagt Robert mit brüchiger Stimme und räuspert sich, denn er hat vor Rührung einen Frosch im Hals, »Merle.« Auf den Namen hatten sie und Robert sich in den Wochen vor der Geburt geeinigt, falls es ein Mädchen wird, was sie in Wahrheit schon wussten, denn ein passender Jungenname war ihnen nicht eingefallen.

»Merle, meine kleine Merle«, sagt Monica, »wie schön, dass du da bist.«

Kurz darauf wird sie von Monica zum ersten Mal an die Brust gelegt. Monica will ihr Kind nicht aus der Hand geben, deshalb kann das Geburtsgewicht nicht gemessen werden. Späteren Berechnungen zufolge müssen es etwa 3200 Gramm bei einer Größe von 49 Zentimetern gewesen sein. Eine Stunde später, kurz bevor Monica durch Nachwehen die Plazenta, den Mutterkuchen, ausstößt, klemmt die Hebamme die Nabelschnur ab, damit Robert sie durchschneiden kann. Weil einige Urvölker das so handhaben, vergräbt er die Nachgeburt im Garten.

Merles Kindheit –
und was sie in der Rosenhöhle findet

Es gibt einen alten Teil in dem von Monica und Robert neu ange-
legten Garten. Das ist der Bereich, den sie vorgefunden und so
belassen hatten, als sie in das Haus eingezogen waren. Das Haus
fanden sie damals ganz schön, vor allem aber zweckmäßig. Der eigentliche Grund, warum sie es auch gemietet haben, ist im hinteren
Teil des verwilderten Gartens zu finden: drei Birnbäume auf einer
kleinen Wiesenfläche, von Kletterrosen überwuchert. Bäume und
Rosen bilden eine ineinander verschlungene, etwa vier Meter hohe
Pflanzenkuppel. Die Größe der Kuppel und die Dicke der Stämme
lassen auf ein Alter schließen, welches die Existenz des Hauses
übertrifft. Das Miteinander der Pflanzen muss gesund sein, sonst
hätten Bäume und Rosen nicht zu etwas so Mächtigem verwachsen
können. In ihrer weißblütigen Symbiose strahlen sie eine erhabene
Schönheit aus und bringen Besucher zum Staunen.

Zwischen den Stämmen, unter dem Blätterdach hat sich ein
Hohlraum gebildet, der etwa eineinhalb Meter hoch ist und wie ein
natürlicher Andachtsraum wirkt. Auch an heißen Sommertagen
bleibt es hier angenehm kühl. Deshalb hat Robert eine kleine Holz-
bank hineingestellt. Schon am zweiten Tag nach der Geburt sucht
Monica diesen Platz zum Stillen auf. Die Bank ist nicht sonderlich
bequem, aber die Bienen summen beruhigend in den Blüten, und
Merle trinkt hier besonders gut. Selbst im Winter, wenn die Rosen
die Blätter verlieren, die Birnbäume ebenfalls fast nackt dastehen
und die Kuppel eher an ein Gewirr aus Nato-Stacheldraht als an ein
Gewächs erinnert, wird Merle von der Mutter manchmal hierher
gebracht. Der Ort scheint der Tochter Kraft zu spenden.

Mit neun Monaten beginnt Merle auf dem Rasen im Garten zu
krabbeln und bewegt sich zielsicher auf die Rosenhöhle zu. Nach
»Mama« kann sie »Öhe« sagen, was Höhle heißen soll und bedeutet, sie wolle auf dem schnellsten Wege dorthin. Auch das Laufen
scheint sie mit fünfzehn Monaten laut Darstellung der Mutter vor

allem so früh zu lernen, um sich nach Lust und Laune an ihren Lieblingsplatz zu begeben.

Die Affinität des Kindes für den Ort, an dem seine Plazenta vergraben liegt, erstaunt die Eltern. Obwohl sie damit für Merle einen Platz der Kraft schaffen wollten, verwundert Robert und Monica, in welchem Maße sich das Kind von der Rosenhöhle angezogen fühlt. Abgesehen von einigen Kinderkrankheiten, die auch vor Merle nicht haltmachen, entwickelt sie ein sehr robustes Naturell. Oft ist ihr helles Lachen zu hören. Sie klettert mit anderen Jungs auf Bäume, scheint aber irgendwie immun gegenüber deren Launen und Nöten zu sein. Die anderen Kinder triezen und verhauen einander, Merle lassen sie in Ruhe, verhalten sich sogar deutlich netter, sobald sie dabei ist. Schon mit vier Jahren wählt sie ihre Worte und wirkt älter, als sie ist. So gut wie nie beschwert sie sich über Dinge, die bei anderen Kindern größtes Geschrei auslösen. Wenn sie abends ins Bett gebracht wird, schläft sie meistens sofort ein, und wenn nicht, spielt sie ruhig mit ihrem Lieblingstier, einem kleinen Stoffpinguin, oder betrachtet die von Monica gemalten Tier-Silhouetten an der Wand. Natürlich kommen ihr die Tränen, wenn sie sich durch eine Unachtsamkeit wehtut oder sogar verletzt, doch jammert sie nicht.

Die Grundschule bereitet ihr keine Mühe, interessiert sie aber auch nicht. Umso mehr reagiert sie auf Mitschüler, Lehrer und deren Befindlichkeiten. Ihren Klassenlehrer versucht sie mit der Bemerkung zu trösten, seine Frau sei bei den Engeln angekommen. Der Lehrer bricht in Tränen aus. Seine Frau ist vor einigen Wochen an Krebs gestorben. Nach diesem und anderen vergleichbaren Vorkommnissen wird Merle von ihrer Umwelt mit wachsender Scheu wahrgenommen. Natürlich ist sie ein Kind, spielt wie ein Kind, ist albern wie ein Kind, doch vermittelt sie gleichermaßen eine Aufmerksamkeit und Ernsthaftigkeit, wie sie viele Erwachsene nicht haben. Nach der Schule geht sie häufig in die Rosenhöhle, sitzt für eine Weile einfach nur da, meistens still, manchmal summt sie leise vor sich hin. Monica erzählt Robert, Merle würde nach der Schule an ihrem Platz meditieren. Robert nimmt sich einen Tag frei, um es mit eigenen Augen zu sehen. Auch das Dorf einigt sich darauf, dass sie ein besonderes Kind ist.

Als sie bei Freunden von Monica und Robert ein Schlagzeug sieht, beginnt sie sofort, darauf zu spielen, wünscht sich auch eins und dazu Unterricht. Auf dem Gymnasium spielt sie mit älteren Jungs in einer Schülerband. Merles schulische Leistungen sind so gut, dass sie eine Klasse überspringen darf. Besonders interessieren sie Gemeinschaftskunde und Geschichte. Sie hält mehrere Referate über politische Themen, zum Beispiel über die Tatsache, dass fast alle amerikanischen Präsidenten wenigstens zu Beginn und gegen Ende ihrer Amtsperiode einen Krieg in der Dritten Welt geführt haben.

In der Pubertät zeigt sie keine Neigung zu gefährlichen und ungesunden Dingen, raucht nicht, probiert keine Drogen, trinkt so gut wie nie, obwohl Freundinnen und Freunde das regelmäßig tun und sie nun in einer Rockband namens »Norden« trommelt und in Jugendzentren und kleinen Klubs auftritt. Das Leben würde sie berauschen, erklärt sie, wenn sich jemand über ihre Enthaltsamkeit beschwert. Werbungen von Jungs werden ebenfalls abgewiesen. Monica findet das nicht altersgemäß und spricht sie darauf an. Merle erwidert, sie warte, bis es sich richtig anfühle.

Nach dem Abitur überdenkt sie ihre Interessen, stellt fest, dass sie sich zwar für Musik interessiert, aber noch mehr für Menschen und schreibt sich kurz vor ihrem zwanzigsten Geburtstag für Humanmedizin ein.

Monica und Robert sind froh und stolz über diese Entwicklung. Rückblickend lässt sich Merles Kindheit wohl ohne Übertreibung als vollkommen unkompliziert und geradezu märchenhaft schön beschreiben.

Selbst größere Probleme im Dorf, schlechte Nachrichten aus dem Rest der Welt, die Kenntnis wahrhaftiger Katastrophen und die sehr gewöhnungsbedürftigen Anblicke in der Pathologie gleich am Anfang des Medizinstudiums vermögen Merle so wenig anzuhaben, dass sie auch als junge Frau noch genau so vollständig und absolut sie selbst sein kann wie als Kind. Bis zu dem Tag, an dem die Welle kommt. Seitdem driftet ihr Bewusstsein immer häufiger ab.

»In die Dunkelzone«, sagt Marielle.

»In die Depression«, sagen die Ärzte.

Der Tsunami –

ein Elefant rettet die Familie

Robert hatte der Familie einen großen Urlaub geschenkt: Strand, Palmen, ein Haus am Meer. Monica hatte sich Asien gewünscht, vielleicht Burma oder Kambodscha. Nach Thailand waren die Flüge billiger. Zwei Tage vor Weihnachten landen sie in Bangkok, nehmen den Anschlussflug nach Phuket, um von dort mit dem Bus in die südliche Provinz zu reisen, ein Naturschutzgebiet mit idyllischen Fischerdörfern, wenig Tourismus und weiten weißen Stränden an der Andamanensee. Mit der Fähre setzen sie über auf die Insel Kho. Laut Reiseführer »verirren sich nur wenige Individualtouristen hierher.« Ruhe, Natur und die Aura des Ursprünglichen, das ist genau das, was Robert und Monica suchen. Ein Fischer fährt sie für 50 Baht in ein kleines Dorf mit knapp zwei Dutzend Häusern, sehr schön am Nordzipfel der Insel gelegen, mit einem herrlichen Strand in Richtung Festland, also seeabgewandt, was die Sicherheit für die Kinder erhöht. Auf der einen Seite des Dorfes erhebt sich ein kilometerlanger Mangrovenwald, auf der anderen der einzige Hügel der Insel. Der Bürgermeister vermietet ihnen ein Ferienhaus kaum hundert Meter vom Strand entfernt. Zum Jahreswechsel 2004 sind sie die einzigen Urlauber hier.

Monica und Robert mögen das Dorf und die immer freundlichen Bewohner. Eigentlich hatten sie herumreisen wollen, doch die Mädchen schließen Freundschaft mit anderen Kindern, auch wenn sie sich mit ihnen nur über Gesten verständigen können. Ganz besonders aber lieben sie Nelly, den Stolz des Dorfes, eine Elefantendame, vor Jahren gemeinschaftlich auf dem Festland gekauft, um gefällte Bäume zu ziehen.

Falls Touristen kommen, gibt es Sitzbänke zum Aufschnallen. Über eine Rampe können die Touristen dann auf den Rücken des Elefanten steigen und sich am Strand entlang durchs Dorf und in den Dschungel schaukeln lassen. Davon sind Merle und Marielle so begeistert, dass Monica und Robert mit ihnen am Nachmittag des

Heiligabends einen mehrstündigen Ausflug ins Inselinnere unternehmen. Natürlich nicht ohne Alonggott, den Elefantenführer, der Nelly mit einem unerschütterlichen Lächeln im Nacken sitzt und der 16-jährigen Merle mit hochgezogenen Brauen schmachtende Blicke zuwirft. Er wirkt etwas jünger als sie, könnte aber auch älter sein, und ist wahrscheinlich der einzige Junge hier, mit dem sie sich wenigstens rudimentär unterhalten kann. Er ist der Sohn des Bürgermeisters. Falls Familie Weiss ihn richtig verstanden hat, lernt er sein Englisch auf einer weiterführenden Schule in der Bezirkshauptstadt.

Heiligabend verbringt die Familie im Ferienhaus. Robert siedet Langusten im Wok und wird für seine Kochkunst gelobt. Monica zündet die eigens aus Deutschland mitgebrachten Weihnachtskerzen an. Marielle weint vor Freude über die zwei Puppen, die sie zu Weihnachten bekommt. Merle ist glücklich über das kleine längliche Paket, in dem sie ein Paar Drumsticks ertastet, Vorboten eines nagelneuen Schlagzeugs, das sie bei der Rückkehr im heimischen Keller vorfinden wird. Monica und Robert stoßen mit Reiswein an, froh, dass sie diese Reise angetreten haben, ihr gemeinsames, gegenseitiges Weihnachtsgeschenk.

Der erste Weihnachtstag beginnt mit einem verschlafenen Morgen. Gegen zehn küsst Marielle Monica wach. Alle haben über neun Stunden geschlafen.

»Reisen ist ganz schön anstrengend, Kinder«, sagt Monica.

»Du willst dich jetzt aber nicht beklagen, Sweetheart«, sagt Robert und dreht sich zu ihr hin.

Merle kommt aus dem Nebenzimmer und legt sich mit ins Bett der Eltern. Robert meint, niemand könne sich beschweren, wenn jetzt das Bett zusammenbräche. Merle meint, wenn jetzt die Welt unterginge, wäre es für sie auch okay. Monica verspürt den Impuls, ihr zu sagen, sie sei aber nicht allein auf der Welt, lässt es aber, um nicht wie eine Oberlehrerin zu klingen. Als Familie spüren sie in diesem Moment die Kraft ihrer Gemeinschaft. Womöglich inniger als je zuvor. Und sie sind dankbar dafür.

»Manchmal muss man weit reisen, um noch deutlicher zu sehen, wie nah man einander ist«, sagt Monica. Den ersten Weihnachtstag verbringen sie damit, zu baden, unter Palmen Schatten zu suchen, zu essen, zu lesen, zu reden, albern zu sein, nichts zu tun, möglichst wenig zu denken, glücklich zu sein und so weiter. Ein wenig störend nur, dass Alonggott, ihr jugendlicher Elefantenführer, stundenlang wie ein Schutzgeist auf einem umgestürzten Baumstumpf hockt und sie beobachtet.

In der Nacht vom ersten Weihnachtstag zum zweiten kann Merle kaum einschlafen, und Marielle wacht mehrfach auf. Einmal träumt sie, dass die Erde bebt und Vögel in großen Scharen am Himmel ziehen. »Es ist gut, mein Schatz«, beruhigt Monica sie, »hier bist du sicher.« Monica dreht sich zu Marielle hin, nimmt die Tochter ins Körbchen und schläft so mit ihr wieder ein.

Robert erwacht am nächsten Morgen kurz vor acht mit dem Gefühl, das Bett würde zittern, beruhigt sich aber mit dem Gedanken, dass schwache Beben in diesem Teil der Welt alltäglich sind, wenn er sich das Gefühl nicht ohnehin eingebildet hat. Weil er nicht wieder einschlafen kann, steht er auf und bereitet Omelette zum Frühstück. Dann weckt er Monica und die Kinder. Sie frühstücken auf der Terrasse.

Kurz nach neun bemerkt Robert, dass Ebbe sein muss, denn das Meer weicht vom Strand zurück.

»Schau mal, wie weit das Meer jetzt weg ist«, sagt Merle.

»Merkwürdig«, sagt Robert.

»Ich wusste gar nicht, dass der Meeresspiegel hier so weit sinken kann«, sagt Monica.

Marielle spielt mit ihren beiden Puppen am Frühstückstisch, springt dann auf und läuft in Richtung Strand. Eine Puppe in jeder Hand. Sie spielt Fliegen mit ihnen.

Robert schiebt gerade den letzten Bissen Ei in den Mund, als er das Rauschen hört. Es klingt nicht wie normales Meeresrauschen, sondern wie ein leises Brausen, das langsam lauter wird. Das Brausen kommt aus einer Richtung, wo er das Meer nicht sehen kann, weil auf der Westseite die Mangroven davorstehen. Robert erhebt sich, um einen besseren Überblick zu haben. Was er sieht: Alonggott auf dem Elefanten. Der Elefant rennt im Elefantengalopp direkt auf Marielle zu. Robert hat noch nie einen Elefanten galoppieren sehen. Es ist ein seltsames Bild. Ein so mächtiges Tier in so schneller Bewegung. Ist Alonggott verrückt geworden? Will er

Marielle umrennen? Sie alle töten? Was ist hier eigentlich los? Im gleichen Moment sieht er, wie die Elefantendame Marielle mit dem Rüssel packt und auf den Rücken schwingt. Alonggott schreit etwas, klingt wie »Hurra«, »Hurray«, verdammt, nein, »Hurry!«

»Komm schon!«, ruft Monica. Sie zeigt in Richtung Hügel. Sie rennen. Dann ist Nelly neben ihnen, packt Monica, die langsamer ist als Robert und Merle, schließlich Robert und Merle. Sie klammern sich fest. Mit einer geradezu unglaublichen Geschwindigkeit walzt der Elefant mit ihnen auf dem Rücken den Weg zum Hügel hinauf und stößt dabei Trompetenschreie aus.

Aus dem Brausen des Meeres ist ein Brüllen geworden. Als Robert zurückblickt, sieht er, wie die meterhohe Gischtwand des Tsunami über die Mangroven bricht und Bäume und Häuser krachend umreißt und wegfegt. Innerhalb von wenigen Minuten steht im Dorf kein Haus mehr. Sie hören menschliche Schreie, doch können sie nicht erkennen, woher sie kommen.

Einige Dörfler sind schon vor ihnen auf dem Hügel angekommen, darunter auch der Bürgermeister. Robert springt zu Boden, hilft Monica und den Kindern herunter. Menschen rufen durcheinander. Monica hockt sich mit Marielle an einen Baum. Das Kind vergräbt den Kopf in ihrer Brust und hält sich mit beiden Händen die Ohren zu. Der Bürgermeister brüllt mit rotem Kopf auf Alonggott ein. Der Elefantenführer muss auch abgestiegen sein; wie ein Zirkusdompteur steht er vor Nelly und versucht, sie zu beruhigen. Die Elefantendame hat die Ohren weit abgestellt, wirft den Kopf vor und zurück, als würde sie etwas verneinen und gleich wieder bejahen. Mit erhobenem Rüssel stößt sie schrille und rasselnde Trompetenlaute aus. Mehrere Männer treten zu ihr hin, wollen sie beruhigen, bewirken aber das Gegenteil. Nelly wirft sich auf den Hinterbeinen herum, prallt mit dem Kopf gegen eine Palme, die dadurch umknickt. Die Männer schreien und brüllen durcheinander, als Nelly den nächsten Baum umrennt und trompetend im Wald verschwindet.

Merle weint mit dem Kopf an meiner Schulter. Wir sprechen nicht zum ersten Mal über den Tsunami. Noch genauer hatte ihre Mutter mir die Ereignisse beschrieben. Wie der Elefant sie rettete, bevor die Welle kam und den Wald und das Dorf wegfegte, berichteten beide. Aber nur Monica erzählte mir, was danach geschah, als der Elefant nämlich aus dem Wald wieder auftauchte und zitternd auf einer nahen Lichtung stand. Flüssigkeit tropfte aus seinen Augen. Es sah aus, als würde er weinen, und vielleicht weinte er auch. Elefanten können angeblich Trauer empfinden. Dann griff er an.

Unter Tränen erzählt mir Merle nun, wie der Bürgermeister und zwei weitere Männer aus dem Dorf versuchen, den Elefanten zu erschießen, einer der Männer dabei zu Tode kommt, bevor der Bürgermeister und seine Leute das Tier tatsächlich zu Fall bringen und töten können. Ihr Trauma.

Mit dem Tod des Elefanten tritt Merle, wie sie es nannte, in die »Dunkelzone« ein, spricht tagelang nicht mehr, verweigert die Nahrung, wirkt noch Monate später apathisch. Auch Monica fühlt sich innerlich stumpf und ausgestorben, kann sich aber durch die Erfordernisse des Alltags nach einigen Wochen von den Erinnerungen ablenken. Marielle erholt sich am schnellsten. Schon nach wenigen Tagen lacht sie wieder und versucht, Merle, Monica und Robert aufzuheitern. Ärzte diagnostizieren bei Merle eine posttraumatische Depression, verordnen Psychopharmaka. Sie nimmt die Medikamente nicht, sondern trommelt auf ihr Schlagzeug ein, bis die Felle bersten. Schließlich kommt sie zu mir.

Dafür, das muss ich an dieser Stelle deutlich sagen, bin ich sehr dankbar. Zu unserer beider Freude habe ich ihr tatsächlich helfen können, denn heute hat sie keine Depressionen mehr, doch das ist nicht der eigentliche Grund, warum ich ihre Geschichte und die ihrer Familie so ausführlich erzähle.

Thomas – das dritte Kind,
seine Geburt, sein Trauma

Monica hatte mir gesagt, sie habe Merle mit Gesundheit geimpft. Ich glaube, dies ist keine Übertreibung. Auch Marielle, der Nachzögling der Familie, wurde mit Vitalität »geimpft«. Beide Kinder erlebten eine ruhige und beschützte Schwangerschaft und eine sanfte und liebevolle Geburt. Beide wurden lange gestillt und hatten während der ersten beiden Lebensjahre ständigen Körperkontakt mit der Mutter. Das in Kombination ergibt die »Impfung«.

Dass Merle und Marielle besondere Menschen sind – wer wollte das an dieser Stelle bezweifeln? Durch diese »Impfung«, so meine ich, konnten sich ihre außerordentlichen Fähigkeiten jedoch besonders kraftvoll entfalten.

Gewöhnliche Menschen, meine ich auch, gibt es nicht. Es gibt nur ungewöhnliche, nämlich besondere. Menschen verfügen über ein individuelles Naturell, individuelle Anlagen und Talente. Auf welche Weise und in welchem Maße sie ihr Naturell, ihre Anlagen und Talente später einmal ausleben werden, wird viel mehr, als Medizin und Psychologie wahrhaben wollen, durch die Ereignisse vor, bei und direkt nach der Geburt geprägt.

Die beiden Mädchen erblickten das Licht der Welt wahrscheinlich so vollständig und heil wie die Kinder der alten Völker, und so verhielten sie sich auch: unglaublich wach, in ihrem Dasein präsent, sehr liebevoll und sehr direkt. Anders als Kinder, die unter den Nachwirkungen einer schlimmen Schwangerschaft und Geburt leiden, nach den Schrecken der frühesten Kindheit wie zugedröhnt heranwachsen oder als Hyperaktive innerlich nie zur Ruhe kommen, sogar im Schlaf noch irgendwie nachzubeben scheinen, schon zittrig und nervös erwachen, obwohl sie eigentlich ausgeschlafen sein müssten und daher mehr oder weniger unter ihren eigentlichen Möglichkeiten bleiben, in der Schule, aber auch im Spiel mit den Gefährten. Anders als die meisten Kinder, die auf irgendeine Weise unter den Folgen eines Vorgeburts- oder Geburtstraumas oder eines nachgeburtlichen Trennungstraumas leiden oder unter einer Kombination davon und daher schwächeln, gewannen Marielle und Merle in der Zeit bis zur Geburt, durch die Geburt und die Zeit unmittelbar danach vor allem eines: Kraft.

Marielle war vier, als die Welle die Insel überrollte, doch überstand sie den Tsunami ohne nennenswerte Nachwirkung.

Anna Freud, jüngste Tochter des Vaters der Psychoanalyse und selbst Psychologin, erlebte den Zweiten Weltkrieg in Londoner Bunkern und machte dabei eine verblüffende Feststellung: Solange die Mütter bei den Luftangriffen ruhig bleiben, bleiben es auch die Säuglinge in ihrem Arm.

Mit vier war Marielle kein Säugling mehr, auch wenn sie bis kurz vor der Reise noch gestillt wurde, sondern schon ein Kleinkind. Doch in eingeschränktem Maße galt der von Anna Freud beobachtete Effekt wohl auch hier. Monica Weiss zeigte keine Angst, blieb ruhig und kümmerte sich sofort um ihre Kleinste, Marielle. Die hielt sich die Ohren zu und blieb ebenfalls ruhig. Daher, so könnte man sagen, rauschte die Welle an ihr vorbei.

Merle erwischte sie voll. Eine besonders sensible Jugendliche an der Schwelle zum Erwachsensein. Sie sah und spürte ungefiltert, was im Zuge des Tsunamis geschah. Das war furchtbar, ein Trauma mit schwerwiegenden Folgen. Deshalb litt sie anschließend unter depressiven Schüben, doch weil sie seelisch vital ist, nämlich »mit Gesundheit geimpft«, konnte auch sie die traumatische Erfahrung (mit etwas Hilfe von außen) vergleichsweise leicht überwinden.

Opfer von Umweltkatastrophen mit vergleichbaren Ausmaßen leiden sehr häufig ihr Leben lang unter den seelischen Folgen. Erst nach monatelanger Traumatherapie stellt sich bei einigen von ihnen eine Besserung ein. Andere können ihren Alltag ohne die Einnahme von Psychopharmaka kaum mehr bewältigen.

Darauf bezieht sich die Formulierung »vergleichsweise leicht überwinden«. Und auf einen weiteren Beteiligten, von dem ich bisher absichtlich nicht berichtet habe. Thomas, den Sohn der Familie, Monicas zweites Kind, zum Zeitpunkt der Katastrophe neun Jahre alt.

Der Elefant muss ihn in der Eile etwas zu hart vom Boden gehoben haben. Kaum auf dem Rücken, fing Thomas zu weinen an. In der Aufregung auf dem Hügel wurde ein Geschrei daraus. Der Vater kümmerte sich um ihn, versuchte, ihn zu beruhigen, doch Thomas ließ sich nicht beruhigen. Auf den Tod des Elefanten reagierte er mit Hysterie. Noch Stunden danach zitterte er am ganzen Körper. Noch Monate später konnte er abends nur einschlafen, wenn die Mutter neben ihm saß. Weil er Albträume hatte, wachte er in der Nacht meistens mehrmals unter Tränen auf. Fast jede Nacht nässte er das Bett. Mitschüler und Lehrer machten ihm plötzlich Angst. Er weigerte sich, wieder zur Schule zu gehen. Monica musste ihn ein halbes Jahr von der Dorfschule nehmen. Besuche bei Ärzten und Psychologen brachten keine sichtliche Besserung. Die Zeit heilte etwas. Nach einem dreiviertel Jahr schlief er wieder einigermaßen leicht ein, wachte auch nur noch selten nachts weinend auf, doch nässte er immer noch das Bett. Er ging wieder zur Schule, aber ohne erkennbares Interesse, mied Mitschüler und antwortete auf Fragen nur, wenn er deutlich angesprochen wurde. Die schulischen Leistungen waren miserabel. So konnte er nicht aufs Gymnasium.

Auch Thomas ist ein Kind der Liebe. Die Schwangerschaft mit ihm verlief anfänglich gut, doch ohne erkennbaren Grund bekam Monica sehr früh Kontraktionen. Die hielten einige Minuten an und ließen dann wieder nach. Thomas, so empfand es die Mutter, reagierte mit Wut darauf und trat und schlug im Anschluss um sich. Das war doppelt anstrengend und wurde auch immer anstrengender, weil Thomas ja wuchs. Die sporadischen Kontraktionen traten knapp zwei Monate auf, also bis zum siebten. Monica ging nun regelmäßig zum Ultraschall. Die Ärzte schienen unsicher, ob das Kind gesund war. Trotzdem verlief die weitere Schwangerschaft ohne erkennbare Probleme. Dennoch riet die Hebamme mit Nachdruck von einer Hausgeburt ab. Monica ließ sich zur Entbindung im Bezirkskrankenhaus überreden. Ausgerechnet am Heiligabend platzte die Fruchtblase, doch im Krankenhaus war kein Arzt aufzutreiben. Als schließlich eine Ärztin kam, wollte das Kind nicht kommen. Die Wehen waren nicht stark genug. Also bekam Monica Wehenbeschleuniger. Die Geburt begann, doch plötzlich steckte

Thomas fest. Die Herztöne gingen runter. Für einen Kaiserschnitt war es zu spät. Er musste mit der Zange geholt werden. Blau kam er auf die Welt.

»Viel zu lange hat er einen auf Blau gemacht, aber jetzt ist er ja endlich da«, kommentierte Robert.

Niemand fand das lustig. Vor allem er selbst im Nachhinein nicht. Ohne jeden Zweifel erlebte Thomas eine besonders harte Geburt. Ich glaube, um es vorsichtig zu formulieren, dass er ein schweres Geburtstrauma hat. Dieses Trauma zeigte sich dank einer sehr behüteten frühen Kindheit jahrelang nicht. Man könnte sagen, der traumatische Impuls schlummerte in ihm und wurde erst durch die spätere Katastrophe geweckt. Nach meiner Erfahrung ein häufiges Phänomen bei traumatisierten Menschen. Das war jedenfalls auch mein Eindruck, als ich mit Thomas daran arbeitete. Für längere Zeit blieb es ein Versuch, denn Thomas wollte sich von mir trotz guten Zuredens durch die Mutter nicht behandeln lassen.

Eine derart abwehrende Haltung ist bei einem Kind fast immer Teil seines Traumas. Allerdings kann man niemanden zur Heilung zwingen, auch ein Kind nicht. Umso mehr freut es mich, dass er seine Abwehr bei der letzten Behandlung aufgegeben hat und seither deutlich weniger das Bett nässt.

Die drei Kinder der Familie Weiss, ihre Wege ins Leben, ihre späteren Erfahrungen und später meine eigenen mit ihnen zeigen meiner Meinung nach auf eine sehr direkte und typische Weise die Auswirkungen der Geburt und ihrer begleitenden Faktoren.

Ich behaupte, dass man Menschen ansehen kann, mit welchem Impuls sie gezeugt wurden, ob bewusst oder nicht, ob liebevoll oder eher nicht. Man kann ihnen auch ansehen, wie die Mutter mit ihnen schwanger ging, ob gern, ungern oder sehr ungern. Und nicht zuletzt die Erfahrung der Geburt hinterlässt sehr deutliche und sichtbare Spuren.

Zwischenfrage: Falls man ihnen beispielsweise ansehen kann, dass sie unabsichtlich und gedankenlos gezeugt wurden, sind sie dann nicht allein schon durch diese Tatsache gegenüber anderen benachteiligt?

Antwort: Nicht zwangsläufig. Menschen haben die Freiheit und die Fähigkeit, das Beste daraus zu machen.

Einspruch: Dann geht es hier also doch um so etwas wie fundamentale Benachteiligungen.

Antwort: Es geht eher um Unterschiede. Einige Menschen kommen leicht auf die Welt und leiden trotzdem an ihr. Andere kommen schwer zur Welt und haben kein Problem. Das zweifellos mit festen Vorstellungen beladene Thema Geburt ist keine Einladung, Menschen in geburtsbedingte Schubladen zu pressen. Er oder sie kommt sowieso auf Droge, wurde ja auch im Suff gezeugt. Bei der haben sich die Eltern schon während der Schwangerschaft gestritten, also kriegt sie beziehungstechnisch auch nichts geregelt. Aha, Saugglocke, daher die Riesenwut auf sich und die Welt. Okay, Kaiserschnitt, einer von diesen Hängern, die auch in jedem Job schlappmachen. Klar, ewig lang im Geburtskanal, also geht auch im Leben nichts voran. Stereotypen wie diese klingen irgendwie plausibel, bewahrheiten sich auch häufig in der Realität, jedoch bei weitem nicht immer. Menschen können wachsen. Über sich und ihre Kinderstube hinaus.

Einspruch: Sie können. Vielleicht. Oder auch nicht. Das macht wenig Hoffnung.

Antwort: Menschen verfügen über unglaubliche Selbstheilungskräfte. Diese Fähigkeit stellen Klienten mit den abenteuerlichsten und schwierigsten Lebenswegen jedenfalls immer wieder unter Beweis.

Einspruch: Wenn sich Leute mit den schwierigsten Lebenswegen, also ungewollte, fast abgetriebene Kinder, die eine schreckliche Schwangerschaft und eine furchtbare Geburt erlebten und dann auch noch zur Adoption freigegeben wurden – wenn diese bedauernswerten Menschen sich später trotzdem selbst heilen können, warum dann das ganze Gerede über die wichtigen Bedingungen bei Zeugung, Schwangerschaft und Geburt?

Antwort: Weil man es Menschen nicht künstlich schwer machen muss. Weil es tatsächlich nur wenigen gelingt, ihre frühkindlichen Wunden verheilen zu lassen. Und weil wir, wir alle, versuchen sollten, so meine ich, künftige Generationen so absichtsvoll, sanft und liebevoll wie nur irgend möglich zur Welt zu bringen.

Frage: Glauben Sie etwa, dass die Welt dadurch besser wird?

Antwort: Ja, genau das glaube ich.

Frage: Sind Sie wirklich so naiv?

Antwort: Ich halte das nicht für naiv. Ich halte es für richtig.

Einspruch: Was Sie für richtig halten, beweist noch gar nichts.

Antwort: Gucken Sie sich die Welt an. Bevölkert von Menschen mit seelischen Verletzungen. Jeder hat so seine Narben. Junge, alte, sehr alte. Sie, ich, wir alle.

Einspruch: Fast alle. Die Weiss-Mädchen hatten ja angeblich so gut wie keine.

Antwort: Ja, die sind eine sehr seltene Ausnahme. So selten, dass man fast glauben könnte, es gibt sie nicht. Aber es wird mehr von ihnen geben. Viel mehr Menschen wie sie, die vollständig und heil und wachsam auf die Welt kommen.

Einspruch: Um dann trotzdem Opfer von irgendeinem Riesenmist zu werden, einer Umweltkatastrophe oder so, und höllisch unter den Folgen zu leiden.

Antwort: Es hilft unseren Kindern, wenn sie einen guten Start ins Leben bekommen. Es hilft ihnen nicht, wenn wir uns vorstellen, dass sie später sowieso stolpern und auf die Nase fallen.

Einspruch: Aber so ist es nun mal.

Antwort: Ja, mehr oder weniger. Und genau deshalb dieses Buch. Thomas wurde durch negative Erfahrungen im Verlauf von Schwangerschaft und Geburt geschwächt. Und auch dies wollte ich durch die Vorstellung der Familie Weiss und ihrer Kinder deutlich machen. Wir können unsere Kinder bewusst und liebevoll zeugen, alles für eine behütete Schwangerschaft und sanfte Geburt tun, und umso wahrscheinlicher werden Schwangerschaft und Geburt auch glücklich verlaufen, doch absolut sicher können wir nicht sein. Wie auch das Leben, ist der Weg ins Leben zu komplex, um exakt geplant werden zu können. Selbst wenn von der Zeugung bis zum zweiten Lebensjahr keine Probleme auftauchen, können sie es später machtvoll tun.

Einspruch: Hab ich ja gesagt, nützt sowieso alles nichts, kommt ohnehin immer schlimmer und meistens, als man denkt.

Antwort: Nein! Falsch! Diese Art Fatalismus ist furchtbar, weil vor allem schädlicher Irrtum. Einige Menschen denken, die Umwelt ist so vergiftet, da ist es auch egal, ob man gesunde Speisen isst oder nicht, in die Kiste springt man so oder so. Dann eher früher, meine ich, denn je größer die Umweltbelastungen sind, umso wichtiger wird eine gesunde Ernährung. Schlechtes Essen verkürzt das Leben umso mehr.

Einspruch: Lenken Sie nicht vom Thema ab.

Antwort: Das Gleiche gilt auch für die Geburt. Gerade weil die Welt, in der wir leben, womöglich immer lauter und chaotischer wird, der tägliche Stresspegel also eher zu- als abnimmt, ist es umso wichtiger, Kindern einen bestmöglichen Start ins Leben zu geben. Der beginnt nun mal mit Zeugung, Schwangerschaft und Geburt. Und dieses Buch ist ein Plädoyer für viel mehr Achtsamkeit bei diesen entscheidenden Stationen des Lebens.

Die Verabredung –
was wir bei unserer Ankunft
erwarten (können)

Manchmal kommen wir irgendwo an – und sind begeistert. Was für ein wunderbarer Ort, was für wunderbare Menschen! Bei der Ankunft spüren wir, hier wollten wir schon immer hin, fantastisch, dass es endlich geklappt hat, hier wollen wir möglichst lange bleiben, hoffentlich schickt uns niemand wieder weg.

Oder wir kommen an – und sind enttäuscht. Schöne Vorstellungen hatten uns gelockt. Ernüchternd, wenn nicht hässlich, erschien uns dagegen, wo wir dann landeten. Schon die Anreise hatten wir uns eigentlich netter, entspannter, leichter vorgestellt. Entkräftet erreichten wir schließlich das Ziel, und dann so eine Enttäuschung. Dafür hatten wir all die Widrigkeiten auf uns genommen? Das konnte doch nicht wahr sein!

Oder wir kommen an – und sind schockiert. Wir können kaum noch oder gar nicht mehr in Erinnerung rufen, was uns einst gelockt hat, so furchtbar ist das, wo wir uns schließlich wiederfinden. Wir wissen nicht mehr, was wir uns beim Aufbruch eigentlich gedacht haben, umso quälender empfinden wir die Ankunft. Niemals hatten wir das, genau das hier, gewollt: das Drama unseres Daseins.

Nicht wenige Menschen leben mit dem Gefühl, sie hätten sich ins menschliche Dasein verirrt und sind daher grundsätzlich enttäuscht von den Formen der Existenz. Das ist mindestens so ernüchternd, wie einen Urlaub in einem Luxushotel zu buchen, sich dann aber in einer Absteige wiederzufinden.

»Betrug«, beschweren sich die einen und versuchen die Verantwortlichen zu finden. »Oh, wie traurig«, klagen die anderen und richten sich im Mangel ein.

Es gibt Situationen und Ereignisse, Verhältnisse und Erlebnisse, Anreisen und Ankünfte, die sind, so empfinden wir das, gegen die Verabredung.

Was für eine Verabredung?

Ganz einfach: Meine Ankunft ist willkommen, denn ich bin willkommen. Das ist die Grundvereinbarung für jede Ankunft – auch die im Leben. Doch für die Ankunft im Leben gibt es noch einen zweiten Teil: Und ich werde geliebt. Ich bin willkommen und ich werde geliebt, lautet daher die Verabredung fürs Leben – meine ich.

Wahrscheinlich wissen die meisten Menschen sehr genau, was gegen die Verabredung ist, gewisse widrige Umstände eben, bestimmte unliebsame Erlebnisse, Boshaftigkeiten, Gemeinheiten, liebloses Verhalten und so weiter. Weil wir ziemlich genau benennen können, was nicht in unserem Sinne ist, fällt es uns auch nicht besonders schwer, auszusprechen, wenn etwas gegen die Verabredung ist. Wir beschweren uns, wir schimpfen und meckern, wir wehklagen und jammern, wenn uns etwas sehr zuwider ist, also gegen die Verabredung zu sein scheint. Was gegen die Verabredung ist, so viel ist sicher, können wir meistens sehr genau sagen.

Doch wie die Verabredung genau zu verstehen ist, was es wirklich bedeutet, willkommen zu sein und geliebt zu werden, ist vielen Menschen womöglich nicht vollkommen klar. Allein schon, weil sie vielleicht Schwierigkeiten damit haben, willkommen zu heißen und zu lieben. Der Grund dafür könnte sein, dass sie selbst mangelhaft willkommen geheißen und nur unvollständig geliebt wurden. Das ist immer leicht gesagt, könnte man an dieser Stelle einwenden. Zugegeben, doch ich werde diese Behauptungen in Folge noch näher erklären. Auch davon handelt das gesamte Buch. Denn alles, was gegen *Die Verabredung* ist, so könnte man sagen, ist die Folge davon, dass sie gebrochen wurde und wird.

Ich meine, dass der Geist aus Lust am Leben inkarniert, also ins Fleisch geht. Ich meine, der Embryo wird mit der Gewissheit beseelt, dass das Leben etwas Schönes ist. Ich meine weiterhin, dass das Kindeswachstum im Mutterleib kein biologischer Automatismus ist, sondern in einem hohen Maße durch die Gewissheit genährt wird, willkommen zu sein und geliebt zu werden. Und ganz fundamental meine ich, dass dies *Die Verabredung* für das Leben ist. Ohne *Die Verabredung* wären wir also gar nicht da, nicht geboren, nicht in dieser Welt.

Wir, alle Menschen, haben eine Verabredung mit dem Leben und für das Leben getroffen, denn sonst stünden wir ja nicht mitten im Leben. Irgendwann und irgendwo haben wir *Die Verabredung* akzeptiert – auch wenn die aktuelle Lebensrealität in unserer Zivilisation womöglich sogar für das genaue Gegenteil spricht.

Wo das Natürliche künstlich angelegt wird – der Zivilisationsbruch

Die Geschichte der menschlichen Zivilisation ist auch die Geschichte der gebrochenen Verabredung. Dieser Bruch führt den Menschen aus seiner natürlichen Umwelt, mit der er in Harmonie und Einklang lebt, in eine Zivilisations- und Kulturwelt. Dort muss das Natürliche künstlich angelegt werden. Und es ist gängige Praxis, dass Harmonie und Einklang beispielsweise mittels Meditation durch Überwindung des von seinem Ursprung entfremdeten Ich erlangt werden.

Nichts gegen Meditation, ich selbst praktiziere sie häufig und gern. Meditation hilft mir, achtsamer mir selbst gegenüber zu sein, und gibt mir überhaupt einen tieferen Bezug zu mir selbst. Das ist sicher eine etwas verknappte Darstellung, und gleichzeitig enthüllt sie das Drama modernen Lebens. Wir müssen uns anstrengen, wenn wir die Nähe zu uns selbst wiederherstellen wollen. Meditation ist sicher eine sehr ausgeklügelte und sanfte Form dieses Bemühens, doch sie bleibt eine Anstrengung.

Urvölker meditieren nicht, um sich selbst zu erfahren, um mehr sie selbst zu sein. Sie sind einfach. Sie brauchen Harmonie auch nicht zu suchen, denn sie leben in Harmonie. Sie finden sie in einem Sonnenaufgang, in einem Regenbogen, in der Vielfalt der Natur. Sie leben in Harmonie mit der Natur. Sie sind im Einklang mit denen, die so sind wie sie.

Leider ist Zivilisation ansteckend, und das Drama von Adam und Eva, der Griff nach dem Apfel vom Baum der Erkenntnis mit der Vertreibung aus dem Paradies als Folge – dieses Drama ereignet sich immer wieder, wenn moderne Zivilisationsmenschen auf sogenannte Urvölker treffen.

Die Zivilisierten bringen moderne Werkzeuge mit, ihre moderne Medizin, vor allem aber ihr modernes entfremdetes Selbst. Sie meinen es nicht böse, sie wollen nur beobachten, wie Urvölker so sind, denn sie wollen wenigstens einmal mit eigenen Augen sehen, wie auch sie selbst eigentlich im Sinne *Der Verabredung* gemeint sind. Die Urleute sehen sofort, dass mit den Zivilisierten etwas nicht stimmt, doch sie sind natürlich auch neugierig, was genau das ist. Und sie interessieren sich sehr für die Messer und anderen Waffen, die die Zivilisierten mitbringen. Also greifen sie nach den Früchten der Zivilisation.

Ein Fernseher ist eine gigantische Leistung der Zivilisation. Wer zum ersten Mal einen sieht, will unbedingt einen haben, auch wenn das Programm noch so dämlich ist. Dieser Sog der Zivilisation, die virenartige Ansteckung, die von ihr ausgeht, ist der Grund, warum irgendwann die letzten Urvölker ihre Kinder zunehmend im Krankenhaus gebären, obwohl sie intuitiv spüren, dass ein Leben besser nicht im Haus der Kranken beginnt. Dann hat die Zivilisation gesiegt, und der letzte natürliche Mensch ist zivilisiert.

Zivilisation ist die Kasernierung des Natürlichen in Reservaten und die metastasierende Verbreitung einer Kunstwelt. In dieser Kunstwelt kommt das Natürliche nur noch am Rande vor, und das Leben wird zunehmend virtuell. Romane sind sicherlich eine bereits betagte Form dieser virtuellen Erlebniswelt, doch immer wieder ein Hochgenuss, wenn sie gut geschrieben sind. Viele Aspekte der Zivilisation, in die wir hineingeboren sind, wertschätzen und lieben wir. Umso unsinniger ist es daher, die Existenz der Zivilisation an sich zu beweinen. Doch muss man sich an dieser Stelle schon fragen, was Zivilisation ihrem Wesen nach bedeutet, um auch *Die Verabredung* noch besser zu verstehen, und sei es in ihrer gebrochenen Form.

Geschlechtertrennung und Geburt –
überforderte Mütter, dominierende Väter

Zivilisation bedeutet weltweit und mehrheitlich eine radikale Ge-schlechtertrennung, bei der Frauen über Jahrhunderte bis heute in einem so hohen Maß gegen ihren Willen geschwängert werden, dass das Bevölkerungswachstum der Erde zu einem großen Teil auf Missbrauch beruht. Sagt Ludwig Janus, Facharzt für psychothera-peutische Medizin, Psychohistoriker und Spezialist für vorgeburt-liche Psychologie. Millionen und Abermillionen von Kindern ent-stammten einer gewalttätigen Zeugung. Nur eine Minderheit komme sanft auf die Welt. Ich halte das nicht für übertrieben. Das wahre Ausmaß der Frauenunterdrückung und seine tatsächlichen Folgen können wir uns womöglich kaum vorstellen. Oder wollen es auch nicht. Und wenn so unfassbar viele Menschen übergriffig gezeugt worden sind, werden die jeweiligen Mütter sich ja auch nicht über die Schwangerschaft gefreut haben. Wenn psychische und physische Gewalt bei der Zeugung der Kinder dieser Welt so extrem verbreitet sind, dann ist es natürlich auch kein Rätsel, warum sehr viele Frauen bei der Geburt irgendwie dichtmachen, voller Angst verkrampfen, nicht loslassen können und sehr harte Geburten haben.

Zivilisation bedeutet auch, dass über Frauenrechte, Mutter-schutz und die Stärkung der Familie geredet wird, aber kaum fühl- und erfahrbare Verbesserungen folgen. Existenzielle Unsicherheit, Unterdrückung und Übergriff gehören weltweit zur Lebensrealität von wahrscheinlich über 90 Prozent aller Frauen. Wie sollen all diese verunsicherten, unterdrückten, womöglich noch seelisch und körperlich vergewaltigten Frauen ihre Kinder eigentlich auf eine sanfte Art zur Welt bringen?

Vielleicht sind sie ganz einfach zu verunsichert dazu. Vielleicht haben sie zu viel Angst. Vielleicht hegen sie einen tiefen Groll. Vielleicht spüren sie eine unsagbare Wut. Vielleicht spüren sie gar nichts. Vielleicht funktionieren sie einfach nur.

Bis ins letzte Jahrhundert hinein hieß es, die Frau sei ein Acker, der vom Manne bestellt werden müsse. Die Analogie zum bäuerlichen Beackern eines Feldes ist nicht zufällig. Bei Nomaden war die Geburtenrate relativ niedrig. Frauen bekamen circa alle vier bis fünf Jahre ein Kind. Mit der Sesshaftigkeit beschleunigte sich die Fortpflanzungsfrequenz, und es begann, was der Philosoph Peter Sloterdijk »die Kulturgeschichte der überforderten Mutter« nennt. Mit der industriellen Revolution wandelte sich die Analogie, und aus Frauen wurden Gebärmaschinen.

Maskuline Dominanz wurde auch wissenschaftlich gepflegt. Mit der Erfindung der ersten Mikroskope legten Forscher auch männliches Ejakulat auf den Objektträger, entdeckten die darin herumschwimmenden »Spermatozoen« (Samentierchen) – und glaubten im Spermakopf einen winzigen, aber vollständig ausgebildeten Menschen in zusammengekauerter Haltung zu erblicken. Nachdem sie auch noch herausgefunden hatten, dass die Samenzelle des Mannes mit der Eizelle der Frau bei der Befruchtung verschmilzt, herrschte Einigung über die Bedeutung dieses Vorgangs. Die Eizelle und nach deren Einnistung in der Gebärmutterschleimhaut die Plazenta dienten dazu, den im Kleinformat bereits vollständig vorgebildeten Menschen mit den notwendigen Nährstoffen zu versorgen. Dank dieser dienenden Aufgabe von Eizelle und Plazenta reifte der Miniaturmensch zu einem Kind und erwachsenen Menschen. Hoffentlich zu einem Mann.

Mit zunehmender mikroskopischer Präzision enthüllte sich der eigentliche biologische Bauplan von Samen- und Eizellen, doch das änderte wenig an der männlichen Vormachtstellung auf dieser Ebene. Nun hieß es, dass es bei der Vererbung vor allem auf die DNA ankam, die vom Vater durch den väterlichen Samen in die mütterliche Eizelle eingebracht würde. Der Vater lieferte also die dominierenden Erbanlagen.

Die Aufgabe der Mutter war weiterhin eine dienende. Ihre Rolle beschränkte sich darauf, das Kind gesund auszutragen. Nach der Geburt standen die Verwandten ums Kinderbettchen herum, begutachteten das Kleine, hoffentlich einen Jungen, und sagten: »Ja, das hat er aber vom Vater. Und das hat er auch vom Vater. Und das gewiss auch.«

Trotz schwindender männlicher Dominanz und zunehmender Gleichberechtigung der Frauen, trotz vermehrter Achtsamkeit bei Schwangerschaft, Geburt und erstem Lebensjahr hat die Überforderung der Mutter in unserer heutigen Zivilisation nicht ab-, sondern womöglich noch zugenommen. Nicht zuletzt auch durch die Schwierigkeit, Beruf und Geburt in Einklang zu bringen oder alternativ in Abhängigkeit und sozialer Unsicherheit zu leben.

Bei werdenden Müttern unserer Zeit wächst neben neuem Leben fast immer auch die Angst. Vielleicht bleibt dies mein einziges Kind. Hoffentlich passiert nichts während der Schwangerschaft. Hoffentlich ist es nicht behindert. Hoffentlich ist alles in Ordnung beim Ultraschall. Hoffentlich habe ich genug Geld, um mein Kind zu ernähren. Hoffentlich verlässt mein Mann mich nicht. Hoffentlich ... Diese Hoffnungen zeigen vor allem das Ausmaß der Unsicherheit und Angst. Unsicherheit und Angst sind keine Geburtshelfer. Eine Gesellschaft, die Unsicherheit und Angst nährt, handelt gegen *Die Verabredung*.

Ich weiß, das klingt sehr pessimistisch. Doch seien wir ehrlich: All diese zeugungs- und geburtstraumatisierten Kinder, die kaum ein Ventil für ihren tief sitzenden Schmerz finden, ihre Ängste nicht loswerden oder in Wut verwandeln, einen Zorn auf sich und die Welt haben, diese Kinder, die das Gefühl haben, das Leben würde ihnen etwas schulden, auch wenn sie nicht genau wissen, was – das sind wir.

Und wenn wir uns jetzt nicht betroffen fühlen, weil wir dieses geradezu unsagbar große Glück haben, von Anfang an eindeutig gewollt und geliebt worden zu sein, dann betrifft es die überwiegende Mehrheit der Menschen, die wir täglich um uns herum sehen. Sehr viele dieser Menschen tragen die Wunden einer gebrochenen Verabredung. Und sei es in einer weniger gewalttätigen Form. Vielleicht wollte deren Mutter ein Kind, doch deren Vater wollte keins. Oder er hätte schon eins gewollt, aber lieber mit einer anderen Frau. Oder das Geschlecht des Kindes war falsch. Ein Junge hätte es sein sollen, doch ein Mädchen ist es »nur« geworden. Oder: Eins wäre ja ganz schön gewesen, leider wurden es zwei, Zwillinge nämlich. Oder: Es war »ein Unfall«, vor dem Siegeszug der

Verhütung die Ausrede Nummer eins für eine ungewollte Schwangerschaft. Ein Unfall auf zwei Beinen, der später viel zum Nachdenken hat.

Wie sehr das Kind später auch geliebt wurde, als Unfall kann es nicht von Anfang an gewollt gewesen sein. Selbst das, so harmlos es einem jetzt vorkommen mag, ist im eigentlichen Sinne gegen *Die Verabredung*, denn der »Unfall« bedeutet die Geburt des Zweifels. Bin ich gewollt oder bin ich es nicht?

Die zivilisierte Welt ist ein weites Feld für alle möglichen Zweifel, Ängste und allgemeine Verunsicherungen. Und die Kultur ist wahrscheinlich die Ebene, auf der diese vielfältigen Zweifel, Ängste und Verunsicherungen immer wieder neue, häufig beängstigende und verunsichernde Formen annehmen.

Auch diese Verunsicherung, nicht die Kultur an sich, ist gegen *Die Verabredung*.

Ratgeber ratlos –
über das Wachsen von
Unsicherheit und Entfremdung

Zur Verunsicherung der Zivilisation gehört, dass deren Mitglieder ständig irgendeinen klugen Ratschlag brauchen. Weil uns das Dasein in dieser Welt so unsicher und Furcht erregend erscheint, lesen wir Ratgeber, wie wir am besten unsere Ängste überwinden. Weil wir unentwegt zweifeln, eigentlich an allem und jedem, vor allem aber an uns selbst, lassen wir uns von Ratgebern erzählen, wo es für uns im Leben eigentlich langgeht. Weil wir unsicher sind, ob wir gesund essen, zu dick sind oder zu dünn, verschlingen wir Ratgeber, die uns erklären wollen, wie wir uns richtig ernähren. Weil wir das vage Empfinden haben, irgendwer hat im Laufe unseres Lebens das Licht ausgemacht, wir aber aus eigener Kraft keinen Schalter finden, um es wieder anzuknipsen, schmökern wir in Ratgebern über Spiritualität und den Pfad der Erleuchtung. Und weil wir meinen, dass Kinderkriegen eine große Sache ist und Gebären womöglich eine zu große, bereiten wir uns mit entsprechenden Ratgebern darauf vor.

Bis in die 60er-Jahre hinein fand ein Besteller aus der an missbräuchlichen Verirrungen reichen Nazizeit reißenden Absatz. »Die deutsche Mutter und ihr erstes Kind« erschien 1939 und wurde 1964 mit dem harmloseren Titel »Die Mutter und ihr erstes Kind« neu aufgelegt. In dem Ratgeber zu Schwangerschaft, Geburt und frühkindlicher Erziehung war neben vielen anderen abstrusen Anweisungen zu lesen, die junge Mutter solle ihr Neugeborenes beim Stillen nicht direkt ansehen, denn dadurch entstünde eine krankhaft enge Mutter-Kind-Beziehung. Eigentlich weiß und spürt eine Mutter, dass der liebevolle Blick zum Kind niemals in irgendeiner Weise schädlich sein kann, sondern dass mütterliche Liebe zur Grundnahrung gehört.

Die Nazis brauchten Futter für den Krieg, bindungsgestört, beziehungslos, ideale Instrumente der Diktatur, daher der Ratschlag in massentauglicher Form. Verblüffend nur, dass dieser offensichtlich idiotische und für die Entwicklung eines Kindes sehr schädliche Ratschlag von weiten Teilen der Bevölkerung bis in die 60er-Jahre hinein für gut und richtig befunden wurde.

So kranke Sachen kommen heute nicht mehr vor, könnte man jetzt denken. Weit gefehlt, was halten Sie, liebe Leserin, lieber Leser, hiervon: In den USA ist es inzwischen Mode, Kinder per Kaiserschnitt zur Welt zu bringen – selbst wenn aus medizinischer Sicht nichts gegen eine natürliche Geburt spricht. Die Frauen, so heißt es, wollen die Geburtsschmerzen vermeiden, und das Kind sähe ja auch viel hübscher aus, nicht so zerknautscht durch den Druck im engen Geburtskanal.

Als Mann bin ich sicher ungeeignet, um über die Intensität von Geburtsschmerzen Auskunft zu geben, doch als Mensch meine ich zu wissen, dass sich der Weg ins Leben nicht aus Bequemlichkeit abkürzen lässt. Kaiserschnittkindern fehlt die Erfahrung einer natürlichen Geburt. Aus diesem Mangel einen Segen machen zu wollen zeigt das Ausmaß der Entfremdung vieler moderner Frauen zu sich selbst. Überflüssig zu bemerken, dass diese Art der Bequemlichkeit, noch krasser sichtbar im Austragen von Kindern durch Leihmütter, meiner Meinung nach eindeutig gegen *Die Verabredung* ist.

Zivilisation bedeutet eben auch Entfremdung. Entfremdung zu sich selbst gebiert ständig neue Unsicherheit und Zweifel. Menschen, die zweifeln, also unsicher sind, das ist kein Geheimnis, sind umso leichter zu manipulieren. Im Extremfall mit den Mitteln der Diktatur. Wider besseren, intuitiven Wissens folgen sie Meinungsmachern und Moden. Sie misstrauen sich selbst. Ihrer selbst ungewiss, gewinnen sie Sicherheit, indem sie anderen vertrauen.

Das Empfinden wachsender Unsicherheit und Entfremdung gehört offenbar zu Zivilisation und Fortschritt. »Wir sind eine Wissensgesellschaft und keine Erfahrungsgesellschaft mehr«, sagt Andreas Rödder, Professor für Neueste Geschichte an der Universität Mainz, und meint damit, den verfallenden Wert persönlicher Erfahrungen im Gegensatz zum steigenden Wert öffentlich bekunde-

ter Meinungen. Kurz gesagt: Menschen glauben den größten Blödsinn, wenn er aus bekanntem Munde kommt. Auch wenn sie es eigentlich intuitiv besser wissen, wissen müssten. Das betrifft natürlich auch die Geburt und deren Begleitumstände. Wahrscheinlich
bräuchte nur ein bekannter Mediziner vollmundig zu verkünden,
Kinder würden idealerweise auf einer Schaukel geboren, und nicht
wenige schwangere Frauen würden genau das versuchen, obwohl
eine innere Stimme ihnen sagt, wie hirnverbrannt das ist.

Wie ein Unfallopfer –
APGAR-Testung, Kreißsäle und
Geburten in Häusern für Kranke

Auf den »GesundheitsSeiten24«, einem Internetportal für medizinische Fragen, ist unter der Überschrift »Was passiert nach der Geburt?« Folgendes zu lesen: »Aller Anfang ist schwer … die Geburt war für Baby ein großer Kraftakt. Zunächst wird dem kleinen Neuling das Gesicht abgewischt und von Schleim und Fruchtwasser befreit. Mit dem ersehnten Schrei folgt der Rest aus dem Rachenraum. Lässt der Schrei auf sich warten, weil Baby Probleme mit dem Atmen hat, werden das Fruchtwasser und der Schleim aus dem Rachen abgesaugt.

Sogleich wird das Baby auf Mamas Bauch gelegt, denn körperliche Nähe ist jetzt besonders wichtig. Währenddessen wird Baby abgenabelt, dass heißt, die Nabelschnur wird mit zwei Klemmen abgeklemmt und dazwischen durchtrennt. Wenn der Vater oder eine andere Begleitperson es wünschen, können sie gerne diesen Part übernehmen.

Sodann erfolgt der APGAR-Test. Er soll Aufschluss darüber geben, in welchem gesundheitlichen Zustand sich Baby befindet und wie gut es sich an die neue Außenwelt anpassen kann. Beurteilt werden hierbei die Atmung, der Puls, der Grundtonus (Muskeltonus: Spannungszustand der Muskeln), das Aussehen und die Reflexe. Für jedes Untersuchungskriterium werden Punkte zwischen 0 und 2 vergeben. Babys Gesundheitszustand ist bestens bei einer Punktzahl von 9 bis 10 Punkten. Weniger als 7 Punkte lassen eine Anpassungsstörung vermuten, die aber oft vorübergehend ist. Deshalb wird der Test nach wenigen Minuten noch einmal wiederholt. Bei weniger als 4 Punkten wird das Ärzteteam sofort eine entsprechende Behandlung vornehmen.

Ist alles im grünen Bereich, wird noch die Körperlänge, der Kopfumfang und das Gewicht gemessen. Gebadet wird Baby nur, um Blutrückstände vorsichtig abzuwaschen. Die schützende Käseschmiere wird dabei nicht entfernt. Sie schützt vor Austrocknung und Auskühlung. Ein kleiner Pieks muss sein: Dem Baby wird ein wenig Blut abgenommen, um die Werte zu kontrollieren und den Rhesusfaktor zu bestimmen.

Warm verpackt geht es dann zur Mama, und vielleicht klappt's ja schon mit dem Stillen …«

Etwa 97 Prozent aller europäischen Kinder werden im Krankenhaus geboren und bekommen als Standardverfahren die oben genannte Prozedur. Aus medizinischer Sicht erfolgt sie aus guten Gründen, und ohne jeden Zweifel ist das Leben von vielen Neugeborenen dadurch gerettet worden. Mit dem APGAR-Test, benannt nach der Ärztin Virginia Apgar, konnten frühe Risiken rechtzeitig entdeckt und behandelt werden. Auch die Blutentnahme ist aus medizinischer Sicht als mindestens so notwendig anzusehen.

Gleichzeitig sind die Auswirkungen der medizinischen Versorgungshandlungen auf das seelische Befinden des Neugeborenen zu bedenken. Das fällt umso leichter, wenn man sich klarmacht, welche Kraftanstrengung es gerade hinter sich hat.

»Geburt ist ein Vorgang, nach dem man nicht ohne Grund wie ein Unfallopfer weggetragen wird«, merkt Philosoph Sloterdijk an.

In den Geburtskanal gepresst, eingeklemmt wie in einem Schraubstock, wurde das Kind mit großen Schmerzen und Todesangst konfrontiert, um dann mit einem letzten Aufgebot an Energie heraus gepresst, oder, wenn die Kraft nicht mehr reicht, mit Saugglocke oder Zange wie ein Korken aus der Flasche gezogen zu werden.

Geboren in einem keimfreien Raum, Kreißsaal genannt, mit metallischen Oberflächen, in dem man auch Computerchips staubfrei verpacken könnte, für die medizinischen Bedürfnisse von nahezu jeglicher Gemütlichkeit befreit, geboren in grelles OP-Licht und in die Latexhandschuhe von Ärzten und Hebammen. Der Kuschelfaktor für das Neugeborene: 0 bis −10.

Nach den Torturen der Geburt, meine ich, braucht das Kind vor allem zweierlei: mütterliche Nähe und Ruhe. Es bekommt bei dem beschriebenen Verfahren ein wenig mütterliche Nähe, kaum Ruhe und wird von unterschiedlichen Leuten angefasst und unangenehmen bis schmerzhaften Prozeduren ausgesetzt, um schließlich gut verpackt von der Mutter gestillt und anschließend abgelegt zu werden. Meistens in einem Extrabettchen, damit die Mutter nach den Torturen der Geburt erst einmal ruhig schlafen kann.

»Alle Erkenntnisse des letzten Jahrzehnts sagen uns«, schrieb der amerikanische Arzt und Psychiater Thomas Verny 1981, »dass wir uns keine schlechtere Geburtsart hätten ausdenken können. Trotzdem wird in der westlichen Welt die große Mehrheit der Kinder immer noch in einer Umgebung geboren, die für einen Computer richtig und passend wäre, für die Geburt eines menschlichen Wesens aber denkbar schlecht geeignet ist.«

Verny glaubt, dass im Kreißsaal geborene Kinder eine negative Prägung bekommen, die sie grundsätzlich benachteiligt gegenüber Kindern, die zu Hause auf die Welt kommen. In einer für alle Beteiligten vertrauten Atmosphäre erblicken die Hausgeburten (sofern sie komplikationslos verlaufen) auf sanfte und natürliche Weise das Licht der Welt, welches eher gedämpft ist und nicht so hell wie ein Suchscheinwerfer am Todesstreifen. Kreißsaal-Kinder werden häufig allein schon aus organisatorischen Gründen nach der Geburt von ihren Müttern getrennt. Nach der Entbindung stehen für die wenigsten Einzelzimmer zur Verfügung. In Mehrbettzimmern krähen die allein durch den medizinischen Geburtsbetrieb traumatisierten Säuglinge wild durcheinander. Die besten mütterlichen Vorsätze geraten da schnell ins Wanken. Da wird Baby womöglich doch der sehr netten und verständnisvollen Schwester mitgegeben. Damit endlich Ruhe herrscht. Die Ruhe nach dem Krieg im Kreißsaal, wo weiße Ritter gegen die Anzeigen auf diversen Elektrogeräten kämpfen, Mutter und Kind aber keinen Frieden finden. Das ist sicherlich übertrieben formuliert und ignorant gegenüber den lebensrettenden Segnungen der Medizin. Doch die Ruhe nach dem Sturm der Entbindung in Abwesenheit des Kindes, das meine ich zweifelsfrei zu wissen, ist eine Ruhe, in der tausend Tode gestorben werden, nämlich die zehntausend gefühlten Tode, die das Kind in Sehnsucht nach der Mutter stirbt.

Unmittelbare körperliche Nähe im Sinne von Haut an Haut erlebt das Kind in den ersten 24 Stunden nach der Geburt wahrscheinlich nur für wenige Minuten.

Auch das, sage ich, ist gegen *Die Verabredung*.

Die erste allgemeine Verunsicherung – physiologische Frühgeburtlichkeit und das Baby als Tragling

In den 80er-Jahren gab es eine Band aus Österreich, die mit Klamaukliedern wie »Ba-ba-Banküberfall« und »Küss die Hand, schöne Frau« zu größerem Ruhm gelangte und »Erste allgemeine Verunsicherung« hieß. Abgesehen von dieser Band gibt es tatsächlich so etwas wie eine erste allgemeine Verunsicherung.

Der Schweizer Psychoanalytiker Franz Renggli hat die Mythen der sumerischen Hochkulturen nach Hinweisen auf das Geburtsdrama und frühkindliche Traumen untersucht und dabei eine interessante Feststellung gemacht. In vorzivilisatorischen Urgesellschaften und Stammeskulturen trugen die Mütter ihre Kinder die ersten Jahre am Leib. In den frühen Hochkulturen legten Mütter ihre Kinder offenbar ab, übergaben sogar Neugeborene Ammen.

Adolf Portmann, ebenfalls ein Schweizer, jedoch Biologe, prägte in den 50er-Jahren den Begriff der »physiologischen Frühgeburtlichkeit«. Und neuere Forschungen bestätigen dies. Allein schon, weil die durchschnittliche Größe eines Neugeborenengehirns 400 Kubikzentimeter beträgt, bis zum zwanzigsten Lebensjahr aber rapide wächst, nämlich um gigantische 300 Prozent. Nur zwei Monate übertragen, und das Kind würde wahrscheinlich durch keinen Geburtskanal mehr passen.

Portmann erkannte also ganz richtig: Menschen werden nach einer verkürzten Schwangerschaft von neun Monaten geboren, Folge eines biologischen Kompromisses zwischen Hirngröße und Enge des Geburtskanals. Wegen der Kürze der Austragzeit werden wir nicht als Nestflüchter, sondern als Nesthocker geboren, zu totaler Hilflosigkeit und Bedürftigkeit verdammt. Biologisch sinnvoller wäre, so gesehen, eine Schwangerschaft von 21 Monaten.

Allerdings bringen auch Gorillas ihre Jungen nach einer vergleichsweise kurz bemessenen Schwangerschaft von knapp neun Monaten zur Welt, was aber nicht gegen Portmanns Behauptung spricht, sondern ihr im Gegenteil sogar noch weiteres Gewicht gibt. Denn wie menschliche Babys sind Gorillababys zunächst vollkommen hilflos. Erst nach etwa drei Monaten beginnen auch sie eigenständig zu krabbeln. Anders als menschliche Mütter allerdings tragen Gorillas ihr Junges fast zwei Jahre lang auf dem Rücken. Das funktioniert allein schon deshalb problemlos, weil Zwillingsgeburten bei Gorillas extrem selten sind, die Mütter sich also nicht entscheiden müssen.

Sind Gorillababys nun glücklicher, weil die Gorillamami sie nach der Geburt zwei Jahre getragen hat? Schwierige Frage. Denn es ergibt wenig Sinn, menschliche Gefühle mit tierischen Empfindungen zu vergleichen, da Menschenaffen ja die Fähigkeit zur Selbstreflexion fehlt (auch wenn Gorillas, Schimpansen und einige Zahnwalarten wie beispielsweise Delfine schon ihr eigenes Spiegelbild erkennen).

Die viel sinnvollere Frage lautet: Sind Menschen glücklicher, wenn die Mutter sie nach der Geburt getragen hat? Genau so lange, bis sie selbstständig laufen konnten?

Die Antwort ist eindeutig Ja.

Bei meinem Gewicht hätte sich Mami dann aber bestimmt einen Bruch gehoben, Diagnose Bandscheibenvorfall oder so, könnte jetzt ein Einwand sein. Richtig, deshalb ist »Tragen« auch in übertragenem Sinne zu sehen. Als absolute Bereitschaft zu größtmöglicher Nähe. Der logische und folgerichtig sehr gesunde Schluss aus Renggli und Portmann lautet: mehr Nähe, viel mehr Nähe. Ein Kontinuum mütterlicher Nähe. Und zwar Tag und Nacht. Vom Moment der Geburt an bis zum Zeitpunkt, wo sie Laufen lernen, also circa 9 bis 18 Monate.

Das erste Jahr nach der Geburt ist eine besondere Zeit. Die Nestwärme im frühzeitig verlassenen Mutterleib muss durch extrauterine, familiäre Wärme ausgeglichen werden. Das hilflose und schutzbedürftige Baby, auf sich allein gestellt zum Untergang verurteilt, wächst nun als Säugling und Trageling in einer Art mental-spiritueller Gebärmutter, dem elterlichen Kokon aus Liebe, Fürsorge und Schutz. »Hierdurch«, schreibt Janus, »entsteht ein mystischer Übergangsraum zwischen Schwangerschaftszeit und zweitem Lebensjahr.« Diesen Übergangsraum hält der Psychoanalytiker für den Brutraum der Kultur an sich.

Aus meiner Arbeit mit Menschen weiß ich, wie verletzbar jener zweite, nachgeburtliche Brutraum ist. Jegliche Trennung von Mutter und Kind im »mystischen Übergangsraum« hat dramatische Folgen (welche guten Gründe es dafür auch gegeben haben mag, zum Beispiel eine notwendige medizinische Versorgung).

Wenn das Kind die Mutter in den ersten Wochen, auch Monaten nach der Geburt nicht in seiner unmittelbaren Nähe spürt, ist das auf eine kaum beschreibbare Art erschreckend. Die Erfahrung des Verlassenseins erzeugt einen Schmerz der Superlative. Jeder Herzschlag dröhnt im kleinen Körper. Jeder Atemzug tut weh. Das Kind schreit seinen Schmerz in die Welt. Das tut noch mehr weh. Wo bleibt die Mutter? Ist womöglich gerade anderweitig beschäftigt. Oder jemand hat ihr eingeredet, dass sie ihr Kind nicht sehen darf.

In den untergegangenen sozialistischen Ostdiktaturen war das den Müttern vom Staat eingeredet worden. Bis zum Untergang des Kommunismus wurden Mutter und Kind direkt nach der Geburt nahezu ausnahmslos für wenigstens einige Stunden getrennt. Eigentlich muss man sagen, Müttern wurden ihre Kinder entrissen. Angeblich, um allen Säuglingen im sozialistischen Einheitsstaat eine sofortige medizinische Versorgung zukommen zu lassen. Doch der eigentliche Effekt sind ganze Generationen früh traumatisierter Menschen. Menschen, die eine seltsame Unsicherheit in sich tragen und daher womöglich leichter zu beeinflussen, wenn nicht zu manipulieren sind. Dies, denke ich, ist ein Verbrechen am Kind, wie es auch die Nazis begangen haben.

Ich nenne diese frühkindliche Traumatisierung erste allgemeine Verunsicherung, weil sich die Formulierung doppeldeutig anwenden lässt: auf die Menschheit und den Moment, wo der Mensch als Kulturwesen auf die kranke Idee verfiel, Säuglinge abzulegen und schreien zu lassen, wenn nicht gar den Müttern zu entreißen. Und auf den Menschen, der sich als Säugling genau in dieser Situation befindet, nämlich abgelegt und damit existenziell vernachlässigt zu werden. Ersteres ist Geschichte, Letzteres alltäglich. Überflüssig zu sagen, dass diese Art der Vernachlässigung gegen *Die Verabredung* ist.

Stille Zeit, erster Teil –
von der Milch der Mütter und
der zweiten allgemeinen Verunsicherung

Nach der ersten allgemeinen Verunsicherung gibt es eine logische zweite. Sie ist wahrscheinlich von nicht ganz so großer Tragweite und durch Erkenntnis allein nicht zu vermeiden. Dazu spielen zu viele körperliche Faktoren eine Rolle.

Die zweite allgemeine Verunsicherung betrifft das Stillen. Soll ich? Muss ich? Und falls ja, wie lange? Oder besser doch nicht, weil Muttermilch ohnehin kontaminiert ist? Und überhaupt, sehen meine Brüste danach noch so sexy aus wie vorher?

Dinge, die sich junge Mädchen fragen, wenn sie sich als mögliche Mütter vorstellen. Fragen, die auch nicht wenige werdende Mütter äußern.

Die werbewirksam lancierte Antwort der Hersteller von Babynahrung und ihrer medizinisch geschulten Berater lautet seit den 50er-Jahren immer gleich: Stillen? Kann man vernachlässigen.

Eine ganze Industrie versucht Frauen einzureden, dass ihre Muttermilch ungesund für ihr Baby ist. Direkt nach dem Krieg mit dem Argument, dass wegen der schlechten Ernährungslage auch die Muttermilch eine substanzlose Flüssigkeit sei. Nichts drin, was Baby schön rund und proper macht. Später wurde dieses Argument durch das Argument der Umweltbelastung ausgetauscht. Jetzt war in der Muttermilch plötzlich jede Menge drin. Nicht zuletzt Pestizide und giftige Schwermetalle.

Inzwischen glauben vor allem junge Frauen, dass Stillen irgendwie eklig ist. Wahrscheinlich aus einem ganzen Mix von haltlosen Gründen. Ein bisher ungenannter, aber nicht minder wesentlicher ist die zunehmende Abneigung gegenüber dem Vorgang an sich. »Die Vorstellung, dass da jemand an meiner Zitze saugt, Nahrung aus mir saugt und ich zur Milchkuh werde, finde ich echt ätzend«, hat einmal eine junge Mutter zu mir gesagt. Im ersten Moment sprachlos, habe ich im zweiten dann gefragt, wer denn dieser jemand sei. »Na, mein Kind«, hat sie geantwortet und das Gesicht leicht angewidert verzogen.

Generationen sind seit Anfang der fünfziger Jahre mit Milchflasche und Schnuller groß gezogen worden. Die weibliche Brust sahen viele von ihnen nur, wenn Mami sich beim Baden mal freizügig entkleidet hat. Oder sie sahen und bekamen sie relativ kurz. Wenige Wochen. Zwei, drei Monate. Vielleicht ein halbes Jahr.

»Die süßesten Früchte fressen nur die großen Tiere«, sang Peter Alexander 1952. Und: »... weil wir beide klein sind, erreichen wir sie nie.« Der Gassenhauer des Verzichts hatte nichts mit dem Stillen zu tun und illustriert gleichzeitig die dürren Nachkriegszeiten, in denen die Menschen mit ihrem Menschsein an sich haderten und dies auch noch an ihren Kindern ausließen. Inzwischen ist so ein Verhalten wohl allgemein zur Gewohnheit geworden.

Ärzte, Hebammen, Krankenschwestern und andere im Gesundheitsbetrieb Tätige empfehlen mehrheitlich eine Stillzeit von einem halben bis einem Jahr. Die Weltgesundheitsorganisation (WHO) empfiehlt eine Stillzeit von zwei Jahren. Die amerikanische Vereinigung der Allgemein- und Familienärzte (AAFP) hält eine noch längere Stillzeit für wünschenswert, auch bei einer nachfolgenden Schwangerschaft.

Schimpansen stillen ihre Jungen über vier Jahre, Gorillas stillen knapp vier Jahre und Orang-Utans fast drei Jahre. Im westafrikanischen Mali werden Kinder durchschnittlich zwei Jahre gestillt, nicht wenige auch drei bis fünf Jahre, manche sogar erst nach sieben Jahren abgestillt.

Die amerikanische Anthropologin Katherine Ann Dettwyler ist der Frage nachgegangen, was die natürliche Abstillzeit im Sinne der biologischen Bedürfnisse des Kindes wäre, wenn kulturelle Bedingungen keine Rolle spielen würden. Durch einen Abgleich mit der Trag- und Stillzeit von Primaten ergibt sich ihren Berechnungen zufolge bei durchschnittlicher Körpergröße und Gewicht der Eltern eine natürliche Abstillzeit nach etwa drei Jahren.

»Uff, so lange soll ich säugen«, kommentierte eine Bekannte, der ich davon erzählte. »Da bin ich ja hinterher gar nichts mehr. Keine ganze Person, sondern, wenn's hochkommt, noch 'ne halbe.«

Die Angst, zu viel von sich selbst zu geben, ist eine sehr moderne und zeitgemäße. So simpel und vereinfachend es klingt, wer mit dem Mangel groß geworden ist, gibt ihn auch weiter.

Eigentlich ist es doch furchtbar: Wahrscheinlich hat uns unsere Mutter die ersten Monate unseres Lebens nicht ständig am Körper getragen. Wahrscheinlich hat sie uns für die Nacht irgendwo abgelegt. Wahrscheinlich nicht in ihrer unmittelbaren Nähe. Und wahrscheinlich ließ das Essen oder vielmehr das Trinken auch zu wünschen übrig. Denn ziemlich wahrscheinlich wurden wir nicht drei Jahre lang gestillt, sondern viel weniger, wenn überhaupt. Stattdessen sind wir mit irgendeiner Mischung aus Kuhmilch und Konzentrat abgefüllt worden, sogenannte »Säuglingsanfangsnahrung«.

Falls es so war: Wollten wir das?

Ich würde sagen, der Hunger hat's reingetrieben. Aber das Zeug hat nicht wirklich satt gemacht. Also haben wir immer noch Hunger. Wir haben einen Riesenhunger auf etwas richtig und wahrhaftig Leckeres. Wir haben viel gekostet. Aber das, was wir eigentlich suchen, haben wir noch nicht gefunden.

Blöderweise sind wir jetzt keine Babys mehr, auch keine Kinder, sondern haben womöglich selber welche. Geben wir ihnen, was sie sich wirklich wünschen? Stillen wir wirklich ihren Hunger?

Oder füllen wir sie nur mit dem ab, was sie zum Überleben brauchen. Richtig, sie wachsen auch mit dem Zeugs aus dem Supermarkt. Deshalb bleibt die Frage, ob Stillen oder nicht, irgendwie unklar. Zum Glück, denn sonst würden sehr viele Kinder sterben. Zum Glück haben Kinder einen geradezu unfassbaren Überlebensimpuls. Sie überleben auch mit industrieller Babynahrung.

Die Frage ist nur: Muss man ihnen das mit Absicht antun?

Der bereits zitierte Arzt Thomas Verny konnte Verhaltensauffälligkeiten bei Kindern nachweisen, die nach wenigen Wochen oder Monaten plötzlich nicht mehr gestillt wurden, zum Beispiel weil die Mutter wieder arbeiten gehen musste und ihre Arbeit nicht mit dem Stillen koordinieren konnte. Als spätere Erwachsene neigte ein hoher Prozentsatz dieser Kinder zu Dickleibigkeit.

Ich meine, aus meinen Erfahrungen mit essgestörten Menschen folgende Behauptung wagen zu können: Kinder, die gar nicht gestillt oder innerhalb von drei Monaten abgestillt wurden, erwerben dadurch nahezu ausnahmslos eine Essstörung. Die scheinbar leichteste ist viel zu schnelles, hektisches, wenn nicht gieriges Essen, welches auf einem unbewussten Mangelempfinden beruht. Dieses gestörte Essverhalten führt je nach körperlicher Konstitution auch zu Übergewicht, muss es aber nicht. Außerdem befördert hektisches Essen unzureichend vorgekaute und vorverdaute Nahrung in Magen und Darm, was die Verwertungsorgane reizt, angreift, schwächt, krank macht und im schlimmsten Fall womöglich Magen- und Darmkrebs verursacht.

Es gibt Frauen, die haben keine Milch oder können aus anderen biologischen Gründen nicht stillen. Damit bleiben dem Kind wertvolle Nährstoffe vorenthalten, die auf anderem Wege kaum zu beschaffen sind. Das ist bedauerlich, weil das Kind körperlich nicht bestmöglich gestärkt wird, doch dessen seelische Entwicklung wird dadurch wahrscheinlich nicht zwangsläufig behindert.

Falls die Möglichkeit des Stillens aber offensichtlich gegeben ist, sich die Mutter aber mit Absicht dagegen entscheidet, dann ist das für das Kind mindestens so wahrscheinlich traumatisch. Die Mutter enthält dem Kind bewusst etwas vor, was seinem Wachstum dient. Dieses bewusste Vorenthalten wird sich nicht auf das Stillen allein beschränken, sondern deutet auf eine gestörte Haltung zu ihrem Kind hin, womöglich aber auch zum Kind an sich und ihrer Mutterrolle.

Zwischen der Unmöglichkeit des Stillens aus biologischen Gründen und der bewussten Entscheidung dagegen gibt es einen fließenden Übergang. Dort finden sich all jene Frauen, die ihren eigenen Körper unzureichend finden, ihm daher grundsätzlich misstrauen und sich also nicht vorstellen können, dass er eine gesunde, Wachstum bringende Quelle für ihr Baby sein kann. Diese Frauen greifen lieber zu Ersatznahrung, wenn sie gerade Mütter geworden sind. Und das ist aus ihrer Position heraus auch verständlich.

Was ist gesünder? Tiefkühlgemüse oder frische Bohnen, Erbsen, Spinat, Karotten? Schwierige Frage. Wenn man neben dem Bauern steht, sobald er erntet, ihm das frisch geerntete Gemüse aus der Hand reißt, zum nächsten Topf eilt, es schonend gart und sofort verzehrt, dann ist frisches Gemüse ziemlich sicher gesünder als

Tiefkühlgemüse. Wenn das frische Gemüse aber schon einige Zeit herumgelegen hat, also nicht mehr ganz frisch ist, dann ist Tiefkühlgemüse womöglich gesünder. Oder auch nicht. Denn darüber streiten sich die Ernährungswissenschaftler.

Was ist noch gesund in dieser nicht mehr ganz so gesunden Welt?

Auch die Formulierung »zweite allgemeine Verunsicherung« ist doppeldeutig. Einerseits ist damit der weit verbreitete und grundsätzliche Zweifel an der Gesundheit des Menschen und damit auch an der Gesundheit seiner Säfte gemeint. Und anderseits die Folge nämlich, dass bereits Säuglinge diesen fundamentalen Zweifel in sich einsaugen. Ob sie nun gestillt werden oder nicht.

Bis in die 70er-Jahre hieß es, man solle Säuglinge durchaus mal schreien lassen, das reinige und kräftige die Lungen. Dann setzte sich die Auffassung durch, dass Schreienlassen vielleicht doch nicht so gut ist, und so steckte man Babys einen Schnuller in den Mund. Heute den aus dem Bioladen, wenn es was richtig Gutes sein soll.

Heute fragen sich Psychologen, warum Kinder zu Tyrannen werden. Das Kind brauche klarere Grenzen. So viele verhaltensauffällige Kinder wie heute habe es ja noch nie gegeben.

Und nicht wenige Menschen fragen sich: Waren die Zeiten von Zucht und Ordnung vielleicht doch besser?

Was für ein Quatsch!

In den Zeiten von Zucht und Ordnung haben sich weltweit Millionen von Frühtraumatisierten gegenseitig die Köpfe eingehauen. Diktatur, Gleichschaltung, Zucht und Ordnung hatten die Bevölkerung so desensibilisiert, dass sie von den Nöten ihrer Kinder nur sehr wenig oder nichts merkten.

Heute ändert sich das. Eltern schauen immer genauer hin. Sie beobachten ihre Kinder, fühlen in sie hinein. Und natürlich fragen sie sich beispielsweise: Warum schreit mein Kind?

Vor wenigen Stunden geboren, schreit es schon. Es schreit Tage nach der Geburt, Wochen, Monate danach. Warum?

Weil es Schmerzen hat und/oder ihm etwas fehlt. Punkt.

Noch Fragen?

Ja. Kann das nicht auch ein Irrtum sein? Und es schreit einfach so? Vielleicht weil kleine Kinder ganz einfach schreien? Vielleicht weil das zu ihrem Kleinkinddasein eben dazugehört? Und, könnte doch sein, dass an der Sache mit den Lungen was dran ist, oder? Dass die Atmungsorgane tatsächlich gestärkt werden? Könnte doch sein, nicht wahr?

Wenn ein Boxer einem anderen täglich mit voller Kraft ins Gesicht haut, kriegt er dadurch auch kräftigere Arme, und trotzdem schlägt er den anderen zu Brei.

Im Ernst, die Frage, ob Schreien gut und sinnvoll ist, kann man doch nicht ernsthaft stellen.

Wann haben Sie, liebe Leserin, lieber Leser, das letzte Mal geschrien, ja, laut wie ein Baby geschrien? Oder, noch bessere Frage: Was müsste passieren, damit Sie wie ein Baby schreien? Genau so laut und durchdringend. So voller Schmerz und Verzweiflung. So absolut hilflos und bedürftig. Seien Sie bitte ehrlich, was müsste geschehen, damit Sie so schreien?

Richtig, etwas wirklich Grauenhaftes, ein momentan kaum vorstellbares Unglück. Extremer Schmerz wäre ein Grund. Und Hunger, entsetzlicher Hunger. Oder Durst, schrecklicher Durst. Denn Hunger und Durst tun unglaublich weh.

Warum sollte ein Kind aus einem anderen Grund schreien als Sie? Aus Spaß? Weil es sonst nichts zu tun hat? Aus Langeweile?

Ich kenne niemanden, der das bei näherer Betrachtung wirklich glaubt. Ich kenne allerdings sehr viele Menschen, die eine nähere Betrachtung daher lieber vermeiden.

Auch die zweite allgemeine Verunsicherung, so verständlich sie ist, ist gegen *Die Verabredung*.

Aus dem Ei geschlüpft –
oder wie das wäre, wenn Menschen
ganz anders auf die Welt kämen

Angenommen, Menschen würden nicht auf die uns bekannte Art zur Welt gebracht, sondern aus Eiern schlüpfen. Eine etwas groteske Vorstellung, die allerdings hilfreich ist, um die Bedeutung von Schwangerschaft und Geburt noch besser zu verstehen.

Das größte Eier legende Landlebewesen ist der Strauß, wie alle Vögel schon ein Wirbeltier, also höherer Ordnung im Stammbaum der Tiere, noch Eier legend, aber schon Brut pflegend. Der flugunfähige Großvogel wiegt im Durchschnitt etwas mehr als ein Mensch, ist auch etwas höher gewachsen, seine Lebenserwartung ist aber nur halb so groß. Er brütet seine Eier sechs Wochen lang aus. Nach drei Tagen verlassen die Küken das Nest und folgen den Eltern überallhin. Nach drei Monaten verlieren die Jungen die Daunen und werden zu Jugendlichen. Nach einem Jahr sind sie erwachsen und so groß wie die Eltern.

Auf den Menschen und in die heutige Zeit übertragen, klingt das so: In eine Art Wärmenest, wahrscheinlich elektrisch beheizt, weil das komfortabel ist, legt die Mutter ein bis fünf Eier, die etwa zehn Wochen lang ausgebrütet werden. Sehr liebevolle Eltern legen sich zum Brüten abwechselnd neben die Brütlinge, also die Eier. Andere greifen auf Brutdienste zurück, weil sich herausgestellt hat, dass die Sterblichkeit bei sich selbst überlassenen Eiern extrem hoch ist. Mehrere Stunden am Tag werden die Eier oder vielmehr die Embryonen in ihnen auch sehr sanft mit Mozart beschallt. Studien haben gezeigt, dass dies für die embryonale Entwicklung sehr förderlich ist.

Kurz vor dem Schlüpfen können die Brütlinge in den Eiern diese schon eigenständig bewegen, was für wahre Freudestürme bei den Eltern sorgt. Da das eigentliche Schlüpfen vollkommen unkompliziert ist und auch keinerlei medizinischer Überwachung bedarf, wird dazu höchstens eine Brutamme konsultiert. Ein gewisses

Problem ist allerdings Geduld. Denn Eltern haben meistens zu wenig davon.

Sobald die Brütlinge die Eier eigenständig und sichtbar bewegen können, sind sie voll lebensfähig und können jederzeit schlüpfen. Manche Eltern vermögen das kaum abzuwarten und versuchen, das Ei von außen zu öffnen. Davon sei unbedingt abzuraten, heißt es in einer Brutanleitung, die Gefahr, das Kind zu verletzen, wäre einfach zu groß. Außerdem brauche das Kind für seine eigenständige seelische Entwicklung die Erfahrung der Eiöffnung aus eigener Kraft.

Also wartet die überwiegende Mehrheit der Eltern diesen Moment ganz geduldig ab. Da die eben geschlüpften Kinder durch das Knallen von Sektkorken verschreckt werden könnten, ist eine Silvesterveranstaltung zu Ehren des oder der Neugeborenen in den letzten Jahrzehnten ebenfalls aus der Mode gekommen.

Krabbelt das Kind aus dem Ei, wird es sofort namentlich begrüßt, denn sein Geschlecht ist dank einfacher und moderner Ei-Screeningmethoden natürlich längst bekannt. Zur Begrüßung wird es von der Mutter oder dem Vater in den Arm genommen. Je nachdem, zu wem es sich als Erstes wendet. Dann kommt es ins Nest. Die stationäre Variante erinnert an eine Kuschelecke mit schützenden Polsterwänden. Die mobile ähnelt dem bekannten Kinderwagen. Zur ersten Stärkung bekommt das Kind vorgekautes Gemüse. Das gibt es auch fertig im Supermarkt, doch die meisten Eltern kauen noch traditionell vor, weil das eine besondere Verbindung zwischen ihnen und ihrem Kind schafft.

Ohnehin ist diese Art der Verpflegung nur für die ersten sechs bis zehn Tage notwendig. Danach krabbelt das Kleine aus dem Nest. Bewegt sich zunächst auf allen vieren, um schon ein bis zwei Wochen später aufrecht zu gehen. Das Kleine verträgt nun normale Nahrung, also alles, was die Eltern auch essen. Prinzipiell wenigstens, denn wie man ja weiß, stellen sich viele Kinder anfänglich mit dem Essen an. Eine Phase, die aber nur wenige Monate dauert. Nach zweieinhalb bis höchstens drei Jahren sind die Kinder vollständig erwachsen, also auch biologisch fortpflanzungsfähig. Das birgt, wie man weiß, großen sozialen Sprengstoff. Selbst Jahre später sind viele Menschen noch nicht in der Lage, sich verantwortungsvoll um die Pflege ihrer Brut zu kümmern. Doch das ist eine andere Geschichte.

In jedem Fall wäre die menschliche Geburt auf diese Art weit weniger dramatisch, als sie es nun mal ist.

Leben kriecht auf unserem Planeten hauptsächlich aus dem Ei und das seit Urzeiten. Die schützende Ablage in einem Nest ist dabei eine ziemlich neue Errungenschaft. Noch neuer ist die Verteidigung und Pflege der Brut, wie sie etwa Vögel betreiben. Und noch viel neuer ist die innere Ablage in einer Art innerkörperlichem Nest, nämlich der Gebärmutter, Errungenschaft der Säugetiere. Mit der Erfindung des innerkörperlichen Nestes der Gebärmutter, so der Philosoph Peter Sloterdijk, sei gleichzeitig auch die Mutter erfunden worden. Indem die Evolution die verblüffende Variante des nicht äußeren Nestes teste, erprobe sie gleichermaßen das ganz neue Prinzip Mutter. »Es geht dabei um nicht weniger als die Frage, ob der Körper des Weibchens selber das Endomilieu für die eigene Brut bilden kann. Mit der Erprobung der positiven Antwort beginnt das Abenteuer der Feminisierung und Vermütterlichung der Weibchen.«

Weibliche Organe waren bis zum Moment der Erfindung des verinnerlichten Nestes vergleichsweise unterentwickelt. Der geschlechtliche Verkehr war weniger intim und die Begegnung von Ei und Samen eher zufällig. Milch gebende Organe und Stillen waren überflüssig. Ein Uterus wurde nicht gebraucht und schon gar keine Plazenta.

»Dies alles sind späte evolutionäre Errungenschaften«, meint Sloterdijk, die Sinn ergeben, sobald »die Mutter selber zum Nestraum, zur ökologischen Nische des Nachwuchses wird«. In Wahrheit eine psychophysische Revolution: Denn dadurch »entsteht das integrale Muttergeschöpf, die Säugetiermutter, die mit ihrem Körper zum einschließenden Milieu ihrer Nachkommen wird«. Und eine Revolution von offenbar größter Tragweite: »Das Abenteuer Menschheit liegt bis heute ganz auf der Fluchtlinie dieses Experiments.«

Koexistenz und Adoption –
Mutter und Kind oder die
Bedingungen gemeinsamen Seins

Die Erforschung des vorgeburtlichen Daseins des Menschen befasst sich auch mit einer besonderen Form der Koexistenz. Einer
Koexistenz zwischen Geborenem und Ungeborenem, zwischen
Mutter und Fetus. Bedingung für das Seinkönnen des anderen ist
das Dasein der einen, der Mutter nämlich. Das klingt schwierig,
obwohl es doch normal und natürlich ist. Und tatsächlich vollzieht sich diese physische, aber auch psychische Verschränkung
zweier oder (bei Zwillingen oder Drillingen) mehrerer Individuen
ineinander und miteinander nicht immer frei von Schwierigkeiten.
Häufig scheint der weibliche Organismus mit den Eindringlingen
nicht einverstanden zu sein. Die Folge sind körperliche Widerstände gegenüber dem, was sich da breitmacht. Medizinisch dia-
gnostizierbar als biologische Unverträglichkeiten und Abstoßungs-
reaktionen.

Nach der Befruchtung wandert die Eizelle, Zygote genannt,
durch den Eileiter in Richtung Gebärmutter. Ihr Ziel: sich in der
Gebärmutterschleimhaut einzunisten und mit dem Blutkreislauf
der Mutter zu verbinden. Die Bewegungen winziger Flimmerhärchen im Eileiter treiben die Bewegung voran. 75 bis 80 Prozent
aller befruchteter Eizellen bleiben hier auf der Strecke. Die Zygote
ist sehr empfindlich. Geringfügige hormonelle Störungen stoppen
sie, selbst schwache Infektionen zerstören sie.

Laut Gynäkologie werden sehr viele befruchtete Eier wieder
abgestoßen, deutlich mehr als zwei von dreien. Eine Art »Spontan-
abtreibung« durch den weiblichen Organismus, der diese »Gastgeberrolle« doch weit weniger häufig als allgemein angenommen mit
Selbstverständlichkeit übernimmt.

»Ich behaupte darum«, schreibt Sloterdijk, »dass im Grunde genommen alle erfolgreichen Generationen bereits Adoptionseffekte
auf biologischer Stufe bedeuten.«

Das Drama der Geburt beginnt nach Auffassung des Philosophen im Moment der Einnistung. Diese innerkörperliche Landnahme und psychosoziale Annexion ist Frauen als werdenden Müttern in sehr unterschiedlichem Maße willkommen. War die Zeugung einvernehmlich und liebevoll, wird auch die Einnistung umso freudiger begrüßt und der wachsende Bauch als Zeichen prallen Lebens gefeiert. Allerdings ist auch das Wachstum des Wohlgefühls von vielen Faktoren abhängig, nur einer davon ist das Verhältnis zum werdenden Vater. Kühlt sich dieses Verhältnis ab, legt die schwangere Frau womöglich auch ihre Liebe zum inneren Kind auf Eis. Noch schwieriger können die Folgen einer zufälligen oder unzureichend verhüteten und somit ungewollten Zeugung und noch viel schwieriger die Folgen einer Vergewaltigung sein. Vielleicht reift mit dem Kind auch mütterliche Liebe, doch gleichzeitig wünscht die Mutter womöglich, es wieder loszuwerden. Vielleicht liebt sie ihr Kind und hasst es gleichzeitig auch, zumindest ein bisschen. Aus welchen Gründen auch immer – eine derartige emotionale Ambivalenz der Mutter gegenüber ihrem Kind ist sehr verbreitet. Auch sehr verständlich, aber eher nicht im Sinne *Der Verabredung.*

Doch die noch viel relevantere Frage ist allerdings: Was bekommt der Embryo, der Fetus, das werdende Kind von all dem überhaupt mit? Bekommt das werdende Kind überhaupt etwas mit? Fühlen Feten? Erinnern Embryonen?

Was fühlt ein Embryo? –
Viel mehr jedenfalls, als man denkt,
sagt die Hirnforschung

Embryonen haben keine Empfindungen. Feten können sich an nichts erinnern. Neugeborene kennen keinen Schmerz. Deshalb, glaubten Ärzte, konnte man ihnen auch problemlos welchen zufügen. Noch bis Mitte des letzten Jahrhunderts wurden Neugeborene daher ohne Betäubung operiert. Bis in die 80er-Jahre sprach die Naturwissenschaft Embryonen, Feten und selbst Neugeborenen nahezu sämtliche Empfindungsfähigkeit ab, vor allem aber die Fähigkeit, sich an Empfindungen zu erinnern. Auch aus diesem Grund wurden Neugeborene direkt nach der Geburt von ihren Müttern getrennt. Diese sollten sich in Ruhe erholen. Das Kind merkte ja ohnehin nichts davon.

Versuche mit Rhesusaffen bewiesen aber das Gegenteil: Neugeborene haben sehr wohl Empfindungen. Der Hirnforscher Gerald Hüther und die pränatale Psychologin Inge Krens beschreiben die Versuche in einer gemeinsamen Veröffentlichung so: »In diesen recht grausam anmutenden Versuchen wurden mutterlosen Rhesusäffchen zwei künstliche Ersatzmütter zur Auswahl angeboten. Die eine bestand aus einem Drahtgeflecht, das die groben Umrisse eines mütterlichen Körpers nachbildete und in dem eine Nahrung spendende Milchquelle untergebracht war.

Die andere Attrappe war ähnlich aufgebaut, hatte jedoch keine Milchquelle, dafür aber einen kuscheligen fellartigen Überzug. Dabei galt herauszufinden, welche der ›Ersatzmütter‹ für die Kleinen wichtiger war. Entgegen allen damals herrschenden Erwartungen war das nicht die Ersatzmutter mit der Futterquelle. Vielmehr klammerten sich die Jungen stundenlang an die Ersatzmutter mit dem Fell. Erst als der Hunger zu groß wurde, huschten sie schnell zur ›Drahtmutter‹ hinüber, saugten hastig an der künstlichen Zitze, um sich dann so schnell wie möglich wieder an die ›Fellmutter‹ anzuklammern. Das Gefühl von Geborgenheit und Sicherheit durch die künstliche ›Fellmutter‹ war den Affenbabys offensichtlich wichtiger als die Futterquelle.«

Für die kleinen Affen, schlossen die Autoren daraus, sei die Qualität der emotionalen Beziehung demnach wichtiger als die pure Versorgung. Das Gleiche gelte auch für den Menschen.

Eine weitere Bestätigung lieferten Versuche mit Hundewelpen. Ziel des Versuches war, die nach der Geburt noch blinden und tauben Welpen eigenständig nach Nestwärme suchen zu lassen. Dafür wurden die Welpen von der Mutter getrennt und auch ohne Körperkontakt untereinander an eine Wärmflasche aus Kupfer gelegt. Die Temperatur der Wärmflasche entsprach der Körpertemperatur der Hündin. Trotz der Wärme waren die Welpen offenbar mit ihrer Lage unzufrieden. Unruhig versuchten sie, diese zu verbessern. Keines der Welpen versuchte, in der Nähe der wärmenden Flasche zu bleiben, also den Kontakt zur künstlichen Wärmequelle zu halten. Vielmehr suchten sie so lange, bis fast alle Körperkontakt miteinander hergestellt hatten. Der Beweis, dass Nestwärme mehr ist als eine physikalische und austauschbare Größe. Also der Beweis der Wahrnehmung einer emotionalen Qualität. Endlich hat auch die Wissenschaft zweifelsfrei erkannt, wie barbarisch es ist, Neugeborene von ihren Müttern zu trennen oder Säuglinge ohne Betäubung zu operieren.

Ein alter Volksglaube in Thailand besagt, dass ein ungeborenes Kind im Bauch der Mutter sämtliche Gefühle und Stimmungen der Mutter miterlebt. Deshalb haben der Mann und die Familie für eine möglichst gute Stimmung der Mutter zu sorgen.

Im Kongo gibt es den Brauch, dem Kind im Bauch ein Lied vorzusingen. Wichtig ist, dass es täglich einmal gesungen wird, dass es immer das gleiche bleibt und eine eingängige Melodie hat. Um welches Lied es sich dabei handelt, ist nicht so wichtig. Ist das Kind dann auf der Welt, lässt es sich mit diesem Lied sehr schnell beruhigen.

Einige Indios in Guatemala, wahrscheinlich Nachfahren der Tolteken, führen im siebten Monat der Schwangerschaft ein Ritual aus. Im Rahmen einer Zeremonie beschreibt die Mutter ihrem ungeborenen Kind mit lauter und klarer Stimme die Landschaft und das Dorf, in das es geboren wird. Damit wird es in der Welt willkommen geheißen und auf seinen späteren Lebensraum vorbereitet.

Viele Menschen, vor allem die sehr rationalen, halten derartige Praktiken für überflüssiges Brimborium, doch wenn man sich die modernen Erkenntnisse der Genforschung und Neurobiologie vergegenwärtigt, so scheinen die Bräuche gerade aus rational-wissenschaftlicher Sicht durchaus sinnvoll zu sein.

Die Sequenzierung des menschlichen Genmaterials wurde als der wahrscheinlich größte Coup medizinischer Forschung des letzten Jahrhunderts angesehen. Die Enttäuschung, die dann folgte, war nicht minder groß. 99 Prozent seiner insgesamt etwa 30 000 Gene teilt der Mensch mit dem Schimpansen. Und das menschliche Genom, also die Gesamtheit aller seiner Gene, hat sich in den letzten 100 000 Jahren laut DNA-Analysen von Überresten unserer Vorfahren so gut wie nicht verändert.

Wenn es nach den Genen ginge, müssten wir als Drohgebärde noch mit den Fäusten auf die Brust trommeln. Wir würden mit Fellen bekleidet und Faustkeilen in der Hand wilde Tiere jagen, hätten das Feuer eben erst entdeckt und ganz gewiss nicht Glühbirnen erfunden und den »kategorischen Imperativ« erdacht.

»Offenbar«, so Gerald Hüther, »legen die genetischen Programme nicht fest, was wir sind, sondern bestenfalls, was aus uns werden könnte.« Der Hirnforscher zieht daraus eine kühne Folgerung: »Gelänge es, eine damals befruchtete Eizelle aufzufinden und sie einer heutigen Frau gewissermaßen als Leihmutter einzupflanzen, so wäre das von ihr ausgetragene und aufgezogene Wesen nicht von uns heute lebenden Menschen zu unterscheiden. Ein solcher Mensch würde so sprechen wie wir, hätte lesen, schreiben und rechnen gelernt, so wie wir, und würde sich in unserer heutigen Welt ebenso gut oder schlecht zurechtfinden wie wir.«

Der Forscher ist davon überzeugt, dass menschliche Qualitäten wie sein aufrechter Gang, seine Mimik, Sprache, Gestik, seine emotionalen, rationalen und assoziativen Fähigkeiten weniger durch Gene gesteuert werden als vielmehr durch die sogenannte »transgenetische Weitergabe erworbener Eigenschaften« von einer Generation zur nächsten, von den Eltern an die Kinder.

Möglich macht dies eine faszinierende Eigenschaft des Gehirns: dessen Lernfähigkeit.

Forscher der Universität Maastricht konnten kürzlich beweisen, dass 34 Wochen alte Feten sich mindestens vier Wochen an ein Ereignis erinnern können. Auch 30 Wochen alte Feten haben bereits ein Kurzzeitgedächtnis, können sich aber nur 10 Minuten daran erinnern, dann reagieren sie auf dasselbe Ereignis, als erlebten sie es zum ersten Mal. Doch Gedächtnisleistungen sind komplex und nicht nur auf das aktive Kurzzeitgedächtnis beschränkt. Ab dem zweiten Schwangerschaftsmonat arbeitet das limbische System im entstehenden Embryo-Gehirn. Das limbische System gilt als Schaltzentrale für Emotionen und unbewusstes, triebhaftes Verhalten. Teil des limbischen Systems ist die Amygdala, ein mandelförmig und paarig angeordnetes Kerngebiet des Gehirns. Die Amygdala verarbeitet die emotionale Färbung jeglicher Wahrnehmung in Form von Gedächtnisleistung. Laut Neurobiologie reicht diese Gedächtnisleistung sogar bis in die fünfte Schwangerschaftswoche zurück. Ab dem zweiten Schwangerschaftsmonat existiert also die biologische Grundlage für Emotionen. Kann ein Embryo also Angst empfinden? Neurobiologen vermuten das. Auch Freude kann in diesem Frühstadium des Daseins wahrscheinlich gespürt werden. Als gesichert gilt: Erfahrungen in der intrauterinen Lebenswelt werden als Verschaltungsmuster der sich entwickelnden Nervenzellen und synaptischen Verbindungen im Gehirn abgelegt. Muster knüpfen an Muster. Erfahrungen bedingen Erfahrungen und schreiben diese als individuelle Biografie ins Gehirn. Je nach den Umständen in den anderen Umständen werden demnach im Extremfall Angst-Biografien ins Gehirn geschrieben oder Biografien voller Freude.

»Inzwischen wissen wir sehr viel über Schulkinder, über Kindergartenkinder, über Kleinkinder und über Säuglinge«, schreiben die Autoren Hüther und Krens, »all diese Erkenntnisse lassen sich in vier Sätzen zusammenfassen. Erstens, Kinder sind zu jedem Zeitpunkt ihrer Entwicklung weitaus kompetenter, als wir bisher angenommen haben. Zweitens, um sich optimal entwickeln zu können, brauchen sie die Erfahrung, willkommen zu sein und in den Eltern beziehungsweise Pflegepersonen sichere Bindungspartner zu finden, die ihre Bedürfnisse in angemessener Weise beantworten. Drittens, sie suchen sich ihren Weg und erschließen sich die Welt aus eigenem Antrieb; und wir können ihnen dabei Mut machen, ihnen mögliche Wege zeigen und sie unterstützen, wenn sie allein (noch) nicht weiterkommen und sich zurechtfinden. Viertens, jeder Schritt auf dieser Entdeckungsreise wird durch das bestimmt, was die Kinder im Verlauf ihres bisherigen Lebens bereits entdeckt und in ihrem Gehirn verankert haben.« Und dann kommen die Autoren zum eigentlichen Erkenntnisschluss: »All das gilt nicht erst nach, sondern ebenso bereits vor der Geburt.«

Was bekommen Embryonen und Feten also von sich, von Mami und der Welt mit? Sehr viel.

»Es ist inzwischen empirisch gut belegt«, schreibt der Verhaltensbiologe Gerhard Roth, »dass vorgeburtliche Erlebnisse, direkt oder über den Körper und das Gehirn der Mutter, einen Einfluss auf das limbische System des Ungeborenen haben.« Kurz: Embryonen und Feten haben bereits ein Gedächtnis. Und das, was darin landet, ist prägend. So prägend, dass Roth zu dem Schluss kommt, gemeinsam mit den Erfahrungen der ersten Lebensjahre machen sie »rund 30 Prozent unserer Persönlichkeit aus«.

Persönlichkeit kann eher nicht in Prozenten bemessen werden, doch ganz sicher können nicht zuletzt die vorgeburtlichen Erfahrungen und vorbewussten Erinnerungen und deren Folgen im ungünstigen Fall dramatisch sein.

Durch meine Arbeit als spiritueller Heiler habe ich häufig mit psychisch kranken Menschen zu tun. Immer wieder werde ich auch mit dem Krankheitsbild der Schizophrenie konfrontiert. Nur sehr schwer behandelbar, das sage ich lieber gleich, und selten mit anhaltendem Erfolg. Bei schizophren Erkrankten haben sich Teile der Persönlichkeit abgespalten und das Erleben wurde wahnhaft. Schizophrenie gilt in der Medizin als nicht heilbar, medikamentös aber gut behandelbar. Durch Psychopharmaka können schizophrene Schübe verhindert oder gedämpft werden. Werden die Medikamente jedoch abgesetzt, zeigt sich die Krankheit mit unverminderter Macht.

Nach meiner Erfahrung hatten Menschen mit der Diagnose Schizophrenie immer eine sehr harte Geburt. Meine Erfahrung ist dabei auf eine überschaubare Anzahl von Klienten beschränkt, also ohne statistischen Wert. Daher kann ich nur vermuten, dass es zwischen der Härte der Geburt und der Krankheit einen Zusammenhang gibt, der in Zukunft mit wissenschaftlicher Genauigkeit erforscht werden wird. Ich vermute weiter, dass diese Geburtshärte eine Symptomverstärkung bewirkt haben mag, die eigentliche Ursache der Krankheit aber noch vor der Geburt liegt.

Letztere Vermutung beruht auf der Behandlung einiger weniger Klienten. Alle waren von der Mutter in der Frühphase ihres Daseins abgelehnt worden. Alle hatten den Versuch eines Schwangerschaftsabbruchs überlebt.

Spürt der Embryo, wenn die Mutter ihn abtreiben will? Spürt der Embryo den Abtreibungsversuch?

Meine Antwort ist: Ganz eindeutig, ja, denn die Folgen sind nach meiner Kenntnis absolut katastrophal.

Geburt aus biologischer Sicht –
die zwei Klippen oder die körperlichen
Besonderheiten der menschlichen Geburt

Vorgeburtliche Erfahrungen und Empfindungen, meine ich, geben dem Kind den mentalen Schub für die womöglich machtvollste und kühnste Unternehmung seines Lebens: seine Geburt.

»Die fünfzehn Zentimeter, die man beim Austritt aus dem Mutterleib zurücklegen muss, erweisen sich manchmal als die längste Fahrt«, notiert Sloterdijk lakonisch.

Etwa fünfzehn Zentimeter lang ist der sogenannte Geburtskanal. Jener Tunnel, der sich durch Hormonausschüttung im Zuge der Geburt auftut und vom Uterus durch den inneren Muttermund in den Gebärmutterhals hineinführt und durch den äußeren Muttermund in die Vagina und aus dem mütterlichen Körper herausführt. Der Geburtskanal ist in sich leicht gebogen und führt an zwei engen Klippen vorbei, dem inneren und dem äußeren Becken.

Aus biologischer Sicht erfolgt die Geburt auf dem Weg des geringsten Widerstands. Für die Geburt optimal liegt das Kind, wenn sein Hinterkopf aus der Perspektive der Mutter nach vorn weist, vordere Hinterhauptslage genannt. 95 Prozent aller Kinder beginnen die Geburt in dieser Position. Sie verkürzt und erleichtert die Geburt. Nicht ganz so optimal ist die hintere Hinterhauptslage. Höchst problematisch sind Steißlagen und andere Positionen.

Das Größte am Kind ist sein Kopf. Der Kindskopf hat einen Durchmesser von selten mehr als zehn Zentimetern, kann bis zu einem Zentimeter gestaucht werden und ist von oben gesehen länger als breit, also oval. Der Ausgang aus dem inneren Becken, wodurch das Kind als Erstes muss, ist meistens etwas über zehn Zentimeter groß, kann bei der Geburt geringfügig geweitet werden und hat die Form eines quer liegenden Ovals. Damit das Kind hindurchpasst, muss es seinen Kopf um 90 Grad nach links oder rechts drehen. Egal, ob aus vorderer oder hinterer Hinterhauptslage. Dabei dreht es auch den Rumpf zumindest teilweise mit.

Der Ausgang aus dem äußeren Becken ist ebenfalls oval, jedoch im Verhältnis zum Beckeneingang um 90 Grad verdreht, also ein nach vorn und hinten ausgerichtetes Oval. Damit der Kopf des Kindes hier durchpasst, muss er sich im gleichen Winkel wieder zurückdrehen.

Das Zweitgrößte am Kind sind seine Schultern. Sie liegen quer zum Oval des Kopfes. Damit auch sie durchs innere und äußere Becken passen, müssen sie in einer komplizierten Choreografie in 90-Grad-Rotationen dem Kopf folgend aus dem mütterlichen Körper heraus gedreht werden.

Bei seiner Geburt muss sich das Kind also durch den querovalen Beckeneingang und längsovalen Beckenausgang heraus winden. Ein Vorgang, der schon schwierig genug ist, wenn die Mutter bei der Geburt entspannt ist und dem Kind dadurch mehr Raum gibt. Verkrampft sie aber, verspannen sich auch ihre Muskeln und verengen den ohnehin schon eng gewundenen Durchgang nur noch umso mehr.

Die Drehung und Gegendrehung von Kopf und Schultern bei der Geburt sind eine Hürde, die der Mensch als Folge seines aufrechten Gangs zu überwinden hat. Durch das aufrechte Gehen hat sich die Stellung der Hüftknochen verändert und damit auch das Oval des inneren Beckens. Daher ist bei allen anderen Säugetieren, selbst bei allen anderen Primaten, die zwar auf den Hinterbeinen laufen können, jedoch bevorzugt auf allen vieren gehen, die Stellung des Ovals von Beckeneingang und Beckenausgang identisch. Sämtliche anderen Säugetiere und Primaten müssen also Kopf und Schultern nur einmal drehen und plumpsen vergleichsweise einfach auf die Welt.

Ganz offenbar können Menschen sich eine so komplizierte Geburt »leisten«, immerhin ist die menschliche Art, wenn man Ausbreitung und Wachstum bedenkt, eine sehr erfolgreiche. Trotz oder womöglich auch gerade wegen dieser hochkomplizierten Geburt?

Die menschliche Geburt ist wegen ihrer Eigenheiten eine Erfahrung von beispielloser Intensität. Wahrscheinlich muss sich kein zweites Lebewesen mit einer vergleichbar großen Anstrengung ins Leben quälen. Leicht ist an der menschlichen Geburt eigentlich gar nichts. Auch wenn sie vergleichsweise leicht war und das Kind schnell und mit der Beweglichkeit einer Tempeltänzerin gekommen ist. Leicht kann eine menschliche Geburt eigentlich gar nicht sein, weil sie dank der zweifach verschränkten Klippen des Beckenein- und -ausgangs von der Evolution so nicht angelegt ist.

Einige Kinder schrammen über diese Klippen, es dauert lange, bis sie den Weg nach draußen finden. Manche kommen zwar weit, doch nicht weit genug und müssen schließlich mit der Saugglocke geholt werden. Andere verhaken sich in den Klippen, müssen mit der Zange herausgezogen oder per Notkaiserschnitt geholt werden. Doch das sind längst noch nicht alle Möglichkeiten.

Viele Kinder überwinden diese Klippen mit einer gewissen Leichtigkeit, und ihre Mütter erfreuen sich einer problemlosen Geburt. Dies heißt noch nicht, dass die Geburtserfahrung als solche für diese Kinder leicht war. So leicht nämlich, dass sie nur die Spur von Leichtigkeit hinterlassen wird.

Ich glaube inzwischen nicht mehr, dass ein Mensch seine Geburt verschlafen kann. Der Vorgang der Austreibung ist ein machtvoller Prozess, und er weckt das Kind mit Macht. An den mächtigen Klippen kommt es nicht im Schlaf vorbei, sondern nur hellwach und durch geeignete Mitarbeit. Wenn der Ausgang schon durch andere Kinder und andere Geburten zuvor geweitet wurde, so ist der Weg weniger eng und nicht mehr ganz so schwer. Doch verpennen kann man ihn kaum.

Womöglich ist aber auch genau dies die eigentliche Errungenschaft der menschlichen Geburt: Sie ist so kompliziert und eine so große Herausforderung, dass man sie eben nicht verschlafen kann. Durch die Geburt wird der Mensch hellwach. Womöglich so wach wie nie wieder im Leben. Die menschliche Geburt, meine ich, ist ein Weckruf des Lebens. So deutlich wie wir Menschen erhält diesen Ruf kein anderes Wesen sonst.

Der Weckruf unseres Lebens ist unmissverständlich. Und weil er so unmissverständlich ist, hinterlässt er auch etwas. Ein Echo der Geburt, das im Neugeborenen erklingt und nie ganz ausklingt, weil es im gesamten späteren Leben wirksam bleibt.

Das Diskontinuum –
der Umzug ins Leben und die mentale Schwierigkeit, dort wirklich anzukommen

Der Weckruf der Geburt und sein Echo werden von Psychologen »Diskontinuum« genannt. »Das Diskontinuum«, denn sowohl vorher als auch nachher können andere diskontinuierliche Erfahrungen gemacht werden, die Brüche im Dasein erzeugen, doch die Geburt übertrifft alle.

Zwischen sämtlichen anderen diskontinuierlichen Erfahrungen, die mehr oder minder gravierende Brüche im Leben bewirken, und »Dem Diskontinuum« besteht ein wesentlicher Unterschied: Sie können vermieden werden, »Das Diskontinuum« aber nicht. Und wenn man es dem Kind extra ersparen will, beispielsweise durch einen präventiven Kaiserschnitt, wird »Das Diskontinuum« auf eine sehr seltsame und unerwartete Art sogar noch verstärkt, denn die operative Entfernung aus dem intrauterinen Nest wirkt auf das Kind erst recht traumatisierend. Die natürliche Geburt ist niemals wirklich leicht, doch ist sie immerhin natürlich, und diese Natürlichkeit macht »Das Diskontinuum« wahrscheinlich überhaupt erst einigermaßen erträglich.

Was also ist »Das Diskontinuum« eigentlich genau?

Kontinuum kommt aus dem Lateinischen und meint etwas Zusammenhängendes, ineinander Übergehendes. Diskontinuum bedeutet dementsprechend etwas Unzusammenhängendes und nicht ineinander Übergehendes. Dies ist meistens räumlich gemeint.

Sich »Das Diskontinuum« als unzusammenhängenden, nicht in einander übergehenden Raum vorzustellen ist daher schon sehr richtig. Das Kind verlässt bei seiner Geburt das feuchtwarme Nest des mütterlichen Uterus, muss dabei unter Schmerzen enge Knochenklippen passieren, um dann in trockenen Tüchern zu landen. Die Formulierung, man müsse etwas in trockene Tücher kriegen, ein gutes Geschäft zum Beispiel, bezieht sich auf die Praktik, das Neugeborene direkt nach der Geburt in trockene Tücher zu hüllen, allein um es warm zu halten. Kurz: Erst war es feucht, dann tat es weh, dann ist es trocken.

»Das Diskontinuum« meint den radikalen Ortswechsel im Zuge der Geburt. Ein Umzug, der extremer nicht sein könnte. Denn es geht unter Schmerzen von einem Lebensraum in einen anderen. Allein weil er von Schmerzen begleitet ist, kann dieser räumliche Übergang nicht kontinuierlich, nicht zusammenhängend sein, sondern nur diskontinuierlich. Das Feuchte führt nicht kontinuierlich ins Trockene, denn der Schmerz steht je nach Intensität wie eine Kluft oder ein Abgrund dazwischen. Durch den schmerzhaften Übergang bei der Geburt verliert das noch junge Leben seinen Zusammenhang. Es reißt ein inneres Band, und das ist mehr als die Nabelschnur, die durchschnitten werden muss und wird. Und der Seelenraum des Neugeborenen bekommt einen Riss. Erst dieser Riss besiegelt »Das Diskontinuum«.

Selbst bei einer perfekten, idealen Bilderbuchgeburt bekommt der Seelenraum des Kindes einen Riss. »Das Diskontinuum« ist eine Bedingung menschlichen Daseins, eine unvermeidbare Erfahrung, die der Mensch anschließend verarbeiten muss. Und menschliches Bewusstsein, menschliche Intelligenz, Selbstbewusstsein, sprachlicher Ausdruck, abstraktes Denken, Kreativität, sogar die Kultur an sich sind die Folge davon.

Richtig, aus dem Ei schlüpfen wäre einfacher gewesen. Weniger anstrengend, weniger schmerzhaft, weniger beängstigend, weniger traumatisch. Allerdings hätten wir auch viel weniger zum Nachdenken, hätten also vielleicht auch nie damit angefangen. Das jedenfalls vermuten moderne Psychologen.

Allen voran Analytiker Ludwig Janus. Für ihn ist die menschliche Kultur eine Art sekundärer Uterus. »Weil wir glauben, eine Heimat verloren zu haben, müssen wir uns neu beheimaten.« Jegliche Gestaltung, auch die künstlerische, diene der neuen Beheimatung, sei dazu bestimmt, den Bezug zum vorgeburtlichen Ursprung wiederherzustellen, um »Das Diskontinuum« zu überbrücken.

Sloterdijk merkt zur Frage der Neubeheimatung an: »Das traditionelle soziale Feld baut sich konzentrisch um den primären Inkubator, die naturwüchsige Mutter-Kind-Zone, herum auf.«

Und es ist tatsächlich so einfach, wie es klingt (und gleichzeitig sehr schwierig): Weil Diskontinuum und Riss im Seelenraum unvermeidbar sind, muss das neugeborene Menschenkind zuerst von der Mutter, dann vom Vater, dann von der Familie insgesamt, dann von seinem sozialen Umfeld gut aufgefangen, genährt und beschützt werden. Dann kann es sich umso leichter neu beheimaten im sogenannten sekundären Inkubator: der Welt.

Ich glaube, die erweckende Qualität ist eine fundamentale Eigenschaft der menschlichen Geburt. Erst durch die diskontinuierliche Geburtserfahrung erlangen wir die maximale Aufmerksamkeit für die Welt. Die Geburt als diskontinuierlicher Weckruf und sein Echo sind von einer einmaligen Bedeutung für unser Dasein als Menschen und unsere besondere menschliche Befähigung zum Dasein. Delfine, so schön und schlau sie sind, schreiben keine Weltliteratur, komponieren keine Symphonien und fliegen nicht zum Mond. Singend und schwatzend pflügen sie durch die Ozeane, vergleichsweise leicht geboren, beneidenswert frei, getragen in ihrem Element, scheinbar schwerelos. Bevor wir uns wünschen, im nächsten Leben eines von diesen netten, klugen, witzigen, in Harmonie lebenden Meerestieren zu werden, sollten wir ernsthaft und ehrlich überlegen, ob wir die menschlichen Qualitäten wirklich missen wollen. Sie erwachsen aus der Bewältigung von Schwierigkeiten.

Mehr noch: Menschen müssen an Schwierigkeit wachsen, sonst würden sie nicht unter diesen Schwierigkeiten geboren werden.

Das ist – wie man weiterhin sehen wird – keine Einladung, sich das Leben und den Anfang des Lebens künstlich schwer zu machen. Es ist aber auch keine Einladung, Schwierigkeiten aus dem Weg zu gehen. Und es ist ganz sicher eine Enttäuschung für jene Menschen, die meinen, dass das Leben an sich leicht sein müsse.

Aber vielleicht ist das auch nur ein Missverständnis. Diese Menschen sind ja nicht einfältig. Das Leben hat sie längst eines Besseren belehrt, nämlich seiner Fülle, zu der auch manche Härte gehört. Und in Wahrheit wünschen sie sich vielmehr, das Leben einfach etwas leichter zu nehmen.

Das ist gar nicht so schwer, denn Wissen erleichtert es. Je mehr wir vom Leben wissen, so ist meine Überzeugung, umso leichter können wir es nehmen. Denn Wissen hilft dabei, natürliche und gesunde Schwierigkeiten von ungesunden Härten zu trennen.

Die gesunden Schwierigkeiten gilt es im besten Wissen anzunehmen, um die ungesunden Härten umso besser vermeiden zu können. Das erleichtert vieles. Nicht zuletzt die Geburt an sich, den Weckruf des Lebens.

Die Quelle der Ruhe –
symbiotische Einheit mit der Mutter,
ozeanische Gefühle und die Phasen der Geburt

Weil die menschliche Geburt aus den genannten Gründen ein hochkomplexer und leicht zu störender Vorgang ist, bedarf sie all unserer Aufmerksamkeit. Das Wunder der Geburt braucht Achtsamkeit, Liebe, Hingabe und vor allen Dingen Ruhe. Denn Ruhe schafft den Raum, in dem sich Achtsamkeit, Liebe und Hingabe entfalten können.

Ruhe kommt immer von innen. Äußere Ruhe fördert die innere. Doch wenn keine innere da ist, kann die äußere Ruhe auch nicht nach innen wirken. Dann bleibt der Mensch unruhig. Sogar in einem Ozean der Ruhe, auf dem offenen Meer zum Beispiel oder in der Wüste.

Ich kenne Menschen, die niemals zur Ruhe kommen. Etwas in ihnen ist ständig in Bewegung. Manchmal wirken sie sogar, als hätten sie Ruhe gefunden, doch tatsächlich vibrieren sie innerlich und haben nur eine äußerliche Ruheposition eingenommen. Noch im Schlaf vibrieren diese Menschen mental. Meistens zittern, zucken oder wälzen sie sich auch körperlich. Sie wachen erschöpft auf, obgleich sie eigentlich ausgeschlafen sein müssten, und leiden in Folge ihrer Ruhelosigkeit unter den verschiedensten Symptomen und Krankheiten.

Diesen Menschen fehlt aller Wahrscheinlichkeit nach die Urerfahrung der Ruhe.

Die Urerfahrung der Ruhe macht der Mensch in der »ozeanischen Phase«. Oder er macht sie eben nicht. Oder nur in eingeschränktem Maße. Und kommt womöglich in seinem späteren Leben kaum zur Ruhe. Das sagt Stanislav Grof, Arzt, Psychiater, Psychologe und Medizinphilosoph, 1931 in Prag geboren und 1969 in die USA emigriert, wo er forscht und lehrt. Grof hat die transpersonale Psychologie begründet, die perinatale Psychologie revolutioniert und ist einer der Überväter moderner Psychologie.

Aus dem Embryo wird mit der Ausdifferenzierung der inneren Organe ab der neunten Woche ein Fetus. Spätestens dann hat das Kind eigene körperliche Wahrnehmungen. Es wächst in symbiotischer Einheit mit der Mutter, geborgen in der Gebärmutter und macht frühe Erfahrungen körperlichen Daseins. Genießt die Mutter die Schwangerschaft, ist sie dem kleinen Gast in ihrem Bauch liebevoll zugetan, so erlebt das Kind ein mystisches Aufgehobensein in paradiesischer Wohligkeit, die »ozeanische Ekstase«.

Das klingt irgendwie berauschend. Und die Erforschung frühstkindlicher Wahrnehmungen begann auch tatsächlich mit einem Rausch. Grof verabreichte seinen Probanden LSD und nutzte die halluzinogene Wirkung der Droge zu gezielten Rückführungen in den vorsprachlichen Erfahrungsraum. Als auch die medizinische und psychotherapeutische Nutzung von Halluzinogenen verboten wurde, entwickelte er eine besondere Atemtechnik, das »holotrope Atmen«, um frühstkindliche Wahrnehmungen in Erinnerung zu rufen.

In unzähligen Rückführungen konnte Grof die Erinnerungsbarriere des Vorsprachlichen überwinden und seinen Probanden die Erfahrungen direkt nach der Geburt zugänglich machen, um sie dann weiter vordringen zu lassen bis zu Erfahrungen bei der Geburt und weiter bis zum Einsetzen der ersten Wehen und noch weiter bis zu den ersten körperlichen Empfindungen überhaupt. Empfindungen am Anfang körperlichen Daseins in der sogenannten »ozeanischen Phase«.

Kollegen bezweifelten anfänglich die Wissenschaftlichkeit von Grofs Methoden, kamen dann an seinen Erkenntnissen aber nicht mehr vorbei. Heute ist die grofsche Systematik der Phasen rund um die Geburt weithin anerkannt. Demnach gibt es vier perinatale Phasen.

Phase eins ist die »ozeanische Phase«, von Grof auch »erste perinatale Grundmatrix« genannt. Sie beginnt förmlich mit der Einnistung der befruchteten Eizelle in der Gebärmutterschleimhaut und endet mit dem Einsetzen der ersten Wehen.

Phase zwei ist die »Wehenphase«, von Grof als »zweite perinatale Grundmatrix« bezeichnet. Sie beginnt mit ersten chemischen Alarmsignalen, »die das ursprüngliche Gleichgewicht der intrauterinen Existenz stören«, setzt sich fort in ersten Muskelkontraktionen des Uterus und umfasst die erste klinische Phase der Geburt. »Wenn sich dieses Stadium voll entfaltet, wird der Fetus in periodischen Abständen durch Gebärmutterspasmen zusammengepresst. Der Gebärmutterhals ist geschlossen, und der Weg nach außen ist noch nicht erkennbar.«

Phase drei ist die »Austreibungsphase« oder »dritte perinatale Grundmatrix«, gleichbedeutend mit der zweiten klinischen Phase der Geburt. Ein winziger Pfad tut sich auf, der Geburtskanal. Durch Presswehen wird das Kind auf den Weg gebracht. Die Enge wirkt monströs, der Schmerz gigantisch und lebensbedrohlich. Doch der Ausweg wird weiter und veranlasst das Kind, auch mit eigener Kraft an der Befreiung aus dieser Lage mitzuarbeiten. Die Angst ist in dieser Phase ein ständiger Gefährte, der mögliche Tod gegenwärtig. Das Kind konzentriert all seine Kraft und kämpft den Kampf ums eigene Leben.

Phase vier, die Entbindung und »vierte perinatale Grundmatrix«, gleichbedeutend mit der dritten klinischen Phase der Geburt. Licht am Ende des Tunnels – die Geburt tritt in die entscheidende Phase. »Das Vorwärtstreiben durch den Geburtskanal erreicht seinen Höhepunkt, und auf die extreme Steigerung von Schmerzen und Spannungen folgen unmittelbar Entspannung und Erleichterung«, so Grof. »Das Kind ist geboren und sieht zum ersten Mal das Licht des Tages. Nach Durchtrennung der Nabelschnur ist die körperliche Trennung von der Mutter abgeschlossen, und das Kind steht am Beginn seiner neuen Existenz als anatomisch eigenständiges Individuum.«

Phase eins, also die »ozeanische Phase«, ist laut Grof im Idealfall rein konstruktiv. Umhüllt vom Kokon mütterlicher Liebe und tatsächlich aufgehoben in einem wohligen Wärmebad passender Weite, erlebt das Kind sein Paradies auf Erden. Es erlebt die Entgrenzung des Selbst und die Urerfahrung kosmischer Einheit. Metaphorische Entsprechungen dieses Zustandes sind: ein Blick in einen klaren Sternenhimmel in einer warmen Sommernacht, genossen auf dem Rücken liegend im warmen Gras. Oder: neben Walen oder Delfinen im weiten Ozean schwimmen. Oder: eine

Lichtung im Wald, ein Ort der Stille, mit weichem Moos bedeckt und von der Sonne beschienen.

Die Urerfahrung der Einheit im Mutterleib sorgt nach dem Resonanzprinzip auch dafür, dass die metaphorischen Entsprechungen später auf die jeweils individuelle Weise umso leichter zur Lebensrealität werden können.

Die Urerfahrung der Einheit im Mutterleib gibt dem Kind Ruhe und Kraft für den Rest seines Lebens.

Kann diese Urerfahrung nur unvollständig oder kaum genossen werden, so kostet das Ruhe und Kraft. Zum Beispiel wenn Krankheiten, Krisen oder im Extremfall ein Abtreibungsversuch der Mutter das paradiesische Empfinden des Kindes in ihrem Körper bedrohen. Dann bekommt die Entgrenzung des kindlichen Selbst paranoide Untertöne und die mystische Auflösung aller Grenzen wird psychotisch verzerrt.

Phase zwei, also die »Wehenphase«, ist in genau dem Maße konstruktiv, wie es die ozeanische war. Wurde das Paradies genossen und ausgekostet, ist das Individuum bereit, es zu verlassen. Angetrieben von der Zuversicht, dass etwas noch viel Schöneres folgt. War das Paradies nicht ganz so paradiesisch, schwächt dies auch die Hoffnung auf Besserung. Zumal die Wehenphase nicht gerade mit angenehmen Körpererfahrungen aufwarten kann. Aus dem Ozean der ersten Phase ist, dank kindlichen Wachstums, eine Badewanne geworden, die womöglich immer noch mit einem Ozean zu verwechseln wäre, wenn nicht auf einmal die Wände näher kommen würden. Die Wände kommen näher und sie weichen auch wieder. Das sind die ersten Wehen. Mit den Wehen kommt das Adrenalin, eine Welle der Angst, die ihre chemische Ursache in Hormonausschüttungen der Mutter hat und in den kindlichen Blutkreislauf rollt. Diese Welle ist unvermeidbar. Sie alarmiert das Kind. Achtung, heißt das, dies ist nur der Anfang, pass auf, was noch kommt!

Je früher die Wehen einsetzen, je länger die Wehenphase dauert, je härter der Klammergriff der mütterlichen Muskulatur ausfällt, umso beängstigender empfindet das Kind seine Situation. Gefahren können von dem ungeborenen Individuum in dieser Phase wohl kaum eingeordnet oder interpretiert werden. Daher sind die kindlichen Ängste überwältigend.

Metaphorische Entsprechungen dieses Zustandes sind: Entdeckungsreisen, der Aufbruch ins gelobte Land. Aber auch: in einen Mahlstrom gerissen oder von Monstern verschlungen zu werden. In einem engen Verlies gefangen gehalten zu werden, festgekettet zu sein in einer widerwärtigen Wirklichkeit, ein Albtraum, der Horror, die Hölle.

Phase drei, also die »Austreibungsphase«, ist laut Grof destruktiv. Von Presswehen in den Geburtskanal gedrängt, empfindet das Kind gigantische Schmerzen. Seine Angst ist nicht minder monströs. Doch weil sich ein rettender Ausgang auftut, konzentriert es alle seine Kräfte darauf, diesen auch zu erreichen. Oft kommt das Kind dabei in Kontakt mit Fruchtwasser, Schleim, Blut, Urin, nicht selten auch Kot

Metaphorische Entsprechungen dieses Zustandes sind: Kämpfe, Schlachten, Getümmel, Demonstrationen, der Zweikampf, Folter, Krieg, sadomasochistische Fantasien, lustvolle Erniedrigung in Verbindung mit menschlichen Ausscheidungen.

Phase vier, also die »Entbindungsphase«, hat destruktive Elemente, ist im Idealfall aber sehr konstruktiv. Nach einer letzten Großanstrengung geht dem Kind ein Licht auf.

Metaphorische Entsprechungen dieses Zustandes sind: Wiedergeburt, Erleuchtung, Engelerscheinungen, die Offenbarung, Himmelfahrt, Befreiung von allen Fesseln, Freiheit.

Beethovens 9. Symphonie kann als Vertonung der vier Phasen der Geburt gehört werden. Im letzten Satz erklingt Schillers Ode »An die Freude«, die all das ausdrückt, was bei der Entbindung in positivem, erhabenem Sinne empfunden werden kann.

Die destruktiven Möglichkeiten dieser Phase sind so vielfältig wie es schwierige Geburten eben sind. Von der Saugglocke über die Zange bis zum Notkaiserschnitt. Dementsprechend komplex sind auch die negativen metaphorischen Entsprechungen. Absolute Vernichtung, atomare Katastrophe und Weltuntergang lauten die offensichtlichen.

Die vier Phasen der Geburt verankern das Individuum in der Dualität. Tag und Nacht, hell und dunkel, weiß und schwarz, positiv und negativ, Anziehung und Abstoßung, gesund und krank, gut und böse, konstruktiv und destruktiv – der duale Charakter der Welt, in der wir leben, ist nicht zu übersehen. Auf die paradiesische Erfahrung der »ozeanischen Phase« folgt die höllische der »Wehenphase«. Auf die ebenfalls höllische »Austreibungsphase« folgt die himmlische »Entbindungsphase«. Dieser Aspekt der Geburtsstadien ist damit sicherlich sehr vereinfacht dargestellt. Denn sämtliche Phasen beinhalten konstruktive und destruktive Möglichkeiten. Allerdings, glaube ich, dass sie tatsächlich so klar und einfach im Zuge der Evolution angelegt sind.

Die Phasen zwei, drei und vier können große Härten für das Kind bedeuten. Phase eins ist im Normalfall paradiesisch. Bei den sogenannten »vollständigen Kindern« erfolgt schon die Einnistung in einem Raum eindeutiger Gastlichkeit. Die Mutter empfindet keinerlei ambivalente Gefühle gegenüber einer möglichen Schwangerschaft, einem wachsenden Bauch mit einem Kind darin. Sie will gern Mutter sein und freut sich darauf. Mögliche aufkommende Zweifel an ihrer Fähigkeit, schwanger zu gehen, auszutragen, zu gebären, zu stillen und ein Kind großzuziehen, überwindet sie durch die Hingabe zum Kind. Kraft ihrer Liebe zu dem Wesen, welches sie empfangen hat, kann sie mit dem Kind in ihrem Bauch stark sein. Diese Stärke bedeutet Gesundheit, körperlich und seelisch. Und diese Stärke bedeutet, dass die Mutter fühlt, was dem Kind guttut.

Laute Rockkonzerte mit durchdringenden Bässen, bei denen die eingenistete Eizelle oder der Embryo in der Gebärmutter vibriert und zittert, gehören nicht dazu. Auch keine Jobs, bei denen der werdenden Mutter vor Anstrengung oder Stress der Schweiß ausbricht. Auch keine Streitereien mit dem Vater, die womöglich sogar handgreiflich werden. Mit Flugangst trotzdem fliegen – nein. Noch schnell die Examensarbeit in langen übernächtigten Sitzungen zu Ende schreiben – besser nicht.

Wie gesagt, wahrscheinlich schon ab der fünften Woche werden im embryonalen Gehirn Wahrnehmungen verarbeitet. Das Kind erlebt mit. Primitive Lebensformen wie Amöben haben die Entscheidungsmöglichkeit zwischen zwei Impulsen: hin oder weg. Sie bewegen sich auf etwas zu oder sie entfernen sich. Ein positiver Reiz bewirkt Annäherung, ein negativer Entfernung. Menschliches Leben beginnt auf einer viel höheren Stufe biologischer Ordnung, doch wahrscheinlich ist es trotzdem so simpel: Im embryonalen Dasein werden positive und negative Empfindungen deutlich wahrgenommen. Wohlsein oder Unwohlsein, Lust oder Schmerz, das sind sehr wahrscheinlich die grundsätzlichen Wahrnehmungen, die Embryonen haben.

Diese Wahrnehmungen werden gespeichert, wie moderne neurobiologische Forschung ja festgestellt hat. Die Speicherung von Wahrnehmungen im vorsprachlichen Erfahrungsraum wird Teil des Unterbewusstseins. Um es noch genauer zu sagen: Es wird Teil der unbewussten Biografie. Knapp: Es wird Teil der Biografie. Damit beginnt die persönliche Biografie eines Menschen spätestens mit der fünften Woche nach der Zeugung, und absolut alles, was dann passiert, hat eine Auswirkung auf das Kind.

Die »vollständigen Kinder« sind daher mit der entsprechenden Aufmerksamkeit und Behutsamkeit ausgetragen worden. Aufmerksam und behutsam getragen, erlebten sie die »ozeanische Phase« als »ozeanische Ekstase« im wohlig entgrenzten Selbst. Sie ruhten in der mystischen Verbindung mit der Mutter. Aus der lustvollen Ruhe in der Position absoluter Sicherheit erwuchs schließlich die Neigung, die schützende Höhle zu verlassen. Warum sollte das Kind die Höhle verlassen wollen? Allein aus kindlicher Neugier. Das Wunder des Daseins weckt seine Neugier. Hat es das Naheliegende erkundet, wendet es sich dem Ferneren zu. Das tun alle Kinder. Wer sagt, dass sie damit erst nach der Geburt beginnen? Nur folgerichtig, dass sie der Ruhe satt, am Ende der »ozeanischen Phase« bereit für den Aufbruch sind.

In der mütterlich-kindlichen Koexistenz ist der Aufbruch immer ein gemeinsamer, und er kündigt sich auch gemeinschaftlich an. Das Kind bewegt sich. Schließlich gibt auch die Mutter das Zeichen nahenden Aufbruchs. Das mütterliche Zeichen ist eine unwillentliche körperliche Rückmeldung. Die ersten Wehen in der zweiten Phase der Geburt.

Die Höhle, schon eng geworden, zieht sich zusammen. Ein wohliges Drücken, welches sich gleich wieder löst, um das Kleine langsam daran zu gewöhnen. Das »vollständige Kind« hat in der »ozeanischen Phase« keine Ablehnung erfahren und daher alle Liebe und alles selbstliebende Gewahrsein bewahrt, es hat keinen Mut verloren und deshalb auch keine Angst, sich den Kontraktionen in der »Wehenphase« hinzugeben. Reif für die Geburt, produziert seine Hypophyse ein spezielles Hormon und gibt damit wahrscheinlich das eigentliche Signal für den Beginn der Geburt.

Metaphorisch und zur Abwechslung aus maskuliner Perspektive könnte man die vier Phasen der Geburt auch so beschreiben: Ein Vater zeltet mit seinem Sohn am Fuß des großen Berges. Der Sohn wünscht sich, auf den Gipfel zu steigen. Der Vater hat bereits Erfahrungen damit, also wird er den Sohn führen. Einige Tage ruhen sie in ihrem Lager. Tagsüber erzählt der Vater dem Sohn von den Bergen. Wie erhaben und mächtig sie sind, wie wild und schön. Wie abenteuerlich es ist, sie zu besteigen. Wie prächtig der Ausblick von oben ist. Der Sohn lauscht den Erzählungen, ruhig, glücklich und zunehmend gespannt auf das, was noch kommt. Nachts träumt der Sohn, ein Vogel zu sein, die Welt von oben zu sehen, über allem zu schweben, frei wie ein Adler. Morgens erwacht er ausgeruht und mit wachsender Kraft und fiebert dem sich nähernden Aufbruch entgegen.

Dann gibt der Vater das Zeichen. Es ist so weit. Sie brechen auf. Der Weg ist weit, doch noch nicht allzu steil, und immer wieder gibt es Plätze, geeignet zum Ausruhen. Der Sohn hat sich den Aufstieg nicht ganz so schwer vorgestellt und äußert Zweifel, ob er ihn auch wirklich schaffen kann. Der Vater macht ihm Mut, bestärkt ihn durch gutes Zureden. Und der Sohn spürt seine jugendliche Kraft und will weitergehen.

Schließlich ist der Gipfel nah, nur ein letzter Aufstieg ist noch zu bewältigen, schwerer als alles zuvor. Jetzt umzukehren wäre fatal. Aufgeben in diesem Moment, so knapp vorm Ziel, wäre kein gutes Signal. Ist nicht das Leben an sich ein Aufstieg zu einem Gipfel? Dem Gipfel des eigenen Daseins womöglich? Also macht der Vater seinem Sohn nochmals Mut. Du kannst es schaffen, du wirst es schaffen. Der Vater will den ersten Schritt machen, doch der Sohn überholt ihn und geht voran. Die Wand ist steil. Sie müssen alle Kraft zusammennehmen, um den Grat zu überwinden. Die körperliche Anstrengung ist schmerzhaft. Mehrmals hat der Sohn Todesangst und will umkehren. Der Vater sichert ihn so gut er kann und reicht ihm unterstützend die Hand.

Mit letzter Kraft erklimmen sie den Gipfel. Da oben ist es wunderschön. Die Welt liegt einem zu Füßen. Ja, es hat sich wirklich gelohnt, den Aufstieg zu wagen.

In der Allegorie hat der Vater die Rolle der Mutter eingenommen und steht der Sohn für das Kind an sich. Es gibt vier Etappen: das Lager, den Aufbruch, die Wand, den Gipfel. Aus jeder Etappe schöpft das Kind im Idealfall die Kraft für die nächste. Man muss im Lager gewesen sein, um den Aufbruch wagen zu können. Man muss aufgebrochen sein und den Anstieg bewältigt haben, um in der Wand zu bestehen. Man muss die Wand erklommen haben, um den Gipfel zu erreichen. Genau das ist auch die Logik der Geburt. Aus der ersten Phase schöpft das Kind die Kraft für die zweite. Aus der zweiten die Kraft für die dritte Phase. Und aus der dritten Phase zieht es die Kraft für die vierte.

Der Weg des »vollständigen Kindes« in Analogie zu den vier Stadien der Geburt ist ein kraftvoller und positiv folgerichtiger Aufstieg zum Gipfel.

Ein kraftloser Aufstieg mit negativer Kausalitätskette liest sich beispielsweise so: Der Vater glaubt nicht, dass sein Sohn den Gipfel erreicht. Trotzdem zeltet er mit ihm am Fuße des Berges. Sie reden viel. Aus all dem Gerede hört der Sohn vor allem eins: Kritik an seiner Person. Er schläft schlecht, hat Albträume und erwacht müde. Trotzdem gehen sie irgendwann los, wahrscheinlich aus purer Ungeduld. Der Aufstieg ist die Hölle. Der Sohn jammert ständig rum. Der Vater äußert erst recht Kritik und überschüttet den Sohn gleichzeitig mit Durchhalteparolen. Umkehr kommt für den Vater nicht infrage. Auch der Sohn spürt, dass es nur vorangehen kann, aber nicht zurück. Dann wird's richtig hart. Schließlich hängen sie an der Wand, jammern sich gegenseitig die Ohren voll und beschuldigen einander, diese idiotische Idee der Bergbesteigung gehabt zu haben. Wofür eigentlich?

Kraftlos, in Panik und unter größten körperlichen Schmerzen erreichen sie den Gipfel. Da fühlen sie erst mal gar nichts. Keine Erleichterung, keine Freude, und als sie sich umschauen, blicken sie in ein Meer aus Nebel. Spätestens das ist die Geburt der Angst.

Eine Analogie ist bestenfalls ein passendes Bild als Entsprechung zur Realität. Die Geburt ist keine Bergbesteigung, allerdings ist die Geburt durchaus der Gipfel des bisherigen Seins. Danach ist man entweder reif für die Welt oder schon fertig mit der Welt oder irgendwas dazwischen.

Die Kenntnis der vier Phasen der Geburt, des Weges der Einnistung, der Gastgeberrolle der Mutter und der frühen Empfindsamkeit des Embryos sind nach meinem, bereits an anderer Stelle geäußerten Empfinden eine Einladung, das Beste daraus zu machen, sein Bestes zu geben und dabei vor allem seinem inneren Wissen zu folgen. Doch was dies im jeweiligen Moment für die kindliche Erfahrungswelt und Entwicklung bedeutet, das werden wir vielleicht nie in vollem Umfang wissen. Das, was wir aber wissen, reicht aus, um sich dem wachsenden Menschen auf eine gute und heilsame Weise zuzuwenden, ihm also einen kraftvollen Weg ins Leben zu ermöglichen.

Dies ist Monica Weiss bei Merle und Marielle auf eine nahezu absolute Art gelungen. Die gleichen guten Absichten hatte sie auch bei Thomas, dem mittleren Kind. Doch manchmal läuft das Leben trotz der besten Absichten nicht so, wie man es sich als Mutter wünscht, und es kommt zu Komplikationen. Mit Liebe und Hingabe wird die Mutter auch daraus das Beste für sich und das Kind machen. Aber in welcher Form mütterliche Liebe und Zuwendung die Kindesentwicklung befördern, das ist eben auch Gnade, ein Segen, der dem heranwachsenden Menschen hoffentlich und möglichst reich zuteil wird.

Vom Straßenkind zum Nobelpreisträger – Resilienz oder die unglaubliche Kraft der Kinder

Die Menschheit in »Gewinner« und »Verlierer« einzuteilen ist wohl eine der trostlosesten Formen des Schubladendenkens überhaupt, dennoch ist unübersehbar, dass einige Leute mit spektakulären Gipfelstürmungen von sich reden machen, während andere abstürzen oder scheinbar unverändert im immer gleichen Elend leben. Obgleich mir die gesellschaftlichen Mechanismen von Auf- und Abstieg ebenfalls unsympathisch sind, muss ich sie als zivilisatorische Tatsache zur Kenntnis nehmen. Mit »Verlierern« sind erfolglose Menschen gemeint, während die »Gewinner« erfolgreich dastehen. Ob überhaupt oder in welchem Maße »Gewinner« mit ihren Erfolgen tatsächlich glücklicher und vor allem bewusster leben als sogenannte »Verlierer«, wird bei der folgenden Betrachtung vernachlässigt. Daher weist sie blinde Flecken auf.

Mario Renato Capecchi, Biophysiker und Genetiker, der 2007 mit einem Kollegen den Nobelpreis für Medizin gewann, ist offensichtlich erfolgreich. Ebenso Hans-Olaf Henkel, ehemaliger Präsident des Bundesverbandes der Deutschen Industrie. Sicher auch Arnold Schwarzenegger, Exbodybuilder, Schauspieler und der 38. Gouverneur Kaliforniens. Gleichermaßen der ehemalige Bundeskanzler Gerhard Schröder und der Ex-US-Präsident Bill Clinton. Genauso gewiss sind die Erfolge des schwarzen Sängers und Pianisten Ray Charles oder der Filmdiva Greta Garbo.

Sie alle sind also »Gewinner«, doch in sozial-darwinistischem Sinne wurden sie eigentlich als »Verlierer« geboren: Die Garbo wuchs als Halbwaise in ärmlichen Verhältnissen auf und arbeitete mit 14 Jahren als Einseifmädchen bei einem Friseur. Ray Charles, ebenfalls Halbwaise, aufgewachsen in Georgia, einer schwarzen Hochburg der Armut, erblindete mit sechs und verlor mit 14 auch noch die Mutter. Clinton musste sich mit einem Stiefvater herumschlagen, der sogar ein Gewehr auf ihn anlegte. Schröder, gleichfalls Halbwaise, wurde nach der Volksschule Lehrling in einem Eisenwarengeschäft. Schwarzenegger, in der Steiermark in kleinbürgerlichen Verhältnissen und mit Prügeln aufgewachsen, verließ die Schule mit dem Hauptschulabschluss. Hans-Olaf Henkel verlor den Vater im Zweiten Weltkrieg und verbrachte einige Monate in Kinderheimen, weil seine Mutter mit ihm überfordert war. Und Capecchis Mutter wurde von den Nazis ins Konzentrationslager verschleppt, woraufhin Mario Renato vom vierten bis zum achten Lebensjahr auf der Straße lebte. Wie hat er es geschafft, vom Straßenkind zum Nobelpreisträger zu werden? Wie wurde aus dem Heimkind Hans-Olaf Henkel ein erfolgreicher Manager? Wie aus dem Hauptschüler Schwarzenegger der erste Mann Kaliforniens? Wie haben sich Schröder, Clinton, Ray Charles und Greta Garbo von den Schatten ihrer schwierigen Kindheit befreit?

Die Zeitungen sind voll von den Schicksalen derer, die sich nicht befreien konnten. Aufgewachsen mit einer drogensüchtigen Mutter, später selbst drogenabhängig. Vom Vater geschlagen, später selbst ein Gewalttäter. Sich prügelnde Eltern, der Sohn schlägt später auf die eigene Frau ein. Die Mutter verkauft sich an Männer, also macht es später auch die Tochter so. Im Chaos aufgewachsen, also Chaos gelebt – das klingt folgerichtig. Als geradezu zwangsläufige Folgen problematischer bis asozialer Kinderstuben werden im Allgemeinen verunglückte Lebenswege vorausgesagt, Biografien des Scheiterns, Menschen, die gesellschaftlich versagen, ja, versagen müssen, weil ihnen einst so viel versagt wurde und vorenthalten blieb. Doch so zwingend einfach ist die Dynamik des Lebens zum Glück nicht.

»Zwar wird ein Drittel derjenigen, die selbst Gewalt erfahren haben, später ebenfalls gewalttätig«, erklärt Friedrich Lösel, Professor für Psychologie an der Universität Erlangen-Nürnberg. »Aber das ist eben doch die Minderheit.«

Warum schaffen einige, was anderen nicht gelingt? Warum verlassen einige das Getto, indem sie geboren wurden, während andere darin untergehen? Warum führen einige Kinder aus schwierigen, sogar sehr schwierigen Verhältnissen später ein zufriedenes Leben, während andere in dem leidvollen Umfeld von Armut, Gewalt, Drogenmissbrauch und Vernachlässigung bleiben, womöglich sogar noch tiefer sinken? Über 40 Jahre lang beobachtete Emmy Werner, Professorin für Entwicklungspsychologie an der Universität von Davis in Kalifornien, die Lebenswege von 210 Jungen und Mädchen auf Kauai, einer der westlichsten Inseln des Hawaii-Archipels. Obwohl alle Kinder armen Verhältnissen entstammten, in einem Umfeld aus Gewalt, Vernachlässigung, Alkoholmissbrauch und Scheidung aufgewachsen waren, schaffte ein Drittel von ihnen den Absprung in ein zufriedenes Leben mit einer stabilen Partnerschaft oder Ehe und einem stetig ausgeübten Beruf.

Fast unglaublich, aber wahr: Aus nicht wenigen rumänischen Waisenkindern, von Diktator Ceausescu unter gefängnisähnlichen Bedingungen in Heime gepfercht, extrem vernachlässigt, gequält und psychisch destabilisiert, wurden später eigenständige Erwachsene, die heute ein sozial stabiles Leben führen.

Phoenix aus der Asche ist ein Mythos, ein Menschheitstraum und der Stoff für große Dramen, in denen es um große Siege geht. Von Onkel und Tante terrorisiert und eigentlich der geborene Verlierer, überwindet Harry Potter schließlich das Böse und befreit sich und die Welt. Und Jamal aus den Slums von Mumbai beantwortet die Millionenfrage und wird zum »Slumdog Millionär«.

»Du kannst es packen«, versprechen Aschenputtel und Oliver Twist, »auch wenn es anfangs nicht so gut gelaufen ist. Der Jackpot wartet auf dich.«

Das Märchen wirkt weit von der Wirklichkeit entfernt, doch die Chancen auf den Jackpot eines ausgeglichenen und zufriedenen Lebens sind größer als bisher angenommen: Auch Vergleichsstudien in Amerika und Deutschland besagen, dass mindestens ein Drittel aller Kinder aus zerrütteten bis asozialen Verhältnissen ihre problematische Herkunft überwinden. Sie überwinden Vernachlässigung, Verlust und Misshandlung, um trotz aller anfänglichen Schwierigkeiten doch noch vergleichsweise gut im Leben zurechtzukommen. Manche von ihnen sogar sehr gut.

Warum? »Weil sie psychisch besonders widerstandsfähig sind«, sagen Psychologen. »Resilienz« lautet der Fachausdruck für diese seelische Strapazierfähigkeit.

Doch woher kommt die Resilienz von Menschen wie Bill Clinton, Mario Renato Capecchi, Ray Charles und Greta Garbo? Ihre

Kindheit war alles andere als behütet. Woher nehmen Menschen, die aus armen, kaputten und kranken Verhältnissen kommen, eigentlich seelische Strapazierfähigkeit? Resilienz klingt nach einem Luxusgut, das in einem Umfeld voller Stress eigentlich nicht erworben werden kann. Armut ist anstrengend. Gewalt erzeugt Angst. Scheidung bedeutet Verlust. Vernachlässigung erzeugt Einsamkeit. Wenn all das kein Stress ist! Wie bekommt man also seelische Strapazierfähigkeit?

Vererbt oder angeboren –
warum nicht alles, was mit der Geburt
vorhanden ist, in den Genen liegt

Seelische Strapazierfähigkeit liegt in den Genen, vermuten Genetiker. Klaus-Peter Lesch hat dafür Hinweise gefunden. Der Würzburger Psychiater, Gen- und Verhaltensforscher experimentiert mit dem Botenstoff Serotonin, einem Neurotransmitter, auch als »Glückshormon« bekannt. Serotoninmangel im Gehirn führt zu erhöhter Aggression und Angst, daher hat der Serotoninspiegel im Gehirn auch eine soziale Dimension. Die Art und Weise der Ausschüttung des Hormons im Gehirn gilt als genetisch bedingt. Lesch veränderte bei Mäusen das Gen, das für die Serotoninausschüttung verantwortlich ist. Eine Gruppe von Mäusen verfügte über ein besonders aktives Gen, eine andere über ein besonders inaktives Gen. Ergebnis: Mäuse mit dem aktivierten Gen hatten weniger Angst als jene mit einem inaktivierten Gen. Sie verkrochen sich seltener im Gehege, wirkten insgesamt lebenstauglicher.

Hirnforscher zweifeln an der Aussagekraft des Mäuseexperiments. Seelische Strapazierfähigkeit könne unmöglich genetisch vererbt sein, meinen sie. Das menschliche Gehirn sei ein extrem formbares Organ, und seine Formbarkeit, also die Eigenschaft, nach Bedarf neuronale Reizleitungen schalten zu können, ein wesentliches Qualitätsmerkmal des Gehirns. Und das sei tatsächlich genetisch angelegt. Denn dass es grundsätzliche genetische Voreinstellungen gibt, bezweifeln Neurowissenschaftler nicht.

Die Mitglieder der Spezies Homo sapiens sind unterschiedlich groß, haben unterschiedlich geformte Nasen und Ohren und unterschiedlich große Extremitäten, und diese Merkmale sind zweifelsfrei genetischen Ursprungs. Manche haben auch genetisch bedingte Defekte und sind beispielsweise farbenblind. Oder sie leiden unter der Sichelzellenanämie, einer erblich bedingten Erkrankung der roten Blutkörperchen. Oder sie wurden als Albinos geboren, also mit einem vererbten Pigmentmangel. Erbkrankheiten haben eine soziale Dimension, sie wirken sich sozial aus, sind aber keine vererbte soziale Unfähigkeit – auch wenn das unter bestimmten Bedingungen vererbte Down-Syndrom mit seinen krankheitsbedingten sozialen Einschränkungen eine Ausnahme bildet.

Genetik bedeutet: Festlegung im Erbgut. Das Ergebnis der Festlegung sind bestimmte Merkmale. Durch die Festlegung im Erbgut ist beispielsweise die Pigmentierung der Haut festgelegt. Menschen haben daher unterschiedlich helle Haut als Merkmal ihres Typs. Sie sind entweder dunkel, weniger dunkel oder hellhäutig. Entweder so oder anders. Sowohl als auch gibt es in der Genetik nicht.

Bis auf die genetischen Anlagen für das menschliche Gehirn. Denn da gilt das genaue Gegenteil: maximale Möglichkeit durch minimale Vorformung. Ohne diese genetische Voreinstellung der Formbarkeit hätte das Gehirn keine so phänomenale Leistungsfähigkeit. Mit vererbter Resilienz, so sinnvoll sie auch erscheinen mag, wäre das Gehirn ebenso vorgeformt wie durch genetisch angelegte soziale Unfähigkeit. Dies stünde in krassem Widerspruch zu den tatsächlichen Möglichkeiten des Gehirns. Seine Formbarkeit wäre damit von vornherein eingeschränkt und damit auch seine Leistungsfähigkeit.

Menschen können zehn Sprachen lernen, selbst wenn ihre Eltern und Großeltern ihre Muttersprache kaum beherrschen. Sie können herausragende Musiker werden, selbst wenn keiner ihrer Vorfahren eine Geige stimmen konnte. Sie können große Firmen gründen und andere komplexe soziale Gefüge – obwohl sie aus zerrütteten Familien kommen, die ebenfalls schwierigen Verhältnissen entstammen. Sie können das, weil sie auch biologisch die Möglichkeit dazu haben, durch die genetische Anlage eines extrem formbaren Gehirns. Das, wie gesagt, glauben Hirnforscher und widersprechen damit der vorherrschenden Meinung der Genetiker.

Zum Erstaunen vieler Kollegen hat der Würzburger Forscher Klaus-Peter Lesch die Ergebnisse seines ersten Mäuseexperiments mit einem zweiten relativiert und damit auch Hinweise für die Richtigkeit der Theorie der Neurowissenschaftler gefunden. Lesch teilte die Mäusebabys mit dem geschwächten Serotoninstoffwechsel wiederum in zwei Gruppen. Gruppe eins wurde von dem Muttertier gefüttert, doch sorgte der Forscher dafür, dass sie in jeder anderen Hinsicht vernachlässigt wurden. Gruppe zwei wurde ebenfalls vom Muttertier gefüttert, doch darüber hinaus geleckt, umhergetragen und mit körperlicher Nähe bedacht.

Aus der ersten Gruppe wurden Einzelgänger, die sich in Käfigecken drückten. Bei diesen Tieren degenerierte sogar das limbische System, die emotionale Schaltzentrale im Gehirn.

Gruppe zwei, jene Tiere, die normal versorgt und umsorgt worden waren, verhielten sich auch normal. Von dem Erbe des genetisch geminderten Serotoninstoffwechsels war kaum etwas zu merken. Ihr limbisches System war auch nicht degeneriert.

Was besagen die Versuche? Zunächst einmal: Vererbung mag eine bestimmte Voraussetzung liefern, doch nicht zuletzt die Lebensumstände prägen. Also auf die Geburt bezogen: Sehr viel ist möglich, wenn die Mutter ihre Kinder liebevoll umsorgt.

Das ist die einleitende Kurzversion. Die ausführlichere Betrachtung beginnt mit einer näheren Untersuchung der Begriffe »vererbt«, »angeboren« und »erworben«. Mit »vererbt« ist »genetisch vererbt« gemeint. Genetisch angelegt ist offenbar auch das »absolute Gehör« – also die Fähigkeit, die Höhe eines Tones ohne Referenzton auf Anhieb zu erkennen.

Untersuchungen der Psychologin Jenny Saffran mit Säuglingen und Erwachsenen zeigen, dass gesunde Säuglinge ein absolutes Gehör haben, während diese Fähigkeit bei Erwachsenen nur bei einem von mehreren Tausend anzutreffen ist. Der Grund: Säuglinge brauchen die Fähigkeit absoluten Hörens, um sich in der Welt der Geräusche zurechtzufinden, die Laute ihrer Muttersprache auseinanderzuhalten und wiederzuerkennen. »Wir kartografieren das, was wir mit den Ohren wahrnehmen, auf genau dieselbe Weise wie Räume«, so die Psychologin. »Das absolute Gehör ist ein Präzisionsinstrument für die Erfassung von Tönen und Klängen. Es verleiht dem Säugling die Fähigkeit, aus dem, was sie hören, alle Informationen herauszuholen, die sie brauchen.«

Sobald Kinder zu sprechen beginnen, verkümmert meistens das absolute Gehör. Wahrscheinlich weil diese Fähigkeit für die weitere Entwicklung im Allgemeinen sogar erschwerend ist. In welcher tonalen Höhe ein Wort gesprochen wird, ist weit weniger wichtig als die Wortmelodie an sich. Die Melodie eines Liedes bleibt erhalten, auch wenn es in einer anderen Tonlage erklingt. Absoluthörer haben Probleme, dies zu erkennen. So erschien Glen Gould eine von Bachs Goldbergvariationen fremd, nur weil sie transponiert, also in einer ungewohnten Tonhöhe, gespielt worden war. Umso verblüffender, als der Pianist nahezu den gesamten Bach auswendig konnte.

Das absolute Gehör muss genetisch angelegt sein, denn es gehört zur Ausstattung eines gesunden Neugeborenen.

Angeboren bedeutet im Dudensinne »mit der Geburt vorhanden«. Die Form der Extremitäten ist mit der Geburt ebenso vorhanden wie das absolute Gehör. Die Augenfarbe ist mit der Geburt zwar nicht immer auf bleibende Weise vorhanden, wird sich aber später gemäß den Grundsätzen der Vererbungslehre zeigen. So gesehen, kann auch die eigentliche Augenfarbe als angeboren bezeichnet werden, denn die Termini »genetisch vererbt« und »angeboren« sind im allgemeinen Sprachgebrauch austauschbar. Oder vielmehr: Sie waren es. Denn nach den neueren Erkenntnissen der Hirnforschung, und das ist sehr wichtig, sind sie nicht mehr austauschbar.

Biologisch entwickelt sich der Mensch, wie es seine Gene vorgeben. Also gemäß der 99 Prozent des Genmaterials, die er mit dem Schimpansen gemeinsam hat, und dem einen Prozent, welches ihn vom Affen unterscheidet. Schimpansen können kein Klavier spielen, schon gar keine Geige, und singen können sie auch nicht, sondern höchstens einigermaßen melodisch flöten, grunzen und schmatzen. Musikalität, also die Fähigkeit, Töne und Tonzusammenhänge zu erkennen, wiederzugeben und zu verändern, etwa Melodien zu pfeifen, über Akkordbewegungen zu improvisieren, Trompete oder Geige zu spielen – diese Fähigkeit müsste also in dem einen Prozent spezifisch menschlichen Genmaterials zu finden sein. Ist sie aber nicht, denn im Gegensatz zum absoluten Gehör wird Musikalität wahrscheinlich nicht genetisch weitergegeben. Allerdings ist Musikalität angeboren, also mit der Geburt vorhanden und etwa im zweiten Lebensjahr aktiv verfügbar. Das haben Musikalität und Sprachvermögen gemeinsam.

Über die erste Vorbedingung des Sprachvermögens verfügen auch Menschenaffen, nämlich ein leistungsfähiges Gehirn. Erst der abgesenkte Kehlkopf und dadurch vergrößerte Rachenraum beim Menschen ermöglicht aber die präzise Lautbildung. Rund 70 koordiniert bewegliche Muskeln kommen bei der Lautbildung zum Einsatz. Eine wichtige Rolle spielt auch die Größe der menschlichen Zunge. Gehirn, Kehlkopf, koordinierbare Muskeln und Zungengröße sind natürlich genetisch vererbt. Deshalb jedoch kann ein Mensch noch lange nicht seine Muttersprache sprechen.

Bereits im ersten Lebensjahr plappern Kinder und versuchen, sich durch Laute mitzuteilen. Einige viel, andere wenig, früher oder später. Einige plappern auch gar nicht, sondern sprechen auf Anhieb fast vollständige Worte. Ob die Früh- und Vielplapperer später umso besser sprechen, ist nicht erforscht. Ob jene Kinder, die gar nicht plappern, sondern sehr früh ganze Worte sagen, noch viel besser sprechen, ist auch nicht erforscht. Beides ist aber grundsätzlich anzunehmen.

Jedenfalls plappern Kinder, weil sie ihre Eltern, Familienangehörige und auch Fremde sprechen hören. Sie hören vor der Geburt, sie hören mit der Geburt. Sie hören absolut und präzise. Sie verstehen viel früher, als sie selbst sprechen können. Sie versuchen, die Eltern in deren Lautäußerungen nachzuahmen, weil auch sie sich ausdrücken wollen, daher plappern und sprechen sie.

Sprache, so viel ist klar, wird erworben. Ein besonderes sprachliches Talent, so heißt es aus gutem Grund, ist angeboren. Dieses Talent kann aus den genannten Gründen aber nicht genetisch sein. Es muss sich also irgendwann im Laufe der Schwangerschaft gebildet haben. Denn mit der Geburt war die Sprachbegabung, also die Fähigkeit, sich später besonders gut auszudrücken und neben der Muttersprache womöglich auch noch Chinesisch, Russisch, Arabisch, Hindi und Spanisch zu lernen, prinzipiell verfügbar, deshalb die Formulierung »angeboren«.

Wenn sprachliches Talent und Musikalität nicht genetisch vererbt werden, jedoch angeboren sind, wie entstehen sie dann überhaupt?

Der Embryo lallt ja noch nicht probeweise im Bauch, und Feten trommeln zwar irgendwann mit Händen und Füßen gegen den Bauch, aber Musik ist da ja noch nicht drin. Richtig, doch das heißt noch lange nicht, dass es nicht mitbekommt, wenn die Mutter spricht oder singt, geigt oder die Gitarre oder Harfe zupft, wenn Papi spricht oder singt, sich ans Klavier setzt oder Schlagzeug spielt. Jeder Klang ist Schwingung und wird spürbar durch Resonanz. Ein Klang, jeder Laut, jeder Ton entsteht, weil etwas zum Schwingen und Mitschwingen angeregt wird. Diese Anregung ist durchdringend. Sie durchdringt Wände, durchdringt Körper, durchdringt das Bewusstsein, dringt in die Seele, durchdringt das Dasein. Auch das kindliche Dasein im Mutterleib. Diese Durchdringung ist absolut individuell. Deshalb sind Klänge, Laute und Töne ein sehr gutes Beispiel für die frühe, vorgeburtliche Prägung.

Entwicklungspsychologen haben herausgefunden, dass sechs Monate alte Feten Musik unterscheiden können. Sie reagieren unterschiedlich auf Bach, Grandmaster Flash und Metallica. Kein Witz. Man hat sechs Monate alten Feten Klassik, Hip-Hop und Heavy Metal vorgespielt und die Reaktionen mit dem Ultraschall beobachtet. Sie waren sehr unterschiedlich. Wahrscheinlich hören Feten schon viel früher. Wie früh, darüber gehen die Meinungen der Wissenschaftler auseinander. Jedenfalls bewirkt eine geeignete Prägung ein späteres Sprachtalent oder besondere Musikalität.

Hochkomplexe soziale Fähigkeiten wie seelische Strapazierfähigkeit, also Resilienz, werden sehr wahrscheinlich ebenfalls nach dem Resonanzprinzip bereits im Mutterleib erworben. Wie genau, ist wissenschaftlich noch nicht erforscht. Doch Hirnforscher wie pränatale Psychologen vermuten, dass es sich um vorgeburtliches Lernen handelt.

Dabei baut Erfahrung auf Erfahrung auf, führt zu Befindlichkeit, mit der weitere Erfahrungen gemacht werden, die bereits in vorgeburtliches Verhalten münden, was wiederum die Befindlichkeit verändert und zu neuen Erfahrungen führt. In jedem Moment unseres Daseins formen Erfahrungen unser Gehirn, werden in neuronalen Verschaltungen gespeichert und durch wiederholtes Erleben verankert. Verschaltungen formieren sich zu neuronalen Netzen, hochkomplexen Mustern, die unser mentales Dasein auf biologischer Ebene repräsentieren. Der Begriff »Netzwerk« hat dabei eine besondere Bedeutung.

Das Bewusstsein formiert sich im neuronalen Netzwerk. Das soziale Netzwerk gibt dem Bewusstsein Impulse, woraufhin es sich im neuronalen biologisch strukturiert. Durch Aktion, Reaktion, Interaktion wirkt das soziale Netzwerk über das Bewusstsein auf das neuronale und umgekehrt. Diese Verschränkung der biologischen mit der sozialen Ebene über den Mittler des Bewusstseins auf dem Hintergrund der Formbarkeit des Gehirns ist der Grund für die unglaubliche Wandlungs- und Anpassungsfähigkeit des Menschen. Sie beginnt im Mutterleib. Deshalb ist »Resilienz« zu einem nicht geringen Teil wahrscheinlich angeboren, doch sehr wahrscheinlich nicht vererbt.

Genetik und Epigenetik – oder warum
Umwelteinflüsse auf das Erbgut einwirken

Die unübersehbare Wechselwirkung der biologischen und der sozialen Ebene hat nicht nur die Hirn-, sondern auch die Genforschung beflügelt. Genetiker fanden inzwischen Antworten darauf, wie Umwelteinflüsse die Erbanlagen verändern.

Die Doktrin von der Allmacht und Unwandelbarkeit der genetischen Erbanlagen musste mit der Entdeckung eines Missing Links aufgegeben werden. Zwar legt die Abfolge der DNA-Bausteine die Erbanlagen fest, doch existiert eine übergeordnete Informationsebene. Durch chemische Botenstoffe können Gene aktiviert oder ausgeschaltet werden. Die Schaltstelle zwischen Umwelteinflüssen und Biologie war entdeckt. Und eine neue Disziplin geboren: die Epigenetik.

Plötzlich wurde wissenschaftlich nachvollziehbar, warum es eine genetische Anlage für Dickleibigkeit gibt, doch bei Weitem nicht alle Menschen mit diesem Gen tatsächlich übergewichtig werden. Denn einerseits prägen uns unsere Gene, doch andererseits wir auch unsere Gene. Diese, noch junge Erkenntnis der epigenetischen Wechselwirkung wird die Humanwissenschaft wahrscheinlich fundamental revolutionieren.

Und noch konsequenter, folgenreicher und folgerichtiger muss daher die menschliche Entwicklung gesehen werden. Nämlich so: Die genetische Grundinformation liefert die biologische Matrix des Menschen. Diese biologische Matrix ist bei allen Menschen sehr ähnlich. Viel ähnlicher jedenfalls als bei Bonobos, unseren genetisch nächsten Verwandten unter den Menschenaffen. Bei Bonobos, einer zierlichen Schimpansenart, herrscht eine deutlich größere genetische Vielfalt. Ebenso beim Gemeinen Schimpansen, unseren zweitnächsten Verwandten unter den Primaten. Ganz offenbar kann sich der Homo sapiens seinen genetischen Starrsinn »leisten«, weil dieser Starrsinn im Laufe der menschlichen Evolution den aufrechten Gang, einen für Sprachfähigkeit nützlichen Kehlkopf und Rachenraum hervorgebracht hat, die schon bei anderen Primaten gegebene Formbarkeit des Gehirns maximiert und all dies in der Art Mensch nahezu unveränderbar für die Ewigkeit festgelegt hat.

Diese genetisch so gut wie nicht veränderbare menschlich-biologische Matrix ist die Grundbedingung einer bei keiner anderen Spezies erreichten Wandelbarkeit. Sie beginnt mit der frühen Formbarkeit des Gehirns und setzt sich in der mentalen Anpassungsfähigkeit fort. Vorgeburtliche Erfahrungen formen dabei ein neuronales Verschaltungsnetzwerk, die psychische Matrix eines Menschen, die mit den Mechanismen der Epigenetik auch auf die individuelle biologisch-seelische Befindlichkeit wirkt. So starr also die genetische Grundausstattung des Menschen prinzipiell ist, so unglaublich wandelbar ist die genetische Disposition gleichermaßen auf der individuellen Ebene.

In einer der meistzitierten Abhandlungen, die das Fachmagazin »Nature Neuroscience« jemals veröffentlicht hat, beschreiben die amerikanischen Neurobiologen Moshe Szyf und Michael J. Meany, wie traumatische Erlebnisse in der Kindheit epigenetisch festgeschrieben werden und so später eine erhöhte Anfälligkeit für seelische Leiden bewirken.

Das Fazit aus den letzten beiden Kapiteln lautet daher: Je stabiler die psychische Matrix eines Menschen dank seiner positiven vorgeburtlichen Erfahrungen ist, umso höher ist seine seelische Strapazierfähigkeit.

Im Mutterleib muss es für Schwarzenegger, Schröder, Clinton, Henkel und die Garbo also richtig gut gelaufen sein, auch wenn es nach der Geburt zunächst ganz offensichtlich in die falsche Richtung ging. Resilienz, das ist stark anzunehmen, wird im Mutterleib epigenetisch erworben.

Angeborene Resilienz hat wahrscheinlich aus »geborenen« Verlierern spätere Gewinner gemacht. Allerdings bedurfte es dabei noch einer weiteren Hilfe. Nämlich einer frühen Bezugsperson. Vielleicht ein naher Familienangehöriger, vielleicht ein entfernter, womöglich ein Fremder. Jedenfalls jemand, der sich ernsthaft gekümmert, wertvolle Impulse geliefert, echtes Interesse gezeigt und wirkliche Zuwendung gegeben hat. Denn wem der rettende Engel nicht erscheint, der geht umso eher verloren. Auch das besagen die Studien aus Hawaii: Resilienz will erhalten und gefördert werden. Bleibt dies aus, schwindet die angeborene seelische Strapazierfähigkeit.

Glück gehabt und glücklich –
angebliche Gewinner und Verlierer

Misserfolge sind emotional belastend. Vor allem wenn sie sich häufen, nagen sie am Zustand persönlichen Glücks.

Macht Erfolg also glücklich?

Verlieren macht jedenfalls keinen Spaß. Wer schon mal »Mensch ärgere Dich nicht« mit Kindern gespielt hat, weiß, wie sehr sie sich darüber ärgern können. Gewinnen fühlt sich besser an. Der Gewinner sieht sich allen anderen überlegen und zeigt das auch.

Jenen angeblich geborenen Verlierern, die trotz einer sehr widrigen sozialen Herkunft auf die Gewinnerseite gewechselt sind, müsste es auch so gehen. Irgendwann haben sie bemerkt, sie können gewinnen, wo andere verlieren. Und ziemlich sicher waren sie stolz darauf.

Es fühlt sich gut an, besser dazustehen als andere. Es fühlt sich gut an, bessere Abschlussnoten, ja, die besten zu bekommen. Es fühlt sich gut an, das höchste Gehalt zu verdienen. Es fühlt sich gut an, ein riesiges Aktienpaket billig zu kaufen und teuer wieder zu verkaufen. Und es fühlt sich sehr gut an, für einen gelungenen Börsendeal einen Bonus in Millionenhöhe zu erhalten. Es fühlt sich fantastisch an. Man fühlt sich allen anderen überlegen. Es ist ein königliches Gefühl.

Was kommt danach? Logisch, der Kater. Auch in übertragenem Sinn. Denn natürlich macht Siegen glücklich. Doch nur vorübergehend. Der Zustand inneren, anhaltenden Glücks wird damit nicht erreicht, sondern rückt womöglich sogar umso weiter in die Ferne. Denn die Euphorie des Sieges ist nicht von Dauer. Auf diesem Gipfel kann man nicht bleiben. In dieser Höhe ist der Aufenthalt zeitlich begrenzt. Irgendwann, eher bald, muss man wieder hinunter ins Tal. Der Aufstieg war vielleicht anstrengend, doch der Abstieg tut weh. Also wird möglichst schnell der nächste Gipfel in Angriff genommen und natürlich auch bezwungen. Das ist die Sucht der Gewinner nach neuen Siegen. Gemäß dieser Sucht stehen sie im Leben sehr erfolgreich da. Ihre Erfolge beruhen auf großen, manchmal titanischen Leistungen und verdienen größten Respekt. Doch den von allen bewunderten Siegestaten liegt ein Suchtverhalten zugrunde. Jede Sucht bedeutet Abhängigkeit, also Unfreiheit.

Unfreiheit zur gesellschaftlichen Erfolgsstrategie zu verklären kann daher nur ein bedauerlicher Irrtum sein. Deshalb ist die Einteilung von Menschen in Gewinner und Verlierer eigentlich idiotisch. Verlieren macht nicht glücklich, Gewinnen aber auch nicht. Der Gewinn des einen und Verlust des anderen ist ein Grundprinzip moderner Zivilisation und wird im momentanen Turbokapitalismus auf die Spitze getrieben. Tatsächlich ist es sogar noch extremer, denn wo einer absahnt, leiden viele. Sie leiden an mangelnder Lebensqualität, sie leiden existenziell.

Dieses Leiden beruht auf dem Missverständnis, dass das Leben ein Kampf ist. Ein Existenzkampf, der im Urwald begann und heute auf dem Weltmarkt und an den Börsen, gegen Zins und Zinseszins, gegen Überziehungskredit und leeres Portemonnaie weitergeführt wird. Wir müssen uns nicht mehr unserer Haut erwehren, dafür bekämpfen wir den Schwund auf unserem Konto. Dabei gewinnen einige und verlieren die meisten.

Warum erwähnt der Jenner das? Kann man doch eh nichts gegen tun. Zugegeben, ich habe jetzt auch keine schnell zündende Idee, wie dieses Problem aus der Welt zu schaffen wäre, doch bedarf es trotzdem der Erwähnung in diesem Buch. Denn das Ringen ums ökonomische Überleben, verklärt als Fortsetzung eines ganz natürlichen und naturgegebenen Existenzkampfes ums Überleben, ist eigentlich etwas ganz anderes, nämlich eine von Menschen gemachte Methode der Unterdrückung. Die Prinzipien und Strategien dieser Unterdrückung haben sich schon vor Jahrhunderten verselbstständigt. Sie überlebten wechselnde Diktaturen und Demokratien und wurden als die Gesetze des freien Marktes für die ganze Welt festgeschrieben. Diese Gesetze regeln vor allem eins: die allgemeine Unzufriedenheit. Der Markt funktioniert, solange es die Unzufriedenheit gibt. Die Unzufriedenheit ist wie ein Virus. Sie setzt sich in Köpfen fest und bekämpft die Zufriedenheit. Die Unzufriedenheit ist sehr siegreich in dieser Zeit. Und die Geburt, so bedauerlich das ist, ist immer auch die Geburt der Unzufriedenheit. Kinder spielen »Mensch ärgere Dich nicht« und »Monopoly«, Erwachsene auch, sie nennen es nur anders. Dieses Spiel, das meine ich mit Sicherheit sagen zu können, ist gegen *Die Verabredung*. Denn um Gewinnen oder Verlieren geht es im Leben eigentlich nicht.

Schön, doch worum geht es dann?

Wahrscheinlich um Vollständigkeit, Selbstrespekt und daraus erwachsender Liebe.

Vollständige Liebe –

und was sie nährt

»Vollständigkeit ist eine Erfahrung. Die Erfahrung, dass alles da ist, was man braucht«, hatte Monica Weiss zu mir gesagt. »Wird die Erfahrung der Vollständigkeit vom Beginn des Lebens an gemacht«, hatte ich darauf geantwortet, »bleibt der Mensch heil.«

Ich glaube, das Empfinden der eigenen Vollständigkeit, dieses Grundgefühl, dass einem nichts Essenzielles fehlt, ist eine Quelle der Gesundheit. Aus der Verbindung mit dieser Quelle erwächst Liebe. Zuerst zu sich selbst, dann zu anderen. Das ist heilsam. Denn im Zustand der Liebe ist der Mensch heil und bleibt es auch. Allerdings kann er sich auch jederzeit wieder heilen, wenn er den Zustand der Liebe verlassen hat. Falls er die Liebe wiederfindet – zu sich selbst und zu anderen – und dieser Liebe durch Taten Ausdruck verleiht.

Denn so ist das in dieser Welt: Nicht aus der Unvollständigkeit oder dem Mangel, sondern aus der Vollständigkeit und der Fülle des Daseins erwächst die Liebe. Es erwächst die Liebe zur Vollständigkeit des Selbst und zur Quelle der Vollständigkeit. In der vollständigen Liebe, welche gleichbedeutend ist mit der Liebe der Vollständigen, sind die personalen Aspekte des Selbst mit den transpersonalen vereinigt. Diese Vereinigung von Selbst und Metaselbst ist weder stürmisch noch sporadisch, weder zufällig noch flüchtig. Sie ist, meiner Überzeugung nach, vielmehr gegeben. Und sie wächst, transformiert durch die biologisch psychischen Stadien individuellen Daseins. Initiiert durch den elterlichen Akt der Zeugung, wächst die vollständige Liebe mit dem Moment der Befruchtung auf biologischer Ebene. Sie wächst mit der Wanderung der befruchteten Eizelle durch den Eileiter in Richtung Gebärmutter. Sie wächst mit dieser ersten Individualreise zum Ziel der Einnistung. Sie wächst mit der Bildung einer äußeren Zellschicht, aus der sich später der kindliche Teil der Plazenta bilden wird. Sie wächst mit dem Schlüpfen des Embryos aus der äußeren Zellschicht am fünften Tag, dem sogenannten Hatching, eine Art erster Geburt. Sie wächst mit der Einnistung in der Gebärmutter am sechsten Tag. Sie wächst mit der Verankerung in der Gebärmutter und der Bildung einer Plazenta. Sie wächst mit der embryonalen Einstülpung und der Differenzierung der Keimblätter. Sie wächst mit der Bildung des Ektoderms, Entoderms und Mesoderms. Sie wächst mit dem Erwachsen von Haut, Sinnesorganen und Nervensystem aus dem Ektoderm, während Lunge, Verdauungsorgane und untere Harnwege aus Entoderm entstehen und Mesoderm das Herz, die Blutgefäße, das Lymphsystem, Muskeln und Skelett hervorbringt. Die vollständige Liebe wächst mit dem Embryo und seinen ersten embryonalen Bewegungen. Sie wächst in der ersten Phase der Geburt, der ozeanischen. Sie wird in der zweiten Phase der Geburt, der Wehenphase, bewahrt. Sie übersteht die dritte, die Austreibungsphase. Und sie wächst mit der Geburt über alle Grenzen hinaus. In seiner Grenzenlosigkeit will das Kind vor allem eines: getragen werden. Dann will es genährt werden. Liebevoll getragen und gestillt, ist es sich selbst genug. Sich selbst genügend, wächst wiederum seine Liebe. Weiter und immer weiter. Irgendwann erkennt das Kind die Liebe zu sich selbst. Es empfindet seine eigene Weite. Es spürt all seine Liebe zu sich selbst und der Welt. Ohne auch nur den geringsten Hauch der Angst kann es die Weite seines Daseins fühlen und annehmen. Durch diese Erfahrung reift es für ein Leben in Selbstrespekt.

Das ist der Weg der vollständigen Kinder. Merle und Marielle haben Liebe nicht erst mit der Muttermilch in sich aufgesogen. Mit mütterlicher Hingabe wurden sie in dieser Welt willkommen geheißen. Als natürliche Folge haben sie jede Menge Selbstrespekt. Sie haben so viel davon, dass andere Menschen bisweilen irritiert darauf reagieren. Wieso sind diese beiden Menschen sich ihrer selbst so gewiss? Woher nehmen sie diese Sicherheit? Sind sie denn nie unsicher?

Doch, das sind sie. Allerdings sind sie sich ihrer Unsicherheit dann auch so sicher, sind so zweifelsfrei unsicher, dass selbst ihre Unsicherheit irgendwie gesichert wirkt. Ganz anders sind da die meisten anderen Menschen. Da sie sich als unvollständig empfinden, also persönlich auf irgendeine Weise mangelhaft, haben sie ihre Zweifel. Sie müssen ständig aufpassen, darüber nicht zu verzweifeln, und bezweifeln aus Gewohnheit mehr oder weniger alles. Ihre Gefühle sich selbst gegenüber, ihre Gefühle gegenüber Mitmenschen, und ob sie das Leben eigentlich lieben oder eher nicht, können sie auch nicht mit Sicherheit sagen. Wenn sie »Ja« zum Leben sagen, meinen sie eigentlich »Ja, aber …« und nicht selten auch »Jein« oder in Wahrheit »Nein«. Ihr Dasein ist nicht eindeutig, also grundsätzlich unsicher. Kein Wunder, dass sie die Sicherheit von Menschen wie Merle und Marielle fast bedrohlich finden.

Vollständige Kinder fühlen sich im Leben grundsätzlich gut aufgehoben, denn Mutter und Vater haben sie nie fallen gelassen. Sie sind auch nicht unsanft in irgendeiner Ecke gelandet. Zum Beispiel als erzieherische Maßnahme, weil die Eltern der Meinung waren, dass sie sich für etwas schämen sollten. Machten sie Fehler, was auch bei vollständigen Kindern nicht selten vorkommt, sprachen ihre Eltern liebevoll mit ihnen darüber, sodass sie daraus lernen konnten. Harte erzieherische Maßnahmen waren unnötig. Ihr Dasein ist daher von Liebe und wachsender Sensibilität geprägt. So gut wie gar nicht von Konkurrenz. Und das ist wirklich fein.

Alle Feinheit –
behütet in der Lebenswirklichkeit
dieser Welt

In der Stille klingt Niesen wie eine Explosion, neben einem Pressluftbohrer aber hört man es gar nicht. Wird nur gebrüllt, bleiben die zarten Stimmen ungehört. Ist man aber leise Worte gewohnt, erschrickt einen jedes laute. Und wer nur liebevolles Miteinander kennt, dem bereitet Streit umso größere emotionale Not.

Je feiner der Mensch, umso gröber das Grobe.

Kinder sind von Natur aus fein. Sie werden in eine Welt geboren, in der Grobheiten nicht vollständig auszuschließen sind. Selbst wenn ihre Eltern im Laufe ihres Lebens immer feiner geworden sind und auch ihr Umfeld verfeinert haben, so können doch Leute aus der Nachbarschaft ziemlich grob werden – und sei es aus Neid auf die familiären Feinheiten. Das ist ein grundsätzliches Problem moderner Zivilisation, und niemand kann dem entfliehen. Trotzdem wird genau dies immer wieder versucht. Menschen schließen sich zu Gemeinschaften Gleichgesinnter zusammen, einigen sich auf Regeln des Zusammenlebens. Das Ergebnis sind Sekten und sektenähnliche Gruppen. Da kommen die Härten dann auf den leisen Sohlen der spirituell verbrämten Unterdrückung und Ideologie angeschlichen.

Verbreiteter ist familiärer Eskapismus. Die Eltern versuchen, ihr Kind abzuschotten. Möglichst lange soll es von der widrigen Welt da draußen möglichst wenig erfahren. Ihr Kind kommt nicht in den Kindergarten. Denn selbst im Heile-Welt-Hort par exzellence, dem bekannten Alternativkindergarten, habe es schon Zwischenfälle gegeben. Am liebsten würden sie ihr Kleines auch gar nicht zur Schule schicken, sondern selbst unterrichten, doch dafür fehlt ihnen die Zeit und das Geld. Selbst wenn es gelingt, die Welt für Jahre auf Distanz zu halten, so ist das doch kein wirklicher Gewinn, denn Kinder brauchen Spielkameraden, sie brauchen Freundinnen und Freunde, also die Begegnung mit fremden Menschen, um einen gesunden sozialen Umgang zu erlernen. Wenn eine Familie ihr Kind in Isolationshaft nimmt, wird es krank.

Mutter und Vater, womöglich Geschwister, weben einen Kokon des Verhaltens um das Kind. Diese zweite, soziale Gebärmutter besteht aus Liebe, Zärtlichkeit, familiärer Intimität, vertrauten Reaktionen und Handlungen, Ritualen der Ruhe wie Vorsingen und Vorlesen etc. Doch dieser Kokon muss für eine gesunde Entwicklung des Kindes geöffnet werden. Denn das Kind braucht die Begegnung mit dem Fremden. Wahrscheinlich als Erstes mit einem fremden Kind. Ist dieses Kind liebenswürdig? Bleibt es auch liebenswürdig, wenn es sich unbeobachtet glaubt? Verhält es sich nett gegenüber dem eigenen Kind? Und bleibt es auch so nett, wenn man den Raum verlässt? Kann ja auch sein, dass sich dieser unglaublich sympathische Nachbarsjunge in ein kleines Monster verwandelt, sobald es sich außer Sichtweite wähnt. Oder die Nachbarstochter, süß in Gesellschaft, doch ein kratzbürstiger Drache allein mit einem anderen Kind. Das Wesen des Fremden ist, dass man eben nicht drinsteckt. Dementsprechend groß können die Überraschungen sein.

Eltern können achtsam sein. Sie können aufpassen, dass ihre Kinder möglichst wenig unangenehme Erfahrungen mit fremden Kindern und fremden Erwachsenen machen, doch gänzlich verhindern können sie dies nicht. Daher stellt sich also die Frage, ob, und wenn ja, wie schnell, die kindliche Feinheit grobe Züge bekommt, in welchem Maße das Kind also trotz seiner eigentlich angeborenen Feinheit grob wird. Gegenüber anderen Kindern, gegenüber sich selbst, gegenüber den Eltern. Manche Kinder werden sehr schnell sehr grob. Andere lassen sich Zeit damit. Und wieder andere bleiben fein.

Einige Kinder erweisen sich als so fein, dass manche Eltern darin eine Schwierigkeit sehen. »Ach, du Mimose«, heißt es dann, oder »unser Sensibelchen«. Väter schimpfen ihre feinen Söhne gern »Schwächling«, Töchter müssen sich nicht selten »Heulsuse« titulieren lassen.

Vernichtende Worte können jedem Menschen jegliches Selbstvertrauen nehmen, besonders heranwachsenden. Doch Kindererziehung ist keine einfache Sache, Aggressionen sind dabei nun mal nicht selten und strenge Worte nicht gleich ein schweres Vergehen. Im alltäglichen Chaos des familiären Daseins fallen sie womöglich schon mal, das ist nicht schön, doch deshalb noch nicht zwangsläufig sehr unschön.

Ein mindestens so schwerwiegendes Problem ist die Neigung vieler Eltern, ihr Kind abhärten zu wollen. Weil ihr Kind so fein ist, die Welt draußen aber so grob, sollen sich die Kleinen doch am besten frühzeitig daran gewöhnen. Nur wer einiges aushalten kann, kann auch die Welt aushalten.

Der Gedanke ist verständlich. Eltern denken so, weil sie selbst größte Probleme damit haben, die Welt auszuhalten. Vielleicht nicht immer, aber immer wieder. Die Probleme waren in ihrer Kindheit womöglich sogar am allergrößten, und rückblickend sagen sie sich: »Hätte ich mich damals doch nur besser durchgeboxt.« Ihre Erinnerungen reichen bis in die frühe Kindheit, doch in den vorsprachlichen Erfahrungsraum reichen sie nicht, denn nur sehr wenige Menschen können sich an Ereignisse und Erlebnisse erinnern, die vor der Zeit des Spracherwerbs liegen. Erinnerungen an ihre sprachlose Zeit sind im Nebel der Wortlosigkeit versunken. Und mit ihnen die eigentlichen Wurzeln ihrer jeweiligen persönlichen Probleme. Dass sie als Kind einst selbst vollständig fein gewesen sind, daran erinnern sie sich nicht. Auch die Momente, wo sie selbst in all ihrer kindlichen Feinheit grob zu werden begannen, liegen im Dunkel des Vergessens. Daher denken sie, alle Welt muss so sein wie sie selbst, nämlich im Grunde ihres Wesens irgendwie gestört. Dieser nachvollziehbare, aber leider sehr unfeine Gedanke ist ein grober Irrtum.

Kinder wollen behütet werden, in Liebe und Achtsamkeit geborgen wachsen, ohne künstliche Härten. So gewinnen sie körperliche Kraft und seelische Stärke. So reifen sie für den Moment, wo sie den Kokon der Familie aus eigenem Antrieb und eigener Kraft verlassen können, um sich selbst auf eine gesunde Weise in der Welt beheimaten zu können. Einer Welt, die fantastisch und wunderbar ist, umso fantastischer und wunderbarer, als sie die Kraft und Stärke haben, sie auf ihre verfeinerte Art vollständig zu genießen.

Menschen, die das Getto ihrer widrigen Herkunft überwinden, traumatische Erfahrungen der frühen Kindheit und Kindheit hinter sich lassen, um später ein Leben auf einem deutlich höheren gesellschaftlichen Niveau zu führen, die haben es trotzdem geschafft. Trotz Armut, Streit, Scheidung, Gewalt in der Familie, trotz katastrophaler Lebensumstände in der Kindheit, trotz sehr viel Grobheit am Anfang ihres Lebens. Und das ist phänomenal. Es ist bewundernswert. Und es macht Hoffnung.

So stark können Menschen sein, dass sie trotz schlimmster Erfahrungen auf diese Weise über sich selbst hinauswachsen. Sie lassen die Grobheiten ihrer Kindheit hinter sich und wenden sich feineren Dingen und auch ihrer eigenen Verfeinerung zu, manchmal vielleicht auf eine etwas ruppige und grobe Art. Wen wundert das angesichts ihrer Biografie? Woher haben sie nochmal diese Kraft? Ach, ja, Resilienz, seelische Widerstandskraft, wahrscheinlich vorgeburtlich, gebildet im Mutterleib. Glück gehabt, so sehen die Sieger aus, die Gewinner des Daseins in dieser Welt. Wer träumt nicht davon?

Ich träume von etwas anderem. Und weil ich diesen Traum habe, das muss ich an dieser Stelle zugeben, schrieb ich dieses Buch. Ich träume davon, dass immer mehr Paare, die sich selbst und einander mit Liebe und Respekt begegnen, mit Liebe Kinder zeugen. Ich träume davon, dass immer mehr Mütter in Liebe und mit Respekt schwanger werden und sich während der Schwangerschaft auch so verhalten. Sehr achtsam und behutsam gegenüber dem wachsenden Leben in ihrem Bauch. Ich träume davon, dass immer mehr Kinder sanft geboren werden. Ich träume davon, dass möglichst viele Neugeborene unmittelbaren Körperkontakt mit ihren Müttern haben. Ich träume davon, dass diese körperliche Nähe mindestens im ersten Lebensjahr ununterbrochen besteht, tagsüber und nachts. Ich träume davon, dass immer mehr vollständige Kinder geboren werden und dass sie auch als Erwachsene so vollständig bleiben können. Ich träume davon, dass die Welt dadurch immer feiner und jegliche Grobheit immer seltener wird. Ich träume diesen Traum, obwohl die Umwelt einem ständig einzureden versucht, dass so ein Traum nur weltfremd und naiv sein kann. Ich bin ganz offenbar naiv, denn ich glaube nicht, was Zyniker, Fatalisten, Agnostiker und andere Pessimisten mir an Zweifeln einreden wollen.

Ich weiß aber auch, dass der Weg zur Erfüllung meiner Träume wahrscheinlich kein kurzer ist – weltweit gesehen. Aber ist das so wichtig? Wichtig ist das nächste Kind. Das nächste Kind, welches gezeugt, in der Schwangerschaft ausgetragen und geboren wird. Auf dieses Kind kommt es an. Für dieses Kind sollen wir alles tun. Alles, wozu uns unsere Liebe von Herzen rät.

Damit wird die Welt, in der wir leben, noch nicht zur katastrophenfreien Zone. Erdeben, Tsunamis, Wirbelstürme und Brände, Unfälle und lebensbedrohliche Erkrankungen wird es zwangsläufig immer geben. Die prinzipielle Unvorhersehbarkeit des individuellen Schicksals gehört wahrscheinlich zum menschlichen Dasein wie die Primzahl zur Welt der natürlichen Zahlen – auch wenn es Vorahnungen gibt, Visionen von Ereignissen, die womöglich tatsächlich eintreffen, im Gegensatz zur nächsten Primzahl, die wahrscheinlich kein noch so begabtes Medium erahnen kann. Doch von Menschen gemachte Katastrophen wie etwa Kriege und Verbrechen an der Umwelt werden wahrscheinlich weniger werden. Die allgemeine Angst wird schwinden, und Feindbilder jeglicher Art, geschaffen aus Angst und Aggression, werden verblassen. Auch das Bestreben, besser als andere dazustehen, womöglich auf Kosten des anderen, wird seltener werden.

Je mehr vollständige Kinder geboren werden, umso nachhaltiger wird sich die Welt zum Besseren ändern. Das glaube ich in meiner womöglich grenzenlosen Naivität. Ich glaube, es wird weniger Ungerechtigkeit geben, weniger Gewalt, weniger Wut, weniger Unzufriedenheit, weniger ungesundes Verhalten und weniger Krankheit. Ich bin davon überzeugt, weil das biologische Dasein mit der Zeugung beginnt und weil diese Tatsache bisher entweder weitgehend ignoriert oder belächelt wurde und weil genau das eben fundamentale und schwerwiegende negative Folgen für den wachsenden Menschen hat.

Schwangere Mütter können Großstädte meiden, wenn ihnen die Hektik der großen Stadt auf die Nerven geht, doch sind Mutter und Kind nicht von der Welt abtrennbar. Vollständigkeit wächst in der Sonderzone des mütterlichen Uterus. Hermetisch abgeschlossen ist dieser Schutzraum nie. Die Welt dringt immer durch und wird nach dem Resonanzprinzip erfahren. In der so gearteten Erfahrung der Welt regt sich das Kleine mit wachsender Neugier auf die nackte, ungefilterte und vollständige Erfahrung des Daseins in dieser Welt. Es fühlt in die Welt, reckt seine Fühler in die Welt, so fein wie nur irgend möglich. Vollständige Kinder schrecken nicht vor der Welt zurück, sondern strecken ihre Fühler nur noch weiter aus. Weiter und immer weiter. Vielleicht ahnen wir, was mit zunehmender Weite alles erfahren und erlebt werden kann. Doch wie unsere zukünftigen Kinder sich entwickeln werden, können wir nicht wissen. Ganz gewiss werden sie uns in Erstaunen versetzen. Durch ihr Verhalten und durch Fähigkeiten, die wir in der Form so noch nie gesehen haben. Durch Feinheit eben.

Zum Ende der ersten Passage

Jeder Moment des Daseins prägt den Menschen. Dieses Dasein beginnt lange vor der Geburt. Weil Embryonen ihre Seelenlage nicht erklären können, wurde ihrer vorgeburtlichen Befindlichkeit im Sinne einer seelischen Dimension keine Bedeutung beigemessen. Weil Neugeborene sich nicht verbal äußern können, Bewusstsein aber angeblich an Sprache gebunden ist, sprach man ihnen Bewusstsein einfach ab. Wenn das Baby vor Freude gluckste oder vor Schmerzen schrie, sich also eigentlich sehr klar und deutlich ausdrückte, weil es sehr wohl ein Bewusstsein hat, zumindest ein offensichtliches und unüberhörbares Schmerzbewusstsein, wurde das als noch fast tierische Reaktion abgetan. Babys tun das eben, die sind halt so. Manchmal echte Quälgeister. Zu vernachlässigen, ein richtiger Mensch wird ja erst noch daraus.

Dass das Menschsein viel früher beginnt, nämlich im Durchschnitt neuneinhalb Monate vor der Geburt, und diese Tatsache größter Beachtung bedarf, dafür hält dieses Buch ein Plädoyer. Alles bisher Gesagte dient daher dazu, Sie, liebe Leserin, lieber Leser, für dieses vorgeburtliche Dasein und die Konsequenzen daraus zu sensibilisieren. Zum besseren Verständnis habe ich die pränatalen Prozesse und die Folgen, die sich daraus ergeben können, positiv wie negativ, möglichst einfach dargestellt. Einige Darstellungen könnten dadurch schematisch wirken.

Ich muss ja eigentlich nicht mehr darauf hinweisen, dass der Mensch in kein Schema passt, tue es aber trotzdem, weil Schubladendenken im Hinblick auf menschliche Probleme weit verbreitet ist – und, vorsichtig dosiert, sogar hilfreich sein kann. Steißgeburten haben in ihrem späteren Leben ziemlich wahrscheinlich eine Riesenwut im Bauch, Kaiserschnittkinder neigen nicht selten zu Unentschlossenheit, und wer einen Abtreibungsversuch überlebt hat, hat wahrscheinlich einen Riss in der Seele – das sind gedankliche Schubladen, doch sie sind nützlich. Nicht zuletzt, um später Perspektiven der Heilung zu eröffnen.

Ganz einfach: Es ist hilfreich, die eigene Schwangerschaft voller Freude anzunehmen, weil das der Embryon-Seele guttut. Es ist hilfreich, sich während der Schwangerschaft möglichst viel Ruhe zu gönnen und dem Fetus damit Stress zu ersparen – in der Hoffnung, dass dadurch auch das Kind ausgeruht ist, eine Steißlage vermeidet und sich in eine geeignete Geburtsposition dreht. Es ist hilfreich, sich auf die Geburt zu freuen und auf seinen Körper zu vertrauen – in der Hoffnung, dass es dadurch zu einer normalen, möglichst entspannten Entbindung kommt und ein Kaiserschnitt vermieden wird.

Allerdings kann einen diese Wenn-dann-Logik zu der Annahme verleiten, man müsse nur alles von Anfang an richtig machen, Zeugung, Schwangerschaft, Geburt und so weiter, dann käme auch absolut folgerichtig das entsprechende Kind dabei raus, eines von diesen Wunderkindern, die mit fünf die Aura sehen und mit zehn andere durch Handauflegen heilen, Jesus im Vorpubertätsformat, Klein-Buddha, zum Meister geboren. Derartige Erwartungen bereiten denen, die sie haben, größten Stress und müssen allein schon deshalb falsch sein, weil es ja nicht einmal eine Garantie dafür gibt, dass ein Kind gesund zur Welt kommt, seelisch wie körperlich.

Man kann nur darauf hoffen und sein Bestes dafür geben. Was dieses Beste ist, war sehr lange unklar, doch Hirnforschung, perinatale Psychologie und auch meine eigenen Beobachtungen ergeben inzwischen ein einheitliches und klares Bild. Dieses Bild, beschrieben auf den vorangegangenen Seiten und weiter ausgeführt auf den folgenden, gibt Hinweise, was wir sinnvollerweise für unsere Kinder tun können, was wir ihnen geben können, noch bevor sie geboren sind, bei der Geburt und danach. Damit haben wir noch kein Genie und keinen kleinen Heiligen zur Welt gebracht. Die besten Bemühungen ergeben keine Garantie für das perfekte oder auch nur problemlose Werden eines Menschen.

Auch das wollte ich durch die Darstellung von Merles, Thomas' und Marielles Geschichte deutlich machen. Monica hat ihre Kinder, wie beschrieben, bewusst und liebevoll empfangen. Sie hat die Schwangerschaft genossen, alles dafür getan, dass es ihren Kindern im Bauch möglichst gut geht, doch bei Thomas ist es nicht so gut gelaufen. Die Schwangerschaft mit ihm war schwierig, die Geburt auch. Er war nie ein so problemloses Kind wie Merle oder Marielle. Er war womöglich nie so vollständig froh wie die Mädchen. So vollständig wie sie auf das konzentriert, womit er sich gerade beschäftigte. So vollständig lernbereit wie sie. Was aber nicht heißt, dass er es nicht doch noch werden kann. Ich bin optimistisch, ich glaube, er überwindet seine Traumen, findet seinen Weg und macht sein Glück. Und das ist eines der größten Wunder des Daseins überhaupt: Fast alles ist fast immer möglich.

Trotzdem drängt sich die Frage auf, wieso Thomas' Entwicklung so deutlich anders verlaufen ist als die der Mädchen. Obwohl Monica sich bei allen Kindern gleichermaßen Mühe gegeben hat, hat diese Mühe nicht bei allen gleichermaßen Früchte getragen. Warum? Darauf gibt es wohl keine bessere Antwort als diese: weil das Leben kaum plan- und kalkulierbar ist und schon gar nicht das werdende. Weil man nie sicher wissen kann, wie der werdende Mensch seine vorgeburtlichen Erfahrungen aufnimmt und was er daraus schöpft. Weil sich ein Naturell nach ganz eigenen persönlichen Gegebenheiten entwickelt, was immer wieder erstaunlich ist und faszinierend, doch nie vorhersehbar. Und weil Eltern ihre Kinder eben nicht nach Belieben und Bedürfnissen formen können. Auch nicht durch und als Seelendesign. Die prinzipielle Unkalkulierbarkeit und Unvorhersehbarkeit des kindlichen Wesens ist wahrscheinlich das größte Abenteuer, das Eltern mit ihren Kindern erleben.

Kinder finden ihre Eltern liebenswert oder nicht ganz so liebenswert, manchmal sind sie auch überrascht über die Reaktionen der Eltern, aber sie staunen eher selten über ihre Eltern. Eltern finden ihre Kinder grundsätzlich erstaunlich. Das Wesen ihrer Kinder überrascht sie. Was ihre Kinder tun und lassen, verblüfft sie. Haben sie damit gerechnet? Nein. Das ist die Wahrheit, auch wenn Eltern in Einzelfällen etwas anderes behaupten.

Diese Unvorhersehbarkeit des kindlichen Daseins könnte einen dazu verleiten, auch die Umstände von Zeugung, Schwangerschaft und Geburt irgendwie unwichtig zu finden. Weil man ja ohnehin nie weiß, was daraus wird, könnte man sich ermuntert fühlen, umso achtloser mit der Möglichkeit der Schwangerschaft umzugehen, den dicker werdenden Babybauch mit Gleichgültigkeit zu strafen und die Geburt wie eine Blinddarmoperation anzugehen. Weil man nie wissen kann, ob dem Kind nicht trotz aller Liebe und Achtsamkeit später etwas mit großer Macht ins Leben kracht, ein Tsunami, etwas Ähnliches oder was ganz anderes – weil man diese Möglichkeit nie ausschließen kann, könnte man denken, dann ist sowieso alles egal, und zum Fatalisten werden, auch gegenüber den eigenen Kindern.

Das halte ich für wirklich fatal. Vor allem wenn man die Bedeutung der frühkindlichen Entwicklung bedenkt. Denn gerade weil das kindliche Dasein so unvorhersehbar und erstaunlich ist, weil sein späteres Leben womöglich erst recht erstaunlich ist und vielleicht auch zeitweise erstaunlich hart, ist es besonders wichtig, sich alle Mühe zu geben, damit es auf seine Weise reifen, Kraft gewinnen und sich entfalten kann. Und genau dafür spricht dieses Buch mit großer Vehemenz.

Ich glaube, dass vollständige Kinder die besten Voraussetzungen für seelische Widerstandsfähigkeit, also Resilienz, haben. Ich glaube aber auch, dass der Begriff der Vollständigkeit unvollständig ist. Ab wann ist jemand vollständig? Wann weiß man, dass nichts fehlt? Ist man wirklich vollständig, wenn man sich vollständig fühlt? Solche Fragen sind naheliegend. Daher gibt der Begriff der Vollständigkeit nur eine Richtung vor. Diese Richtung, das weiß ich sicher, ist heilsam. Dabei sollten wir aber nie vergessen, dass jeder Mensch, wie vollständig oder unvollständig er auch immer zu sein scheint und sich selbst womöglich empfindet, einmalig ist. Jedes Kind, jedes Baby, auch das im Bauch, ist einmalig. Es ist so absolut einmalig, dass jeder Vergleich mit anderen Babys und anderen Kindern nur unzutreffend sein kann. Eine Verknappung seines Daseins und damit eine Lüge.

Die Einmaligkeit des menschlichen Daseins will gefeiert werden. Das geschieht bei der Zeugung fast automatisch (auch wenn die meisten Menschen sich dessen nicht bewusst sind), verstärkt sich mit der Freude über die geglückte Befruchtung und den Beginn der Schwangerschaft, wird zum liebevollen Schutzimpuls während der Schwangerschaft, mündet in die ekstatische Konzentration der Kraft während der Austreibungsphase, gipfelt in dem Gefühl gemeinsamer Erlösung und Frieden, setzt sich fort in dem Bedürfnis nach größtmöglicher Nähe zum Kind nach der Geburt und führt zur Erfahrung nährender Innigkeit in der Still- und Tragzeit.

Alles andere, so heftig das auch klingen mag, ist mehr oder weniger krank. Doch Krankheit ist nicht immer leicht zu vermeiden. Manchmal werden wir krank, obwohl wir uns größte Mühe gegeben haben, gesund zu bleiben oder sogar noch gesünder zu werden. Ebenso können wir uns um die optimalen Umstände der Geburt bemühen, erzwingen können wir sie nicht. Das sollte man nie vergessen – allein schon, um mit sich selbst gnädig zu sein, wenn es womöglich doch nicht so gut gelaufen ist, wie man ursprünglich beabsichtigt hat.

ZWEITE PASSAGE

Zu Beginn der zweiten Passage – Pessimisten, Nihilisten und die Sehnsucht nach einem Kind

Das Leben, meine ich, ist eine Reise wert. Es gibt Leute, die sehen das anders. Sie finden das Dasein furchtbar, beklagen sich bei jeder Gelegenheit über die Anstrengungen, die es ihnen bereitet, und kritisieren grundsätzlich jegliche Form der Existenz. Gern halten sie Vorträge über die Mangelhaftigkeit des Menschen. Körperliche Bedürfnisse empfinden sie als Makel und das Geschlecht an sich als schwach.

Seltsamerweise bekommen auch diese Menschen Kinder. Sie setzen Kinder in die Welt, obgleich sie der festen Überzeugung sind, es gibt ohnehin viel zu viele davon. Nach dem Warum gefragt, ist ihnen das sichtlich peinlich, und sie reden sich mit einem biologischen Drang heraus. Überflüssig zu bemerken, dass es die unterschiedlichsten Methoden der Verhütung gibt, und nicht alle sind körperlich belastende Hormonbomben.

Ich hoffe natürlich, dass auch Menschen dieses Buch lesen, die von den Segnungen des Daseins nicht so überzeugt sind wie ich. Menschen, die das Leben eher als Fron und Qual begreifen denn als Genuss, aber trotzdem Kinder bekommen – obwohl sie eigentlich der Meinung sind, sie sollten es besser unterlassen.

Mit allem Verständnis für persönliche Leidenswege erlaube ich mir hier, sehr deutlich zu werden:

Leute, die rationales Gerede wichtig finden, Distanz für eine Grundvoraussetzung im menschlichen Umgang halten, Liebe als eine Funktion der Geschlechtsorgane ansehen und Kinder für das nervige Produkt davon – bedauernswerte Individuen dieser Art nenne ich hier knapp die »Negativen«. Die Negativen diskutieren gern mit anderen Negativen die katastrophale Weltlage. Kinder finden sie höchstens in der Ferne süß, weil diese in der Nähe laut sind und sie von ihren negativen Gedanken ablenken. Logischerweise wird den Negativen ihr negatives Gerede regelmäßig selbst zu negativ, dann suchen sie etwas Positives. Und finden es zum Beispiel in einer Umarmung. Aus diesen anfallartigen, rauschhaften Umarmungen der Negativen entstehen natürlich nicht wenige Kinder. Allein schon, weil die Negativen insgeheim hoffen, dass etwas so Positives wie ein Kind, nämlich das Urprinzip des Positiven, sie von ihrer Negativität erlöst. Das ist auch nicht gänzlich falsch, denn Kinder erlösen und erziehen immer auch die Eltern, schon das Kind im Bauch hat diese erzieherische und erlösende Kraft.

Gleichzeitig fordern Kinder ihre Eltern. Auch das Kind im Bauch fordert Mutter und Vater. Die Negativen überfordert das. Also lamentieren sie umso mehr. Lehnen womöglich sogar ab, was in und bei ihnen wächst. Und die Möglichkeit der Erlösung von der Last der eigenen Negativität wird dabei vertan. Das ist dann erst recht negativ, denn es lässt das Leben bereits im Keime kranken. Auch für jene, womöglich so negativ eingestellte Menschen, schrieb ich dieses Buch.

Und mache deswegen noch deutlicher die folgende Ansage: Ihr Pessimisten, Zyniker, Nihilisten, Rationalisten, Weltenmüde und Todessehnsüchtige, ihr Verbohrten und Verdrehten, die ihr außer euch seid oder ständig neben euch steht, niemand zwingt euch. Wem Leben geben, Leben wachsen lassen, Leben behüten und Leben lieben zu groß, zu unpassend, zu anstrengend, zu unangebracht und zu überflüssig erscheint, der möge es doch einfach lassen. Setzt besser keine Kinder in die Welt. Es gibt schon genug ungewollte, ungeliebte, abgelehnte Kinder.

Alle diese Kinder sehnen sich nach Eltern. Wenn dieses Leben so eine Katastrophe ist, wenn es so ungerecht ist, so hart, so lieblos, so mangelhaft und so überflüssig – und wenn euch euer Leben so sinnlos, so banal und verzichtbar erscheint, dass ihr manchmal mit dem Gedanken spielt, lieber heute als morgen vorzeitig aus dem Leben zu scheiden, dann macht doch für die Zeit, die euch noch bleibt, das Beste daraus und nehmt euch eines dieser bereits geborenen, aber ungewollten, abgelehnten, ungeliebten Kinder an, bevor ihr selbst eins zeugt. So übt ihr euch auf eine sinnvolle Weise in Verantwortung. Und vielleicht merkt ihr ja, dass ihr euch eure Negativität nur eingeredet habt, besser als gedacht auf Kinder eingehen und sie lieben könnt und womöglich langsam und behutsam für ein leibliches reift. Denn Kinder sind freigiebig. Auf ihre kindlich generöse Art erfüllen sie selbst ein scheinbar sinnentleertes Dasein mit etwas Wunderbarem: Leben.

»Die Menschen leben den Tod und sterben ihr Leben«, hat der griechische Philosoph Heraklit schon 500 vor Christus festgestellt. Die Verneinung des Lebens ist der Tod. Ich schlage vor, diese freudlose und leidvolle Haltung an genau dieser Stelle ernsthaft zu überdenken.

Ich sage das so deutlich, weil ich selbst als Vater einige gravierende Fehler gemacht habe. Ich bedaure dies sehr. Mit meinem heutigen Wissen würde ich sie ziemlich sicher nicht wiederholen. Aber hinterher ist man eben immer schlauer, und genau deshalb kann, darf und musste ich auch dieses Buch schreiben: einen Leitfaden ins Leben, geboren aus besserem Wissen.

Ich selbst, das kann ich nun zugeben, bin als notorischer Ja-Sager zum Leben auf die Welt gekommen. Früheste Kindheitserinnerungen spiegeln meine Liebe dazu. Wie alle Kinder musste ich mich mit den Irrtümern meiner Eltern auseinandersetzen und beging nicht wenige eigene. Ich bin nicht so vermessen, anzunehmen, ich hätte meine Irrtümer vollständig überwunden, doch sehe ich mich auf einem ganz guten Weg, allein schon, weil ich mit den Irrtümern meiner Eltern rechtzeitig Frieden geschlossen habe. Das war wie eine zweite Geburt in ein noch besseres Leben. Wenn ich mein bisheriges Leben betrachte, fällt mir auf, dass ich viele Male wie neu geboren wurde. Ich habe die alte Wohnung verlassen, eine neue bezogen, den alten Beruf aufgegeben und einen neuen ergriffen und Lebenssituationen gewechselt. Tatsächlich fühle ich mich auch jeden Morgen so, wenn die Nacht mich in den Tag entlässt, ich mich blinzelnd in meinem Zimmer umschaue, bunte Formationen und Muster sehe, die erst mit den erwachenden Worten zu Möbeln, Büchern, Blumen, Tapeten, Wänden und Fenstern werden, zu purem, schönem, ja, wunderbarem, wenn nicht sensationellem Sein in dieser, wie ich immer wieder finde, schönen, ja, wunderbaren, wenn nicht sensationellen Welt. Eine Welt, die ich so liebe, dass ich sie gern mit Kindern teile und teilen möchte.

Ich weiß, wie schwer es ist, aus Büchern zu lernen, deshalb hege ich zwar die größten Hoffnungen, freue mich aber schon über den kleinsten Erfolg. Und sei es diesen: Leserinnen und Leser zum Nachdenken über den Beginn des Daseins zu bringen. Allein das ist schon eine große Sache.

Noch größer ist nur, ein ganz eigenes Verständnis zu entwickeln und bewusst danach zu handeln.

Die Reise ins Leben –
der Weg der Seele

Nochmals zusammengefasst: Es gibt beglückende, weniger glückliche und sehr unglückliche Erfahrungen, solche, die stärken, also Kraft geben, und solche, die schwächen, also Kraft kosten. Schon ein Säugling kann Frustration empfinden, Enttäuschung, Aggression, Wut, Angst, Trauer, Lust, Freude, inneren Frieden, Liebe. Perinatale Erlebnisse, also Erfahrungen um die Geburt herum, spielen eine zentrale Rolle bei der Bildung frühkindlicher Impulse. Das vorherrschende Empfinden eines Säuglings, heißt es neuerdings auch in der Psychologie, speise sich in hohem, wenn nicht höchstem Maße aus den Erfahrungen vor, bei und unmittelbar nach der Geburt. Ich gehe noch weiter und sage, dies gilt auch für Erwachsene. Die emotionale Grundtemperatur ihres Lebens beruht wesentlich auf den Erfahrungen während der ersten zwanzig Monate nach ihrer Zeugung.

Wenn das wirklich so ist, muss man folgerichtig annehmen, sind ja unsere späteren Stimmungen und Befindlichkeiten durch die Erfahrungen rund um die Geburt sehr deutlich vorgeprägt. Als Embryo, Fetus, Säug- oder Tragling waren wir den Umständen unseres Daseins ausgeliefert. Wir konnten nicht Einspruch erheben, wenn unsere Mutter im Zuge der Schwangerschaft in Depressionen verfiel. Wir konnten uns nicht wehren, wenn die Mutter Alkohol konsumierte, wohl wissend, wie schädlich das für das Kind in ihrem Bauch ist. Wir konnten nicht »Mami, gib's auf« sagen, wenn sie von Zigaretten nicht lassen mochte. Wir konnten auch nicht verhindern, dass der wachsende Bauch ihr nicht ganz geheuer war und sie Widerstände gegen die fortschreitende Schwangerschaft empfand. Wir konnten nicht »Stopp« rufen, als Mama so einen Bärenhunger bekam, dass nicht nur ihr Bauch wuchs, sondern alles andere an ihr auch, als würde man einen Luftballon aufblasen, und sie dadurch immer unzufriedener wurde. Es gelang uns auch nicht, Frieden zu stiften, als sie sich mit unserem Vater stritt und ihn aus der

Wohnung werfen wollte. Ebenso machtlos waren wir, als die Mutter ihre Abschlussarbeit fürs Studium noch im 8. Monat fertigstellen wollte, von morgens bis abends gestresst. Und wir konnten nichts dagegen tun, dass der Stress auch im 9. Monat nicht aufhörte, die Mutter für den Vater Bierkästen schleppte und kurz vor dem Geburtstermin noch ein Umzug gemacht wurde, bei dem sie trotz ihres riesigen Bauches noch tatkräftig mit anpackte. Wir konnten dann auch kaum etwas dagegen tun, als die Geburt alles andere als harmonisch begann und in klinischem Sinne ziemlich schiefging.

Wir konnten wenig tun, weil unsere Mutter die Macht hatte. Doch obgleich unsere Geburt unglaublich wehtat, so unfassbar weh, dass es niemand angemessen beschreiben kann, obgleich es ausgesprochen schmerzhaft und quälend war, dass sich Mami nach der Geburt erst mal richtig ausschlafen wollte, also richtig lange und richtig in Ruhe – obwohl das genauso oder genauso ähnlich war und wir das absolut falsch und schädlich und lieblos und gemein und grausam und überflüssig fanden, wunderten wir uns doch nicht darüber. Wir wunderten uns darüber nicht, weil wir ja nicht blöd sind.

Wir waren ja da und immerzu dabei, lebendig, aufmerksam, wach. Und so dumm und dämlich, dass wir das Verhalten unserer Mutter ohne jede eigene Regung hingenommen hätten – so blöd waren wir garantiert nicht.

Weil wir ihr nicht sagen konnten, was uns nicht passt, haben wir ihr schon im Bauch entsprechende Zeichen gegeben. Wenn wir unser Dasein da drinnen zum Abgewöhnen fanden, sind wir entsprechend langsamer gewachsen. Und wenn sich Mutter zu ungesund verhalten hat, haben wir aus Protest gegen die Gebärmutterwände getreten.

Sie glauben das nicht, liebe Leserin, lieber Leser?

Sie glauben nicht, dass auch Sie bereits im Mutterleib protestiert haben, wenn Ihnen etwas nicht passte?

Doch auch das gehört zur neuen Erkenntnis: Wir waren unseren Müttern zwar ausgeliefert. Sie konnten tun und lassen, was sie wollten, weil sie Macht über uns hatten. Auf Rockkonzerte oder in die Disco gehen, Drogen nehmen, zu viel essen, zu viel trinken, zu viel Sport machen und zu wenig Geburtsvorbereitungstraining. Sie konnten achtsam mit dem Kind in ihrem Bauch umgehen. Oder auch nicht. Was auch immer sie taten oder ließen, betraf unser Dasein in ihr.

Doch dies galt und gilt auch andersrum. Wie wir wachsen und gedeihen im Mutterleib, ob es uns gut geht oder nicht ganz so gut oder gar nicht gut, dies betrifft immer auch die Mutter und ihr Dasein. Auch wenn sie diese Tatsache womöglich mit voller Absicht ignoriert, sich emotional taub stellt, die Signale aus ihrem Bauch überhört, nicht wahrnehmen will, wie sich das Kind in ihr gerade fühlt, obwohl sie es deutlich mitfühlt. Genau so deutlich, wie sie eigentlich vom ersten Moment an ziemlich klar gewusst hat, dass sie schwanger ist und ein Kind austragen wird. Auch wenn sie gleichzeitig unsicher war und gedacht hat, sie sei jetzt übersensibel und habe sich das Gefühl, schwanger zu sein, womöglich nur eingebildet – bis der Test die Sicherheit gebracht hat.

Die Resonanz des Lebens ist immer gegenseitig, von Mensch zu Mensch, also auch von der Mutter zum Kind und vom Kind zur Mutter. Beide sind gleichermaßen beteiligt. Keiner von beiden ist passiv – auch wenn man das frühkindliche Dasein bisher als etwas Passives ansah. Eine Frucht, die gedieh oder auch nicht, der Mutter auf Gedeih oder Verderb ausgeliefert.

Diese gegenseitige Resonanz des Lebens bezieht natürlich den Vater mit ein. Vater – Mutter – Kind, also Zeuger – Empfangende – Frucht, so lautet die Trinität des Daseins.

Bei der bisherigen Betrachtung von Schwangerschaft, Geburt und Stillzeit könnte man meinen, habe der Vater eine Nebenrolle. Die scheinbare Nebenrolle ist eine fast zwangsläufige Folge der besonderen Verbindung von Mutter und Kind im Zuge von Schwangerschaft, Geburt und Stillzeit. Doch im nun beginnenden zweiten Teil dieses Buches rückt der Vater mit ins Zentrum des Geschehens. Darin wird der Weg ins Leben chronologisch beschrieben. Beginnend mit der Zeit vor der Zeugung, gefolgt von der Zeugung, die eine Art Lockruf für das neue Leben ist, dann der Befruchtung, der Inkarnation und Einnistung. In einem wöchentlichen Kalender wird die Entwicklung des Embryos beschrieben – bis zur Geburt des Kindes. Und darüber hinaus.

Mögliche Schwierigkeiten werden dabei genannt – sofern ich es in den jeweiligen Abschnitten für sinnvoll halte, also bei Weitem nicht in dem Umfang, wie ihn Handbücher der klinischen Neonatologie bieten. Denn im zweiten Teil dieses Buches soll es vor allem um die Chancen der einzelnen Phasen der Kindesentwicklung gehen und weniger um vielleicht auftretende Hemmnisse.

Ich glaube, die Chancen, die sich dem Kind vom Beginn seines biologischen Werdens an bieten, sind sehr viel größer, als den meisten Menschen bewusst ist. Werdenden Eltern diese Chancen zu verdeutlichen ist das Hauptanliegen dieses Buches. Es will nichts Geringeres als ein Reiseführer ins Leben sein.

*D*er Kinderwunsch –
woran wir erkennen, was wir wirklich wollen

Wir wünschen uns Kinder. Vielleicht wünschen wir keine eigenen Kinder. Vielleicht wünschen wir keine Kinder in unserer Nähe. Doch eine Welt, in der es keine Kinder gibt oder keine Kinder mehr gibt, wie in dem Film »Children of Men« sehr eindringlich beschrieben, fänden wir furchtbar. Man selbst altert und mit einem alle anderen Menschen. Die eigene Stimme wird dunkler und die aller anderen Menschen auch. Auch das Lachen in der Welt wird erst dunkler, dann brüchiger. Das helle, freudige Lachen von Kindern stirbt aus und gerät in Vergessenheit. Ein unvorstellbarer Horror, wenn durch ein plötzlich auftretendes Virus keine Kinder mehr geboren würden, weil beispielsweise Empfängnis oder Befruchtung blockiert wären und auch in vitro nicht funktioniert.

Wir wollen Kinder. Das, glaube ich, ist eine Grundbedingung menschlichen Daseins. Wir wollen, dass Generationen nachwachsen. Wir wollen dies allein schon deshalb, damit wir im Alter nicht nur von alten Leuten umgeben sind, sondern uns an Jugend erfreuen können. Wir wollen Kinder spielen sehen. Wir wollen erleben, wie sie Erfahrungen in der Welt machen. Wir wollen ihnen gute Ratschläge geben, die sie wahrscheinlich ignorieren werden, so wie wir auch die Ratschläge unserer Eltern ignoriert haben. Wir wollen sehen, wie sie wachsen und über sich hinauswachsen. Denn: Wenn wir wüssten, dass es keine Kinder mehr gäbe, käme uns auch unsere Hoffnung abhanden.

Deshalb wünschen wir uns Kinder – neben all den anderen Dingen, die wir uns noch wünschen. Man müsste der Ehrlichkeit halber also sagen: Wir wünschen uns auch Kinder.

Das ist okay. Es ist in Ordnung, wenn wir uns einen erfüllenden Beruf wünschen, in dem wir viel Geld verdienen, und daher täglich neun bis zehn Stunden arbeiten. Es ist nichts dagegen zu sagen, wenn wir gern und häufig tanzen gehen, Einladungen zu Partys nicht ausschlagen können und mindestens einmal pro Woche einen Rausch bis nach Mittag ausschlafen müssen. Doch ist es ratsam, meine ich, alle unsere vielen Wünsche zu gewichten. Welcher ist der wichtigste? Viel Geld? Viel Party? Viel Sex (womöglich mit unterschiedlichen Partnern)? Ein Kind? Oder auch zwei? Womöglich fünf?

Nicht alle Wünsche, die wir haben, vertragen sich mit denen, die wir noch haben.

Kinder werden unter den seltsamsten Umständen gezeugt und geboren. Und nicht alle Kinder von Ich-wünsche-mir alles-Mögliche-plus-viel-Erfolg-plus-viel-Geld-und-auch-noch-ein-Kind-Eltern tragen einen Schaden davon. Doch nicht wenige sind genau das, nämlich geschädigt, weil ihre Eltern keine Entscheidung getroffen haben.

Wenn Mutti und Vati richtig viel und gern rauchen und Alkohol trinken, dann werden sie wahrscheinlich spätestens nach dem positiven Schwangerschaftstest darüber nachdenken, ob sie das auch weiterhin tun oder doch besser lassen. Wie schädlich Nikotin und Alkohol für die Entwicklung von Embryonen und Feten sind, hat sich inzwischen ja nahezu weltweit herumgesprochen. Falls sie das Rauchen und Trinken nicht aufgeben, muss es ihnen also wichtiger sein als das Wohl ihres Kindes.

Ein Kind, davon bin ich allein schon durch meine eigenen Erfahrungen als Vater überzeugt, ist nichts, was man sich unter »ferner liefen« wünschen kann, also irgendwie nebenbei. Ein Kind braucht Liebe, Hingabe, vollständige Zuwendung, wie ja schon an vielen anderen Stellen gesagt, und dafür muss man es auch uneingeschränkt wollen. Die beste Voraussetzung dafür ist ein echter Kinderwunsch, also ein Wunsch nach einem eigenen, einem leiblichen Kind, der alle anderen Wünsche, die man sonst noch hat, in den Hintergrund treten lässt. Wenn der Kinderwunsch der größte aller Wünsche ist, dann wird einem auch die Liebe zum Kind, die Hingabe und vollständige Zuwendung umso leichter fallen.

Die Größe des Kinderwunsches zeigt sich nicht zuletzt in der Bereitschaft, gewohnte, aber einem Kind wenig zuträgliche Marotten, Leidenschaften und Neigungen ganz einfach zu lassen. Nikotin, Alkohol und Drogen sind Gifte, die den Körper belasten, die Gesundheit einschränken, sogar bis auf die Zellebene wirken, also bis in Eizelle und Spermium. Wer sich wirklich ein Kind wünscht, vollständig und mit ganzem Herzen, das glaube ich (andere halten es vielleicht für naiv), der wird Süchte und andere ungesunde Neigungen aufgeben. Daran erkennt man, meine ich, dass der Wunsch nach einem Kind wahrhaftig und wirklich ist – und nicht irgendein zweitrangiger Impuls, der auch noch ausgelebt werden will, weil ein Kind zu zeugen irgendwie sexy ist, man das irgendwie halt so macht, es Freunde ja auch irgendwie so machen, die Eltern es ja auch irgendwie gemacht haben und man den tierischen Drang dazu spürt, begleitet von menschlichem Zweifel.

Was tun, wenn man den Drang hat und gleichzeitig den Zweifel? Was tun, wenn man von den Drogen nicht lassen will oder es vermeintlich nicht kann? Was tun, wenn einem alles Mögliche mindestens so wichtig ist wie das Kind?

Ganz einfach: abwarten.

Und den Kinderwunsch wachsen lassen.

Mit dem Wachsen des Kinderwunsches entsteht ein geistiger Raum, eine Art mentaler Kokon, gewoben aus partnerschaftlicher Liebe, zweisamen Wünschen und Hoffnungen auf etwas Drittes, nämlich das ungeborene Kind. Sämtlichen Forschungsergebnissen zufolge sind Wunschkinder lernfähiger und vitaler als Kinder, die unbeabsichtigt gezeugt wurden. Natürlich gibt es trotzdem Genies, die eigentlich nicht gewollt waren. Leider gibt es keine Untersuchung über das Leben von Nobelpreisträgern, die eine Auswertung ihrer frühkindlichen Entwicklung beinhaltet, beginnend mit der Information, ob sie als Kind gewünscht waren.

Ich behaupte, die überwiegende Mehrheit war es. Ihrem Dasein in dieser Welt ging der elterliche Wunsch voraus. Dieser gemeinsame Wunsch der Eltern bildet eine Welt für sich, also eine Welt in der Welt, die aus einem feinen Geflecht aus liebevollen Gedanken und zärtlichen Gefühlen gewoben ist, so warm und weich, so kuschelig und lieblich, so anheimelnd und einladend, so verlockend und inspirierend, so schön und prächtig, so herrlich und so großzügig, wie es nur der gemeinsam von Mutter und Vater gewobene Kokon sein kann.

Vom Sein der Seele –
warum deren Existenz nicht erst
mit der Geburt beginnt

Das Kind der Liebe ist stark. Seine Stärke beruht auf seiner Fähigkeit, sich von Liebe leiten zu lassen. Daher kann es der Einladung folgen.

Wenn es einer Einladung folgen kann, muss es schon vorher da gewesen sein.

Dies ist ein weiterer zentraler Gedanke dieses Buches: Dem körperlichen individuellen Sein, beginnend mit der befruchteten Eizelle, der ersten Individualreise mit dem Ziel der Einnistung, dem wachsenden Embryo in der Gebärmutter und dem im Mutterleib gedeihenden Fetus – diesem frühst- und frühkindlichen Sein geht immer das Sein der Seele voraus.

Ich weiß, das ist ebenfalls ein sehr gewöhnungsbedürftiger Gedanke, und nicht wenige Menschen, wahrscheinlich sogar die Mehrheit aller Menschen, lehnen ihn ab. Sie können zwar nicht erklären, selbst wenn sie Neurobiologin, Hirnforscher oder Intensivmediziner sind, wie Bewusstsein entsteht, wie es kommt – und wie es geht. Denn noch deutlicher als die Ankunft des Bewusstseins im Zuge von Zeugung, Schwangerschaft und Geburt lässt sich der Abschied des Bewusstseins im Tode beobachten. Es entfernt sich mit dem letzten Atem (oder kurz danach) und kehrt nicht wieder. Eben noch hat der oder die Sterbende beseelt gelebt, dann wird das Leben ausgehaucht und damit verlässt auch die Seele den Körper, und der Körper stirbt. Vielleicht, ja, sogar wahrscheinlich kehrt sie wieder, doch mit absoluter Sicherheit nicht in diesen Körper, den sie gerade verlassen hat. Also beginnt im gleichen Moment der Verfall. Das biologische Haus war durch Siechtum schon morsch, doch im Augenblick, wo es verlassen wird, beginnt sein Verfall. Der Übergang vom Leben zum Tod vollzieht sich mit einer solchen Geschwindigkeit, es geschieht so abrupt und absolut, dass Sterbebegleiter mit großer Mehrheit an einen Weggang der Seele glauben. Nicht wenige haben den Weggang der Seele sogar sehen können, denn im Moment, wo die Seele den Körper verlässt, ist ein feines Flirren zu sehen. Im »Buch des Übergangs« habe ich auch von meinen Erfahrungen damit berichtet.

Beim Sterben und im Moment des Todes macht der Mensch Erfahrungen. Welcher Art diese Erfahrungen sind, auch darüber schrieb ich in meinem vorangegangenen Buch ausführlich. Wichtig für das vorliegende Buch ist: Im Weggang wird die Seele mit energetischen Phänomenen konfrontiert, die man als Wahrnehmung von wechselnden Lichterscheinungen beschreiben könnte. Bei der Ankunft im Leben werden die gleichen Erscheinungen in umgekehrter Reihenfolge wahrgenommen. Wieso die Beseelung im Gegensatz zur Entseelung jedoch kaum wahrnehmbar ist, davon (und von den wechselnden Lichterscheinungen) wird später noch genauer die Rede sein. Alle die hier kurz genannten Phänomene können wahrgenommen und erfahren werden. Sie erschließen sich kundigen Psychonauten, den Kundschaftern und Auskundschaftern des geistig-seelischen Gewahrseinsraumes. Wissenschaftlich bewiesen werden können sie nicht.

Daher tun Rationalisten derartige Betrachtungen als religiös und esoterisch infizierte Hirngespinste ab. Wie auch immer Ihre Meinung dazu ist, liebe Leserin, lieber Leser, Folgendes gebe ich zu bedenken:

Wenn die Biologie also den Körper in embryonalem Zustand oder womöglich schon das befruchtete Ei beseelt, dann muss die Seele ja schon vorher da sein. Wenn sie aber schon vorher da ist, muss man es dann nicht als hilfreich ansehen, dieser Tatsache auch Beachtung zu schenken, also der Seele Beachtung zu schenken?

Denn wenn dies alles Humbug ist und die Seele nicht da ist, kann ihr dieses Beachtungschenken ja auch nicht schaden, weil sie ja noch nicht da ist. Richtig?

Falls sie aber doch da ist, man dies aber nicht beachtet, sich also verhält, als wenn sie nicht da wäre, dann müsste ihr dies ja gerade zwangsläufig schaden. Ebenso richtig?

Klar, reine Logik. Die Leute, die sagen, da ist keine Seele, die auf die Geburt wartet, die sind einfach nur bequem. Sie behaupten, die Seele sei die Frucht des sich selbst wahrnehmenden Bewusstseins, welches nur durch das menschliche Gehirn und seine besonders komplexe neuronale Verschaltung zur Selbstwahrnehmung imstande sei. Wo kein Hirn und keine Verschaltung, da ist auch kein Bewusstsein. Diverse Phänomene, unter anderem gut dokumentierte Nahtoderlebnisse sprechen dagegen. Allerdings nicht zweifelsfrei. Umso zweifelsfreier argumentieren die Widerredner. Sie tun so, als wäre wissenschaftlich gesichert, was sie unter dem Siegesbanner der Vernunft behaupten, doch das ist es nicht. Seele und Bewusstsein sind eine Funktion des Gehirns – dies ist genauso eine Behauptung wie ihr Gegenteil: Seele und Bewusstsein sind eigenständige Qualitäten individuellen Seins, sie sind nicht an ein Gehirn gebunden.

Letzteres meine ich zu wissen. Es ergibt wenig Sinn, mit den Gegenrednern darüber zu streiten. Sehr sinnvoll ist jedoch, die möglichen Folgen zur Kenntnis zu nehmen, wenn man aus Bequemlichkeit nur den einen Gedanken zulässt, den anderen aber nicht.

Es steht also rational betrachtet fünfzig zu fünfzig, ob die Seele auch ohne Körper existiert oder nicht. Falls sie existiert, hilft ihr diese Annahme. Falls nicht, schadet sie ihr auch nicht. Letzteres ist eigentlich noch zu schwach ausgedrückt, meine ich.

Angenommen, ein Paar wünscht sich ein Kind. Die Frau und der Mann fragen sich, wie es wohl sein wird, wenn es auf die Welt kommt. Sie versuchen, sein Wesen zu erspüren, noch bevor es gezeugt ist, denn sie glauben, dass es irgendwie schon da ist, in der Umlaufbahn, könnte man sagen. Andere Menschen könnten das Paar etwas närrisch finden. Denn plötzlich feiert es nicht mehr die Nächte durch, sondern versucht sich zum Beispiel durch Meditation, dem noch ungezeugten Kind zu nähern. Es redet im Geiste mit ihm, fragt das Kind, wie es heißen will, in der Hoffnung, eine Antwort zu bekommen. Und das Kind habe zu ihnen gesprochen, wird das Paar später berichten. Vielleicht im Schlaf, vielleicht im Traum, vielleicht tagsüber in Form einer plötzlichen Eingebung. Alle Freunde erfahren davon. Viele halten das Paar für verrückt. Das ist der Frau wie dem Mann egal. Beide spüren den Kontakt zum Kind. Und dann laden sie es in vollem Bewusstsein und mit voller Absicht und voller Liebe in ihr Leben ein.

Dem Kind wird das guttun. Psychologische Studien aus Amerika und Europa weisen seit den 60er-Jahren darauf hin. Was auch immer Freunde und Bekannte daran zu kritisieren haben, es ist gut für das Kind, wenn die Eltern sich sehr bewusst mit ihrem Wunsch nach einem Kind befassen und sich auch so verhalten. Und das meine ich: Es ist gut, wenn die Eltern dem Kind eine deutliche Einladung aussprechen.

Das Lebensbuch –
Botschaften ans werdende Kind

Wenn die Seele geht, will sie liebevoll losgelassen werden, und sie kann Anleitung für den Sterbe- und Todesweg gebrauchen. Auch darum geht es im »Buch des Übergangs«. Wenn die Seele kommt, will sie liebevoll empfangen werden und braucht Zuwendung, das Thema im »Buch der Ankunft«. Zuwendung bekommt die ankommende Seele in jedem Fall durch die wachsende körperliche Mutter-Kind-Bindung.

Doch wenn eine Einladung ausgesprochen wird, dann wird der Seele die Zuwendung sehr früh zuteil und außerdem auch sehr bewusst, sie kann daher umso liebevoller empfangen werden. Nach meiner Erfahrung ist dies für das Kind förderlich, ebenso für die Eltern und für die werdende oder wachsende Familie als Ganzes.

Daher verfasste ich die »Botschaften ans werdende Leben«. Diese Botschaften richten sich an die zur Ankunft bereite Seele, an die ankommende und die angekommene Seele. Die Inhalte dieser Botschaften könnten manchen Leserinnen und Lesern seltsam erscheinen, um es vorsichtig auszudrücken: kryptisch, kaum logisch, irrational. Doch um die Ratio geht es bei den »Botschaften ans werdende Leben« nicht. Deren Inhalte entstammen dem Wissen um die Reisen der Seelen durch die Zwischenwelt und beruhen mehr auf Eingebungen als auf wissenschaftlichen Erkenntnissen. Jenseits von Logik sind sie aber in höchstem Maße plausibel und in bestem Sinne wirksam. Das meine ich aus meinen Erfahrungen sagen zu können. Die »Botschaften ans werdende Leben« beginnen am Ende dieses Kapitels und finden sich in vielen folgenden.

In Analogie zu den Totenbüchern nenne ich diesen nun beginnenden Teil »Lebensbuch«. Anders als die Texte der Totenbücher müssen die »Botschaften ans werdende Leben« nicht laut vorgetragen werden, damit die Seele sie hört. Zur Ankunft bereit ist die Seele in einem anderen Seelenzustand als beim Weggang. Es reicht, wenn die werdenden Eltern die Botschaften beim Lesen konzen-

triert mitdenken. Denn wenn die Seele sich auf die Ankunft vorbereitet, nimmt sie ihre möglichen zukünftigen Eltern vollständig
wahr, das beinhaltet auch deren Gedanken. In dieser Phase ihres
außerkörperlichen Daseins verfügt die Seele über ein fünf- bis sie-
benfach geschärftes Bewusstsein. Das Lesen von Gedanken fällt ihr
leicht. Wahrscheinlich freut sich die Seele, wenn sie mit vernehm-
licher Stimme angesprochen wird. Es macht eben einen Unterschied, ob wir etwas nur denken oder ob wir es auch sagen. Daher
ist es sinnvoll, auch die Botschaften laut zu lesen – aber eben nicht
unverzichtbar.

Bewusstsein nähert sich einem anderen Bewusstsein nach dem Resonanzprinzip. Je mehr es in Resonanz geht, umso größer ist die gegenseitige Anziehung. Das Lesen der Botschaften erzeugt eine Ausrichtung des Bewusstseins, damit ein verstärktes Resonanzfeld und
die entsprechende Anziehung.

Zwischen den Welten und unverkörpert ist die Seele frei. Zwischen den Welten gibt es kein Schicksal, also Momente, wo unbewusste Absichten die Dynamik des Geschehens bestimmen, während die bewussten Absichten ins Hintertreffen geraten. Denn
zwischen den Welten ist die Seele wacher, als sie es in einem Körper jemals war. Ihr Bewusstsein ist so wach, dass unbewusstes Agie-
ren vermieden werden kann und damit auch so etwas wie das
Schicksal. Diese Wachsamkeit verschafft der Seele die Freiheit, jederzeit ihren Neigungen folgen zu können. Und Neigungen hat sie,
erworben in vielen Inkarnationen, verdichtet im Laufe der Zeit zu
ihrem individuellen Naturell – auch Karma genannt, die Summe
ihrer Verhaltensmuster.

Ihrem Karma oder Naturell entsprechend, wählte sie die Eltern
für die verflossenen Inkarnationen. Während der Verkörperungen
machte sie Erfahrungen. Das veränderte ihr Naturell. Also veränderte sich bei der Wiederverkörperung immer auch ihre Wahl. Vor
allem in der Seelensphäre reflektierte sie die Erfahrungen der vorangegangenen Inkarnation. Das tut sie auch jetzt. Und schöpft daraus neue Einsichten und daraus folgende Absichten.

Wer weiß, was die Seele für ihre kommende Inkarnation nun
beabsichtigt?

Wahrscheinlich nur die Seele selbst. Und wahrscheinlich ist ihre Absicht als Seele der sehr persönliche Ausdruck der Freiheit, die sie als Seele in der Zwischenwelt genossen hat.

Wir, ihre möglichen werdenden Eltern, sollten die Seele mit ihren ganz persönlichen Absichten willkommen heißen.

Die nun folgende erste Botschaft dient der seelischen Ausrichtung der Eltern auf ihr kommendes Kind. Durch das Lesen wird ein seelischer Raum eröffnet, eine Familiensphäre geschaffen, noch bevor die Familie in biologischem Sinne existiert. Denn die erste Botschaft ist die Einladung ans unverkörperte, ungeborene Kind, diesen Raum auch biologisch einzunehmen. Gehen Sie, liebe Leserin, lieber Leser, davon aus, dass die Einladung gehört wird. Wahrscheinlich hören oder spüren Sie auch die Antwort ...

1. Botschaft ans ungeborene Kind

Liebe reisende Seele, liebes ungeborenes Kind, bitte, höre uns! Wir rufen Dich mit Liebe. Du hast große Weiten gesehen. Du hast geistigen Raum durchmessen. Du bist weit gewandert, angezogen von Gedanken und Gefühlen.

Nun spürst Du eine Neigung zur Verkörperung. Du spürst den Sog der irdischen Welt. Du spürst die Anziehung des menschlichen Daseins. Dein Wunsch, im Leben anzukommen, wächst.

Liebes ungeborenes Kind, wir erwarten Dich. Wir sind bereit für Deine Ankunft. Und wir bestätigen Dir hiermit, dass das menschliche Dasein großartig ist. Es bietet herrliche Aussichten und immer wieder dramatische Perspektiven. Oft ist das Leben so lustig, dass man sich vor Lachen darüber ausschütten muss. Und immer wieder ist das Leben so schön, dass man vor Freude darüber weinen kann.

Junge und alte Seelen –
warum jede eine Aufgabe hat

Kinder wählen ihre Eltern. Eltern werden erwählt. Spätestens als Eltern ahnt man das. Kinder lieben ihre Eltern, sie finden sie zärtlich, lustig, manchmal zu streng, manchmal zu laut, manchmal zu ungerecht, doch erstaunlich finden sie ihre Eltern eher nicht. Sie kennen ja ihre Eltern. Deren Wesen und Naturell ist ihnen ganz einfach vertraut.

Ganz anders die Eltern gegenüber ihren Kindern. Sie finden ihre Kinder grundsätzlich erstaunlich. Wenn sie ehrlich sind, kommen sie aus dem Staunen als Eltern gegenüber ihren Kindern auch nie mehr heraus.

Diesen prinzipiellen Unterschied in der gegenseitigen Wahrnehmung würden die meisten Menschen mit der Unberechenbarkeit der Jugend und der Berechenbarkeit des Alters erklären. Dass Kinder sich über ihre Eltern weniger wundern, beweise doch noch gar nichts. Und dass bei Eltern, die von ihren Kindern gewählt werden, Erstaunen und ständige Verblüffung vorprogrammiert sind, auch nicht. Vielleicht geht es auch weniger um Beweise als um Möglichkeiten. Angenommene Möglichkeiten. Oder um verpasste Chancen.

Die Haltung der verpassten Chance: Ist doch sowieso alles Quatsch. Wenn überhaupt, sucht eine höhere Macht die Kinder für einen aus. Oder der Gott der Genetik, Epigenetik und Umwelteinflüsse arbeitet wie ein Zufallsgenerator. Da bleibt nur: abwarten. Mal sehen, was draus wird. Auch gut, wenn man es liebevoll tut. Buddhistischer Gleichmut und Geduld sind Tugenden, die man beim Aufziehen von Kindern sicher gebrauchen kann.

Dann die Haltung der angenommenen Möglichkeit: Ist ja vielleicht doch etwas dran, dass Kinder sich ihre Eltern aussuchen. Nur was bedeutet es für uns als Eltern, von unseren Kindern erwählt zu werden? Und was können wir tun, damit die Wahl für alle Beteiligten möglichst erfreulich ausfällt?

Zunächst diesen Gedanken zulassen: Kinder fliegen ihren Eltern zu. Das ist wörtlich gemeint. Damit das Kind im Mutterleib wachsen kann, muss die Seele ja irgendwie eingeflogen sein. Ein Baby beginnt zu wachsen und wird schließlich geboren.

Eltern wundern sich über vieles, was ihr Kind und dessen Wesen betrifft, doch ganz besonders wundern sie sich zum Beispiel, wenn ihr Baby bereits alt wirkt, obwohl es erst vor Stunden oder Tagen geboren ist.

Oder sie wundern sich über das genaue Gegenteil, eine Frische des kindlichen Gemüts, die auch mit dem Älterwerden nicht schwindet. Als Kinder wie auch später als Erwachsene sehen sie die Welt mit sehr großen Augen. Sie scheinen aus dem Staunen nicht herauszukommen. Sie nehmen ihre Umwelt mit Verblüffung wahr, wie zum ersten Mal. Und das ist dann wahrscheinlich auch mehr oder weniger so, denn sie sind junge Seelen.

Junge Seelen können als Erwachsene noch so rein wirken, als wären sie eben erst geboren. Sehr junge Seelen können in ihrem Erstaunen so freudig und vollständig sein, dass sie wie Heilige wirken. Ihre Verwunderung angesichts der Welt schwindet auch nicht, wenn sie älter werden, und je mehr Verständnis die Eltern für ihr Dasein und Naturell aufbringen, umso mehr werden sie sich auch wie kleine Engel verhalten.

Alte Seelen hingegen scheinen als Greise auf die Welt zu kommen. Auf seltsame Weise sehen sie häufig sogar auch so aus – uralt, wie gezeichnet von den Irrtümern und Umwegen vergangener Leben, gleichzeitig geläutert von unzähligen lustvollen, schönen und erkenntnisreichen Erfahrungen. Sehr alte Seelen vermitteln den Eindruck, als würden sie bereits im Zustand der Weisheit geboren. Als winzige, verknitterte Methusalems erblicken sie das Licht der Welt, erschöpft von den endlosen und langen Reisen durch den Kreislauf des Lebens und Sterbens, des Auflebens und Ablebens und des neuerlichen Lebens, dass sie nun womöglich ein letztes Mal gewählt haben, um ihr Dasein zur Vollendung zu bringen. Bei all ihrer Erschöpfung zeigen sie eine gleichmütige Heiterkeit. Sie haben alles gesehen. Wenig erstaunt sie noch. Das sieht man zunächst in ihren Augen, die ruhig und gleichmütig Ausschau halten. So gut wie gar nichts ärgert die sehr alten Seelen. Nur die Dummheit anderer, vor allem ihrer Eltern, kann sie so aufbringen, dass sie wie zornige Götter wirken.

Seelen folgen bei der Verkörperung ihrer Wahl – junge und sehr junge, ältere wie alte und sehr alte. Denn alle Seelen befinden sich zunächst im außerkörperlichen Raum. Sie schweben in der Zwischenwelt. Eine Sphäre, in der sie sich nirgendwo niederlassen können. Der Schwebezustand unverkörperten Daseins muss so unbegrenzt, so von Freiheit bestimmt sein, dass diese grenzenlose Freiheit zur größten Last werden kann. Dann beginnt die unverkörperte Seele nach Verkörperung zu hungern. Sie sehnt sich nach Beheimatung, nach Nähe, nach einem Zuhause. Sie wünscht sich, anzukommen. Sie dürstet nach einem geschützten Dasein, nach Geborgenheit. Die Anziehungskraft eines weiblichen Uterus auf die noch unverkörperte Seele muss gigantisch sein.

Dieser Anziehungskraft hat die wandernde Seele nur ihre stärkste Absicht entgegenzusetzen. Ihre stärkste Absicht resultiert aus sämtlichen Erfahrungen, die sie je gemacht hat. Bei alten Seelen entstand diese stärkste Absicht durch eine lange Reihe von Erfahrungen in zahllosen Inkarnationen. Die zentrale Absicht junger Seelen ist die Summe weniger Erfahrungen, doch deshalb nicht weniger stark. Es gibt sehr jung erscheinende Absichten, die viel mit Entdeckung und Eroberung und Weltwahrnehmung zu tun haben. Und es gibt alt wirkende Absichten, die mehr auf Vollendung, Transformation, Balance und finale Erkenntnis zielen.

Jedes Leben, vor allem das werdende, folgt der stärksten Absicht – auch wenn diese vielleicht im Laufe des späteren Lebens nur unvollständig erkannt oder sogar ignoriert wird.

Ich nenne diese zentrale Absicht die »Seelenaufgabe«. Die Seelenaufgabe kann weit gefasst sein, beispielsweise der Vorsatz, echte Hingabe zu leben oder sehr alte Wutmuster zu überwinden. Die Seelenaufgabe kann aber auch sehr konkret sein und etwa darin bestehen, eine bestimmte Gruppe von Menschen zu unterstützen oder zum Wohle anderer eine besondere Fertigkeit zu erlernen und anzuwenden. Die Seelenaufgabe ist ausnahmslos positiv. Meiner Kenntnis nach wird sie vor der Inkarnation erkannt, gewählt und angenommen. Zur Bewältigung der Seelenaufgabe, im Bewusstsein der eigenen Neigungen und des individuellen Naturells, wählt die Seele ihre zukünftigen Eltern. Erst die Seelenaufgabe gibt der unverkörperten Seele die Chance, der Anziehungskraft des körperlichen Lebens weise zu begegnen. Je genauer sie sich ihrer Aufgabe als Seele gewahr ist, umso bewusster kann sie entscheiden, ob ein Elternpaar für sein künftiges Werden geeignet ist. Nur durch die Kenntnis der Seelenaufgabe hat sie die Möglichkeit, der Anziehung entweder einen bewussten Rückzugsimpuls entgegenzusetzen oder sich ihr noch bewusster hinzugeben.

Daher ist es für die unverkörperte Seele sehr wichtig, sich ihre Seelenaufgabe so bewusst wie nur möglich zu machen.

2. Botschaft ans ungeborene Kind

Liebe reisende Seele, liebes ungeborenes Kind, bitte, höre uns! Wir rufen Dich mit Hingabe. Als reisende Seele verfügst Du über den größten Überblick. Alles, was Du jemals gedacht, gefühlt und wahrgenommen hast, alles, was Du je erlebt hast, hat Dich auf Deinen jetzigen Weg gebracht: an die Schwelle kommenden Lebens.

Höre uns, Deinen möglichen Eltern, daher einen Moment zu. Als Mensch verfügst Du über menschliche Möglichkeiten. Sie lassen Dir die Wahl. Was auch immer Du wählen wirst, wählst Du geleitet von Deinen Wünschen, Hoffnungen und Absichten. Eine starke Absicht hat Dich bereits an die Schwelle kommenden Lebens geführt.

Bitte vergegenwärtige Dir nun diese, Deine Absicht. Das ist Deine Lebensaufgabe. Du willst leben, um Deine Lebensaufgabe zu erfüllen. Bewahre die Erinnerung daran auf Deiner weiteren Reise ins Leben. Umso besser erkennst Du Deinen weiteren Weg.

Der Lockruf,
die Einflüsterung der Quintessenz –
oder die Macht des Karmas

Wenn die Seele sich vom Leben angezogen fühlt, nimmt sie ihre möglichen Eltern wahr. Das mögliche Kind spürt, sieht und hört seine möglichen Eltern.

Zum Elterndasein bereit, kann das Paar ebenfalls versuchen, ihr kommendes Kind zu spüren. Manchen Müttern und Vätern gelingt das auch. Sie fühlen einen aufkeimenden Kontakt zur Kindesseele, noch bevor das Kind gezeugt und empfangen wurde. Manche Mütter oder Väter sprechen dann sogar schon mit ihm und hören seine Antworten. Einige sehen es in nächtlichen Träumen.

Denn die Seele des Ungeborenen wartet in der Seelensphäre auf die Einladung zur Inkarnation. Eine Art Fahrschein in die Welt der Verkörperung.

Der Kinderwunsch der Eltern und ihre Kontaktaufnahme mit dem Kind sind nicht das Ticket, sondern die sehr bewusste Vorbereitung auf den Moment des Lösens der Fahrkarte. Je bewusster die Vorbereitung erfolgt, umso deutlicher besteht auch die Möglichkeit, zu erkennen, wer den Fahrschein nehmen und die Reise in die Welt antreten wird.

Die Liebe der Eltern ist der Lockruf für das ungeborene Leben. Das Ungeborene hört den Lockruf. Gefällt ihm der Ruf, folgt es ihm. Der Ruf kann so hell und fein sein wie eine unglaublich zarte, ätherische Melodie. Das ist wahrscheinlich der Lockruf verklärender, schwärmerischer und romantischer Verliebtheit und Liebe. Der Ruf kann betörend sein wie eine Verdi-Arie, so süß wie ein Parfüm oder der Duft einer Rose, und das ist wahrscheinlich der Lockruf der Sinnlichkeit. Der Ruf kann einen Rhythmus haben, der einen mitreißt wie ein Strudel, und das ist wahrscheinlich der Lockruf der Ekstase. Der Ruf kann zart, süß und mitreißend gleichzeitig sein, und das ist ziemlich sicher der Lockruf einer auf allen Ebenen des

Daseins erfüllten Liebe und Sinnlichkeit. Der Ruf kann aber auch bittere Nuancen haben, grelle Zwischentöne, eine delirierende Melodie oder einen kalt hämmernden Beat. Das ist die Anziehung liebloser Sexualität, einer Vereinigung unter Drogen mit allen Varianten des Übergriffs bis zur Vergewaltigung.

Wie auch immer die Liebe der Eltern geartet ist und die Zeugung erfolgt: Das Ungeborene folgt dem Ruf, der ihm vertraut ist. Das Unbekannte lockt das Ungeborene nicht. Nur das Vertraute übt eine Anziehung aus. Die Welt, so wie sie ihm vertraut ist. Vertraute Gefühle und Impulse. Dabei geht es nicht um gut oder böse, angenehm oder schmerzhaft, gesund oder krank, schön oder hässlich. Das Ungeborene ist jenseits davon, es ist jenseits der Dualität.

Leichter als ein Hauch und feiner als Nebel schwebt das Ungeborene über dem biologischen Dasein und ist in seiner Leichtigkeit und Körperlosigkeit vollkommen frei. Eine Freiheit, die, wie gesagt, einen Halt sucht. Den bietet das Leben in körperlicher Form. Also wächst der Drang des Ungeborenen nach Verkörperung, nach Geburt. Es ist der Drang, sich niederzulassen, auch in körperlichem Sinne zu ruhen. Ruhe findet es in der Heimat. In der Fremde müsste es womöglich herumirren, bis es sich an einem passenden Ort neu beheimaten kann. Die Heimat, das sind nahestehende Menschen. Die Heimat, das ist das Wesen und Verhalten dieser nahestehenden Menschen. Heimat ist kein Ort auf der Landkarte, ist keine Stadt, kein Land. Heimat besteht aus seelisch-menschlichen Qualitäten. Allein deshalb gibt es Nomaden und können Nomaden überleben. Denn Menschen brauchen eine Heimat. Ohne Heimat fühlen sie sich auch in ihrem Körper heimatlos und sterben. Menschen können diese Heimat auch vollständig in sich selbst und darüber hinaus außerhalb des Menschseins suchen und finden. Deshalb gibt es Eremiten, und sie überleben auch.

Das Ungeborene beheimatet sich als Mensch mit der Einnistung im Mutterleib. Die Prägung während Schwangerschaft und Geburt gibt die Richtung vor, in der das Individuum im Laufe seines weiteren Lebens seine eigentliche Heimat sucht und findet.

Ich habe das ansatzweise aus seelischer Sicht schon gesagt, doch weil es so fundamental wichtig ist, will der Impuls zur Beheimatung aus der Perspektive des Geistes noch genauer dargestellt werden:

Am Ende des Lebens stirbt der menschliche Körper, doch das menschliche Bewusstsein existiert weiter, und mit dem Bewusstsein überlebt auch das Gefühl für die Heimat. Im Sterben bewahrt der Mensch, was in der Zeit seines Lebens besonders vertraut, besonders prägend, besonders wichtig war. Und im Tod nimmt er dies als Quintessenz seines Lebens mit.

War das vergehende Leben von Wut und Ohnmacht bestimmt oder von Neid und Angst durchdrungen, verdichtet sich aus diesen Empfindungen die Quintessenz. Deutlich positiver ist das Ergebnis eines Lebens voller Ehrlichkeit und Mut, Hingabe und Liebe. Denn die Quintessenz, gebildet aus den vorherrschenden Gefühlen, Gedanken und Absichten des vergangenen Lebens, bestimmt die Wahl des nächsten.

Dies setzt die Unzerstörbarkeit des Geistes voraus. Die Argumente dafür habe ich im »Buch des Übergangs« diskutiert. Nach meiner Überzeugung ist der Geist (der menschliche wie auch der Geist insgesamt) unzerstörbar. Wenn der Geist im Tode den Körper verlässt, beginnt der körperliche Verfall, doch das Dasein des Geistes geht weiter. Der Geist durchschreitet die Zwischenwelt des Todes. Und hat dann die Wahl. Er kann ein rein geistiges, körperloses Dasein wählen oder eine Wiedergeburt. Wenn er, der Sehnsucht nach körperlichem Dasein folgend, die Wiedergeburt wählt, so trifft er diese Wahl nach den Einflüsterungen der Quintessenz.

Einflüsterung klingt an dieser Stelle vielleicht etwas seltsam, doch ist die Formulierung durchaus passend. Denn die Essenz jeglichen Daseins ist der Geist. Die geistige Essenz durchwandert Lebenszeiten und Tode und macht dabei Erfahrungen. Diese Erfahrungen können die Reinheit des Geistes nicht trüben, trotz vieler und wechselnder Erfahrungen bleibt die Essenz so klar wie ein Gebirgssee, bei dem die Sonne bis auf den Grund scheint.

Allerdings weben die Erfahrungen eine Art Mantel, der die geistige Essenz umgibt. Dieser Mantel des Geistes, gewoben aus Gefühlen, Gedanken und Absichten, resultierend aus unzähligen Erlebnissen in vorigen Leben und vorangegangenen Toden – dieser Mantel ist die Seele. Das Webmuster des Seelen-Mantels aber ist die Quintessenz.

Das Muster ist wie ein Mandala, einfach und komplex zugleich und sehr einprägsam. Es hat die Neigung, sich fortzusetzen. Das Muster ist auch wie ein Mantra. Es will wiederholt werden. Wieder und wieder. Das ist Karma, gebildet durch die Einflüsterungen der Quintessenz. Die Quintessenz verhält sich zur Essenz wie der fünfte Ton einer Tonleiter zum Grundton. Erklingen beide, bilden sie eine starke Harmonie, die eine musikalische Richtung vorgibt. Genau so ist es auch im Leben. Zwar ist der Geist absolut frei. Er kann prinzipiell in jede Richtung gehen und jede Wahl frei treffen, doch die Seele redet ihm ständig etwas ein, ihren seelischen Mustern folgend. Die Seele flüstert im Leben. Sie flüstert im Sterben. Im Tode hat sie auch einiges zu sagen. Ganz besonders eindringlich meldet sie sich bei der Wiedergeburt.

Um es kurz zu machen: Woher wir auch kommen, die Seele wird uns zu etwas Ähnlichem leiten. Oder womöglich auch verleiten. War das Vorleben schön, zieht einen der Sonnenstrahl der Schönheit im nächsten Leben an. War das Vorleben wie ein einziger Misthaufen, eilt man wie auf einem Leitstrahl aus Gestank einem entsprechend geruchsintensiven neuen entgegen. Wahrscheinlich. Doch, und das gibt immer wieder Anlass zu Hoffnung, nicht zwangsläufig, weil der Geist nun mal frei ist und das auch bleibt, selbst wenn die Seele im Laufe vieler Inkarnationen wie ein alter Mantel geworden ist, verfilzt und schwer, und seinen Träger niederdrückt und unbeweglich macht.

In den Mantel der Seele gehüllt, sucht der reisende Geist eine Heimat. Er hofft, sie im nächsten Leben zu finden. Also sucht er nach einer passenden Gelegenheit, um ins Leben zu gehen. Was auch immer ihm bisher vertraut war, wird er nun, durch sein Karma begründet und seelisch kommuniziert, passend finden.

Individuen sind unterschiedlich. Das gilt auch für den reisenden Geist im Mantel der Seele – nun wieder der Einfachheit halber (und dem allgemeinen Sprachgebrauch entsprechend) Seele genannt. Jede Seele ist einmalig. Jede Seele ist anders. Jede Seele sucht und findet ihren eigenen Weg. Jede Seele folgt Irrtümern, gewinnt Erkenntnisse. Und das auf eine ganz eigene Weise. Eine sehr wichtige Erkenntnis ist Selbsterkenntnis. Diese ist zu allen Zeiten auf allen Ebenen des Daseins möglich. Nicht zuletzt in der Zwischenwelt. Besonders dort nimmt die Seele sich selbst sehr genau wahr. Je umfassender ihre Selbstwahrnehmung ist, umso mehr lernt sie daraus. Die Frucht dieses Lernprozesses ist die bereits erwähnte Seelenaufgabe. Es ist die Aufgabe, die das Individuum als logische Folge für sein bisheriges Tun und Sein annimmt.

Sehr feine und wissende Seelen wählen ihre Seelenaufgabe sehr bewusst. Sehr bewusst wählen sie ihre Eltern als Unterstützer zur Bewältigung ihrer Seelenaufgabe. Zielstrebig folgen sie ihrem Lebensweg, um ihre Seelenaufgabe zu erfüllen. Unwissende Seelen lassen sich von ihren Neigungen, bewussten wie unbewussten, leiten. Sehr getriebene Seelen lassen sich von ihren Instinkten verleiten. Doch auch die Getriebenen und Unwissenden landen nicht selten mit geradezu schlafwandlerischer Sicherheit auf dem passenden Lebensweg zur Erfüllung ihrer Lebensaufgabe. Vielleicht ist dies eines der größten Wunder des Daseins überhaupt: Die richtigen Kinder kommen zu den richtigen Eltern. Immer. Ausnahmslos. Auch wenn manche Kinder manchmal anderer Meinung sind, was schrecklich ist und meistens einen Lebensweg voller leidvoller Umwege bedeutet. Nur noch übertroffen von den negativen Konsequenzen, wenn Eltern denken, die falschen Kinder hätten sich in ihr richtiges Leben verirrt, was sie ihren Kindern auf eine zwanghafte und rechthaberische Weise auch ständig zeigen und sagen müssen. Letzteres ist womöglich die größte Dummheit des Daseins überhaupt und auch deren folgenreichste.

3. Botschaft ans ungeborene Kind

Liebe reisende Seele, liebes ungeborenes Kind, bitte, höre uns! Du erblickst nun mögliche Wege ins Leben. Mit wachsender Nähe erblickst Du Kontinente, Berge, Wüsten und Wälder, Flüsse und Seen, Städte und Dörfer. Was Dir bekannt vorkommt, zieht Dich an. Im Moment des Erkennens bist Du schon dort. Und beim geringsten Unbehagen schon wieder fort.

Doch bewahre Ruhe. Noch bist Du eine wandernde Seele ohne physischen Körper. Noch reist Du durch die geistige Sphäre. Leicht wie ein Hauch bewegt sich hier jegliches Bewusstsein, so auch Deins. Woran Du denkst, zieht Dich wie magnetisch an.

Du könntest dem Schwebezustand Deines jetzigen Daseins um jeden Preis entfliehen wollen. Du könntest irgendwie auf die Welt kommen und inkarnieren wollen.

Aber je bewusster Du Dein Leben wählst, umso kraftvoller und bewusster kannst Du es später auch leben.

Erinnere Dich an Deine Seelenaufgabe. Und lasse Dich von guten Gedanken leiten. Wir, Deine möglichen Eltern, erwarten Dich.

Ozeanische Liebe –
oder der Lockruf des Lebens,
erster Teil

Wenn das Kind die Eltern wählt, die Eltern also erwählt werden, was irgendwie passiv klingt – was können die Eltern dann eigentlich tun?

Die zentrale Frage.

Antwort: Eltern können auf die Signale achten, die sie aussenden. Sie können einen guten, einen schönen, einen bewussten Lockruf in die Seelensphäre schicken.

Dem voraus geht die Kenntnis, woraus der Lockruf für das werdende Leben überhaupt besteht. Die tibetischen Buddhisten glauben, dass der Lockruf für das werdende Leben im Moment der körperlichen Vereinigung von Mann und Frau formuliert wird.

Aus der Vereinigung entsteht das Kind. So weit, so aufgeklärt. Und durch das Wesen der Vereinigung entsteht ein karmischer Sog, der auf das mögliche Kind wirkt, es lockt. Oder auch nicht. Im ersten Fall entsteht wahrscheinlich eins, im zweiten keins. Wieder ein gewöhnungsbedürftiger Gedanke.

Die meisten Zeitgenossen sehen die körperliche Liebe als einen biologischen Vorgang, der ein neues Wesen hervorbringt. Nicht wenige Paare wollen das nicht, verhüten also, um sich lustvoll und folgenlos zu lieben, und dagegen gibt es auch nicht das Geringste zu sagen.

Allerdings: Ist eine wesentliche Würze der Lust nicht das mögliche Kind? Kann schon sein, könnte die Antwort lauten, doch woraus speist sich dann die Lust auf homosexuelle Liebe?

Gut, lassen Sie uns einen Moment über Sex reden.

Sexualität, meine ich, richtet sich immer auf das andere, das Nichtich. Nur das Nichtich wirkt sexuell attraktiv. Ist keins verfügbar, muss eines eingebildet werden, damit etwa Selbstbefriedigung möglich ist. Keine Masturbation ohne Fantasie, denn sexuelle Lust richtet sich immer auf ein Gegenüber.

Sexuelle Befriedigung erkennt man daran, dass die Lust gestillt scheint. Wie Lust gestillt werden kann, war und ist ein zentrales Thema in sämtlichen Zivilisationen und Gesellschaften. So vielfältig die Wege der Lust auch zu sein scheinen – echte sexuelle Befriedigung, glaube ich, kann nur in der Vereinigung entstehen. Echte sexuelle Befriedigung wird von dem körperlich und seelisch berauschenden Empfinden beim Akt beflügelt, entsteht aber eigentlich durch die Vereinigung auf geistiger Ebene. Wenn die Liebenden einander wirklich wollen, dann wollen sie einander körperlich, seelisch und geistig. Dieses gegenseitige Wollen kann im Moment der körperlichen Vereinigung die Erfahrung der Vereinigung auf allen drei Ebenen bewirken. Dann taucht das Paar wie ein Körper, eine Seele, ein Geist in einen Ozean gemeinsamen Gewahrseins.

Das Paar erfährt die Einheit.

Die Erfahrung der Einheit geht über die Grenzen des Selbst hinaus. In der Einheit überwindet der Mensch das Korsett der Selbstbezogenheit, des Ichs, und streift sogar den Mantel der Individualität ab. Für einen Moment hört das Selbst auf zu existieren, und der Mensch taucht in einen Ozean.

Die Weite dieses Ozeans ist wahrhaft göttlich.

Die Dualität existiert nicht mehr. Es gibt kein Für und Wider mehr, kein Nah und Fern, schon gar kein Gut und Böse – nur noch den Ozean: die Liebe.

Liebe in ihrer reinen und endlosen Form.

Liebe in ihrer reinen und endlosen Form ist die Quelle allen Seins.

Wenn der Mensch in die Quelle allen Seins eintaucht, erlebt er die Nähe Gottes. Wird ihm dies im Moment des Erlebens vollständig bewusst, ist er erleuchtet.

Auch in der sexuellen Vereinigung, im Augenblick des Verströmens und des Eintauchens in den Ozean, also im Moment des ozeanischen Orgasmus, kann einem ein Licht aufgehen. Gotteserfahrung durch Sex – das war im Mittelalter noch Bestandteil der westlichen spirituellen Mythen, bis Kirchenobere dies als unrechten Glauben verdammten. In der Kultur des Ostens gilt es immer noch als ein Weg zu Gott – neben Meditation, Askese und anderen Praktiken der Gottesannäherung.

Tantriker haben den lustvollen Weg in den Ozean und zu Gott systematisch zu erforschen versucht und sind mit Methoden weit gekommen. Doch Liebe ist keine Technik. Um in die Einheit zu gelangen, meine ich, muss man auch das Fahrzeug dahin, zum Beispiel Tantra, irgendwann einfach stehen lassen.

Ich glaube, dass aus der Vereinigung zweier Menschen immer etwas Drittes entsteht. Dieses Dritte ist so besonders und einmalig wie die Vereinigung, der es entstammt. Das Dritte kann ein Impuls sein, der wie ein Kind wächst. Es gibt schreckliche Impulse, die Macht gewinnen, als wären es monströse Kinder. Und es gibt bezaubernde Impulse, die zart sind wie Säuglinge und ebenso behütet werden wollen. Und es gibt wunderbare Kinder, gezeugt in einer wundervollen, ozeanischen, göttlichen Vereinigung.

Wie die tibetischen Buddhisten glaube auch ich an den Lockruf der Vereinigung. Ich glaube, dass die wunderbaren Kinder angelockt wurden von dem Wunder der elterlichen Liebe im Moment der Erfahrung ozeanischer Einheit. Was ist wohl erstrebenswerter? Das oder eine Zeugung im Suff oder womöglich unter Gewalteinwirkung?

Natürlich ist dies keine Einladung, eine Zeugung, die unter weniger anstrebenswerten Umständen stattgefunden hat, im Nachhinein als missraten zu empfinden, in gegenseitigen Schuldzuweisungen zu baden und zu denken, da wird ja ohnehin nichts Gescheites draus. Im Gegenteil. Gerade weil die Zeugung womöglich unbeabsichtigt war, weil sie vielleicht im Rausch erfolgte, weil möglicherweise die Erfahrung von Macht und Ohnmacht mit im Spiel war, braucht das daraus entstehende Kind umso mehr Liebe, Zuversicht und gute Gedanken, damit es trotzdem bestens gedeihen kann.

Dann ist ja ohnehin alles egal, könnte man jetzt zum wiederholten Mal einwenden. Das Leben, auch das werdende, findet seinen Weg. Auch aus Kindern, gezeugt bei einer Vergewaltigung, also denkbar grob, werden womöglich feine Menschen. Sicher, alle die während der Nazizeit und im Zweiten Weltkrieg gezeugten Kinder haben die Nachkriegsordnung und eine bisher beispiellos stabile Demokratie aufgebaut. Trotz vielfältigster Traumatisierungen sind sie über die Umstände während ihrer Zeugung, während der Zeit im

Mutterleib, bei der Geburt und in ihrer Kindheit hinausgewachsen. Das ist großartig und mehr als das. Nur, und das ist eine berechtigte Frage, wo wären wir, wo stünde diese Welt, wenn sehr viel mehr Kinder dem Lockruf einer beglückenden und glücklichen Zeugung entstammen würden. Einer Zeugung im Frieden, weil die Partner Frieden miteinander empfinden, weil die Zeiten zunehmend friedlich sind, weil auch die Vorgenerationen ihre kriegerischen Impulse bereits befriedet haben. Wo wären wir dann?

Vielleicht schon im Paradies? Damit der Krieg im Kopf beim eigenen Kind möglichst wenig ausgefochten wird, ist es jedenfalls sehr hilfreich, ein paradiesisches Empfinden auch bei der Zeugung anzustreben. Eigentlich logisch, oder?

Was man sät, erntet man – das sagen sämtliche Weltreligionen. Wer das eigene Leben, den eigenen Lebensweg betrachtet, meine ich, kann nur zu diesem Schluss kommen: Das Leben ist eine Saat, die aufgeht. Dem voraus geht die Aussaat. Der elterliche Akt der Vereinigung ist somit die Ouvertüre für die Symphonie des Lebens.

4. Botschaft ans ungeborene Kind

Liebe reisende Seele, liebes ungeborenes Kind, bitte, höre uns! Es nähert sich die Stunde Deiner Inkarnation. Deine Wahrnehmung der Welt wird noch deutlicher. Du kannst jetzt Kontinente durcheilen und Städte mit der Geschwindigkeit von Gedanken erkunden. Was Dich anzieht, erreichst Du sofort.

Vergegenwärtige Dir die Vielfalt dieser Welt, in die Du geboren werden wills, und wende Dich schönen und beglückenden Erscheinungen zu.

Falls Dich negative Erscheinungen anziehen, erinnere Dich, wer Du wirklich bist: eine Seele im endlosen Raum des Geistes, die sich nun im Leben niederlassen will. Und wir, Deine möglichen Eltern, erwarten Dich.

Ozeanische Erotik –
und der Lockruf des Lebens,
zweiter Teil

Wenn das liebende Paar sich ein Kind ihrer Liebe wünscht, dann bewirkt ihr gemeinsamer Wunsch einen körperlichen Impuls: Zärtlichkeit. Da diese Zärtlichkeit gegenseitig und füreinander ist, entsteht Erotik daraus, das gemeinsame Resonanzfeld der Zärtlichkeit. Mit Liebe, Sehnsucht, Zärtlichkeit und Erotik beginnt die wohlklingende Ouvertüre werdenden Lebens.

Die Ouvertüre, der Lockruf ins Leben erklingt immer wieder neu und immer wieder anders. Keine Liebe ist wie eine zweite, ebenso auch die körperliche. Im Moment des Geschehens ist jede Vereinigung so einmalig, als würde diese Möglichkeit größter menschlicher Nähe genau zu diesem Zeitpunkt erfunden.

So sehen es Liebende.

Wenn sie ein Kind wünschen, doch keines bekommen, aus welchen Gründen auch immer, dann kann ihr Wunsch so groß werden, dass sie nach allen menschlichen Möglichkeiten greifen. Doch künstliche Befruchtung, im Sinne der Ouvertüre eine Orchesterpause, in der man plötzlich so etwas wie Straßenlärm hört, funktioniert zwar biologisch, aber später wahrscheinlich nur mangelhaft biografisch, weswegen ich einen Lebensbeginn in vitro für weniger wünschenswert halte, also nicht befürworte und daher hier auch nicht weiter betrachte.

Und über all jene, die nicht lieben oder zu wenig lieben, es nicht wollen, nicht können, aus welchen Gründen auch immer verlernt haben zu lieben, und sei es aus Dummheit, aus Trotz oder Faulheit, die also auch wirkliche körperliche Liebe kaum kennen oder nie kennenlernen konnten, sondern Sex haben, der ihnen wie die Wiederholung einer endlosen Wiederholung vorkommt, wie ein Teil einer Fernsehserie, in der das Gleiche in derselben Form wieder und wieder rauf- und runtergespielt wird, ein bisschen anmachend, ein bisschen lästig, kaum befriedigend, wenig erhebend, sondern eher frustrierend, auch als Mittel der Selbstbestätigung; über all jene auch, die problematische Varianten übergriffiger Liebe, verzerrter Sehnsucht, gewalttätiger Zärtlichkeit und entgleister Erotik leben, wird an dieser Stelle ebenfalls nicht geredet. Denn jetzt soll es um hingebungsvolle Erotik, also um zelebrierte Liebe auf allen Ebenen des Daseins gehen, um ozeanische Hingabe, um die Erfahrung der Einheit in der Vereinigung – und einen schönen Lockruf ans werdende Leben. Die Ouvertüre, meine ich, soll romantisch sein. Und sie darf gern sexuell wagemutig sein, wenn dies den Partnern hilft, sich umso liebevoller zu zeigen.

Dass Menschen Schwebezustände zu vermeiden oder zu beenden suchen, wenn sie sich in einem solchen befinden, ist kein Geheimnis. Zärtlichkeit ist ein Schwebezustand, denn man kann nie hundertprozentig wissen, wo die Zärtlichkeit hinführt. Berührt sie einen, ergreift sie einen, geht sie weiter oder vorüber? Führt sie zu Erotik und sexueller Handlung oder nicht? Das sind Fragen, die für Paare im Laufe ihres partnerschaftlichen Lebens quälend werden können. Männer wünschen sich meist schnelle Antworten darauf, versuchen also die Zeit der Unsicherheit abzukürzen und damit auch die Zeit der Zärtlichkeit. Während Frauen sich nach mehr Zärtlichkeit sehnen, um in der Zärtlichkeit die Sicherheit zu finden, den Partner auch wirklich zu wollen.

Die gemeinsame Absicht, ein Kind zu zeugen, beendet die Unsicherheit. Nun wünschen die Partner in möglichst großem Einklang, ihre Liebe zu zelebrieren. Damit öffnet sich ein gemeinsamer Raum der Verführung und Lust, der Erotik, Sexualität und Spiritualität. Ein Raum, der genutzt werden will. Vollständig kann dies nur in Ruhe gelingen. Es ist hilfreich, sich darauf vorzubereiten.

Menschen bereiten sich auf alles Mögliche vor, auf Bewerbungsgespräche, auf Prüfungen, auf Reisen, sie bereiten sich darauf vor, eine Party zu schmeißen oder ein köstliches Essen zu kochen, in der Hoffnung, dass es ihnen umso besser gelingt. Auf den Akt der Liebe bereiten sie sich meistens nur ungern vor. Sie finden, das müsse irgendwie spontan geschehen.

Das halte ich für einen Irrtum. Ich glaube, der Irrtum beruht auf Angst. Die Angst, nicht gut genug zu sein, doch nicht vollständig gewollt zu werden, womöglich sogar insgeheim vom Partner abgelehnt zu werden, womöglich auf der körperlichen Ebene, weil körperliche Unvollkommenheiten bestehen, die den Partner stören oder abstoßen könnten im Moment wachsender Nähe.

Was für ein Unsinn! Die Partner wünschen ein gemeinsames Kind. Gibt es eine noch eindeutigere Möglichkeit, dem anderen zu zeigen, wie richtig er oder sie ist, wie geliebt sie oder er wird? Ich glaube nicht. Also kann man alle Ängste und Vorbehalte an dieser Stelle auch ganz einfach loslassen.

Und was dann geschieht, sieht exemplarisch dargestellt etwa folgendermaßen aus:

Was auch immer der Mann sonst noch zu tun hat (in seinem Beruf oder durch andere Verpflichtungen), nun konzentriert er sich vollständig auf die Frau. Er versucht, sie wahrzunehmen und zu spüren, was sie spürt. Er beschäftigt sich mit den Gedanken, die sie beschäftigen, sensibilisiert sich für ihre Empfindungen, ihr Körpergefühl. Sie muss ihm eigentlich nicht sagen, wann sie ihre Periode hat, wann die Tage der Unfruchtbarkeit enden und die Zeit der Fruchtbarkeit beginnt, denn er spürt ihre Befindlichkeit auch auf dieser Ebene.

Was auch immer die Frau sonst zu tun hat (in ihrem Beruf oder anderweitig), es rückt in den Hintergrund. Sie konzentriert sich nun vollständig auf sich selbst – und ihren Partner. Sie versucht, sich selbst so ehrlich und wahrhaftig wie nur irgend möglich wahrzunehmen. Was sind ihre mentalen Bedürfnisse in diesen Tagen? Was wünscht sie sich körperlich? Was fördert ihre Sinnlichkeit? Was gilt es zu meiden, damit ihr Begehren nicht gedämpft, sondern umso mehr entfacht wird? Und in diesem Zustand der Selbstsensibilisierung nimmt sie ihren Partner wahr. Sie spürt seine Gedanken, seine Gefühle, sein körperliches Befinden. Sie fühlt, dass der Partner sie begehrt. Sie nimmt das Begehren des Partners auf wie eine Witterung. Sie riecht sein Begehren geradezu. Es füllt den Raum, wenn sie beieinander sind. Sein Begehren ist eindringlich und überwältigend. Und da sie ihn ja liebt, weckt es ihren Impuls der Hingabe. Sie möchte sich ihm öffnen. Sie wünscht, von ihm erfüllt zu sein und es maximal auch körperlich zu werden. Ihr weibliches

Begehren ist in der Zeit ihrer Fruchtbarkeit wie ein Brennen bis auf die Zellebene. Der Mann hungert nach der Frau. Die Frau dürstet nach ihm. Vielleicht beschreibt der Unterschied zwischen Hunger und Durst am treffendsten die unterschiedliche Qualität männlicher und weiblicher Lust. In jedem Fall wird die gegenseitige Anziehung von Mann und Frau durch die gesteigerte Wahrnehmung im wahrsten Sinne des Wortes tierisch.

Das Paar erlebt sich nun auf der Instinktebene. Das ist etwas Herrliches. Manchen Menschen, überwiegend Männern, macht das Angst, und sie wollen die Phase intensiven, tierischen gegenseitigen Begehrens beenden, indem sie eine schnelle Vereinigung herbeiführen. Damit bringen sie sich aber um einen wesentlichen Schatz des sexuellen Triebes: Vorfreude.

Die Vorfreude erhöht die Energie, die in der Vereinigung frei gesetzt werden kann. Denn mit der Vorfreude wächst auch die körperliche Anziehung zwischen den Partnern. Eine Art Spannung, die durchaus passend als männlicher und weiblicher Ladungszustand beschrieben werden kann. Je mehr der Mann vorstoßen will, umso mehr wünscht sich die Frau, zu empfangen. Dadurch öffnet sie sich dem Mann. Erst geistig, dann seelisch, dann körperlich. Je offener die Frau ist, umso empfänglicher ist sie auch.

Allein deshalb ist es wünschenswert, dass das Paar sich Zeit lässt und die Phase wachsenden Begehrens zelebriert. Dies könnte die Stunde einer erotischen Mahlzeit sein. Das Genießen der Speisen im Zustand körperlicher Vorfreude auf die kommende Vereinigung ist in einem so hohen Maße ein Rausch, dass sämtliche anderen Rauschmittel wie Alkohol, Nikotin oder andere Drogen diesen natürlichen Rauschzustand nur stören oder verzerren würden. Das Paar sitzt nahe beieinander, berührt sich immer wieder an den Händen und füttert sich auch gegenseitig. Er sagt ihr, was er an ihr liebt, und sie erzählt es ihm. Es werden feine Zärtlichkeiten ausgetauscht, auch zarte Küsse. Beide spüren ihre Erregung wachsen und genießen das.

Nach dem Essen möchte der Mann die Frau womöglich sofort entkleiden, doch sie bittet ihn mit humorvoller und koketter Leichtigkeit, noch zu warten. Wenn er sie direkt ins Schlafzimmer führen will, wählt sie den Umweg über die Couch. Wahrscheinlich gibt die Frau nun das Tempo vor, denn der Mann hat jetzt womöglich einen ungeduldigen, wenn nicht stürmischen Impuls.

Im Schwebezustand wachsender Erregung spüren beide ihre ureigene Natur als Mann und Frau. Wie die Hindus und Buddhisten glaube auch ich, dass alle Menschen zwar verschieden sind, doch auf der Ebene der Weltseele eine Einheit bilden. Dieser Tatsache entstammt auch der Begriff Menschheit. Frauen und Männer sind dementsprechend eigentlich eins. Auf ihrem weiblichen oder männlichen Weg durch die Welt der Dualität wächst die Sehnsucht nach ursprünglicher Einheit. Vermögen es die Partner, ihre wachsende Sehnsucht und Spannung, die steigende Erregung und Lust in Ruhe zu genießen, dann bewegen sie sich auf die Erfahrung der Einheit im Moment des Verschmelzens zu. Die Erfahrung der Einheit kann auch bei schneller Sexualität zufällig erlebt oder vielmehr gestreift werden. Dann wird selbst eine hektische Vereinigung als befriedigend empfunden.

Das ozeanische Einswerden ist die spirituelle Dimension der Sexualität. Das Paar eröffnet diese Dimension, indem es erotisch miteinander spielt – die tatsächliche körperliche Vereinigung aber noch hinauszögert. Ich nenne das spirituelle Sexualität.

Vielleicht möchte der Mann die Frau jetzt an die Hand nehmen, um sie zu einem bequemeren Ort zu führen, wahrscheinlich das Bett. Die Frau kann sich dieser Führung nun überlassen, doch in dem Bewusstsein, dass ihr die eigentliche Leitung des Liebesspiels zukommt.

Welcher Ort für die Vereinigung auch gewählt wird – dort ist es warm. Gänzlich ungeeignet sind kalte Räume, in denen man schon halb entkleidet friert. Dort ist es kuschelig. Weniger geeignet sind harte Matratzen oder womöglich blanke Fußböden. Liebe auf kalten Küchenfliesen wirkt höchstens im Kino verführerisch. Und dort ist es schön. Schön, weil das Paar das Zimmer vorher für dieses Fest ihrer Liebe geschmückt hat. Es wird von Kerzenlicht erleuchtet, weil das Licht von Kerzen besonders weich ist und Körpern einen samtigen Schimmer verleiht.

Zärtlich beginnt das Paar einander zu entkleiden. Eine lustvolle Prozedur, die in Ruhe zu genießen ist. Es gibt nicht den geringsten

Grund, sich gegenseitig die Kleider vom Leibe zu reißen – allein schon, weil jede bloß gelegte Körperstelle ausgiebig mit Küssen bedeckt werden will.

Nicht wenige Menschen empfinden das auch sichtbare Anschwellen ihrer Lust als peinlich oder aus irgendeinem anderen Grund unerträglich. Sie haben daher das Bedürfnis, möglichst schnell das Licht auszumachen. Für die spirituelle Sexualität ist es jedoch notwendig, diesen Impuls zur Verdunklung zu überwinden. Das Paar soll sich gegenseitig in seiner Nacktheit sehen und bewundern können. Denn das Auge liebt mit. Der Körper ist ja der Tempel Gottes.

Im Körper des Partners den göttlichen Tempel zu erblicken, in ihm die Verkörperung des Heiligen zu erkennen und die Inkorporation der Schönheit zu finden – auch dies will zelebriert werden: durch Berührungen, durch Streicheln, durch Liebkosungen und detailverliebte Betrachtungen.

Wie lange die Phase der Liebkosungen idealerweise währt, kann man nicht sagen, vielleicht Stunden, vielleicht weniger als eine. Lange genug zumindest, um diese Phase der spirituellen Sexualität bewusst und innig zu genießen.

Die Frau wird wahrscheinlich entscheiden, wann es an der Zeit ist, den Partner eindringen zu lassen. Und sie wählt auch die Position, in der diese erste Vereinigung geschieht. Da die sogenannte Missionarsposition, in der die Frau unter dem Mann liegt, ein sehr tiefes Eindringen ermöglicht, bewahrt das Paar diese Haltung besser für einen späteren Zeitpunkt. Geeignet ist eine seitliche Lage. Auch dabei liegt die Frau auf dem Rücken, der Mann aber nicht über, sondern neben ihr. Der Mann kann nun ihre beiden Beine heben, um von der Seite in sie einzudringen, oder auch nur ein Bein. Dies geschieht ebenfalls sanft, langsam und bewusst, um jeden Millimeter des Eindringens so aufmerksam wie nur irgend möglich zu erleben.

Das Paar tritt jetzt in einen Zustand erotischen Fiebers ein, den Vorhof der Ekstase. Wer möchte in so einem Moment nicht alle Zügel fahren lassen, um sich dem sexuellen Sog zu überlassen? Dann ist die Freude vielleicht für einen sehr kurzen Moment groß, doch umso schneller vorbei. Viel schöner und sehr viel sinnlicher ist es, die Erregung zu schüren, sie sehr bewusst wachsen zu lassen, doch einen Orgasmus unbedingt zu vermeiden. Auch das ist spirituelle Sexualität: bewusste Kontrolle. Leichter gesagt als getan. Vor allem für Männer. Zum Glück gibt es Hilfsmittel. Sie beruhen auf einem simplen Prinzip: Ablenkung.

Die meisten Männer verwechseln eine Ejakulation mit einem Orgasmus. In Wahrheit (auch wenn sie selbst das womöglich anders sehen) hatten sie noch nie einen Orgasmus. Beides kann zusammenkommen, muss aber nicht. Beim schnellen Sex ejakulieren Männer häufig auch schnell, doch der eigentliche Höhepunkt bleibt aus. Um einen Orgasmus zu erleben, muss daher die Ejakulation hinausgezögert werden. Das gelingt durch wohldosierte Ablenkung.

Nicht wenige Frauen erlebten noch nie einen sexuellen Höhepunkt. Da ständig davon geredet wird, wie man zum Orgasmus kommt, konzentrieren sie sich in der Vereinigung auf das eine Ziel, nämlich endlich einen zu bekommen. Am besten sofort. Am besten so gewaltig wie möglich. Dieser Wunsch lenkt vom Wesentlichen ab: der Sinnlichkeit jetzt, der Erotik des Moments. In der Anfangsphase der Vereinigung sollte auch die Frau den Höhepunkt unbedingt vermeiden wollen. Selbst wenn sie noch nie einen erlebt hat. Das wird sich dann umso sicherer bald ändern.

In Gesellschaftsmagazinen, meistens im hinteren Teil, wird gern und ausgiebig über weibliche Orgasmen philosophiert, weniger über männliche, die gelten als maskuline Selbstverständlichkeit. In jedem Fall wird das Ganze weitgehend als körperliche Angelegenheit betrachtet. Wenigstens wird die Seele hin und wieder noch als romantische Beigabe bei der Reibung der Geschlechtsorgane einbezogen. Die mechanische Sicht der Liebe, die durch körperliche Nähe eine besondere Dimension erfährt und die beispielsweise zur Erfahrung eines ganz eigenen Glücks- und Hochgefühls führen kann – diese mechanische Sicht mag in Zeiten der Aufklärung hilfreich gewesen sein. Doch jetzt sind so viele Menschen so unwahrscheinlich aufgeklärt, dass sich eine Abgestumpftheit ausgebreitet hat, die den Orgasmus für ein rein körperliches Empfinden hält.

Zweifellos ist ein Höhepunkt auch körperlich. Und der körperliche Aspekt ist ja auch der Anlass, warum ich an dieser Stelle so umfangreich davon rede. Doch ist es hilfreich, den eigentlichen Grund nicht zu vergessen: spirituelle Sexualität, also das über sich selbst Hinauswachsen der Liebenden durch körperliche Liebe mit dem Ziel der Erfahrung der Einheit. Eigentlich ein wahrhaft frommes Ziel, was die Kirche allerdings nur in sehr eingeschränktem Maße erkennt.

Der selbstbezogene sexuelle Rausch ist nichts Verwerfliches. Auch singuläre Lust ist schön – wenn sie den Menschen der Einheit näherbringt. Ansonsten ist sie auf Dauer trostlos, aus dem Empfinden, etwas Wesentliches verpasst zu haben, was ja auch zutrifft. Diese Frustration kennen auch Paare, reden aber nur selten darüber, weil das zu schmerzhaft und traurig ist. In den romantischen Zeiten der Verliebtheit sind sie gemeinsam zur Erfahrung der Einheit aufgebrochen. In den Zeiten der Liebe vereint, haben sie diese Erfahrung womöglich auch gemacht. In den folgenden Jahren liebevoller Lebensgemeinschaft haben sie die Erfahrung vielleicht hin und wieder gemacht. In den dann folgenden Jahren routinierter Ehe haben sie die Erfahrung kaum noch gemacht. Und in den Jahren wachsender gegenseitiger Verletzungen haben sie die Erfahrung so gut wie nie mehr gemacht. Aus der Ehe wurde die Geschichte vereinten Schmerzes. Die Partner versuchten, den Schmerz voreinander zu verstecken. Das gelang ihnen nicht. Es gelang ihnen nur, ihre Sexualität voreinander zu verstecken. Selbst in der Vereinigung, die manchmal anfallartig stattfindet, verstecken sie sich nun voreinander und praktizieren daher gemeinsam eine eigentlich singuläre Sexualität. Die ist vielleicht manchmal lustvoll, meistens aber vor allem trostlos.

Dieses Buch richtet sich vor allem an Leserinnen und Leser, die Kinder bekommen wollen oder bekommen, also an werdende Eltern. Aber ich denke, es ist auch für Menschen in anderen Lebenssituationen interessant. Für Paare jeglichen Alters kann es jedenfalls hilfreich und sogar erlösend sein, sich mit ritualisierter Erotik zu befassen. Denn auch darum geht es hier: Erotik in rituellem Rahmen. Durch den Ritus, nämlich eine vorgegebene Abfolge, also eine scheinbare Einschränkung, gewinnt Sexualität tatsächlich einen umso größeren Raum zur Entfaltung. Der Rahmen schützt und betont das eigentliche Bild: Liebe, Innigkeit, Hingabe, die wachsende Wahrscheinlichkeit der Ekstase, der mögliche Ozean.

Auf dem Weg dahin gilt es immer wieder, über sehr konkrete körperliche Vorgänge zu reden. Zum Beispiel den weiblichen Orgasmus. Es gibt drei Stufen weiblichen körperlichen Hochgefühls. Die erste ist der klitorale Orgasmus, eine Erregungswelle, die in der Klitoris beginnt und auf das engere körperliche Umfeld beschränkt bleibt. Die zweite ist der vaginale Orgasmus, eine Erregung, die weniger als Welle, sondern vielmehr als ein Beben beschreibbar ist, denn der vaginale Orgasmus wird begleitet von rhythmischen Muskelkontraktionen der Vagina und breitet sich im ganzen Körper aus. Die dritte Stufe ist ein Zusammentreffen von klitoralem und vaginalem Höhepunkt. Die erste Stufe wird meist flüchtig erlebt, allein schon, weil diese Reizung leicht in eine Überreizung mündet. Die zweite Stufe kann andauern. Minuten, auch viele Minuten. Die dritte Stufe kann ebenfalls andauern, sogar auch sehr lange, wobei der klitorale Orgasmus kommt und geht und wieder kommt, ohne dass eine Überreizung stattfindet, also die Erregung in sich zusammenfällt.

Der männliche Orgasmus kann so flüchtig sein, dass es eigentlich gar keiner ist, sondern nur ein Ausfließen, also eine Ejakulation. Dabei bleibt das angenehme Empfinden nur auf den Penis beschränkt, ist auch nur von sehr kurzer Dauer und schwach. Je länger die Ejakulation vermieden wird, umso mehr weitet sich die vom Mann erlebte Erregung von seinem Geschlechtsorgan auf den gesamten Körper aus. Schließlich tritt er in einen Zustand des Strömens ein. Die gesamte Haut kribbelt auf eine sehr angenehme Weise. Ein Gefühl von Weite stellt sich ein, begleitet von der Empfindung überwältigender Nähe zur Frau. Seine Haut beginnt wie elektrisch zu pulsieren, und der Drang zur Ejakulation kann überwältigend werden.

Doch sobald der Mann die Ejakulation nahen fühlt, soll er nun das Prinzip der wohldosierten Ablenkung anwenden. Das geht so: Er blickt im Geiste auf eine schwarze Wand, auf der in weißer Schrift eine Folge von Silben zu lesen steht, nämlich Murimo-No-mingo-Namaloka. Diese Folge von Silben hat nicht die geringste Bedeutung, jedoch einen eigentümlichen Klang, für das Bewusstsein ein sehr geeignetes Mittel der Ablenkung. Wieder und wieder wird diese Silbenfolge im Geiste von der schwarzen Wand abgelesen. So oft und so lange nämlich, bis die sexuelle Energie unter Kontrolle und das Überschießen der Energie, also die Ejakulation, abgewandt ist.

Sollte die Frau einen klitoralen Orgasmus nahen fühlen, handelt sie im Geiste ebenso. Blick auf eine schwarze Wand, in weißen Lettern darauf: Lakro-Malengo-Surinagli. Wiederholung nach Bedarf. Auch das Überschießen der weiblichen sexuellen Energie gilt es noch abzuwenden. Um die Lust zu erhöhen. Und um die Empfängnis zu begünstigen.

Männlicher wie weiblicher Orgasmus haben eine ganz eigene Logik. Je näher der Gipfel rückt, umso freudiger und schneller wünscht man ihn zu erklimmen. Doch um die höheren Ebenen der Lust zu erreichen, gilt es die leichter erreichbaren Gipfel zu meiden, so einladend sie auch scheinen. Für diesen nicht ganz einfachen Verzicht bekommt man im Sinne der Lust, worum es in diesem Moment ja absolut und ausschließlich geht, umso mehr zurück. Um im Bild zu bleiben: Wenn der sofort erreichbare Gipfel gemieden wird, besteigt man das Hochplateau auf dem Tafelberg – einen sexualisiert-ekstatischen Schwebezustand. Der Orgasmus ist nah wie ein guter Freund, der jederzeit gerufen werden kann. Diese Nähe ist himmlisch. Und wie eine Welle im Ozean, die mit dem Fahrzeug der bewussten Kontrolle geritten werden kann. Dieser Zustand ist bereits mehr als nur die Vorahnung der Einheit.

Sobald das Paar dieses erste Hochplateau der Lust erreicht und kontrolliert genossen hat, ist eine sexuelle Pause die beste Wahl. So schwer das auch fällt, das Paar löst sich aus der Vereinigung. Beide kleiden sich wieder an. Wahrscheinlich ist das sogar lustig, weil es so absurd scheint. Doch das Paar hat ja ein Ziel: einen möglichst innigen, liebevollen, wahrhaftigen Lockruf ans werdende Leben und die größtmögliche Chance der Empfängnis. Ohne sich gegenseitig oder sich selbst sexuell zu berühren, bleiben sie beieinander. Sie denken nun so intensiv wie möglich an das hoffentlich kommende Kind. Sie reden über ihren Kinderwunsch – auch wenn sie das schon viele Male getan haben. Dann setzen sie sich nebeneinander und lesen die folgende Botschaft.

5. Botschaft ans ungeborene Kind

Liebe anreisende Seele, liebes ungeborenes Kind, bitte, höre uns!
Wir, Deine möglichen Eltern, lieben unser Dasein in dieser Welt
von ganzem Herzen. Wir lieben einander von ganzem Herzen.
Wir lieben einander, wenn wir aneinander denken. Wir lieben ei-
nander in unseren Träumen. Wir lieben einander, wenn wir einan-
der ansehen. Wir lieben einander, wenn wir uns gegenseitig berüh-
ren. Wir lieben einander in der Umarmung. Wir lieben einander
in der Vereinigung. Wir sind zu zweit und gleichzeitig eins.

Wir sehen uns selbst, erkennen einander und sind gleichzeitig
eine Seele, ein Geist, ein Sein, ein Dasein. Wir sind die eine Liebe
in zwei Körpern. Und wir freuen uns auf das Dritte, welches aus
der einen Liebe kommen kann. Wir freuen uns auf Dich. Wir den-
ken an Dich. Wir träumen von Dir. Wir erwarten Dich.

Ozeanischer Sex –
und der Lockruf des Lebens,
dritter Teil

Bevor das Paar nach dem Lösen der Vereinigung wieder körperlich zusammenkommt, sollte etwa eine Stunde vergehen, nicht deutlich mehr, nicht deutlich weniger. Jeder könnte jetzt für sich allein in einem Buch lesen oder anderen Tätigkeiten nachgehen, die innere Ruhe geben, von Erotik und dem Wunsch nach sofortiger Vereinigung ablenken. Hilfreich sind Handlungen, die keine allzu starke Eigendynamik entfalten und bei Bedarf sofort wieder aufgegeben werden können. Sexuelle Aktivitäten jeglicher Art sind in dieser Stunde ein absolutes Tabu.

In dieser Zeit löst sich das Paar auch auf der energetischen Ebene wieder voneinander. Denn auf der Energieebene war die Einheit wahrscheinlich bereits weitgehend erreicht worden. Die Auren waren ineinandergeflossen und zu einer Gesamtaura geworden, einer in feinsten Farben fließenden vereinten Form, über Tausende von Energiekanälen in pulsierendem, feinstofflichem Austausch. Im Moment, als die körperliche Verbindung gelöst wurde, löste sich auch die gemeinsame Aura in zwei Individualformen auf, doch die energetischen Verbindungen blieben erhalten. Wie energetische Webfäden verbinden sie das Paar über die verschiedenen energetischen Zentren des feinstofflichen Körpers. Damit diese Verbindungen möglichst vollständig erhalten bleiben, sollte sich das Paar nicht mehr als zwanzig Meter räumlich voneinander trennen. Besser, keiner von beiden verlässt die Wohnung, das Haus, den Garten. Nicht einmal für einen schnellen Einkauf beim nahen Kiosk.

Dies ist das Geheimnis der einstündigen erotischen Pause: nicht über Sex reden, möglichst wenig an Erotik denken, garantiert nicht sexuell handeln, doch in ruhiger, fast beiläufiger, liebevoller Nähe bleiben, damit die sinnlichen Verbindungen und Verschaltungen auf der feinstofflichen Ebene erhalten bleiben, damit das Paar die

Sinnlichkeit auf einem möglichst hohen Niveau der Lust wieder aufnehmen kann.

Wenn es so weit ist, trifft sich das Paar und geht Hand in Hand oder Arm in Arm in den Raum der Liebe. Die Kerzen werden neu entzündet, falls sie zuvor gelöscht wurden. Wenn die Frau bei der ersten Zusammenkunft zuerst den Mann entkleidet hat, dann entkleidet nun der Mann zuerst die Frau oder umgekehrt. Das Paar feiert die zunehmende Nacktheit mit Streicheleinheiten und intensiven Küssen. Um den Mann langsam eindringen zu lassen, wählt die Frau eine bequeme Haltung. Denn das Paar sollte die Vereinigung nun mit langsamen Bewegungen genießen. Die sexuelle Energie ist nach der Pause auf einem so hohen Niveau, dass schnelle Bewegungen Ejakulation und Orgasmus unaufschiebbar machen würden.

Will man das Aufschieben denn noch?

Ja, wenn man nur könnte, weil man dann kann.

Schwimmen zwei im endlosen Meer. Tauchen auf, tauchen ab, umkreisen einander, berühren einander, reiben aneinander, sanft, zärtlich, voller Liebe, aber schwerelos. Fern von jeglichem Gewicht steigen sie auf, die zwei. Sie fliegen im Wolkenbett, tanzen im Nebel, in Watte gehüllt, in Seide gehüllt, in Zuckerwatte gehüllt. Zuckrige Watte, die man essen kann, so, wie man sich gegenseitig kosten kann, wie man sich küssen kann, wie man sich umarmen kann, wie man sich lieben kann. Lieben sich zwei auf dem weiten Wolkencanapé. Sie lieben sich in allen Lagen. Wo ist oben? Wo ist unten? Muss man nicht wissen, denn du bist da, meine Geliebte, mein Geliebter, du bist bei mir, du bist in mir und um mich herum, so nah sind wir weit.

Die Frau will nur noch empfangen. Sie brennt auf die Empfängnis, sie dürstet danach. Ebenso hungert der Mann darauf, sie zu schwängern. In der pulsierenden, vibrierenden, bebenden Vereinigung, im ekstatischen Schweben, im Zustand des ozeanischen Hochs lassen sie dann vollständig los, geben jegliche Kontrolle auf und lassen fließen, was fließen will, schießen, was schießen will. Und fliegen.

Das ist der eigentliche Lockruf für das werdende Leben. Denn im Moment des Loslassens geht eine Welle der Resonanz bis auf die

Seelenebene. Und die Ouvertüre endet mit einem kraftvollen und womöglich lautstarken Tusch.

Die rituelle Vereinigung wird auf die gleiche Weise möglichst an den nächsten vier folgenden Tagen wiederholt, mindestens aber an den nächsten zwei. Die Tages- oder Nachtzeit spielt dabei keine Rolle. Zeiten der Müdigkeit sollten aber vermieden werden.

Am nächsten Morgen, direkt nach dem Aufwachen, sollte die nächste Botschaft gelesen werden. Idealerweise liest das Paar sie gemeinsam. Es kann aber auch nur von der Frau oder dem Mann gelesen werden.

Was es zu beachten gilt: Musik mit einer klaren musikalischen Architektur und ästhetischen Klängen beruhigt das Gehirn. Wissenschaftliche Forschungen haben ergeben, dass Barock- und Meditationsmusik das Gehirn in den Alphazustand versetzt. Das Alphaschwingungsmuster ist ein Zustand zwischen Wachen (Beta- und Gammawellen) und dem leichten Schlaf (Thetawellen). Die meisten Menschen haben im Wachzustand (und in Traumphasen) ein EEG im Beta-Bereich.

Die Alphabefindlichkeit ist ein Zustand ruhiger, fast meditativer Aufmerksamkeit mit regenerativer Qualität. Der Mensch entspannt sich in diesem Zustand und sammelt mentale Kraft. Dabei werden Umweltreize ausgeblendet.

Wem die Welt zu bunt ist, zu anstrengend grell, der kann einfach die Augen schließen. Leider ist der Lärm der Welt damit noch nicht ausgeblendet. Die akustische Überreizung ist wahrscheinlich der Hauptgrund, warum Menschen in Großstädten besonders gestresst sind.

Stress macht das Leben anstrengend.

Stress macht krank.

Stress ist der Feind der Empfängnis.

Stress macht unfruchtbar.

In der Zeit der Empfängnis und Schwangerschaft sollte besonders auf den akustischen Lebensraum geachtet werden. Es klingt banal: mehr Bach, Vivaldi, Mozart, Meditationsmusik und Stille. Weniger Lärm, Freejazz, Presslufthämmer, Sirenen und Musik, die so ähnlich klingt.

6. Botschaft ans ungeborene Kind

Liebe ankommende Seele, liebes ungeborenes Kind, bitte, höre uns! Im endlosen Raum des Geistes hast Du ein Licht gesehen, so fein und transparent wie das erste Licht des Tages vor Aufgang der Sonne – das Licht der einen Quelle allen Seins. Du hättest für immer und ewig im Licht der Erkenntnis ruhen können, doch Du folgtest der Anziehung der Welt. So nähert sich nun der Moment Deiner Inkarnation. Erinnere Dich an das Licht der Erkenntnis und genieße schon die Vorfreude auf die kommende Erfahrung der Körperlichkeit. Der Weg zur Verkörperung ist köstlich. Aus der Weite kommend, folgst Du dem Pfad der Verdichtung. Du spürst die Anziehung der Welt. Ein Sog, der Deinen Geist und Deine Seele in freudige Schwingung versetzt. Überlasse Dich diesem Sog und erlebe, wie aus dem freudvollen Schwingen ein Pulsieren wird. Überlasse Dich dem fast schon körperlichen Pulsieren und erlebe, wie aus dem Pulsieren ein vorkörperliches Vibrieren wird. In diesem Zustand der vorkörperlichen Resonanz mit der Welt erkenne uns, Deine Eltern. Wir erwarten Dich.

Die Empfängnis –

und die Ankunft in der Körperlichkeit

Zeugung ist ein Mysterium. Teil des Mysteriums ist die Frage, wie die kindliche Seele in den Mutterleib gelangt. Die Wissenschaft vertritt die Meinung, sie müsse gar nicht erst dorthin gelangen, weil sie sich da nämlich überhaupt erst bildet, als Folgeprodukt eines heranwachsenden fötalen Gehirns. Aus bereits mehrfach genannten Gründen halte ich das für eine Irrmeinung.

Wie dann? Schwierige Frage. Entweder ist man an der Zeugung beteiligt, dann hat man wohl kaum die Möglichkeit, den Prozess der Zeugung mit wissenschaftlicher Aufmerksamkeit zu betrachten. Oder man ist nicht beteiligt, doch dann ist man auch nicht dabei.

Die Existenz außerkörperlichen Seins erscheint mir durch eigene Wahrnehmung gesichert. Aus eigener Beobachtung meine ich auch zu wissen, dass Seelen, die vormals außerkörperlich waren, in einem Körper ankommen können. Erst waren sie in der Zwischenwelt wahrnehmbar, dann in einem Körper in dieser Welt. Ihre Sehnsucht nach Verkörperung war schon in der Zwischenwelt spürbar. Ebenso ihre Freude in einem Frühstadium der Ankunft nach der Inkarnation. Doch die eigentliche Ankunft, den Eintritt in die Biologie, habe ich noch nie beobachten können.

Die Ankunft ist, so gesehen, noch mysteriöser als der Austritt aus der Biologie, also der Weggang der Seele im Moment des Todes. Das Austreten einer Seele ist häufig beobachtet worden, auch von mir.

Bei der Ankunft sind Beobachter unpassend. Auch das ist ein fundamentaler Unterschied zum Abschied, wo Familienangehörige oder Pflegepersonal ja grundsätzlich gern gesehen sind. Ob der Verfasser des Tibetischen Totenbuches das Ankommen der Seelen selbst beobachten und deshalb Hinweise für die Prozedur der Ankunft geben konnte oder ob er nur eine schlüssige Theorie dafür zu bieten hat, wird sich nicht mehr herausfinden lassen, da er bereits viele Jahrhunderte tot ist. Vielleicht wurden die Betrachtungen zur

Ankunft im alten Weisheitsbuch der Tibeter gar nicht von Meister Padmasambhava selbst verfasst, sondern von späteren Adepten angefügt. In Kenntnis der Erklärungen des Totenbuches zum Prozess der Wiedergeburt ist die Ankunft folgendermaßen zu sehen:

Die von der elterlichen Innigkeit angezogene, noch unverkörperte Seele wartet in unmittelbarer Nähe ihrer künftigen Eltern. Im Moment von deren Vereinigung wächst auch ihr Bedürfnis nach körperlicher Nähe. Als unverkörpertes Wesen bieten ihm feste Körper kein Hindernis, aber auch keine Heimat. So kann es durch die elterlichen Körper hindurchgehen, doch wie in einem eigenen Körper sein und bleiben kann die Seele dort nicht. Noch nicht. Aufgeregt nähert sie sich und entfernt sich auch immer wieder.

Die Intimität des Paares versetzt die unverkörperte Seele nun in größte Aufregung. Irritiert sie irgendetwas an einem der Partner, hält sie sich eher an den anderen. Fühlt sie sich zu einem der Partner hingezogen, versucht sie, ihm nahe zu kommen. Doch nahe bleiben kann sie eher demjenigen, der ihr am vertrautesten ist. Der Grad der Vertrautheit hängt vom jeweiligen Naturell in Kombination mit dem Geschlecht ab.

Durch die Reizung ihrer Sexualorgane wird bei der Frau der sogenannte mütterliche Gewahrseinstropfen in den Genitalien angeregt. Aus diesem Gewahrseinstropfen, den die Frau einst bei ihrer Zeugung von ihrer Mutter bekam, steigt Lebensenergie in die feinstofflichen Kanäle. Dadurch wird auch der männliche Gewahrseinstropfen im Zentrum ihres Kopfes angeregt. Weiblicher und männlicher Gewahrseinstropfen wechseln nun in einen Zustand gegenseitiger Resonanz. Dabei wird eine Art Ferment freigesetzt, welches ebenfalls in die feinstofflichen Energiekanäle strömt, während sich das Begehren der Frau dem Höhepunkt nähert. Dieses energetische Ferment erhöht die Anziehung, der sich die unverkörperte Seele nun ausgesetzt sieht. Kurz vorm Höhepunkt wird die Anziehung auf die unverkörperte Seele so stark, dass sie Magnetismus gleicht. Eine Anziehung wie eine Naturkraft, unausweichlich wie Gravitation.

Der gleiche Vorgang vollzieht sich beim Mann. Auch bei ihm wird erst der mütterliche Gewahrseinstropfen in den Genitalien angeregt, dann der väterliche im Kopf. Doch seine Lebensenergie steigt schneller auf und sein Ferment ist meistens flüchtiger. Trotzdem ist es für die noch unverkörperte Seele nicht weniger anziehend als das der Frau.

Bei der Frau wie beim Mann konzentriert sich das energetische Ferment während der andauernden Vereinigung wiederum in den Geschlechtsorganen. Das Zentrum männlicher Gravitation bilden seine Spermien im Nebenhoden. Das Zentrum weiblicher Gravitation ist das sprungbereite Ei im Eierstock oder das gesprungene Ei im Eileiter. Welcher Anziehung die Seele folgt, hängt von vielen seelischen Faktoren ab, doch wenn sie der väterlichen Gravitation gefolgt ist, gelangt sie mit dem Sperma in die Scheide, durch den Gebärmuttermund in die Gebärmutter und schließlich in den Eileiter, wo die Befruchtung erfolgt. Oder sie wartet als Ergebnis weiblicher Gravitation genau dort, bis ein Spermium die Befruchtung initiiert.

Manchmal spürt mehr als eine Seele den Lockruf der elterlichen Vereinigung. Folgen sie ihm zu zweit, erliegt aber die eine dann männlicher Anziehung und die andere weiblicher, führt dies später zu einer zweieiigen Zwillingsgeburt. Dabei werden zwei gleichzeitig oder leicht zeitversetzt gesprungene Eizellen von jeweils einer Samenzelle befruchtet. Folgen die beiden Seelen entweder männlicher oder weiblicher Anziehung, können auch sie zweieiig sein, doch wächst die Wahrscheinlichkeit einer eineiigen Zwillingsgeburt, Ausdruck größter Nähe und Affinität der Ankommenden. Ähnliches gilt auch für die extrem seltenen Mehrlingsgeburten.

Aus biologischer Sicht geschieht die Zeugung folgendermaßen: Je nach individueller männlicher Konstitution, wahrscheinlich auch in Abhängigkeit von der Jahres- und Tageszeit, gelangen beim Samenerguss kaum weniger als vierzig Millionen bis maximal etwa dreihundert Millionen Spermien in die Scheide. Dort angekommen, sind sie noch nicht sofort befruchtungsfähig. Mithilfe ihres fadenähnlichen Schwanzes schwimmen sie in Richtung Eileiter. Besonders schnell, wenn sie von Duftstoffen angezogen werden, haben Bochumer Forscher herausgefunden. Denn Spermien orientieren sich chemosensorisch, also mit einer Urform des Riechens. »Riechen« sie Bourgeonal, dann schwimmen sie doppelt so schnell in die Richtung, aus der jener Duft kommt. Bourgeonal ist der Geruch von Maiglöckchen. Diesen Duftstoff sendet die Eizelle nach dem Eisprung im Eileiter aus. Wahrscheinlich werden die Spermien noch von weiteren Duftstoffen in den Ovarien angezogen. Doch ist diese Anziehung weniger stark, und sie schwimmen daher nicht so schnell. Gibt ja auch keinen Grund, sich in dem Fall zu beeilen. Erst der Duft von Maiglöckchen signalisiert die Empfängnisbereitschaft. Bis dahin können sie sich also Zeit lassen, doch dann müssen sie sich beeilen.

Die Distanz zum Eileiter beträgt nur etwa 17 Zentimeter, doch im Hinblick auf die geringe Größe eines Spermiums entspricht die Entfernung auf menschliche Dimensionen übertragen einer Distanz von drei Kilometern.

Ob diese Distanz ein überwindbares oder eher unüberwindbares Hindernis darstellt, hängt auch von der mentalen Bereitschaft der Frau zur Empfängnis ab. Ist sie seelisch bereit, fördert dies wahrscheinlich auch ihre biologische Bereitschaft. Das grundsätzlich chemisch saure und damit ungünstige Milieu der Scheide, welches die Samenzellen schwimmend durchqueren müssen, ist dann, so vermuten Mediziner, etwas weniger sauer, also weniger ungünstig.

Ebenfalls eine wichtige Rolle spielt der weibliche Orgasmus. Je intensiver und andauernder er während der Empfängnis erfolgt, umso direkter wird der männliche Samenerguss wahrscheinlich am Schleimpfropf im Gebärmutterhals vorbei in die Gebärmutter in Richtung Eileiter gesogen und damit eine Befruchtung begünstigt. Kaum fünfzig Samen von all den Millionen ejakulierten kommen auch tatsächlich im Eileiter an. Nicht alle sind damit auch zeugungsfähig. Während ihrer Reise heften sich weibliche Enzyme an die Spermien und befreien sie von bestimmten Proteinen. Erst dadurch werden sie fertil. Bis zu vier Tagen, in Ausnahmen womöglich sogar noch etwas länger, können Samenzellen im Eileiter auf eine befruchtungsfähige Eizelle warten, wenn der Eisprung der Frau erst nach der Vereinigung erfolgt, um dann die Befruchtung doch noch herbeizuführen. Diese Zeit, die maximal fünf Tage dauern kann, wird »Fenster der Fruchtbarkeit« genannt.

Im Moment des Aufeinandertreffens von Spermium und Eizelle reagieren die Moleküle der Zelloberflächen chemisch aufeinander und verhaken sich. Die Begegnung ist für die Samenzelle auch ein biologisches Signal. Seine eben noch ausgeglichenen Schwimmbewegungen steigern sich zum ekstatischen Zucken, einem wilden Ruder-Stakkato, welches das Spermium befähigt, zunächst die lockere Zellschicht zu durchstoßen, die jede Eizelle umgibt, dann die Membran zu durchdringen, die das Zellplasma umgibt, und schließlich noch ein Proteinnetz in der Zelle. Erst wenn das Spermium so weit eingedrungen ist, wird es von der Eizelle aufgenommen – und die Symphonie des Lebens beginnt.

Im Moment des Eindringens der Samenzelle steigert die Eizelle ihren Stoffwechsel. Der Sauerstoffverbrauch erhöht sich, wodurch sich auch die chemische Zusammensetzung ihrer Zellmembran verändert. Innerhalb weniger Sekunden wechselt die befruchtete Eizelle dadurch in eine Art Abstoßungsmodus, sodass keine weitere Samenzelle eindringen kann.

Gleichzeitig teilt die Eizelle ihren doppelten Chromosomensatz in zwei Hälften. Die eine Hälfte wandert in den sogenannten Polkörper und wird abgestoßen. Damit verfügt die vormals diploide Eizelle nur noch über einen haploiden, nämlich einfachen Chromosomensatz. Jede Erbinformation befindet sich nur noch einmal in der Eizelle.

Das hat das Spermium nicht nötig. Es ist von Natur aus haploid. Dafür fällt jetzt sein Schwanz ab, sein Kopf vergrößert sich und wird zum Vorkern, der die männlichen Erbinformationen beinhaltet.

Teil der männlichen Erbinformation ist das Geschlechtschromosom, entweder ein X- oder ein Y-Chromosom. Frauen haben in ihrem doppelten Chromosomensatz zwei X-Chromosomen, Männer ein X- und ein Y-Chromosom. In den weiblichen Eizellen sind ausnahmslos weibliche X-Chromosomen. Im haploiden, also einfachen Chromosomensatz des Spermiums befindet sich entweder ein Y- oder ein X-Chromosom. Daher ist die Erbinformation im Spermium für das spätere Geschlecht entscheidend.

Getroffen wird die Entscheidung im Moment, wo der männliche Vorkern in der Eizelle nun auf den weiblichen Zellkern mit den weiblichen Erbinformationen trifft.

In einer Choreografie, so komplex und effektiv, dass man sie mit einem barocken Menuett vergleichen könnte, verdoppeln sich die

Chromosomen in den beiden Kernen, während sich gleichzeitig die Membrane zwischen ihnen auflösen, damit sich die Chromosomen neu kombinieren können. Mit der Neukombination der mütterlichen und väterlichen Erbinformationen ist die Befruchtung abgeschlossen und ein neuer Organismus entstanden: die Zygote.

Und nun beginnt mit der Zygote auf biologischer Ebene das weitere Leben.

Viele Frauen spüren ihren Eisprung, also den Moment, wo eine befruchtungsfähige Eizelle zur Befruchtung aus einem der beiden Eierstöcke in den jeweiligen Eileiter ausgestoßen wird. Einige Frauen spüren auch den Moment der Befruchtung, also den Existenzbeginn eines zunächst vollkommen eigenständigen Organismus in ihrem Körper. Denn noch ist die Zygote auf sich allein gestellt. Für den Beginn einer gesunden Schwangerschaft muss sie sich teilen und in die Gebärmutter wandern.

7. Botschaft ans ungeborene Kind

Liebe ankommende Seele, liebes ungeborenes Kind, bitte, höre uns! Wir, Deine Eltern, sind Dir nun ganz nahe. Spür unsere Nähe und genieße die Anziehung, die wir für Dich haben. Dann überlasse Dich dieser Anziehung. Sie führt Dich in ein Leben in verkörperter Form.

Du wirst durch eine Art Tunnel gesogen. Du schwebst, Du fliegst und hörst wahrscheinlich ein helles Sirren, Klingeln oder Glockenläuten – akustische Begleiterscheinungen beim Eintritt in die physische Welt.

Erinnere Dich nun an das Licht der einen Quelle allen Seins. Ein Licht jenseits aller Welten, weil es die Quelle aller Welten und allen Seins ist. Ein feines Licht, das einen heiter stimmt. Ein einleuchtendes Licht, das einen strahlen lässt.

Halte an dieser Erinnerung fest während Du dem biologischen Dasein zustrebst. Dann erblickst Du schwarzes Licht. Ein Leuchten, unergründlich, seltsam und magisch. Es empfängt Dich an der ersten Pforte ins Leben. Tauche ein in das schwarze Licht und spüre, wie Dich eine Welle der Freude durchströmt.

Dann erblickst Du rotes Licht. Ein Leuchten wie Glut, wie Blut,
so machtvoll – die zweite Pforte ins Leben. Tauche ins rote Leuch-
ten ein. Und spüre, wie Dich eine Woge des Glücks durchströmt.
Herzlichen Glückwunsch, geliebtes Kind, Du bist angekommen.
Genieße Deine Ankunft.

Was beachtet werden will: Falls Unsicherheit besteht, ob Sie
schwanger sind oder nicht, sollten Sie sich bereits im Sinne einer
Schwangerschaft verhalten. Ein Schwangerschaftstest führt erst zu
einem eindeutigen Ergebnis, wenn sich das Schwangerschafts-
Hormon HCG bereits nachweislich gebildet hat. Das ist spätestens
zwölf Tage nach der Empfängnis der Fall. Erst wenn die Regelblutung einige Tage ausgeblieben ist, ist der Test sinnvoll.

Worauf noch zu achten ist: Auf eine gute Ernährung, reich an natürlichen Vitaminen und Mineralstoffen und den nahrungsgebun-
denen Metallen Magnesium, Mangan, Kupfer, Zink und Eisen.
Während der kommenden drei Schwangerschaftsmonate ist Eisen
besonders wichtig für den Embryo. Wird er jetzt gut mit nahrungs-
gebundenem Eisen versorgt, wird das Kind später umso gesündere
Knochen und Zähne haben. Natürliches Vitamin C und Kupfer
fördern auch die Eisenaufnahme, sind daher ebenso wichtig.

Von Eisen-, Vitamin- und sonstigen künstlichen Präparaten zur
Nahrungsergänzung ist aber abzuraten. Präparate führen schnell
zu Überdosierungen und richten dann mehr Schaden an, als dass
sie nützen.

Auch Fette sollten gemieden werden, ebenso Speisen, die zu Blä-
hungen und anderem Unwohlsein führen. Spätestens jetzt sollte
die werdende Mutter möglichst wenig Junkfood essen, ihren Kaf-
feekonsum deutlich einschränken und auf Alkohol und Zigaretten
vollständig verzichten.

Manche Frauen glauben, für eine gesunde Schwangerschaft
müssten sie sich extra große Mengen an Proteinen zuführen, meistens in Form von gewaltigen Fleischportionen. Von Ernährungs-
medizinern werden etwa sechzig Gramm pro Tag empfohlen, mehr
nicht. Dieser Bedarf ist durch maßvolle Nahrungsaufnahme leicht
zu decken.

Außerdem: Übergewichtige Frauen sollten spätestens jetzt darauf achten, nicht noch an Gewicht zuzulegen, sondern möglichst auf eine gesunde Weise abzunehmen. Im Laufe der Schwangerschaft, das haben medizinische Forschungen ergeben, entwickeln übergewichtige Frauen häufig eine vorübergehende Diabetes. Nach der Geburt kommt ihr Zuckerhaushalt von selbst wieder in Balance, doch beim Kind bleiben schwerwiegende Folgen. Im Mutterleib geradezu gemästet, haben sie sehr häufig zeitlebens mit Übergewicht, Herz-Kreislauf-Problemen und Diabetes zu kämpfen.

Als sehr risikoreich gilt das übertriebene Naschen von Süßigkeiten. Die treiben den Blutzucker zusätzlich hoch. Bei der Mutter. Und (trotz Plazentaschranke) auch beim Kind. Dessen Stoffwechsel wird gewissermaßen auf einen überhöhten Blutzuckerwert geeicht. Das Ergebnis ist ein Heißhunger auf zuckerhaltige Nahrungsmittel. Weltweit sind die dicken Kinder auf dem Vormarsch. Sie können Big Macs bis zum Abwinken vertilgen, und die Eltern wundern sich, wenn sie im Alter von zwanzig Jahren kardiologisch auffällig werden, womöglich durch einen Herzinfarkt.

Ich sage dies so deutlich, weil die Neigung zu Süßsucht und Dickleibigkeit gravierende Folgen für das spätere Leben verursacht. In der Schwangerschaft kann diese Neigung extra angelegt oder möglichst vermieden werden.

Der erste Monat der Schwangerschaft – und wie die Monate der Schwangerschaft überhaupt berechnet werden

Da sehr viele Frauen den Tag der Befruchtung nicht kennen, wird die Schwangerschaft vom ersten Tag der letzten Menstruationsblutung an berechnet. Die zwei Wochen (circa) bis zur eigentlichen Befruchtung gelten als zur Schwangerschaft zugehörig, obgleich dies eigentlich nicht zutrifft. Doch diese Art der Berechnung ist Standard. Ärzte und Hebammen bezeichnen die erste Woche der Schwangerschaft daher bereits als die dritte.

Vom Zeitpunkt der Befruchtung an dauert eine Schwangerschaft durchschnittlich 266 Tage oder 38 Wochen. Vom Zeitpunkt des ersten Tages der letzten Menstruation aber 280 Tage oder 40 Wochen. Die 40 Wochen werden in zehn sogenannten Lunarmonaten von jeweils 28 Tagen zusammengefasst. Lunarmonate sind also kürzer als die durchschnittlich 30 Tage langen Kalendermonate. Deshalb ergeben zehn Lunarmonate rund neun Kalendermonate.

Wenn Krankenschwestern, Mediziner und medizinisches Personal beispielsweise vom dritten, vierten oder von irgendeinem anderen Monat der Schwangerschaft reden, meinen sie Lunarmonate. Von einem zehnten Monat spricht man allerdings eher nicht, auch wenn er rein rechnerisch bereits begonnen hat.

Die wenigsten Menschen und auch nur wenige Mütter kennen den Unterschied zwischen Lunar- und Kalendermonaten. Das ist eigentlich kein Problem. Allerdings entfernen sich ärztliches Verständnis und mütterliches Empfinden während der Schwangerschaft womöglich voneinander, allein weil die medizinische Sicht dem gesunden Menschenverstand rechnerisch einige Tage voraus ist, und dann könnte es doch eins werden.

Auch wenn ich die Rechnerei eigentlich nicht mag und eine Schwangerschaft mit der Befruchtung beginnt und nicht schon zwei Wochen früher – ich folge hier der medizinischen Berechnungsmethode der Schwangerschaft, eingeteilt in Lunarmonate, weil es die gebräuchliche ist.

Was im ersten Monat der Schwangerschaft heilsam zu wissen ist: Die Phase des Einschlafens ist ein Tor zwischen den Welten. Wachen und Schlafen – mit dem Einschlafen bewegen wir uns von dem einen Zustand in den anderen. Es ist ein magischer Moment, wenn wir in den Schlaf sinken. Was wir in diesem Moment denken und vor unserem geistigen Auge sehen, hat eine besondere Kraft. Ich nenne sie den Manifestationsimpuls. Denn was wir in der Einschlafphase denken und sehen, hat eine starke Tendenz, einzutreten.

Sehen Sie sich und Ihren Partner beim Einschlafen als mythisches Paar. Ihr Miteinander ist so liebevoll, dass Sie beide eine leuchtende Aura umgibt. Sie lieben einander geistig, seelisch und körperlich. Sie halten einander in liebevoller Umarmung. Ihre Liebe strahlt bis in den Himmel. Ihre Liebe ist der Leitstrahl des werdenden Lebens. Ihre Liebe ist eine Einladung ans Leben. Und diese Einladung wird angenommen.

Von einem Kind, winzig und süß. Es strahlt, wie nur dieses Baby strahlen kann. Denn es ist Ihre gestaltgewordene Wunschvorstellung – das mythische Baby (und so wird es nun auch in Folge genannt). Es schwebt durch das Licht-Tor zwischen den Welten auf Sie zu. Es schwebt in den Bauch der Frau und beheimatet sich im Uterus der werdenden Mutter. Es genießt offensichtlich seine Ankunft im körperlichen Dasein. Denn es jauchzt und lacht. Es freut sich. Es ist glücklich.

Sätze der Kraft für den ersten Monat der Schwangerschaft: Auch Gedanken im Wachzustand haben Kraft. Ein Mensch, der denkt und fühlt, dass er stark ist, und dies auch sagt, entwickelt Stärke. Und einer, der sich als schwach empfindet, schwach denkt und schwach äußert, schwächt sich. Sagen Sie daher mehrmals am Tag die folgenden Sätze der Kraft.

Sätze der Kraft für die Frau:
Ich bin eine liebende Frau. Ich liebe mich selbst. Ich liebe meinen Mann. Ich liebe das Leben. In Liebe empfange ich das Kind unserer Liebe.

Sätze der Kraft für den Mann:
Ich bin ein liebender Mann. Ich liebe mich selbst. Ich liebe meine Frau. Ich liebe das Leben. In Liebe zeuge ich das Kind unserer Liebe.

Was es noch zu sagen gibt: Erzählen Sie als werdende Eltern von sich selbst. Sprechen Sie Ihr ungeborenes Kind mit eigenen Worten an. Beschreiben Sie die Welt, in der Sie leben – Land, Stadt, Leute. Schließlich das Haus, in dem Sie leben, Ihre Wohnung, die einzelnen Zimmer. Dann danken Sie Ihrem ungeborenen Kind für seine Aufmerksamkeit.

Die Einnistung –
oder die biologische Mutter-Kind-Bindung

Wann beginnt der Mensch, ein Mensch zu sein? Vielleicht die wichtigste Frage des neuen Jahrtausends. Ich meine, in diesem Frühstadium ist er es bereits. Diese Meinung teilen Mütter und Väter, die sich auf ihr Kind freuen. Anderer Meinung sind Mütter, die keine werden wollen, die zugehörigen Väter – und Wissenschaftler, die Versuche mit embryonalen Zellen aus der Frühphase menschlichen Daseins machen wollen, sogenannte Stammzellenforscher. Ich respektiere andere Meinungen, doch ist es mir in dieser Frage unmöglich, sie emotionslos zu sehen.

Warum auch?

Die Menschwerdung ist nun mal eine hochemotionale Angelegenheit.

Ich halte die befruchtete Eizelle bereits für beseelt. Die Seele, meine ich, steckt nicht in der Zygote, ist aber an sie energetisch gebunden. Diese Verbindung ist noch locker. Sie kann sehr leicht reißen. Dann steigt die Seele, die sich zart wie ein Schmetterling eben erst im Leben niedergelassen hat, wieder auf und fliegt zurück in die Seelensphäre. Vielleicht ist sie nach diesem vergleichsweise kurzen Ausflug für eine längere Zeit vom Leben satt, vielleicht hungert sie umso mehr nach einem irdischen Dasein und unternimmt sehr schnell einen weiteren Versuch, dort anzukommen.

Ich glaube nicht, dass dieser Umweg die Seele zwangsläufig traumatisiert. Ich glaube aber auch nicht, dass er die Seele unter keinen Umständen belastet.

Weil die seelische Anbindung ans biologische Leben in dieser Frühphase fragil ist, erscheint es ratsam, die Bindung zu stärken und wachsen zu lassen. Ruhe hilft dabei. Ein Ausflug ins Gebirge zum Bergsteigen ist jetzt bereits unpassend. Auch anderer Extremsport sollte nun vermieden werden. Ebenso extreme Stimmungen, Streit und so weiter. Denn die emotionale Befindlichkeit der Mutter wirkt bis auf die biologische Ebene. Ungünstige Gefühlszustände wirken sich wahrscheinlich auch ungünstig auf das biochemische Milieu in der Gebärmutter aus.

Während ihrer Reise in Richtung Gebärmutter teilt sich die befruchtete Eizelle und sondert gleichzeitig winzige Mengen eines Hormons ab. Damit signalisiert der Keimling dem Körper der Mutter: Hier komm ich. Ich bin befruchtet. Bitte tue mir nichts. Mach dich bereit für meine Einnistung. Und der mütterliche Körper antwortet darauf und produziert ein Protein zur Unterdrückung der eigenen Immunabwehr, »early pregnancy factor« genannt.

Keimling klingt schon nach Kind, doch in diesem Stadium der Entwicklung kann sich die mögliche Mutter noch gegen das weitere Werden des Kindes entscheiden. Steht sie der Beheimatung in ihrem Körper eigentlich doch ablehnend gegenüber, wird die Einnistung wahrscheinlich auch nicht stattfinden. Wie in einem früheren Kapitel bereits gesagt, fällt die Mehrheit aller befruchteten Eizellen einem »weichen« Abgang zum Opfer. Ohne medikamentöse Einwirkung von außen oder einen anderen Versuch des Abbruchs bleibt die Einnistung dennoch aus.

Wann ist eine Frau reif für eine Schwangerschaft? Wahrscheinlich, wenn sie denkt, dass sie es ist. Wahrscheinlich, wenn sie es fühlt. Doch manchmal weisen die bewussten Gedanken und bewussten Empfindungen in eine andere Richtung als die unbewussten. Vielleicht kann man es genauer als so daher nicht sagen: Eine Frau wird schwanger, wenn sie in ihrem Sein reif dafür ist.

Ich finde, dies ist aus weiblicher Sicht ein tröstlicher Gedanke. Denn erst durch die Bereitschaft der Frau wird auf der Ebene ihres Daseins eine Art Erlaubnis erteilt, nämlich die Erlaubnis ans neue Leben, sich in ihrem Körper niederzulassen, dort breitzumachen und heimelig einzurichten, was ja durchaus auch als eine fast übergriffige Landnahme eines versierten Schmarotzers betrachtet werden kann. Eine Sicht auf die Schwangerschaft, die werdende Mütter gar nicht so selten oder zumindest zeitweise haben. Davon wird später noch die Rede sein.

Ungefähr drei Tage wandert die befruchtete Eizelle, nahezu auf sich allein gestellt, in Richtung Uterus. »Die Reise zur Gebärmutter führt den Keimling durch eine Art Miniatur-Tiefseelandschaft, die im Mikroskop etwa so aussieht, wie wir sie von tropischen Aquarien kennen«, schreibt der Neurobiologe Gerald Hüther. »Diese wässrige Umgebung bietet Nahrung und Schutz und spült den kleinen Organismus mithilfe von Härchen in Richtung Gebärmutter.« Nach etwa vierzehn bis sechzehn Zellteilungen erreicht der Keimling den Uterus.

Schon bei den ersten Teilungen der Zelle werden die zellulären Bestandteile in ihrem Inneren nicht gleichmäßig auf ihre Tochterzellen verteilt. So erhalten einige mehr Mitochondrien, das sind die zellulären Energielieferanten, und andere mehr Nahrungsreserven, sogenannte Dottervesikel. Bei weiteren Teilungen verstärkt sich die Differenzierung.

Die vormals einzellige Zygote ist nun eine mehrzellige Zellkugel, die Morula. In der Größe nahezu unverändert, hat sie bereits maßgebliche Gliederungsphasen erlebt. Schon jetzt verfügt sie über einen vegetativen Pol und einen animalischen Pol. Der animalische Pol wird von der Medizin als der beseelte Teil angesehen, weil sich aus den Keimzellen des animalischen Pols später der eigentliche Embryo entwickeln wird, während die Keimzellen des vegetativen Pols der embryonalen Ernährung dienen, also Dotterfunktionen übernehmen werden.

Im Zuge fortschreitender Differenzierung verlagern sich die Keimzellen mit Dotterfunktion an die Oberfläche der Zellkugel, während sich die Keimzellen des beseelten Pols zur Embryogenese nach innen verlagern. Aus den äußeren, den vegetativen Zellen wird später die Plazenta entstehen. »Das heißt«, betont Hüther, »dass das spätere Versorgungssystem des Embryos nicht vom mütterlichen Gewebe abstammt, sondern seine ›eigene‹ Kreation ist.« Für den Neurobiologen ein deutlicher Hinweis auf einen eigenständigen Gestaltungsimpuls am Lebensbeginn.

Der Keim wird in diesem Stadium Blastozyste, Blasenkeim, genannt, weil sich bei der Polung auch ein flüssigkeitsgefüllter Hohlraum gebildet hat, eine Vorform der späteren Fruchtblase. Bis zum fünften Tag nach der Befruchtung ist der Keim von einem Häutchen umschlossen und dadurch geschützt. Nun wird die sogenannte Zona pellicula Stück um Stück abgestoßen. Der Keimling braucht Nährstoffe. Die Gebärmutterschleimhaut ist dafür gemacht, sie zu bieten.

Am sechsten Tag ändert sich der Hormonstatus der Mutter, ihre Gebärmutter wechselt in die Bereitschaft zur Einnistung. Zeitgleich ist der Keim weit genug differenziert, um genau dazu fähig zu sein. In dem Moment, wo sich der Keimling an die Gebärmutterwand heftet, teilen sich die äußeren Zellen mit Versorgungsfunktion. Dies geschieht sehr schnell, um in möglichst kurzer Zeit einen möglichst großen Raum an der Gebärmutterwand einzunehmen. Mehrere Tausend tentakelartige Auswüchse bilden sich und dringen in die Gebärmutterwand ein, um sich an den mütterlichen Blutkreislauf anzukoppeln.

Noch während der Tentakelbildung der Versorgungszellen sondern diese ein Hormon ab. Es hemmt die Menstruation und ist das eigentliche Signal für den Beginn der Schwangerschaft. Damit wird der Eisprung für die nächsten zehn Monate verhindert und die monatliche Blutung ausgesetzt. Der Körper der Frau schaltet von Empfängnisfähigkeit auf Versorgungsprogramm um.

Der Keimling hat sich eingenistet.

Nun ist die Seele im körperlichen Sein verankert. Das Dasein des Kindes hat spätestens jetzt definitiv begonnen. Im Bauch der Mutter geschützt, geliebt und behütet. Nun beginnt die Zeit der Reifung, der Ruhe, der Weite und der köstlichen Verdichtung. Die Schönheit dieses Zustandes ist unbeschreiblich. Vielleicht erinnert uns alles, was wir in unserem späteren Leben wahrhaftig schön finden, letztendlich daran. An unser frühes Sein in der Welt.

Sobald die Seele des ungeborenen Kindes im Zuge der Einnistung im biologischen Dasein verankert ist, beginnt eine Phase des Daseins, die wahrscheinlich dem Schlaf ähnelt. Das Kind ist zwar zur Wahrnehmung fähig, doch die Sinne sind biologisch noch nicht ausgebildet, seine Wahrnehmung ist nebulös. Ebenso unkonkret ist vermutlich sein Denken. Denkfähigkeit ist nicht ans Gehirn gebunden. Sonst könnte die Seele nicht außerkörperlich reflektieren, wozu sie meiner Meinung nach eindeutig imstande ist. Tatsächlich kann sie ohne einen Körper sogar noch viel tiefsinniger und schärfer denken als mit, da die biologischen Gegebenheiten einen bremsenden Effekt auf das Bewusstsein haben. Diese Bremswirkung der Biologie besteht besonders in der Frühphase wachsenden Lebens.

Alle Energie war auf die Einnistung ausgerichtet. Jetzt muss als Allererstes das Versorgungssystem gebildet werden. Ein Gehirn existiert zu diesem Zeitpunkt nur als biologische Veranlagung. Das ungeborene Kind ist am Beginn embryonalen Daseins reines, ruhendes Gewahrsein. Ein Zustand, der tiefem Schlaf gleicht.

Nur sehr wenige Menschen können sich an Erfahrungen in der Tiefschlafphase erinnern. Mir ist das ein Mal ziemlich sicher gelungen, ein weiteres Mal vermutlich. Bei beiden Erlebnissen habe ich ein sehr helles weißes Licht gesehen. Ich habe in diesem Licht geruht wie in einem leuchtenden Kokon. Das war ein köstliches Gefühl, und mit diesem Gefühl war ich plötzlich hellwach.

Diese wattig-weiche, erhellende Hyperwachsamkeit bei gleichzeitiger totaler Ruhe kennzeichnet wohl auch den Beginn des embryonalen Daseins. Doch wenn man diesen Zustand als Schlaf bezeichnet, so ist das nur im Sinne einer vagen Analogie angemessen. Schläfer haben ein Gehirn, welches im Tiefschlaf in eine Art Absenzmodus wechselt, wodurch der Geist/die Seele/das Bewusstsein eine zeitweise Befreiung von biologischer Hirnfunktion erlangt und dadurch zu Erfahrungen jenseits der Körperlichkeit fähig ist. Diese Freiheit ist am Anfang des biologischen Daseins noch eine Grundbedingung.

Im Prozess der Inkarnation erlebte die Seele eine Art Generalamnesie. Nun, im Fleisch angekommen, ist sie noch nicht zu neuen, konkreten Wahrnehmungen in der Lage, da ihr die Sinnesorgane dafür fehlen, also existieren auch noch keine konkreten Objekte des Bewusstseins. Das Bewusstsein existiert, doch reflektiert es seine Existenz noch nicht. Also ruht es als reines Gewahrseins. Ein sehr erholsamer Zustand, der dem Individuum später in Form von Schlaf erhalten bleibt.

Schlaf also, Kindchen, schlaf. Schlaf tief im Bauch der Mutter, schlaf selig und genieße diesen ozeangleichen Schlaf.

Wenn das Kind schläft, so könnte man sich fragen, was hat das Rezitieren von Botschaften als Wegweiser ins Leben dann für einen Sinn? Der Adressat, das Kind, verschläft die Angelegenheit ja ohnehin.

Wie gesagt, Schlaf ist nicht ganz richtig, der Zustand ähnelt dem Schlafen nur und ist ein Ruhen im Gewahrsein.

Was soll's, wenn der Effekt der gleiche ist, nämlich das Kind nichts mitbekommt?

Gute Frage. Ich meine, wenn die Botschaften gelesen werden, gelangen die Informationen aus den Botschaften ins mütterliche, kindliche und väterliche Gewahrseinsfeld, und das hat einen sehr positiven und heilsamen Effekt für alle Beteiligten.

8. Botschaft ans ungeborene Kind

Liebe angekommene Seele, liebes empfangenes Kind, bitte, höre uns! Bei Deiner Ankunft hast Du die lichten Pforten ins Leben durchschritten. Nun ist es gut, zu ruhen. Am besten ruhst Du in Deiner Erinnerung ans Licht der einen Quelle allen Seins. Das Licht der ersten und der letzten Dinge. Du warst und bist dieses Licht. Du bist Licht, das in unser Leben scheint. Finde Ruhe in diesem Licht.

Deine Reise war lang, Deine Ankunft aufregend. Die lichte Ruhe lässt Dich nun in einen himmlischen Schlaf sinken. Vielleicht hörst Du uns, Deine Eltern, nun wie durch einen Nebel aus weiter Ferne. Vielleicht hörst Du uns wie im Traum aus noch weiterer Ferne. Vielleicht hörst Du uns wie im Schlaf aus allergrößter Distanz.

Sehr gut, geliebtes Kind, schlafe tief und schlafe fest. Schlafe lange und schlafe gut. Wir, Deine Eltern, behüten und bewachen Deinen Schlaf.

Worauf noch geachtet werden will: Durch die Einnistung kann sich etwas von der Gebärmutterschleimhaut lösen. Dieser womöglich leicht tröpfelnde Ausfluss ist nicht mit dem Einsetzen der Periode zu verwechseln. Außerdem stellt sich der Hormonhaushalt der Frau um. Die Folge kann ein Jucken oder Stechen in den Brustwarzen sein oder ein Schweregefühl in der gesamten Brust. Sehr häufig ist die Frau in der Zeit der Einnistung, an den Tagen danach, manchmal sogar noch während weiterer Wochen auch seelisch besonders sensibel. In der Frühphase der Schwangerschaft treten nicht selten extreme emotionale Zustände auf. Glück, das Tage wie im Rausch vergehen und Nächte sogar schlaflos werden lässt.

Glück, das plötzlich in Melancholie oder das Empfinden tiefster Trostlosigkeit umschlägt. Leidet die Frau plötzlich unter extremen Stimmungsschwankungen, sollte sie vom Mann möglichst wenig oder gar nicht allein gelassen werden. Wahrscheinlich findet sie dann sehr bald zu einem emotional stabilen Zustand zurück. Andernfalls ist therapeutische Hilfe hinzuzuziehen. Psychopharmaka sollten wegen der Gefahr der Erbgutschädigung nur in größtem Notfall eingenommen werden.

Was ebenfalls unbedingt beachtet werden möchte: Zuviel Stress schädigt das Kind. Untersuchungen haben ergeben, dass Stress das kindliche Wachstum beeinträchtigt. Es bleibt in seiner Entwicklung zurück. Extremer Stress während der Schwangerschaft kann nachweislich sogar zu organischen Schäden führen. Kinder gestresster Mütter kommen oft zu früh auf die Welt, erleben eine komplizierte Geburt und haben ein niedriges Geburtsgewicht. Sie neigen vermehrt zu Krankheiten, sind insgesamt anfälliger und seelisch labiler als Kinder von entspannten, innerlich ruhigen Müttern.

Äußerliche Ruhe ist dabei sicherlich förderlich. Doch je nach Temperament reagieren Frauen sehr unterschiedlich auf ihre Umwelt. Es gibt Menschen, die auch in chaotischen Umständen, womöglich Zeiten äußeren Aufruhrs, innerlich ruhig bleiben. Ganz einfach, weil sie die Kraft dazu haben, weil sie schwanger sind und keine Lust haben, sich beunruhigen zu lassen.

Anders als in sogenannten Primitivkulturen genießen Schwangere in der modernen Kulturwelt keinen besonderen Schutz. Dies zeigt, wie wenig wichtig Kinder den modernen Gesellschaften sind. Dies ist sehr traurig, doch leider nicht über Nacht zu ändern. Umso wichtiger und notwendiger ist, dass das unmittelbare Umfeld achtsam und rücksichtsvoll mit der werdenden Mutter umgeht.

Und die schwangere Frau ist eingeladen, ihre Ruhe ihrem Temperament entsprechend zu finden. Zum Wohl seines Kindes sollte der werdende Vater sie dabei so liebevoll wie möglich unterstützen.

Schwangerschaft und Spirituelle Medizin (1) –
Energetisieren mit weißem Licht

Die Seele des ungeborenen Kindes hat die Stadien der Verdichtung durchlaufen, die Keimzelle hat die Reise in die Gebärmutter überstanden und beginnt, sich zu beheimaten. Was braucht der beseelte Keimling nun? Ruhe? Sicher. Nahrung? Dringend (davon wird im nächsten Kapitel die Rede sein). Liebe? Absolut, die tut ihm gut. Doch mit der Einnistung und dem Schlaf des Werdens endet das fragile Dasein des Keimlings und beginnt das biologische Überlebensprogramm embryonaler Existenz. Die Beheimatung setzt eine Vitalkraft frei, die das werdende Kind in einer Art Survival-Automatismus in Richtung Geburt trägt.

Selbst wenn die Mutter das wachsende Leben in ihrem Bauch nun verneint, mit der Kraft ihrer Gedanken kann sie es kaum noch aufhalten. Und das ist gut so, denn nicht wenige Frauen spüren, dass etwas Mächtiges in ihnen vorgeht. Sie spüren, dass sich etwas verändert, was auch sie verändert, und sie bekommen womöglich Angst. Vielleicht ist dies ihre erste Schwangerschaft. Wahrscheinlich haben sie sogar versucht, sich darauf vorzubereiten, doch auf dieses nun einsetzende Empfinden kann man sich nicht vorbereiten. In mir wächst ein Kind, ein eigenständiges Selbst. Was für eine große Sache! Bin ich der auch gewachsen? Bin ich vielleicht noch zu klein dafür? Noch ist es ganz klein, doch wird es immer größer. Womöglich wächst es mir über den Kopf? Kann ich das überhaupt, ein Kind austragen? Und wie ist das hinterher? Wenn das Kind da ist, wie bin ich dann? Anders? Verändert? Auch körperlich? Vielleicht zu meinem Nachteil? Vielleicht mag mich mein Mann dann nicht mehr? Vielleicht mag er mich schon nicht mehr mit dickem Bauch? Ja, er hat gesagt, dass er mich schwanger und rund umso schöner finden wird, doch meint er das auch wirklich so? Oder will er nur nett sein?

Solche und ähnliche Gedanken sind normal. Wenn die Frau sie einfach kommen lässt, dann gehen sie auch wieder. Dem Embryo schadet das nicht. Er schläft, er ruht, er wächst, er gedeiht, denn er bekommt von der Mutter das Allerwichtigste überhaupt: Energie.

Bis zur Einnistung schwimmt der Keimling gewissermaßen im mütterlichen Energiefeld, nun badet er darin. Das energetische Feld der Mutter besteht aus ihrer Aura und den sogenannten Chakren. Auch darin beheimatet sich der Keimling. Mit seiner Einnistung bildet sich über die körperliche hinaus auch eine energetische Mutter-Kind-Bindung. Der Embryo wird von nun an zusätzlich aus dem mütterlichen Energiefeld genährt, und Schritt für Schritt wird ihm eine kindliche Aura erwachsen.

Die feinstofflichen Anlagen dazu hat die Seele bei ihrer Inkarnation bereits mitgebracht. Als Erstes weitet sich die spirituelle Aura des Kindes. Ein Phänomen, das als mütterliches Aufleuchten beobachtbar ist. Die werdende Mutter beginnt energetisch, also feinstofflich, zu strahlen. Dieses Strahlen ist ein gegenseitiger Resonanzeffekt, beruhend auf der Verschränkung und der gegenseitigen Verstärkung von kindlicher und mütterlicher spiritueller Aura. Aurasichtige Menschen können das wahrnehmen.

Je mehr die werdende Mutter ihre Schwangerschaft annimmt, je reifer sie und ihr ungeborenes Kind auf der Seelenebene sind, umso kraftvoller ist die Resonanz und umso reiner und weiter strahlt sie, strahlen Mutter und Kind.

Werdende Mütter können wie Heilige strahlen. Andere Menschen, vor allem jene mit einem Gespür dafür, fühlen sich durch ihre Nähe beglückt. Sie geraten durch ihre bloße Anwesenheit in einen Zustand innerer Heiterkeit und Leichtigkeit.

Dies erzeugt einen weiteren Rückkopplungseffekt, der nun das Umfeld betrifft: Es wird emotional und mental harmonisiert. Davon profitiert auch das werdende Elternpaar. Mögliche Ängste haben die Neigung, zu verblassen, und Zweifel der Frau, die ihre Schwangerschaft betreffen, scheinen sich in nichts aufzulösen. Die werdende Mutter bekommt einen sehr gesunden Impuls.

Frauen werden auch unter den widrigsten Umständen an den feindlichsten Orten in Zeiten maximaler Disharmonie schwanger. Das Wunder des Lebens ist sicherlich seine geradezu gigantische Überlebensfähigkeit und Vitalkraft, nicht zuletzt am Beginn des Lebens überhaupt. Das finde ich beruhigend. Die Eigendynamik des Werdens verzeiht viel. Umso größer ist die Chance, sich als Mutter frei von Angst, bewusst und kraftvoll auf die Schwangerschaft einzulassen.

Neben gesunder Ernährung und Stressvermeidung gibt es etwas, was Sie, aber auch Ihr Partner, für das Kind tun können.

Sie können es in göttlicher Energie baden.

Upps, eben hat man sich halbwegs mit Wiedergeburt, dem Lockruf der Zeugung und Seelenwanderung angefreundet, und nun kommt was richtig Esoterisches. Keine Sorge, das Verfahren ist sehr praktisch. Und es wirkt. Außerdem noch ausnahmslos positiv. Man kann nicht zu viel davon kriegen und nicht zu viel geben. Dosierungsprobleme gibt es also auch nicht. Daher eigentlich eine naheliegende Sache, wenn es nicht gewisse Berührungsängste zu Verfahren Spiritueller Medizin gäbe, denn das göttliche Energiebad ist eine Methode geistigen Heilens.

Das Energiebad ist für Menschen jeglichen Alters hilfreich und heilsam, doch hier beschrieben ist die praktische Anleitung für die Anwendung während der Schwangerschaft.

Die Methode, die der Mann bei der Frau und ihrem empfangenen Kind anwendet, unterscheidet sich etwas von dem Verfahren, das die Frau bei sich selbst und ihrem Kind praktiziert.

Zunächst dargestellt ist das Vorgehen, wenn der Mann agiert. Dabei hat die schwangere Frau eine liegende Position, vielleicht auf der Seite, genauso gut aber auf dem Rücken. Der Mann sitzt im Schneider- oder japanischen Sitz neben ihrem Kopf. So, dass er ihr bequem die linke Hand auf die Stirn und die rechte Hand auf den Scheitel legen kann. Nun lässt er seinen Kopf leicht in den Nacken sinken. Idealerweise leuchtet in Blickrichtung eine Deckenlampe. Er schließt nun seine Augen. Mit geschlossenen Augen erblickt er durch seine Lider Licht.

Im Hinblick auf dieses Licht denkt er an die Quelle allen Seins. Sie leuchtet.

Da alles, was ist, wie es sich auch zeigt, ob belebt oder unbelebt, fest, flüssig, gasförmig, mit Bewusstsein ausgestattet oder ohne, zwar mit unterschiedlichen Seinsqualitäten gesegnet ist, doch seinem eigentlichen, innersten Wesen nach schwingende Energie, also Licht ist, wie quantenphysikalisch belegt wurde – da ist es nur folgerichtig, dass auch die Quelle von allem, was ist, leuchtet.

Und das tut sie.

Wie ein äußerst feines Gewebe durchdringt und erfüllt das Licht der einen Quelle allen Seins die Welt. Die göttliche Matrix allen Seins leuchtet weißlich-silbrig und wirkt strukturell wie ein ultra-zarter lumineszenter Nebel aus Licht. Es ist der Vater aller Schwingung und Frequenz und die Urmutter jeglicher Energieform, die für Menschen als transparent-weißliche Erscheinung wahrnehmbar wird. Ich nenne diese Erscheinung das »Licht des ungeformten göttlichen Seins«.

Wenn der Mann, bei seiner Frau sitzend, die Hände auf ihrem Kopf, den eigenen leicht in den Nacken gelegt, die geschlossenen Augen in Blickrichtung auf eine künstliche Lichtquelle, dann sieht er durch die Lider ein Licht, welches er mit dem göttlichen verwechseln kann.

Und genau das sollte er nun kraft seiner Einbildung auch tun.

In einem Zustand innerer Stille stellt er sich nun vor, dass das Licht, welches er im Geiste sieht, das Licht des ungeformten göttlichen Seins ist, wahrnehmbar als transparent-silbrig-weiße Erscheinung, ein äußerst feiner lumineszenter Lichtnebel.

Wie magnetisch angezogen von seiner Wahrnehmung und Einbildung, strömt dieses göttliche Licht nun in den Scheitel auf dem Kopf des Mannes. Es fließt in seinen Kopf, sinkt in seinen Hals, strömt in seinen Brustkorb, in seinen rechten Arm und seinen linken, so, wie nur das göttliche Licht einem zufließen, einsinken und einströmen kann.

Es gibt sehr unterschiedliche Energien. Andere werden später zum Einsatz kommen. Die transparent-silbrig-weiße ist die feinste aller Heilenergien. In der Frühphase seines Daseins verträgt das wachsende Leben diese am besten. Sie erinnert die kindliche Seele an ihre Herkunft. Sie bringt die Kindesseele in Resonanz mit ihren eigenen göttlichen Qualitäten. Das Licht des ungeformten göttlichen Seins ist eine Art spiritueller Dünger. Es lässt das Leben aufblühen.

Der Mann stellt sich nun vor, dass die Energie des ungeformten göttlichen Seins durch ihn hindurchströmt. Bis in die Hand auf dem Scheitel seiner Frau. Er stellt sich vor, wie das transparent-silbrig-weiße Licht in ihre Krone strömt, in ihren Kopf, ihren Hals, in ihre Schultern, die Wirbelsäule hinabfließt, ins Becken strömt, ins rechte Hüftgelenk und rechte Bein, ins linke Hüftgelenk und linke Bein, dann in ihr Herz, in ihre Lunge, ihren Magen, ihren Darm, in die übrigen inneren Organe und zuletzt in die Gebärmutter, in die Plazenta und durch die Nabelschnur zum Kind.

Das ungeborene Kind wird von der göttlichen Energie durchströmt. Es wird darin gebadet und beginnt langsam zu leuchten. Schließlich fängt auch der Körper der werdenden Mutter an zu leuchten und zuletzt auch ihr Mann, der die Energie leitet.

Durch den bewussten Prozess des Einströmenlassens wird die Lichtenergie aktiviert. Im Moment des Aufleuchtens wird dieser Impuls nochmals verstärkt. Im Zustand des Leuchtens als Trinität wird die Familie zur heiligen Familie. Ein äußerst feiner Heil- und Harmonieimpuls wird freigesetzt, der dem Kind und der Mutter zugutekommt, gleichzeitig auch der Einheit von Mutter und Kind und der Verbindung von Vater, Mutter und Kind.

Zum Abschluss löst der Mann seine Hand von der Krone der Frau. Er hält nun eine Hand (wahrscheinlich die linke) in einer Entfernung von ein bis zwei Zentimetern über den Solarplexus der Frau und die andere Hand in gleicher Entfernung über ihr Herz. Aus dieser Entfernung lässt er nun göttliche Energie in die körpernahe Aura seiner Frau strömen. Das harmonisiert ihr körperliches Befinden. Dann hebt er beide Hände in eine Höhe von etwa 30 bis 50 Zentimeter über Solarplexus und Herz, um die Energie nun in dieser segnenden Haltung in ihre körperferneren Auraschichten fließen zu lassen. Das harmonisiert ihre Gefühle und Gedanken.

Zum Abschluss bedankt sich das Paar im Geiste bei der Quelle allen Seins, dann kann es sich anderen Dingen zuwenden.

Das Verfahren zur Anwendung für die Mutter und ihr ungeborenes Kind beginnt auf die identische Weise. Dafür begibt sie sich in eine bequeme Sitzposition, schließt die Augen, Blickrichtung auf eine künstliche Lichtquelle, visualisiert, wie zuvor für den Mann beschrieben, das weißliche Licht des ungeformten göttlichen Seins und lässt es durch den Scheitel auf ihrem Kopf in sich einströmen.

Die Energie füllt ihren Kopf, strömt in ihren Hals, in ihre Schultern, in ihren rechten Arm und in den linken. Die Energie strömt in die Wirbelsäule, erreicht die Lendenwirbelsäule, das Becken, die rechte und die linke Hüfte. Die Energie fließt ins rechte und linke Bein. Das weißliche Licht fließt ins Herz, in die Lunge, den Magen, es strömt in den mütterlichen Darm, ihre inneren Organe und zuletzt auch in ihre Gebärmutter. Das Licht strömt schließlich in die Plazenta und durch die Nabelschnur in den Embryo.

Die Mutter stellt sich Plazenta und Nabelschnur dem jeweiligen Entwicklungsstand entsprechend genau vor. Ebenso präzise sieht sie ihr werdendes Kind vor ihrem geistigen Auge. In ihrer Vorstellung strömt das Licht des ungeformten göttlichen Seins sichtbar über die Nabelschnur zum Kind. Das Kind ist nun mit einer Lichtleitung mit der Mutter verbunden.

Von Licht erfüllt, beginnt es zu leuchten.

Nabelschnur und Plazenta leuchten.

Der Uterus leuchtet.

Schließlich leuchtet der gesamte Körper der werdenden Mutter.

Und schließlich beginnt sie energetisch zu strahlen.

Das Licht des ungeformten göttlichen Seins leuchtet ihr aus allen Poren.

Genießen Sie diese Verbindung mit der Quelle allen Seins, die Nähe zu sich selbst und Ihrem Kind.

Zum Abschluss bedankt sich die werdende Mutter im Geiste bei der Quelle allen Seins. Es besteht keine Notwendigkeit, die lichte Vorstellung aufzulösen. Im Gegenteil, es ist heilsam, sich vorzustellen, dass sie fortbesteht – auch wenn die Aufmerksamkeit nicht darauf gerichtet ist.

Dieses Verfahren ist genauso kraftvoll und hilfreich wie die vom Partner ausgeführte Methode.

Es ist ratsam, die Energetisierung durch das göttliche Energiebad von nun an regelmäßig zu zelebrieren. Nicht mehr als einmal pro Tag, aber jeden zweiten oder dritten. Auf die eine oder die andere Art.

Die Vaterrolle, zweiter Teil –
liebevoller Beschützer der Schwangerschaft

Durch die Konzentration auf Mutter und Kind und die Betonung der Wichtigkeit dieser Verbindung vom ersten Moment ihres Bestehens an könnte man meinen, die Bedeutung des Vaters für die Entwicklung des Kindes vernachlässigen zu können – ein trauriger und zudem sehr schädlicher Irrtum.

In einem früheren Kapitel wurde gesagt, die Aufgabe des Vaters bei Schwangerschaft und Geburt (und danach natürlich auch) sei, »überhaupt da zu sein«. Für viele Väter ist es schwieriger, als sie zunächst gedacht haben, da zu sein und es auch zu bleiben. Die Veränderungen, die eine Frau im Zuge der Schwangerschaft erlebt, sind unübersehbar machtvoll. Auch der Mann wird von der Dynamik des werdenden Lebens erfasst. Große Veränderungen stehen an. In absehbarer Zeit wird sich dies in Form eines wachsenden Bauches bei seiner Frau zeigen. Sein Zutun hat Konsequenzen. In weniger als einem Jahr ist die Konsequenz ein neuer Mensch. Diese Tatsache wird er nicht mehr ignorieren können. Doch er hat verschiedene Möglichkeiten, darauf zu reagieren.

Nämlich mit Freude.

Oder Angst.

Oder einer Mischung aus beidem.

Manche Männer sehnen sich so sehr nach einem eigenen Kind, dass sie es am liebsten selber austragen würden. Auf die Schwangerschaft ihrer Frau reagieren sie mit Freude – und manchmal auch mit Eifersucht.

Andere Männer freuen sich ebenfalls sehr, doch nicht zuletzt auch darüber, dass sie das Kind nicht selber austragen müssen.

Wieder andere Männer freuen sich einfach nur, und alles andere ist so nebensächlich, dass sie es gar nicht bemerken.

Und noch andere Männer spüren zuerst Freude und dann Angst.

Und noch wieder andere Männer haben sofort Angst und stellen dann zu ihrer Verwunderung fest, dass sie sich eigentlich freuen.

Die meisten Männer aber erleben ein Wechselbad der Empfindungen, in dem Freude und Angst gleichermaßen vorhanden sind und je nach Tagesform zum Ausdruck kommen. Allein schon, weil Kinder in unserer Gesellschaft zwar dringend gebraucht werden, doch meiner Meinung nach nicht ihrer Kostbarkeit entsprechend behandelt werden. Kinder sind so wertvoll, dass Schwangerschaft, Geburt und Kindheit eigentlich einen besonderen Schutz genießen müssten. Doch dieser Schutz existiert kaum oder nur mangelhaft.

Warum? Ein Grund sind die am Anfang des Buches beschriebenen Generationstraumen. Ein weiterer und daran nahtlos anschließender Grund ist ein zumindest wirtschaftlich verrohtes und entgleistes Gesellschaftssystem, das Menschen ängstigt. Dies soll kein kulturpessimistischer Exkurs werden. Immerhin haben wir ja gewählt, in genau diese Welt hineingeboren zu werden – meine ich.

Doch auch wenn man diese Auffassung teilt, heißt das noch lange nicht, dass man nie mehr Angst hat. Und bei einem positiven Schwangerschaftstest, das muss man allein aus den genannten Gründen ehrlich sagen, kann einem schon etwas mulmig werden. Das ist kein Vergehen, sondern ganz einfach normal.

Kein Wunder also, wenn werdende Väter bei aller Freude auch Angst haben. Und kein Problem, solange sie vor ihrem werdenden Vatersein nicht davonlaufen. Ich weiß sehr genau, wovon ich rede: Der werdende Vater ist der Beschützer der Schwangerschaft seiner Frau. Was auch immer ihn umtreibt, beschäftigt auch sie. Ist er liebevoll, fühlt sie sich geliebt und kann dem gemeinsamen Kind umso mehr Liebe geben. Bleibt er in belastenden Situationen ruhig, so wird auch sie umso leichter ihre Ruhe finden. Was auch immer die Mutter spürt, spürt auch ihr Kind.

Wenn der Vater da ist, spürt es seine Präsenz. Ist er abwesend, spürt es seine Abwesenheit. Für eine schwangere Frau ist die Abwesenheit des Partners und werdenden Vaters schmerzhaft. Wie auch immer die Abwesenheit geartet ist und begründet wird – sie tut weh. Und darunter leidet auch das Kind.

Wenn sein Vater sich abwendet, wenn die Mutter das Gefühl hat, er geht, dann überkommt auch das Kind ein Empfinden des Verlassenseins. Auch das Kind empfindet Schmerz, als würde es geschlagen, wenn der Vater die Mutter verbal erniedrigt oder körperlich missbraucht. Die Folgen für das Kind sind schon in der Frühphase einer Schwangerschaft furchtbar. Neuere wissenschaftliche Forschungen weisen eindeutig darauf hin, ebenso auch meine Erfahrungen mit Kindern aus problematischen Familienverhältnissen.

Dies ist daher die Aufgabe des werdenden Vaters während der Schwangerschaft: liebevoll da zu sein, hingebungsvoll präsent als Beschützer des werdenden Lebens.

Vielleicht hatte er eigentlich was anderes vor, wollte Träume verwirklichen, Abenteuer in fernen Ländern bestehen, doch dann ist die Freundin schwanger, und auf einmal besteht eine ganz andere Situation. Aus einer hoffentlich liebevollen, womöglich lockeren Verbindung wird plötzlich eine Schicksalsgemeinschaft. Der Fokus richtet sich auf das werdende Leben. Andere Träume und Abenteuer rücken in weite Ferne.

Das ist gut so. Es ist richtig. Es muss so sein. Aber diese Erkenntnis kann einen ganz schön erschüttern. Selbst wenn die Schwangerschaft gleichzeitig mit Freude begrüßt wird.

Ach, ihr Väter, möchte man an dieser Stelle mitleidig sagen, ihr wollt doch so gerne Kinder haben, ihr wünscht euch doch so sehr Nachkommen, doch wenn sie sich wunschgemäß auf den Weg machen, bekommt ihr einen Riesenschreck und ruft ganz verzweifelt: Ich bin noch nicht so weit.

Ach, ihr Väter, warum seid ihr bloß so kompliziert, fühlt euch ständig überfordert, lauft vor euren Frauen weg, sobald sie sich besonders weiblich zeigen, zum Beispiel in der Schwangerschaft?

Und, ach, ihr Väter, wann lernt ihr endlich, dass eure Fluchten, auch die heimlichen, am meisten euch selber schmerzen – nicht zuletzt, wenn ihr später versteht, wie sie eure Kinder gepeinigt haben.

Die werdende Mutter braucht euch als liebevolle Beschützer der Schwangerschaft. Wenn ihr diese Rolle erfüllt, dann kann sie sich mit aller Kraft auf das Austragen und Gebären konzentrieren. Und umso gesünder wird das Kind.

Zwillinge, Drillinge, Mehrlinge –
und der Schock der Vervielfachung

Da freut sich die werdende Mutter auf eins, doch es werden zwei. Oder drei? Wahrscheinlich eine gewöhnungsbedürftige Vorstellung. Noch erscheint es vielleicht etwas verfrüht, sich darüber Gedanken zu machen, doch umso wichtiger ist es.

Immer mehr Frauen über dreißig werden schwanger, und immer mehr Zwillinge werden geboren. Das ist, statistisch gesehen, einfach so – auch wenn der eigentliche Grund dafür noch unerforscht ist. Jedenfalls bringen drei bis vier von hundert Frauen inzwischen Zwillinge zur Welt.

Das ist ja sehr wenig, könnte man denken. Doch nur so lange, bis man selbst eine von den Glücklichen ist.

Am häufigsten sind zweieiige Zwillinge. Dabei werden zwei weibliche Eizellen von zwei männlichen Spermien befruchtet. Und diese Zwillinge können von gleichem, aber auch von unterschiedlichem Geschlecht sein.

Seltener sind die eineiigen Zwillingsgeburten. Dabei teilt sich die bereits von einem männlichen Spermium befruchtete Zygote nochmals in zwei Embryonalanlagen. Bei diesem Zwillingsschlupf können nur gleichgeschlechtliche Zwillinge entstehen.

Außerdem gibt es noch seltene Sonderformen, die meistens aber nicht überlebensfähig sind. Bei den sehr seltenen Mehrlingsgeburten sind auch Mischformen möglich.

Wahrscheinlich sind Zwillingsschwangerschaften eigentlich relativ häufig. Doch ist nur einer der beiden Zwillings- oder Mehrlingsembryonen lebensfähig. Der andere oder die anderen sterben früh und gehen von der Mutter unbemerkt ab. Das kommt gar nicht so selten vor. Viele Menschen haben psychische und körperliche Probleme, die auf einen gravierenden persönlichen Verlust in der Frühphase ihres Seins hindeuten. Der verlorene Zwilling und die Behandlung der traumatischen Folgen für den überlebenden Zwilling ist eine momentane Mode bei Psychotherapeuten und führt bei Gesprächstherapien zu bisweilen seltsam anmutenden Betrachtungen. Das ändert nichts an der Wichtigkeit des Phänomens an sich. Der Zwillingsverlust hat massive Auswirkungen auf das spätere Leben. Wer mit diesem Verlust geboren wurde, hat womöglich in seinem späteren Leben immer das Gefühl, unvollständig zu sein. Oder wird geplagt von einem unerklärlichen, tief sitzenden Schuldgefühl. Oder isst für zwei. Oder für drei. Oder leidet unter einer Kombination dieser Probleme.

In der Medizin ist das »vanishing twin syndrome« bekannt. Auf einem Ultraschallbild, aufgenommen zwischen sechster und achter Schwangerschaftswoche, sind zwei winzige Zwillinge zu sehen. Doch auf dem nächsten Ultraschallbild etwa im dritten Monat ist nur noch ein Embryo zu finden. Der zweite ist offensichtlich verschwunden, denn er ist abgestorben und wurde vom mütterlichen Organismus resorbiert.

Die medizinischen Ursachen für das Sterben des einen und das Überleben des anderen sind bisher nicht bekannt. Bei etwa 75 Prozent aller zunächst diagnostizierten Zwillingsschwangerschaften bleibt nur ein Embryo übrig. Diese Zahl und die Tatsache, dass heute drei bis vier von hundert Frauen Zwillinge zur Welt bringen, deuten darauf hin, dass über zehn Prozent aller Schwangerschaften eigentlich als Zwillingsschwangerschaften beginnen.

Die betreffenden Mütter hätten keinen willentlichen Einfluss auf das Überleben beider Zwillinge, behauptet die Medizin. Ich glaube, dass dies nur die halbe Wahrheit ist. Frauen wünschen sich keine Zwillinge. Sie wünschen sich ein Kind. Sie sehnen eine Schwangerschaft herbei, um ein Kind zu gebären. Deshalb aber nicht gleich zwei. Welche Frau möchte schon unbedingt mit Zwillingen schwanger gehen? Die Schwangerschaft ist viel anstrengender und auszehrender, die Geburt auch, ziemlich sicher auch komplizierter und schmerzhafter, als sie ohnehin schon ist.

Eins ist fantastisch, zwei wären zu viel, denken nicht wenige schwangere Frauen, und daran ist nichts seltsam. Gerade in unserer ohnehin schon anstrengenden und überfordernden Welt sind das sehr nachvollziehbare Gedanken.

Umso größer ist der Schreck, wenn es heißt, es würden zwei. Ein Kind erschien der plötzlich werdenden Mutter als große bevorstehende Erfahrung, hoffentlich nicht einige Nummern zu groß. Auf einmal droht ihr etwas Monumentales, Zwillinge, ein Doppelpack an den Brüsten und im Kinderwagen, zwei, die zur gleichen Zeit wie aus einem Munde schreien, zwei, die einem nachts abwechselnd den Schlaf rauben.

Will man das?

Vielleicht nicht.

Vielleicht übersteigt es die eigenen Kräfte.

Das sollte man ganz ehrlich sehen: Eine Einnistung ist schon eine große Sache, die doppelte wirkt riesengroß, übermächtig, erdrückend mächtig.

Als Fürsprecher des Lebens und eine Art energetischer Handwerker am Leben erlaube ich mir mit allem Respekt zu bemerken, dass die obigen Gedanken ihre Berechtigung haben. Die Mutter darf so denken. Natürlich, denn es ist ihr Körper.

Allerdings gilt auch: Sie hat die Einladung zur Empfängnis, zur Einnistung, zur Schwangerschaft ausgesprochen. Da ist es zumindest ein wenig seltsam, wenn sie später denkt, oh weh, das will ich, doch das nicht.

Meine Maximalhoffnung an dieser Stelle ist also, dass die werdende Mutter ihre Schwangerschaft bedingungslos annimmt – auch wenn das eine plötzlich zu zweit daherkommt.

Diese Annahme, glaube ich, ist sehr hilfreich, um auch beide Kinder austragen und zur Welt bringen zu können.

Und das ist ganz sicher gut für beide Kinder. Zu zweit haben sie jedenfalls nicht das Problem, dass eines dem anderen hinterhertrauert. Natürlich können die in diesem Zusammenhang genannten Probleme immer auch andere Ursachen haben, doch in sehr vielen Fällen beruhen sie nach meiner Erfahrung auf einem Zwillingstod.

Allerdings geht es in diesem Buch um das Werden des Lebens, daher wird der Tod (auch in dieser Form) nur am Rande erwähnt. Es ist dem Wohl von Mutter und Kind gewidmet. Und die Techniken der Spirituellen Medizin dienen auch dazu, das wachsende Leben zu stabilisieren, es in Gesundheit und Freude wachsen zu lassen. Das gilt genauso für eine Zwillings- oder noch viel seltenere Mehrlingsschwangerschaft – auch wenn einem der Gedanke an zwei (oder, oh weh, drei!) Säuglinge, die später gefüttert werden wollen, momentan nicht ganz geheuer ist.

Vielleicht ist gerade auch deshalb der passende Moment, sich darüber Gedanken zu machen, was eine Zwillingsschwangerschaft eigentlich bedeutet: für die Zwillinge.

Was auch immer wir tun – es fühlt sich anders an, wenn wir es allein tun oder in Gesellschaft eines anderen.

Ein Kind ist im Mutterleib nicht allein. Das kann es nicht sein, weil die Mutter es ja trägt und dabei auch noch körperlich umhüllt. Während der Schwangerschaft ist die Mutter dem Kind daher kein Gegenüber. Sie kann es gar nicht sein, weil sie ja das Umgebende ist, die Umhüllende, die Tragende. Aus der kindlichen Perspektive ähnelt die Mutter daher eher Gott als sonst wem. Die Mutter Gottes ist besonders nah im Mutterleib.

Während der Einnistung und im Laufe seines weiteren Wachstums macht das Kind Erfahrungen, die zunehmend sinnlicher werden, sehr schnell körperliche Reize beinhalten und bald Bewegungen auslösen.

Es ist ein sehr großer Unterschied, ob ein Kind all dies als einzelnes Kind im Mutterleib erlebt oder ob zwei Kinder es miteinander erleben, schließlich auch im direkten Kontakt miteinander. Getrennt nur durch die Wände der Fruchtblasen. Denn jedes Zwillingskind schwimmt mit einer mehr als 99-prozentigen Wahrscheinlichkeit in einer eigenen Fruchtblase, ja selbst die eineiigen. Doch die Wände sind dünn. Berührungen und kindliche Streicheleinheiten sind trotzdem möglich. Und Zwillinge lieben sie.

* * *

Liebe Leserin, lieber Leser, ich bitte Sie, die gesamten folgenden Kapitel über die embryonale Entwicklung und das kindliche Wachstum auch im Hinblick auf die Bedeutung für eine Zwillingsschwangerschaft zu lesen. Also: Was wäre, wenn das, was ich hier lese, für zwei statt für eines gilt?

Die vierte Woche (1. Monat) – das Ende des ersten Monats der Schwangerschaft, rein rechnerisch

Herzlichen Glückwunsch! Mutter und Kind haben zueinander gefunden. Eine Woche ist seit Empfängnis und Befruchtung vergangen. Doch weil die Schwangerschaft (wie bereits gesagt) vom ersten Tag der letzten Regelblutung an berechnet wird und dieser Tag etwa vierzehn Tage vor der Befruchtung liegt, müssen nun zwei Wochen hinzuaddiert werden. Die beginnende zweite Woche ist also nach der offiziellen Schwangerschaftsberechnung schon der Anbruch der vierten.

In der biologisch zweiten, aber nach offizieller Rechnung vierten Woche der Schwangerschaft ist der Embryo noch winzig, zu klein, um mit dem bloßen Auge erkennbar zu sein. Gerade eben sichtbar ist die in die Gebärmutter einwachsende Plazenta. Und die blasenförmige Hülle, die den embryonalen Keim vor Austrocknung schützt.

Diese Hülle verändert jetzt ihre Form. Sie stülpt sich an einer Seite ein, um ein schlauchförmiges Gebilde entstehen zu lassen, die Gastrula. Der Beginn dieser Entwicklung wird daher Gastrulation genannt.

Der Entdecker der Gastrulation, der englische Entwicklungsbiologe Lewis Wolpert, meinte dazu: »Es ist nicht die Geburt, die Hochzeit oder der Tod, sondern die Gastrulation, welche in Wirklichkeit der wichtigste Zeitpunkt in deinem Leben ist.«

So sind sie, die Wissenschaftler, was immer sie entdecken, muss wichtiger als alles andere sein. Doch mit der Gastrulation werden die embryonalen Keimzellen nochmals sortiert. Es bilden sich die ersten beiden Keimblätter.

Aus dem inneren Keimblatt, dem Entoderm, werden innerhalb der kommenden Wochen der Verdauungstrakt, die Harnblase und der Harnleiter, die Leber und die Bauchspeicheldrüse entstehen.

Aus dem äußeren Keimblatt, dem Ektoderm, werden Oberflächenstrukturen wie die Haut, Haare, die Zähne entstehen, wesentliche Teile der Sinnesorgane wie die Linsen des Auges, das Innenohr und das Zentralnervensystem.

Kein Zweifel, die Sortierung der Keimzellen in Keimblätter (insgesamt drei, das dritte bildet sich etwas später) ist ein zentraler Entwicklungsschritt im biologischen Werden eines Menschen. Denn erst damit können sich die kindlichen Keimzellen zu Zellgruppen mit gleichen Aufgaben zusammenfinden, sie können Verbände bilden und ganze Zellaggregate, aus denen sich rudimentäre Organanlagen entwickeln.

Doch was auch immer sich gerade gebildet hat, es funktioniert von Anfang an. »Strukturelle und funktionale Reifungsprozesse sind also niemals voneinander zu trennen«, schreibt Hirnforscher Hüther. »Der Embryo ist nicht mit einem Gerät vergleichbar, das erst zusammengesetzt werden muss, bevor es funktioniert.« Leber und Bauchspeicheldrüse würden ihre Funktion also nicht erst übernehmen, wenn sie fertig ausgebildet seien, sondern begännen bereits zu funktionieren, während sie sich entwickeln.

Mit der Einstülpung in der vierten Woche der Schwangerschaft (der zweiten nach der Befruchtung) wird die spätere Anatomie des Kindes angelegt. Verblüffend: Als Erstes deuten sich Mund und Rückenmark an.

Die Mutter gibt dem Ankömmling nun weiteren Raum in ihrem Bauch. Ein wenig, könnte man denken, ähnelt die Ankunft einer Mondlandung. Der Astronaut ist ins Orbit gelangt, in einer sehr komplizierten und schwierigen Phase erfolgte die eigentliche Landung. Der Platz wurde gut gewählt. Nun muss das Versorgungsaggregat aufgebaut werden.

Diese Analogie könnte stimmig sein, wenn sie nicht so durch und durch männlich und technisch wäre. Aber womöglich wollen Männer ja auf den Mond, weil Frauen ein Abenteuer von ähnlicher Tragweite und Dimension schon auf der Erde haben können. Vielleicht ist der Vergleich genau deswegen doch passend.

Das Versorgungsaggregat: die Plazenta. Der Keimling hat das Baumaterial dafür selbst mitgebracht. Der Anschluss an die weibliche Blutzufuhr ist erfolgt, muss aber noch weiter ausgebaut werden. Dabei kommt die Mutter dem Ankömmling entgegen. Mütterliche Äderchen wachsen ihm zu und bilden in der Plazenta ein kompliziertes Versorgungssystem. Die Versorgung beruht auf einem einfachen physikalischen Vorgang des Ausgleichs, Diffusion genannt: Flüssigkeiten gleichen ihre Konzentration aus, bis in der gesamten Menge ein Zustand gleicher Konzentration herrscht.

Für den Embryo bedeutet das Folgendes: Zum Gedeihen braucht er beispielsweise Sauerstoff. Im mütterlichen Blut ist Sauerstoff in ausreichendem Maße vorhanden. Der Embryo ist mit dem mütterlichen Blutkreislauf verbunden. Fehlt ihm also Sauerstoff, wird dieser Bedarf ganz einfach durch Diffusion gedeckt. Nach dem Ausgleichsprinzip strömt Sauerstoff dahin, wo er fehlt.

Wenn es so einfach wäre, gäbe es allerdings noch ein winziges Problem: Krankheitserreger. Im mütterlichen Blutkreislauf gibt es davon jede Menge. Durch Diffusion würden die sich auch im wachsenden embryonalen Organismus verteilen. Eine derartige Attacke könnte er jedoch kaum verkraften, weil ihm dazu noch die Abwehrkräfte fehlen.

Deshalb gibt es eine Art Schranke in der Plazenta, die dafür sorgt, dass Sauerstoff, Vitamine und andere Nährstoffe aus dem mütterlichen Blutkreislauf zum Embryo gelangen, während beispielsweise Bakterien aufgehalten werden. Die Schranke wird Plazentaschranke genannt und besteht aus einer feinen Membrane, die den mütterlichen vom embryonalen Blutkreislauf trennt.

Die Trennung funktioniert so gut, dass selbst eine HIV-positive Mutter ihr Kind während der Schwangerschaft kaum anstecken kann. Ebenso extrem selten ist wahrscheinlich eine Hepatitis-C-Ansteckung auf diesem Weg. Umso bedauerlicher, dass Alkohol, Nikotin, Schwermetalle und andere Umweltgifte nahezu ungehindert hindurchgelangen. Ebenso direkt gelangen auch mütterliche Hormone und Botenstoffe zum Kind. Dies ist das erste Mutter-Kind-Informationssystem. Wenn die Mutter glücklich ist, produziert ihr Körper eine Art Glückshormon, ist sie gestresst, schüttet sie Stresshormone aus. Über die Plazenta und die sich in Folge bildende Nabelschnur ist der Embryo somit unmittelbar mit dem mütterlichen Erleben verbunden.

In einer Art Automatismus sorgt die Plazenta zudem dafür, dass die Mutter vom biologischen Zustand der Empfängnisfähigkeit in den Schwangerschaftsmodus gewechselt ist und dieser Wechsel auch für die Zeit der Schwangerschaft bestehen bleibt. Dies geschieht durch Freisetzung eines speziellen Hormons.

Außerdem bewirkt die Plazenta (für Mediziner eines der größten Wunder überhaupt), dass weder sie noch der Embryo vom mütterlichen Organismus als fremdes Gewebe erkannt und abgestoßen werden. Embryo und Plazenta sind für den Körper der Mutter aber fremdes Gewebe, eigentlich kaum weniger fremd als eine fremde Niere, eine fremde Leber oder ein fremdes Herz.

Für Herz-, Leber- oder Nierentransplantationen muss beim Empfänger die Immunabwehr medikamentös unterdrückt werden, andernfalls wird das Spenderorgan sofort abgestoßen, der Empfänger stirbt womöglich.

Bei der Mutter muss gar nichts unterdrückt werden (bis auf eine Ausnahme: Rhesusfaktor-Unverträglichkeit). Im Gegenteil, das mütterliche Immunsystem wird durch die Schwangerschaft sogar noch gestärkt, ist also noch weniger anfällig für Grippe und viele andere Infekte. Während der Schwangerschaft vermag der mütterliche Organismus selbst aggressive Krankheiten abzuwehren, nur gegen das Kind wendet er sich nicht – Plazenta sei Dank.

Die Plazenta wächst zum größten Teil aus Zellen, die der Keimling in den Uterus mitbringt, und die Stadien dieser Reifung sind bekannt. Wie die Plazenta aber das Wunder vollbringt, einerseits die mütterliche Immunabwehr auf Hochtouren laufen zu lassen und andererseits den Embryo aber genau vor dieser Mobilmachung dann gekonnt zu schützen, das versucht die Medizin bisher erfolglos zu ergründen.

Wenn die Plazenta am Ende der Schwangerschaft als Nachgeburt ausgestoßen wird, erinnert sie an einen Kuchen, und das bedeutet auch das lateinische Wort »Placenta«. Umgangssprachlich wurde »Mutterkuchen« daraus. Doch die Bezeichnung sorgt für Missverständnisse. Die Plazenta ist nicht der erste Kuchen, den die Mutter fürs Kind bäckt. Tatsächlich ist es eher umgekehrt: Das Kind kreiert einen Kuchen, um die Mutter auch biologisch gnädig zu stimmen.

Die Plazenta ist das erste Organ des Kindes. Dieses Organ sorgt dafür, dass es angenommen und nicht abgestoßen wird. Über dieses Organ wird der Embryo biologisch versorgt, um überhaupt wachsen

zu können. Aus diesem Organ wachsen auch zwei eng aneinander-
liegende Häutchen, die den Embryo umhüllen und sich mit Fruchtwasser füllen, damit das Kind bis zu seiner Geburt darin schwimmt.

Und gut aufgehoben in der Fruchtblase, im Fruchtwasser
schwimmend, nimmt es über die Plazenta Kontakt zur Welt auf.
Diese erste Kontaktaufnahme des Kindes ist magisch und mythisch,
sie ist unfassbar zart und mächtig zugleich, sie ist ohne Worte, jenseits von Worten, auch jenseits von bewusstem Sein, doch mitten
im Gewahrsein, denn dieses erste embryonale Organ ist auch ein
Sinnesorgan. Es vermittelt zwar keine optischen, keine visuellen
Reize, keine akustischen Signale, nichts, was hörbar wäre, und auch
keine Gerüche. Und weil die Plazenta auch kein Tastorgan ist, vermittelt sie auch keine Oberflächenreize wie Streicheln, Kitzeln
und Brennen. Dennoch kommt der tastende Sinn dem am nächsten, was der »Kuchen« dem Embryo vermittelt: nämlich biologisches Dasein.

Menschen können denken, sprechen, schauen, hören, riechen,
tasten, sich dabei gleichzeitig bewegen, atmen, verdauen, während
ihr Herz Blut durch den Körper pumpt. Außerdem wissen sie im
selben Moment, in welcher körperlichen Haltung sie das tun, wie
ihre Extremitäten sich bewegen. Das ist die Ebene körperlichen
Gewahrseins.

Mit wachsendem körperlichem Gewahrsein ist die Seele seit der
Einnistung befasst, ermöglicht durch die wachsende Plazenta, das
erste biologische Sinnesorgan, auch der »Urbegleiter« genannt.

Das Sein ruht. Eben noch war es in Bewegung. Doch nun ist es angekommen. Das Sein ruht an etwas Großartigem. Mächtig wie ein
Fels, eine Wand, ein Berg. Aber es ist nicht hart, sondern weich
und warm, und es pulsiert. Wo hat das Sein so was schon mal erlebt? Das Sein wäre gern konkret, doch es ist diffus, es ist ausgedehnt, es ist fein, unfassbar fein, denn es ist zwar schon körperlich,
aber körperlich zart. In all seiner Zartheit lehnt es an einer Verkörperung, groß wie eine Wand, ein Berg, der kein Berg ist, keine
Wand, auch kein Fels, sondern wunderbar weich, warm und pul-
sierend. Woran erinnert der Puls? An eine Welle? An eine Welle
im Meer? An eine Woge im Ozean? Das Sein ist zu ausgedehnt, zu

wenig konkret, zu fein, zu wenig abgegrenzt, um etwas so Konkretes und Begrenzendes wie Worte oder Gedanken zu haben. Das Sein hatte Worte, es hatte Gedanken, doch all seine Worte sind in Vergessenheit geraten und seine Gedanken schlafen. Das Sein schläft sich ins Leben, damit ihm später neue Worte und frische Gedanken erwachsen. Das Sein schläft, sein Bewusstsein ruht in Anlehnung an die Quelle seiner Kraft. Das Sein ruht auf einem Geschenk, vom Leben selbst gemacht. Das Sein ruht auf einem Kissen, welches gleichzeitig die Wahrnehmung Kissen ist. Das Kissen ist sein Kosmos. Das Kissen vermittelt das Gefühl einer warmen, zärtlichen und liebevollen Welt. Das Kissen ist die Welt. Das ganze Wunder der Welt als Kissen.

Gibt es etwas Schöneres als dieses Kissen? Gibt es etwas Herrlicheres und Erholsameres, als auf so einem Kissen zu ruhen?

Wohl kaum. Daher gibt sich das Sein der göttlichen Ruhe hin. Es möchte jetzt vollkommen ungestört in Anlehnung an seinen Urbegleiter ruhen und ganz langsam seine Daseinsfühler ins Leben ausstrecken.

In diesem Zusammenhang und bei genauerer Betrachtung ist die Bezeichnung »Mutterkuchen«, also Plazenta, doppelt irreführend: Weder kommt er von der Mutter noch sieht die Plazenta in intaktem Zustand wie ein Kuchen aus. Tatsächlich ähnelt der Urbegleiter einem Baum. Die Versorgungsleitung zum Kind, die Nabelschnur, bildet den Stamm. Die Adern sind wie Äste, die aus der Hauptleitung erwachsen und sich als Baumkrone in der Uteruswand verzweigen. Das Ungeborene ruht am Stamm. Über ihm öffnet sich der Lebensbaum, nährend und Kraft spendend. Wahrscheinlich wird es später genau aus diesem Grund große und mächtige Bäume lieben. Am Stamm sitzend, steigen vage Erinnerungen hoch. Ein altes Gefühl wird wach, unsagbar, weil jenseits von Worten, doch als inneres Wissen vorhanden. So wird der spätere Mensch in der Gegenwart ehrwürdiger Bäume an seinen Urbegleiter, seinen Lebensbaum, erinnert – um womöglich in einer mystischen Selbsterfahrung seine eigentliche Herkunft zu erkennen. Buddha, der Erwachte, am Stamm des heiligen Baums ruhend, ist die Verkörperung desjenigen, dem diese Erkenntnis zuteilwurde.

9. Botschaft ans ungeborene Kind

Geliebtes Kind, bitte, höre uns! Die Anziehung körperlichen Daseins hat Dich auf die Ebene biologischen Daseins geführt. Von der Anreise erschöpft, bist Du in einen tiefen und erholsamen Schlaf gesunken. Du schläfst in einem weichen Bett, denn Du ruhst in der erwärmenden Nähe eines vertrauten und machtvollen Freundes. Dieser Freund ist wie ein Fels, an den Du Dich in der Dunkelheit lehnen kannst. Und er ist so weich wie die Gestalt gewordene Liebe. Du spürst seine Nähe. Seine Nähe ist nahrhaft. Seine Nähe gibt Kraft. Schöpfe Kraft aus der Nähe Deines Urbegleiters. Ruhe an Deinem Lebensbaum.

Was es zu beachten gilt: Falls Sie Ihrem ungeborenen Kind etwas vorsingen möchten, dann ist es ratsam, jetzt damit zu beginnen. Sie sollten ein Lied mit einer schönen Melodie und einem freundlichen Text wählen, ein Lied, das Sie besonders schätzen und deshalb gern und häufig singen möchten. Singen Sie das Lied, wenn Sie in einem Zustand der Ruhe sind, jedoch niemals in Hektik und bei Stress. Und Sie sollten das Lied am Abend singen, kurz bevor Sie zu Bett gehen. Später werden Sie Ihr Kind dann durch das Singen des Babysongs beruhigen können. Merklich vom sechsten Monat an. Und noch Jahre nach der Geburt. Sofern Sie den Babysong bis dahin regelmäßig singen. Mutter und Vater können damit zur Ruhe und dem inneren Frieden des Kindes beitragen.

Worauf noch zu achten ist: Vitamin B12, ein Coenzym, wird für das kindliche Zellwachstum benötigt. Der menschliche Körper legt B12-Speicher an. Ist der Speicher leer, wozu Vegetarier nicht selten neigen, muss er wieder gefüllt werden. Am besten auf natürliche Weise. Also durch die Zufuhr von natürlich gebundenem Vitamin B12. Leider verfügt kein pflanzliches Nahrungsmittel über einen so hohen Vitamin-B12-Gehalt, dass der menschliche Bedarf darüber zu decken wäre. Schon gar nicht während der Schwangerschaft. Einen sehr hohen Gehalt bietet nur Rinderleber. Da Vegetarier wahrscheinlich nicht zum Verzehr von Leber zu bewegen sind, kann es sein, dass in diesem Ausnahmefall das B12-Coenzym künstlich zugeführt werden muss – jedoch nur in Absprache mit einem Arzt oder sehr kundigen Ernährungsberater.

Ebenso wichtig für das kindliche Wachstum ist Folsäure, gleichfalls ein Vitamin aus dem B-Komplex. Der Körper kann es nicht selbst herstellen und speichern. Daher muss es regelmäßig zugeführt werden, am besten mit der Nahrung. In geringer Konzentration ist Folsäure in Vollkorn, Blattgemüse, Brokkoli und einigen Nüssen vorhanden, in relativ hohem Maße in Weizenkeimen und wiederum Rinderleber.

In diesem Stadium der Schwangerschaft neigen manche Frauen zu Übelkeit. Meistens tritt sie morgens, direkt nach dem Erwachen auf, manchmal aber auch über Tag oder nachts. Häufig beruhen Übelkeit oder sogar Brechreiz in der vierten Woche der Schwangerschaft auf einem Mangel an Vitamin B6. Mit dem Beginn der Schwangerschaft erhöht sich der Bedarf. Rät der Arzt zur künstlichen Zufuhr von Vitamin B6, dann ist es ratsam, dies mit einem besonders hochwertigen Produkt zur Nahrungsergänzung zu tun.

Was es außerdem noch zu beachten gilt: Da Sie als werdende Mutter inzwischen um Ihr Werden als Mutter wissen, sehen Sie sich nun auch mit dem Gefühl wachsender Verantwortung konfrontiert. Bis zu diesem Zeitpunkt waren Sie womöglich nur für sich selbst verantwortlich. Falls es Ihnen Spaß bereitete (oder warum auch immer), konnten Sie Alkohol in sich hineinschütten, rauchen, sogar Drogen nehmen oder sich auf irgendeine andere Art ungesund verhalten. Das geht nun nicht mehr. Womöglich trauern Sie den Zeiten unbeschwerter Sünden nach. Womöglich freuen Sie sich sehr auf Ihr Kind und die Tatsache, dass Sie Mutter werden. Womöglich fühlen Sie sich nun auf eine besondere Art erwachsen. Womöglich genießen Sie das. Und womöglich beklagen Sie gleichzeitig den Verlust Ihrer Jugend. Vielleicht wechseln sich Freude und Trauer in dieser Phase der beginnenden Schwangerschaft ab. Das wäre sehr verständlich und sehr normal. Besprechen Sie Ihr Empfinden mit Ihrem Partner. Sein Verständnis ist heilsam für Sie.

Der zweite Monat der Schwangerschaft

Frauen, die eine zweite Schwangerschaft erleben, erwarten, dass sie so ist wie ihre erste. Doch nun ist alles anders. Ihr Empfinden ist ein anderes. Vielleicht litten sie bei ihrer ersten Schwangerschaft unter Übelkeit, dann tun sie es jetzt wahrscheinlich nicht. Dafür sind sie nun besonders empfindlich für Gerüche. Manche erscheinen ihnen als so köstlich, dass sie darin baden wollen. Andere als so unangenehm, dass sie auf der Stelle das Weite suchen, weil ein vormals harmloser Geruch ihnen nun als Gestank und wie ein physischer Schmerz zusetzt.

Eigentlich kein Wunder, dass beim zweiten Mal alles anders ist als beim ersten Mal. Der Körper ist nicht mehr derselbe, denn er hat sich seither verändert. Und das Baby, welches nun ausgetragen wird, ist ein vollkommen anderes als das zuvor.

Zum Wohl des Kindes, für sein Glück und seinen Frieden, für seine Ruhe und sein Gedeihen ist es hilfreich, diese absolut außergewöhnliche und damit einmalige Zeit der Schwangerschaft mit ihm möglichst unvoreingenommen auf sich wirken zu lassen und zu erleben.

Zu Beginn des zweiten Schwangerschaftsmonats hat der Embryo schon eine Form, bei der ein Kopfende auszumachen ist. Noch ist er so klein, dass er in den Raum zwischen den Strichen // passt. Doch er wächst jetzt schnell. Noch mit Ablauf der fünften Woche wird sich seine Größe ungefähr verdreifacht haben.

Sätze der Kraft für die werdende Mutter im zweiten Monat:
Ich werde Mutter. Ich bin schwanger und genieße die Schwangerschaft. Ich liebe mich, meinen Mann und unser Kind.

Sätze der Kraft für den werdenden Vater in diesen Wochen:
Ich werde Vater. Meine Frau ist schwanger. Ich liebe meine Frau, unser Kind und mich selbst.

Was es in diesen Wochen noch zu sagen gibt: In ihren eigenen Worten erzählen die werdenden Eltern ihrem ungeborenen Kind nun von ihren Eltern, ihren Geschwistern, ihrer Familie, seiner Familie. Dann danken sie ihrem ungeborenen Kind für seine Aufmerksamkeit.

Visualisierung beim Einschlafen in den Wochen des zweiten Monats:
Das mythische Baby leuchtet. Es strahlt vor Glück, denn in seinem Lichtkörper wächst ein winziger biologischer Leib.

Und wichtig: Singen Sie Ihrem ungeborenen Kind seinen Babysong.

Die fünfte Woche (2. Monat)

Mit der Einstülpung (Gastrulation) wandert der sich bildende Schlauch zur gegenüberliegenden Blasenwand der Blastozyste, um sich dann zu einem Urdarm nach außen zu öffnen, dem späteren After. Die Einstülpungsöffnung, auch Neumund genannt, wird sich in Folge zur Mundöffnung entwickeln. Und zwischen Ein- und Ausgang wird sich der Magen bilden, griechisch Gaster. Daher die Bezeichnungen Gastrula und Gastrulation. Mit der Entstehung des dritten und letzten Keimblattes kommt der Prozess der Einstülpung zum Abschluss. Dieses mittlere Keimblatt wird Mesoderm genannt. Daraus werden sich in Folge die Knochen bilden, die Skelettmuskulatur, die Bindegewebe, Blutgefäße und -körperchen, das Lymphsystem, Milz und Nieren, das Herz und wesentliche Teile der Lunge, darüber hinaus das fast vollständige Exkretions- und Reproduktionssystem.

Organe, Gewebe, sämtliche Teile des Körpers, auch die Extremitäten bilden und formen sich so, wie sie auch genutzt werden. Die embryonale Entwicklung ist »Work in Progress«. Was da ist, wird gebraucht, sobald es da ist und genau so, wie es da ist.

Zunächst formieren sich Zellen aus dem mittleren Keimblatt zu Webformen für die sich entwickelnden Organe. Andere Zellen aus dem Mesoderm verklumpen zu ersten Blutkörperchen. Zellen aus dem oberen Keimblatt (Ektoderm) formieren sich zu einer stabförmigen Struktur, der Chorda dorsalis (Rückenseite), auch Achsenstab genannt.

Der Achsenstab ist eine der frühen Errungenschaften in der Entwicklung der Wirbeltiere, zu denen auch der Mensch gehört. Am Achsenstab können Muskeln ansetzen, um die Vorwärtsbewegung zu ermöglichen. So schwimmt beispielsweise der Lanzettfisch, ein Tier, welches prototypisch auf dieser Entwicklungsstufe stehen geblieben ist.

Menschen durchlaufen bei ihrer Embryogenese sämtliche Stadien der Wirbeltierentwicklung. Doch muss einen das nicht beunruhigen. Die weitere kindliche Entwicklung wird alles Tierische in den Schatten stellen.

Die Zellen des Achsenstabs sondern einen Signalstoff ab, der die genetischen Erbanlagen der nächstgelegenen Hautzellen so aktiviert, dass sie von nun an als Nervenzellen fungieren. Diese ersten Nervenzellen bilden eine Art Rille auf der Rückseite des Achsenstabs. Von Tag zu Tag sinkt die Rille mit den Nervenzellen tiefer in die Chorda, um dort eingeschlossen zum Neuralrohr zu werden.

Aus dem Achsenstab wird sich nach und nach die Wirbelsäule entwickeln und aus dem Neuralrohr das Rückenmark mit den Spinalganglien, dem zentralen Teil des autonomen oder vegetativen Nervensystems, demnächst zuständig für Herzschlag, Puls, Blutdruck, Stoffwechsel und weitere koordinierte Organfunktionen.

Am Kopfende des Neuralrohrs ist bereits eine mikroskopisch kleine Verdickung erkennbar. Aus dieser winzigen Anhäufung von Nervenzellen wird das gesamte Gehirn entstehen.

Etwa am 32. Tag der Schwangerschaft (aber dem 18. nach der Befruchtung) bilden sich aus Zellen des Mesoderms feine Kanäle, erste Vorläufer der Blutbahnen und des späteren kardiovaskulären Systems.

Ungefähr ab dem 34. Tag der Schwangerschaft bekommt das sich bildende zentrale Nervensystem einen Wachstumsschub. Und während sich ein rudimentäres Blutzirkulationssystem mit zwei noch nicht pumpenden Herzkammern bildet, formieren sich zu beiden Seiten des Achsenstabs mesodermale Zellen zu Blöcken, aus denen sich später Knochen, Muskeln und der Schädelknochen entwickeln werden. Diese werden Ursegmente oder Urwirbel genannt. Zunächst erscheinen zwei davon. Bis zum 44. Tag der Schwangerschaft werden es insgesamt 38 sein.

Etwa am 35. Tag falten sich die beiden bestehenden Herzkammern weiter ein und bilden ein System aus vier Kammern. Schon in diesem Frühstadium ist die Aufgabe von Herz- und Blutzirkulationssystem die gleiche, die es auch später voll entwickelt haben wird, nämlich in den Blutkörperchen gespeicherten Sauerstoff und Nährstoffe dorthin zu transportieren, wo sie benötigt werden. Und im Gegenzug Abfallprodukte des Stoffwechsels abzutransportieren. All dies geschieht noch auf engstem Raum, denn noch hat der Embryo ungefähr die Größe eines Sesamkorns.

10. Botschaft ans ungeborene Kind

Geliebtes Kind, bitte, höre uns! Du ruhst an Deinem Lebensbaum, Deinem Urbegleiter. Die Ruhe ist traumhaft schön. Du hast das Gefühl, zu träumen. Wie im Traum sind Deine Wahrnehmungen nebulös und schemenhaft. Schemen schweben Dir zu, lösen sich auf, formen sich neu, wie gewoben aus Nebel, der sich verdichtet, pulsiert und schwingt. Unsere Gefühle und Gedanken sind Formen im Nebel, und auch unsere Stimmen vernimmst Du wie im Traum.

Dies ist ein ozeanischer Traum. Du schwebst darin wie in einem endlosen Meer. Du badest in Deinem traumhaften Sein. Manchmal umspülen Dich Wellen des Glücks. Das ist die Freude Deiner Eltern über Dein Dasein.

Bitte nicht vergessen: Das Energiebad, die erste Methode Spiritueller Medizin für diese Phase der Schwangerschaft.

Was es noch zu beachten gilt: Roher Fisch, rohes Fleisch oder Fisch und Fleisch in unvollständig gegartem Zustand sind für den Rest der Schwangerschaft unbedingt vom Speiseplan zu verbannen. Darin enthaltene und nicht durch Hitze abgetötete Bakterien wie Salmonellen könnten den Körper der Frau überschwemmen und im ungünstigsten Fall sogar die Plazentaschranke zum Kind überwinden. Mit fatalen Folgen. Und so groß der Appetit auf Sushi auch sein mag, das Risiko, dabei eine Fischvergiftung zu bekommen, ist zu groß. Auch rohe Eier sollten keinesfalls mehr gegessen werden. Angeschlagene gehören sofort in den Mülleimer.

Wenn die Frau sich zu diesem Zeitpunkt der Schwangerschaft besonders müde fühlt, was häufig vorkommt, noch häufiger bei einer zweiten Schwangerschaft – wenn sie also ein erhöhtes Schlafbedürfnis hat, dann sollte sie dem auch nachgeben.

Doch ist es dann umso wichtiger, dass sie auch darauf achtet, genug zu trinken. Ausreichende Flüssigkeitsaufnahme schützt vor Erkältungen und Grippe. Allerdings sollte weniger unmittelbar beim Essen getrunken werden und umso mehr in den Zeiten zwischen den Mahlzeiten. Bis zu zwanzig Minuten vor und nach dem Essen sind ideal.

Worauf ebenfalls zu achten ist: Durch die Schwangerschaft könnte Ihr Bedürfnis nach Sexualität deutlich gemindert sein. Das sexuelle Bedürfnis des Mannes ist aber wahrscheinlich unvermindert da. Das birgt Stoff für Konflikte. Je verständlicher Sie Ihrem Partner erklären, wie Sie sich als werdende Mutter fühlen, was Sie sich wünschen und was nicht, umso mehr Verständnis wird er für Sie haben. Und umso weniger wird er sich als Mann abgelehnt und durch die Ablehnung verletzt fühlen.

Außerdem nochmals zur Erinnerung: Alkohol ist weltweit der Hauptgrund für kindliche Missbildungen und Behinderungen und, selbst in kleinen Mengen, schädlich fürs Kind, denn als Zellgift überwindet es die Plazentaschranke. Daher muss darauf zum Wohl des Kindes konsequent verzichtet werden.

Ebenso absolut auf Nikotin. Gleichfalls auf Kaffee, denn auch Koffein gelangt in den Embryo. Und natürlich auch auf Drogen wie Heroin, Kokain, Haschisch, LSD. Letztere haben verheerende Auswirkungen auf die körperlich-seelische Entwicklung des Kindes. Und dies ist keine moralische Betrachtung, sondern eine medizinisch begründete.

Bei welchen Anzeichen während der Schwangerschaft sofort ein Arzt aufzusuchen ist: Fieber, höher als 38,9 Grad. Fieber mit Erbrechen. Schmerzen und Fieber. Schmerzen im Unterleib. Krämpfe im Beckenbereich. Starke Blutungen. Abgang von Gewebe.

Leichte Blutungen dagegen kommen relativ häufig vor und müssen noch kein Alarmzeichen sein, bedürfen aber medizinischer Beobachtung.

Die sechste Woche (2. Monat)

Etwa am 37. oder 38. Tag der Schwangerschaft sind im kindlichen Herz pumpende Bewegungen zu beobachten. Das Herz des Kindes beginnt zu schlagen – 65 Mal pro Minute, noch aber zu schwach, um mit der sogenannten Dopplersonografie messbar zu sein. Blut zirkuliert zwischen Herzmuskel und Plazenta, die immer noch sehr schnell wächst. Das Herz hat etwa einen Durchmesser von zwei Millimetern und ist im Verhältnis ungefähr neun Mal größer als bei einem erwachsenen Menschen.

Längs des Achsenstabs haben sich nun bereits bis zu acht Paare von Urwirbeln gebildet. Rippen und Abdomen beginnen sich daraus zu formen. Die Urogenitalleiste entsteht, aus der in Folge die Organe zur Ausscheidung von Flüssigkeit und die Geschlechtsorgane erwachsen werden. Lungenknospen bilden sich, Vorformen der späteren Lungenflügel – auch wenn die Lunge als einziges Organ erst nach der Geburt gebraucht wird.

Am Kopf faltet sich Gewebe ein, um Rohmaterial für Kinn, Kiefer, Wangenknochen, Gaumen, Nacken, Mund, Ohren und Teile des Nervensystems im Kopf bereitzustellen.

Noch sind keine Extremitäten erkennbar, doch mit dem 38. Tag beginnt eine besondere Wachstumsphase für Arme und Beine, die etwa bis zum 70. Tag anhalten wird. Innerhalb der nächsten Tage verdoppeln sich die Paare der Urwirbel auf insgesamt 16, und winzigste Knospen, aus denen später die Arme und Beine erwachsen werden, deuten sich an. Zwischen den Wirbeln bildet sich Rückenmark. Auch die Leber und die Bauchspeicheldrüse sind nun schon in Form von winzigen Anlageknospen vorhanden.

Zelllagen aus allen drei Keimblättern ziehen sich zusammen und bilden gemeinsam drei Röhren aus Haut – die Bauchhöhle. Dieser Einfaltungsprozess rollt den Embryo auch insgesamt ein. Vom Kopf bis zum schwanzähnlichen Ende des Rumpfes misst er nun etwa drei bis fünf Millimeter.

Die Aorta, die größte Arterie des Körpers, entsteht. Durch sie fließt nun Blut zu den Organen und Geweben. Damit ist der wichtigste Versorgungskanal geschaffen.

An den beiden Seiten des Kopfes zeigen sich winzige Vertiefungen. Dort formen sich in Folge die Ohrkanäle.

Gegen Ende der sechsten Woche beginnen sich mehrere Organe gleichzeitig zu bilden: Magen und Darm, die Bauchspeicheldrüse, die Gallenblase. Und allen voran die Leber – wichtig für die Nutzung von Nährstoffen. Die Leber speichert überschüssigen Blutzucker und gibt ihn wieder ab, wenn er gebraucht wird. Sie speichert und wandelt Fett um und zersetzt überschüssige Aminosäuren und Giftstoffe wie Alkohol. Außerdem synthetisiert sie Stoffe zur Blutgerinnung, die Voraussetzung für Wundheilung.

Das erste von drei Paaren von Nieren wird gebildet. Dieses erste winzige Paar ist für die Medizin ein großes Rätsel, denn nach bisherigem Forschungsstand hat es keinerlei Funktion.

Am Ende der sechsten Woche ist der Embryo etwa 10 000 Mal größer als das befruchtete Ei, aber nicht größer als ein Reiskorn.

Sehr klein und nicht zur Orientierung fähig, weil sich sein Lageorgan noch nicht gebildet hat, schwebt das Kind im Fruchtwasser wie in einem Meer, in dem Wellen gehen und Gezeiten herrschen. Wellengang und Gezeiten werden durch Atem-, Schreit- und andere Bewegungen der Mutter erzeugt. Das Kind ist dem ausgesetzt wie ein Fisch, der sich im Wasser treiben lässt. Doch dieses kleine Fischchen im Uterus, welches tatsächlich auch noch wie eins aussieht, kann sich zwar schon ein wenig bewegen, aber noch nicht fortbewegen. Daher schwebt es, Plankton ähnlich, im Bauch der Mutter und wird von ihr bewegt. Dieses erste Bewegtwerden ist so allumfassend und allmächtig, dass es wahrscheinlich als wahrhaft göttlich wahrgenommen wird.

Die Mutter ist für das werdende Kind in dieser Phase seines Seins ein Ozean der Ruhe und gleichzeitig ein bewegendes Meer.

Aus der Perspektive werdenden Lebens ist sie die unbewegte Bewegerin, nämlich Gott.

11. Botschaft ans ungeborene Kind

Geliebtes Kind, bitte, höre uns! Du ruhst in Reichtum und wächst in Fülle. Noch ist Dein Körper winzig und federleicht, und Dein Dasein ist die Abwesenheit jeglicher Schwere. Schwerelos ruht auch Deine Seele. Die Leichtigkeit Deines Seins beglückt Dich. Beglückt dehnt sich Dein Geist aus und erfährt eine besondere Freiheit.

Die Natur des Geistes ist grenzenlose Freiheit. Die Natur der Seele ist Empfindsamkeit. Die Natur des Körpers ist Sinnlichkeit. Durch körperliche Erfahrung wird die Seele zur Empfindung angeregt. Was die Seele empfindet, erfährt der Geist. Durch die Erfahrung des Geistes wird seine Freiheit besonders. Besonders beglückend, besonders hingebungsvoll, besonders melancholisch ...

Die besondere Freiheit des Geistes entsteht durch die konkrete Empfindung der Seele, ausgelöst durch körperlich-sinnliches Erleben. Und dies ist das Besondere am Leben: Nur im Leben kommen Geist, Seele und Körper auf diese Weise zusammen. Das Leben ist die Erfahrung dieser Dreieinigkeit.

Ritual zur Innigkeit, Teil eins:
Das Paar setzt sich einander gegenüber. Sie halten einander an beiden Händen und schauen sich gegenseitig in die Augen. Bei bestehendem und bleibendem Augenkontakt sagt der Mann der Frau, was er an ihr liebt. Er sagt es ihr so genau und umfassend wie möglich. Sie hört ihm ruhig zu.

Was es zu beachten gilt: Schwangerschaft ist eine Reise in ein verändertes Dasein. Der körperliche Effekt ist unübersehbar. Doch der psychologische ist mindestens so tief greifend. Bisher war die werdende Mutter die Tochter ihrer Mutter. Das bleibt sie auch. Doch in absehbarer Zeit wird sie selbst Mutter sein. Diese Tatsache ist womöglich gewöhnungsbedürftig. Schon in der Schwangerschaft, also der Vorbereitungszeit auf die Mutterschaft, können allein durch die pure Macht der Veränderung starke Gefühle auftreten.

Was es noch zu beachten gilt: Ein vollständiger medizinischer Check-up der werdenden Mutter ist nun anzuraten. Allein schon, um womöglich familiärbedingte Risiken zu minimieren oder auszuschließen. Röntgenuntersuchungen sind allerdings möglichst zu vermeiden.

Außerdem: Forscher der Universität von Helsinki haben herausgefunden, dass Frauen, die während der Schwangerschaft regelmäßig Lakritz essen, zu Frühgeburten neigen. Lakritz wird aus Süßholzextrakt hergestellt. Der Wirkstoff Glycyrrhizin hat eine blutdrucksteigernde Wirkung und erhöht deutlich die Wahrscheinlichkeit einer verfrühten Geburt.

Die siebte Woche (2. Monat)

An der Vorderseite des Kopfes deuten sich zwei winzige Vertiefungen an. Dort werden sich die Augen bilden. Auch die Nasenlöcher sind in allerersten Ansätzen erkennbar. Die Beinknospen zeigen sich als mikroskopisch kleine Erhebungen an den hinteren Seiten des Rumpfes. Die Arme sind schon weiterentwickelt und ähneln winzigen Flossen. Die Anzahl der Urwirbel wächst in diesen Tagen auf bis zu 38 Paaren.

Ein zweites Nierenpaar wird gebildet, auch dieses nach bisherigem Erkenntnisstand ohne Funktion. Umso wichtiger ist nun die beginnende Entstehung des lymphatischen Systems, zuständig für die Immunabwehr, also das Herausfiltern und Eliminieren von Bakterien, Viren und anderen Fremdkörpern.

In dieser Woche wächst das Kind sehr schnell, geradezu rapide entwickelt sich der Kopf. Am Kopfende des Achsenstabs hatte sich während der vergangenen Tage ein Klumpen aus Nervenzellen gebildet, und in diesem Nervenzellen-Klumpen waren drei mit Flüssigkeit gefüllte Minibläschen entstanden, die primären Hirnventrikel. Durch Teilung der bereits vorhandenen Nervenzellen und deren Wanderungsbewegungen an diesen drei Bläschen werden während der nächsten Tage sämtliche Areale des Gehirns entstehen. Und wohin die jeweilige Nervenzelle wandert, wird darüber entscheiden, was aus ihr wird, welche Funktion sie als Hirnzelle übernehmen wird.

Schematisch gesehen, besteht das menschliche Gehirn aus drei Teilen: Der entwicklungsgeschichtlich jüngste Teil ist der Neocortex, auch Großhirnrinde genannt, weil er das Großhirn wie eine Rinde umgibt. Hier finden Bewusstsein und kognitive Fähigkeiten auf biologischer Ebene statt.

Der entwicklungsgeschichtlich älteste Teil ist das Rautenhirn, deshalb auch Reptilienhirn genannt. Das Rautenhirn grenzt ans Rückenmark und beinhaltet beispielsweise das Kleinhirn, zuständig für Bewegungskoordination und Motorik, und das Mittelhirn, zuständig für die Bewegung der Augenmuskeln.

Der zweitälteste Teil wiederum ist das Zwischen- oder Großhirn, auch limbisches System oder Säugetiergehirn genannt, zuständig für die Verarbeitung von Emotionen und die Entstehung von Triebverhalten.

Das Rautenhirn zeigt sich in der siebten Woche (der fünften nach der Empfängnis) in ersten Ansätzen. Und im limbischen System bilden sich die beiden Kernareale der Amygdala. Die Amygdala, bestehend aus zwei nierenähnlichen, paarweise angeordneten Hirnarealen, speichert emotionale Erfahrungen. Spätestens ab dieser Woche zeigen sich hier erste elektrische Erregungen – Anzeichen beginnender embryonaler Gedächtnisleistungen.

Was genau und in welcher Form Eingang in dieses embryonale Gedächtnis findet, ist nicht exakt zu sagen, doch meine ich, dass es sich dabei um »ozeanische Erfahrungen« in positivem Sinne handeln muss, also Erfahrungen der Einheit, der Weite, der Wärme, der Lust am frühkörperlichen Dasein. Der negative Erfahrungskosmos besteht meistens aus Unruhe, hervorgerufen durch Unruhe der Mutter, Hektik des Vaters, Beschleunigung der Lebensumstände, die das Paar in Stress versetzen und damit auch das ungeborene Kind. In extremerer Form besteht der negative Erfahrungskosmos aus nebulöser, also unspezifischer Angst, die wie eine Woge über die kindliche Wahrnehmung brechen kann, dann nämlich, wenn die Mutter Angst hat oder der Vater, was der Mutter ebenfalls Angst macht, zum Beispiel wenn einer von beiden eine traumatische Erfahrung macht, etwa durch den Tod eines nahestehenden Menschen. Doch die allergrößte Härte für das Kind ist nach meiner Erfahrung eine Ablehnung durch die Mutter. Je dauerhafter, umso schlimmer. All dies wird vom embryonalen Gedächtnis aufgenommen und prägt das sich entwickelnde Kind.

Dies muss in Zusammenhang mit einer weiteren Tatsache gesehen werden: Etwa in der siebten Woche bildet sich der erste frühkindliche Reflex. Dieser erste von nacheinander auftretenden Primitivreflexen ist der Furcht-Lähmungs-Reflex, ein Schreckimpuls, ausgelöst durch einen Reiz aus der Umwelt. Wenn der Embryo von etwas berührt wird oder irgendwo gegen stößt, zieht er sich zurück und erstarrt. Auch die Schockstarre eines Tieres bei Gefahr wird durch diesen Reflex ausgelöst.

Der Furcht-Lähmungs-Reflex bleibt einem Menschen bei normaler Entwicklung ein Leben lang erhalten, jedoch inaktiv und rudimentär. Wurde das Kind jedoch zwischen der siebten und elften Schwangerschaftswoche sehr beängstigenden Erfahrungen ausgesetzt, etwa durch extremes Erbrechen der Mutter in dieser Phase der Schwangerschaft, durch andere körperliche Probleme oder auch durch seelische Not, so bleibt der Furcht-Lähmungs-Reflex aktiv. So aktiv, dass sogar lebensbedrohliche Schockzustände auftreten können, zum Beispiel Atemnot und Ohnmacht. Auch der plötzliche Kindstod gilt als extreme Folge dieses Reflexes. Nicht wenige Erwachsene leiden unter einem überaktiven Furcht-Lähmungs-Reflex. Bei Stress halten sie den Atem an, verlieren die Gesichtsfarbe, ihr Blutdruck sinkt, ihr Schmerzempfinden ist herabgesetzt und sie erstarren. Sie können nicht mehr oder kaum noch sprechen, sind auch emotional wie schockgefroren und führen ein Leben ständiger unterschwelliger Angst.

Menschen mit diesen Problemen wirken wie betäubt und wenig emotional, weil sie aus Angst vor dem nächsten Schock, der kommenden Katastrophe ihre Gefühle an sich unterdrücken. Erschöpft von einem Dasein in erhöhter Alarmbereitschaft, kämpfen sie auch mit ständiger Müdigkeit.

Mit den Methoden der Spirituellen Medizin ist dieses Leiden später behandelbar, doch eigentlich vermeidbar wäre es in der embryonalen Entwicklung gewesen, wo es ja auch entstanden ist. Wahrscheinlich durch zu häufige oder zu dauerhafte Auslösungen des ersten frühkindlichen Reflexes in dieser und den kommenden Wochen. Denn dadurch wurde Verhalten, was eigentlich für seltene Extremsituationen reserviert war, als alltägliches Verhaltensmuster in den neuronalen Verschaltungen des gerade erst heranwachsenden Gehirns festgeschrieben.

Und auch dies muss wiederum in Zusammenhang mit einer weiteren Tatsache gesehen werden, um die Folgen von möglichen Störungen in dieser Phase der menschlichen Entwicklung noch besser verstehen zu können: Wie auch alle übrigen Organe (mit Ausnahme der ersten beiden Nierenpaare) entsteht und formt sich das Gehirn bei gleichzeitiger Nutzung.

Doch im Gegensatz zu den übrigen Organen, wo die Art der Nutzung sehr früh und sehr eindeutig feststeht, ist das Hirnwachstum und das Erwachsen seiner Funktionalität ein sehr fließender Prozess, der zwar früh beginnt, in dieser Woche nämlich, doch sehr spät endet, wahrscheinlich erst mit dem Tod. Bis dahin verändert sich das Gehirn ständig im Gebrauch.

Das unterscheidet das menschliche Gehirn von einem Tiergehirn, womöglich selbst von dem eines so hoch entwickelten Tieres wie das eines Schimpansen oder eines Delfins.

Doch je früher eine Prägung im Gehirn ist, umso dauerhafter ist sie auch.

Sämtliche übrigen Organe des Menschen entstehen in einem Prozess der Beschleunigung. Einmal durch erste Zellverbände angelegt, wachsen sie schnell zu ihrer endgültigen Funktionalität heran. Diese Art des beschleunigten Wachstums gilt im Wesentlichen auch für sämtliche Tiergehirne, jedoch nicht für das menschliche Denkorgan. Das Menschengehirn wächst verlangsamt, so verlangsamt, dass es auch nach der Geburt noch nicht ausgewachsen ist.

Diese Langsamkeit in der Hirnreifung ist eine ganz besondere Qualität und im Vergleich mit dem beschleunigten Wachstum eines Tiergehirns bildlich so zu sehen: Der Gepard ist der schnellste Läufer der Welt. Er kann auf rund 110 Kilometer pro Stunde beschleunigen und überholt damit auf kurzer Strecke jedes Auto im Stadtverkehr. Verglichen mit dem menschlichen, wächst auch sein Gehirn sehr schnell. Noch vor der Geburt ist es vollständig ausgereift und nahezu vollständig verschaltet. Diese Schnelligkeit in der Entwicklung macht es zu einer Art Ferrari unter den Gehirnen. Einmal Gas gegeben und man ist schon am Ziel. Doch was hat man gesehen bei der Geschwindigkeit? Wenig. Kaum mehr als die Fahrbahn, die Begrenzungen an der Seite, die vorbeifliegende Landschaft und womöglich ein paar seltsame Figuren am Straßenrand.

Das Gehirn des Menschen hingegen ist der Fußgänger unter den Gehirnen. Ganz langsam bewegt es sich in seiner Entwicklung. Wie ein Spaziergänger, der zu Fuß eine fremde Stadt erkundet. Ständig gibt es etwas Neues zu sehen. Es will aufgenommen und verarbeitet werden. Ständig werden neue Erfahrungen gemacht. Die wollen in Beziehung gesetzt werden zu früheren. Der Fußgänger lernt noch, wenn der Ferrari schon längst angekommen ist.

Das Gehirn eines Menschen reift so langsam, dass es selbst mit der Pubertät noch nicht fertig ist. Eigentlich wird es sogar nie ganz fertig, weil nämlich durch Erfahrungen und deren gedanklich-emotionale Verarbeitung ständig neue neuronale Verschaltungen gebildet werden. So gesehen, wächst das menschliche Gehirn zu jeder Zeit des Lebens.

Auch Tiere machen Erfahrungen und lernen daraus. Aber diese Phase ist relativ schnell wieder vorbei oder besteht mit deutlich verminderter Intensität weiter. Der Mensch jedoch lernt mit nahezu unverminderter Intensität sein Leben lang und schöpft zu jeder Zeit aus sämtlichen Erfahrungen, indem er immer weiterlernt und seine Erfahrungen bis ans Lebensende miteinander verknüpft. So hält er noch am Ende an dem fest, was er am Anfang gelernt hat. Zum Beispiel eine Haltung extremer Angst als Normalität anzusehen.

Wie das Wachstum des Gehirns eigentlich seinen Anfang nimmt, ist (fast) ein genau so großes Rätsel für die Hirnforschung wie die Entstehung von Gefühlen und Gedanken und einem eigenständigen Selbst, das diese Gefühle und Gedanken auch noch bewusst reflektieren kann. Ich meine, wie bereits gesagt, dass der kindliche Geist sich in der Frucht niederlässt, um dann in ein biologisches

Dasein hineinzuwachsen. Er wächst hinein in ein frühembryonales Gewahrsein, in ein sich bildendes Gehirn mit wachsender Gedächtnisleistung. Dieses geistige Hineinwachsen in die Biologie und das biologische Wachstum selbst – sie gehören zusammen. Sie sind ebenso ineinander verschränkt wie die Form eines Organs und seine Funktion. Die embryonale Entwicklung ist dementsprechend »Work in Progress« auf sämtlichen Ebenen des Daseins.

Das verweist auch auf eine plausible Antwort zu der Frage, wie das organische Wachstum eigentlich seinen Anfang nimmt. Sicher, es nimmt seinen Anfang so, wie beschrieben, beginnend mit der Befruchtung, Zellteilungen, der Einstülpung und der Differenzierung in Keimblätter. Doch woher wissen die Zellen eigentlich, was wo aus ihnen werden soll?

Ihre spätere Bestimmung beginnt mit einem Dasein in einem eher chaotisch anmutenden Zellhaufen und mit Wanderungsbewegungen ins Bestimmungsgebiet. Mit der Ankunft scheinen die Zellen zu »wissen«, was aus ihnen werden soll. Sie verwandeln sich in Hautzellen, Blutzellen, Organzellen, Knochenzellen usw., indem sie sich am Bestimmungsort teilen und dabei immer weiter spezialisieren.

Auch in der Hirnzone ist das nicht anders. Durch Wanderungsbewegungen von vorspezialisierten Zellverbänden wird die Grundstruktur des späteren Gehirns angelegt. »All diese Wanderungsprozesse«, meint Gerald Hüther, »werden durch Signalstoffe und Adhäsionsmoleküle gelenkt.« Die bereits in den Zielbereichen angekommenen älteren Zellen weisen dann die Neuankömmlinge wie Platzanweiser ein. Wie genau diese Wegweisungen auf dieser mikroskopischen Ebene erfolgten, sagt der Hirnforscher, sei noch nicht vollständig erforscht, doch sicher sei schon jetzt, »dass die Wanderung und die für das menschliche Gehirn typische Anordnung der Nervenzellen während der Hirnentwicklung weder zufällig erfolgt noch von richtungsweisenden genetischen Programmen gelenkt und gesteuert wird«. Genetisch festgelegt sei hier lediglich, wozu die Zellen fähig sind, wenn sie als Nervenzellen in eine bestimmte Situation geraten.

Wie die biologische Situation bei der Bildung des Gehirns in den jeweiligen Hirnrealen ist, wird aber durch die bereits vorausgegangene embryonale Entwicklung bestimmt. »Work in Progress« also nicht zuletzt auch im Gehirn.

Ist das nicht fantastisch? Zwei Zellen kommen zusammen, verknüpfen ihr Erbgut, teilen sich, wachsen also durch Vervielfältigung, nisten sich dann wo ein, um nun gut genährt einen regelrechten Wachstumsschub zu bekommen, der in Folge zu Organen, Armen, Beinen und einem Kopf führt, mit dem man irgendwann auch noch ganz wunderbar denken kann? Und das alles nur, weil Zellen wandern, den ersten Wanderern weitere folgen, die von den Ersteren eingewiesen werden?

Es gibt eine Art Missing Link bei der Erklärung embryonalen Wachstums, und bei der Betrachtung der Entwicklung des Gehirns wird dies besonders deutlich. So wenig wie das menschliche Dasein durch rein biologische Prozesse zu erklären ist, so wenig auch die Embryonalentwicklung. Schon weit vor der messbaren Existenz eines Bewusstseins gerät die medizinische Forschung ins Stottern, wenn sie in ihrem wissenschaftlichen Rahmen die Entstehung des Gehirns erklären soll.

Die Physik hat es da leichter. Um etwa das unbestreitbare Phänomen der Anziehung von Massen mit der Quantenfeldtheorie in Einklang zu bringen, die Anziehung ohne Masse beschreibt, wurde die Superstringtheorie erfunden. Eine Theorie, die in der Konsequenz beispielsweise eine endlose Zahl von Paralleluniversen wahrscheinlich macht. Nicht wenige Physiker halten das für den größten Schwachsinn aller Zeiten. Aber sie reden darüber. Gern und viel.

Wenn man einem Mediziner sagt, dass das Menschsein und die biologischen Anfänge des Menschseins, also die embryonale Entwicklung, vor allem aber der Beginn der Gehirnentwicklung ohne ein ordnendes Feld nicht möglich seien, dann bekommt man in der Regel eine der folgenden drei Antworten: ein desinteressiertes Kopfschütteln, ein resigniertes Schulterzucken oder ein beidhändiges Abwinken, begleitet von einem deutlichen Rückzugsreflex. Noch bevor der verdeutlichende Begriff fällt: Aura.

Aura ist ein Unwort in der Medizin. Inbegriff des Dubiosen. Mediziner und auch Biologen reden nur sehr ungern über das, was ihnen zur Erklärung des Lebendigen fehlt, nämlich ein geistiges Feld, ein feinstoffliches Fundament des Lebens an sich, der eigentliche Nährboden des Seins, die Aura.

Die individuelle Seele ist das Feld des individuellen geistigen Gewahrseins. Die Seele inkarniert mit diesem Feld. Seele und seelisches Feld bestehen aus dem individuellen Geist, in der spirituellen Aura ausgedehnt, und mentalen und emotionalen Aspekten, die ebenfalls mitgebracht werden. Verknappt wird dieser geistige Komplex mit seinen Aspekten hier als Seele bezeichnet.

Die Seele wird von den meisten Menschen als etwas Kleines angesehen, fast punktförmig, selbst wenn es einst die Seele eines großen Menschen war. Doch die Seele ist eigentlich ein Feld. Das Seelenfeld ist sehr beweglich. Es kann sich weit ausdehnen und wieder zusammenziehen. Im Moment der Inkarnation zieht sich die Seele zusammen, um sich nach der erfolgten Ankunft wieder auszudehnen. Einerseits auf der Ebene der spirituellen Aura wie bereits beschrieben.

Andererseits verbindet sich das Seelenfeld mit der Frucht der Biologie. Es entsteht die sogenannte Blaupause. Dies ist die erste Schicht der Aura, eine Art Informations- und Vermittlungszone zwischen Seele und Körper. Die Seele weiß, was Menschsein ist. Sie weiß, was dazu auf organischer Ebene notwendig ist. Nicht bewusst im Sinne eines Stoffes zum Nachdenken und Überdenken, jedoch bei Bedarf als Information abrufbar. Durch die Inkarnation entsteht der Bedarf. Wahrscheinlich ist es die Resonanz der Ankunft, die das Signal für den Bedarf ist und die Blaupause entstehen lässt. Eine feinstoffliche Schwingungsebene, in der die biologischen Aspekte der Menschwerdung als energetische Informationen codiert sind.

Die genetischen Informationen von Mutter und Vater setzen einen Ereignisrahmen der Biologie. Die Seele füllt diesen Rahmen, und Leben ereignet sich. Das Wunder des Lebens ist das gemeinsame Ereignis von Seele und Körper. Es ereignet sich auch durch die Vermittlung der Blaupause. Ihr Vermittlungsprinzip ist Resonanz. Die ist von Anfang an immer gegenseitig. Die Seele geht in Resonanz mit der Biologie. Und die Biologie wiederum in Resonanz mit der Seele. In dieser gegenseitigen Verschränkung der Seele mit dem Körper wächst und gedeiht der Embryo.

Dies meine ich in der Deutlichkeit zu wissen, weil ich als spiritueller Heiler mit Menschen auch über diese Vermittlungsebene arbeite. Es gibt keinen Grund anzunehmen, dass dieses Prinzip in Embryonen nicht wirkt oder aus irgendeinem Grund außer Kraft gesetzt wird, doch ist es eine Theorie, denn beobachtbar ist der Beginn der energetischen Verschränkung von Seele und Körper am Beginn des intrauterinen Lebens, wie bereits gesagt, nicht. Doch auch da hilft einem das Ende des Lebens weiter. Das ist ja beobachtbar. Und im Moment des Ablebens, also des Weggangs der Seele, löst sich die Blaupause auf, die Resonanz zwischen Seele und Körper schwindet und der Informationsaustausch zwischen Körper und Seele kommt zum Erliegen. Das ist der eigentliche Tod. Umgekehrt beginnt das Leben in körperlicher Form genau damit: mit Resonanz und Information.

Erst durch diese Information kann aus der Armknospe am Rumpf, die wie eine Flosse aussieht, später ein Arm und eine Hand werden. Und durch Information, übermittelt in Resonanz, wird aus Nervensträngen das Gehirn. Unser Gehirn! Was für eine gigantische Leistung der Koordination!

Gegen Ende der siebten Woche der Schwangerschaft nimmt diese Koordinationsleistung Formen an, das Gehirnwachstum bekommt einen besonderen Schub.

Das Größte am Embryo ist sein Kopf. Insgesamt ist er jetzt ungefähr so groß wie eine Kaffeebohne, also sechs bis acht Millimeter lang und damit ungefähr fünfzehntausend Mal größer als bei der Befruchtung. Die Gesamtlänge kann mit Ultraschallmessverfahren nun ziemlich genau ermittelt werden. Sie ermöglicht eine annähernde Bestimmung des Zeitpunkts der Befruchtung. Mit einer Genauigkeitsschwankung zwischen ein bis vier Tagen – was aber die offizielle Berechnung der Schwangerschaft nicht grundsätzlich ändert, sondern nur fein korrigiert, denn zum nun bekannten Befruchtungszeitpunkt werden für die Rechnung 14 Tage hinzuaddiert. Die Schwangerschaft bleibt also rein rechnerisch immer zwei Wochen länger, als sie es biologisch ist. Diese Vorverlegung des Schwangerschaftsbeginns hat natürlich keinerlei Auswirkungen auf den späteren Geburtstermin. Erstens kommt das Kind, wann es nun mal kommt. Und zweitens, wenn die Berechnung richtig ist, wahrscheinlich auch annähernd zum errechneten Termin.

12. Botschaft ans ungeborene Kind

Geliebtes Kind, bitte, höre uns! Langsam erwacht Dein Bewusstsein. Spätestens jetzt spürst Du, wenn wir an Dich denken. Du nimmst wahr, wenn wir über Dich reden. Und Du fühlst, wenn wir zu Dir sprechen. Du spürst unsere Zuwendung als Resonanz in Deinem Dasein.

Du fühlst: Dich, uns und die Welt. Wir wünschen sehr, dass Dir gefällt, was Du fühlst. Doch wir können es nicht garantieren. Die Welt ist wunderbar und wunderschön, doch manchmal wirkt sie womöglich wie das genaue Gegenteil, nämlich erschreckend, furchtbar und furchtbar hässlich.

Wenn Du die Welt einmal furchtbar finden solltest, geliebtes Kind, wenn sie Dir laut und unwirtlich erscheint, wenn sie hektisch und lieblos auf Dich wirkt, wenn sie Dich erschreckt und Dir hässlich vorkommt, dann erinnere Dich, dass wir, Deine Eltern, für Dich da sind.

Wir behüten und beschützen Dich.
Wir lieben und nähren Dich.
Wir sind Dir nahe und bleiben es.

Ritual zur Innigkeit, Teil zwei:
Das Paar setzt sich einander gegenüber. Einander an beiden Händen haltend und mit Augenkontakt sagt die Frau dem Mann, was sie an ihm liebt. Sie sagt es ihm so umfassend wie möglich. Er hört ihr still zu.

Was es zu beachten gilt: Sie wissen sicher, dass Sie schwanger sind. Die Phase der Unsicherheit, ob schwanger oder nicht, liegt hinter Ihnen. Vielleicht auch die Zeit extremer und ständig wechselnder Empfindungen und Gefühlszustände. Womöglich haben Sie nun eindeutig eins: Angst. Mache ich auch alles richtig fürs Kind? Lebe ich gesund genug? Ist mit meinem Genmaterial auch alles in Ordnung? Hat der Vater dem Kind gute Gene mitgegeben? Wächst es vielleicht mit einer Behinderung? Hoffentlich werde ich nicht krank! Hoffentlich muss ich während der Schwangerschaft keine Medikamente einnehmen, die das Kind schädigen könnten!

Und überhaupt: Wie soll ich erst die Schmerzen bei der Geburt ertragen, wenn ich mich schon Wochen vor einem Zahnarzttermin fürchte? Solche und ähnliche Fragen bewegen werdende Mütter. Sprechen Sie mit Ihrem Partner darüber. Ausgesprochene Ängste haben weniger Macht als geheime. Und tauschen Sie sich mit anderen Frauen aus. Vor allem Mütter werden Ihre Nöte verstehen.

Was es noch zu beachten gilt: Das wachsende Kind hat einen steigenden Flüssigkeitsbedarf. Für das Wohlbefinden des Kindes und ihr eigenes ist es wichtig, dass die werdende Mutter genug trinkt.

Außerdem: Glutenunverträglichkeit ist womöglich eine wesentliche Ursache von Frühgeburten – das wollen italienische Wissenschaftler in einer Studie bewiesen haben. Reagiert die werdende Mutter allergisch auf Gluten enthaltende Getreidesorten, sollte sie diese zumindest während Schwangerschaft und Stillzeit konsequent vom Speiseplan verbannen.

Die achte Woche (2. Monat)

Im Vorderhirn sind die Hirnzellen fleißig mit ihrer Teilung und Vermehrung beschäftigt. Bis zum Ende der Schwangerschaft bilden sich im Gehirn des Kindes pro Minute durchschnittlich 250 000 Neuronen. Maximal sind es sogar 500 000 in einer Minute. Zu Beginn des achten Monats schließen sich die Hirnzellen im entwicklungsgeschichtlich ältesten Teil, dem Rautenhirn, bereits zu Zellverbänden zusammen und bilden Fortsätze.

Ebenso aktiv sind die Zellen im zweitältesten Teil, dem limbischen System. So wie unspezifische Nervenzellen in spezifische Kopfregionen gewandert sind und, durch Signalstoffe geleitet, am Zielort ihre eigentliche Bestimmung als Hirnzellen fanden – genau so geleitet wachsen nun auch die Fortsätze dieser Zellen ihrer Bestimmung entgegen. Sie wachsen in bestimmte Gehirngebiete, um sich dort wie auf ein geheimes Signal hin zu verzweigen und mit anderen Hirnzellen zu verschalten.

Das Gehirn eines Erwachsenen besteht aus Milliarden von Neuronen, von denen jedes Einzelne einen verlängerten und am Ende verzweigten Fortsatz hat, das Axon mit seinen synaptischen Kontakten. Diese Synapsen sind mit den Synapsen an den sogenannten Dendriten anderer Neuronen verbunden. Darüber werden elektrisch-chemische Impulse weitergereicht – der Informationsfluss in einem extrem dichten Netzwerk von über einer Billiarde synaptischer Kontakte. Bereits in der achten Woche beginnen sich die Neuronen im Gehirn des Kindes zu verschalten und ein Netzwerk zu bilden, in dem sich nun zunehmend Erregungsmuster ausbreiten können.

In dieser Woche knickt das Rautenhirn in der Mitte ein, es bildet sich eine Brücke, der Pons, und die Teilung des Gehirns in eine linke und rechte Hemisphäre wird deutlich erkennbar. Der Hypothalamus entsteht, ein Abschnitt des limbischen Systems und als Regulationszentrum des vegetativen Nervensystems fundamental wichtig für die Homöostase, die Aufrechterhaltung eines relativ konstanten inneren Gleichgewichts. Dafür müssen Vitalfunktionen wie Blutkreislauf, Körpertemperatur, Säure-Base-Haushalt, Wasser- und Elektrolythaushalt mit Lebensprozessen wie Schlafen, Wachen, Trinken, Essen und der Atemfrequenz ausbalanciert werden.

Etwa zeitgleich wird die Hirnanhangdrüse gebildet. Die Hypophyse reguliert die Hormonproduktion, unter anderem die Ausschüttung von Wachstumshormonen, und ist damit eine maßgebliche Steuerzentrale für den Hormonhaushalt.

In der achten Woche der Schwangerschaft entsteht auch das Kleinhirn, entwicklungsgeschichtlich noch ein Erbe aus der Reptilienzeit und der Teil des menschlichen Gehirns mit der größten Neuronendichte. Das Kleinhirn ist zuständig für das Erlernen von Bewegungsabläufen, für deren Koordination und unbewusste Planung, aber auch mitverantwortlich für kognitive Prozesse wie Aufmerksamkeit.

Außerdem formen sich die Handflächen; die Augenmuskeln werden gebildet und ein drittes Nierenpaar, das gegen Ende dieser

Woche, spätestens jedoch in der nächsten, mit der Produktion von Urin beginnen wird. Die Milz entsteht, um später Antikörper zu produzieren und das Blut von beschädigten roten Blutkörperchen zu reinigen.

Die Leber ist nun so groß, dass sie eine winzige Schwellung im embryonalen Körper hervorruft. Die größte Drüse des menschlichen Körpers, hauptsächlich für Entgiftung zuständig, produziert gemeinsam mit der Milz während der embryonalen Entwicklung und bis zu Jahren nach der Geburt auch rote Blutkörperchen. Der Embryo und später das Kind haben durch das rapide Wachstum einen erhöhten Bedarf an den Sauerstofftransporteuren.

In dieser Woche wird sich auch die Netzhaut der Augen bilden. Voraussetzung der Sehkraft, denn in der Retina werden optische Impulse in Nervenreize umgewandelt.

Das Kind reagiert neben Berührung auf einen weiteren Reiz: Obwohl seine Sinneszellen im Ohr noch nicht so weit entwickelt sind, dass es biologisch hören könnte, hat sich bereits ein Innenohr mit Bogengängen und Flimmerhärchen gebildet. Die Härchen geben ihm ein Gefühl für Veränderungen seiner Position. Es spürt nun, wenn die Mutter geht, sich hinlegt und von einer Seite auf die andere dreht. Es versucht, die Lageänderungen der Mutter zunehmend mit eigenen koordinierten Bewegungen auszugleichen. Und erkundet das Urmeer, indem es schwimmt. Diese frühen Ausflüge im Fruchtwasser sind vielleicht der Hauptgrund für unsere spätere Lust an Tauchgängen und dem Schwimmen im offenen Meer. Oder für unsere Angst davor, falls die ersten Erkundungen nicht unproblematisch waren.

Der Embryo misst nun etwa 1,6 Zentimeter. Noch passt er auf eine Fünf-Cent-Münze.

13. Botschaft ans ungeborene Kind

Geliebtes Kind, bitte, höre uns! Du wächst körperlich. Du wächst seelisch. Körperlich bist Du zwar schon weit entwickelt, aber immer noch winzig. Seelisch bist Du schon ein wenig gereift, doch noch lange nicht ausgereift. Nur Dein Geist ist schon ausgewachsen. Und weil Dein Geist schon vollständig ausgewachsen ist,

kannst Du Dein körperliches und seelisches Wachstum schon jetzt,
in dieser Phase Deines Daseins, vollständig wahrnehmen.

Genieße Deine Wahrnehmungen. Deine Wahrnehmungen sind
wie Flügel, die Dich zu neuen Erfahrungen tragen. Du fliegst. Du
schwebst. Du lässt Dich treiben. Weiter und immer weiter. Wie auf
Wolken. In einem himmlischen Bett. Die Schwingen Deiner Wahr-
nehmung tragen Dich weit in diesen ozeanischen Zeiten.

Was es noch zu beachten gilt: Durch das Wachstum des Kindes er-
höht sich der Kalziumbedarf. Es ist daher ratsam, Kalziumhaltige
Nahrung zu sich zu nehmen. Sardinen, Brokkoli und nicht zuletzt
Milchprodukte wie Käse und Joghurt enthalten Kalzium. Wer
Milch gut verträgt, kann den Bedarf auch direkt damit decken.

Außerdem: Bis zum Ende des zweiten Monats der Schwangerschaft wird das Hormon Progesteron, welches die Schwangerschaft
aufrechterhält, nahezu ausschließlich vom Gelbkörper in den Ovarien produziert. Ab dem dritten Monat übernimmt zunehmend die
Plazenta die Produktion des Gelbkörperhormons.

Der dritte Monat der Schwangerschaft

Spätestens mit dem Beginn des dritten Monats der Schwangerschaft reagiert das Kind auf Berührung. Stößt es mit dem Kopf zum Beispiel gegen die Plazenta, dann wird es sich wahrscheinlich wegdrehen. Rumpf und Gliedmaßen sind nun zu spontanen Bewegungen fähig. Furchen in seinen Händen kündigen Finger an. Wenige Tage später furchen sich die Füße zur Zehenbildung. Doch eine Knochenbildung hat noch nicht stattgefunden. Dies ist die Phase erhöhten Knorpelwachstums. Auch Gelenke beginnen sich aus Knorpel zu formen.

Der Embryo streckt sich in die Länge. Seine Extremitäten wachsen besonders schnell in dieser Woche. Er misst jetzt etwa 2,3 Zentimeter, ist also noch sehr klein. Zu klein, als dass seine Bewegungen für die Mutter spürbar würden.

Doch auch wenn sie es noch nicht spüren kann, das Kind bewegt sich sicher. Es bewegt sich, um seinen Bewegungsapparat in der Bewegung zu testen und durch Bewegungsübung weitere Bewegungsfähigkeit und motorische Koordination zu erlangen. Nervenbahnen und Reizleitungen werden dadurch stimuliert, auch das weitere Hirnwachstum angeregt.

Sätze der Kraft für die werdende Mutter und den werdenden Vater:
Unser Kind ist gesund. Es bekommt, was es braucht. Es gedeiht ganz prächtig.

Was es in diesen Wochen noch zu sagen gibt: Werdende Mutter und Vater in spe erzählen ihrem ungeborenen Kind, wie sie einander kennen und lieben gelernt haben.

Visualisierung beim Einschlafen:
Das mythische Baby leuchtet. Es strahlt vor Glück in einem hellweißen Licht, denn in seinem Lichtkörper wächst ein biologischer Leib.

Bitte nicht vergessen: Singen Sie möglichst täglich den Babysong für Ihr ungeborenes Kind. Praktizieren Sie regelmäßig das Energiebad, die erste Methode Spiritueller Medizin für diese Phase der Schwangerschaft.

Die neunte Woche (3. Monat)

Bisher wirkten die elektrischen Erregungsmuster im Gehirn des Kindes noch überwiegend chaotisch. Erregungen entstanden häufig spontan an irgendeiner Stelle des Gehirns, um sich dann über die synaptischen Kontakte als eine Erregungswelle auszubreiten. Oft verebbten diese Wellen, wie sie entstanden, spontan, einfach so. Doch manchmal liefen die Erregungswellen zu regelrechten Brechern auf. Auch dafür verfügt das Gehirn bereits über ein Notfallprogramm. Ab einer bestimmten Reizintensität stellt das Gehirn den Impuls am Ende der neuronalen Impulskette aus eigener Kraft wieder ab oder unterdrückt ihn auf ein verträgliches Maß.

Diese Filterfunktion des menschlichen Gehirns wird im Zuge der Hirnreifung wieder und wieder trainiert. Erst durch die stetige Verfeinerung des Filters wird das Gehirn in die Lage versetzt, die sinnliche Weltwahrnehmung zu verarbeiten.

Ein Beispiel: Menschen können bei hellem Sonnenschein sehen, aber auch fast in der Dunkelheit. Allein schon, weil die Augen sich den veränderten Lichtverhältnissen anpassen können, indem sich die Retina weitet oder verengt, also einen höheren oder niedrigeren Lichteinfall gestattet – je nach Bedarf.

Doch wie hell wir eine Stadt in der Sonne sehen und wie dunkel einen Wald in der Dämmerung, hängt von der Justierung unseres Gehirns auf optische Reize ab. Erst die Filterfunktion verhindert beispielsweise, dass wir eine Landschaft bei hellem Tageslicht nicht als überstrahlt ansehen wie etwa auf einem überbelichteten Foto, sondern im genau richtigen Licht. Durch Training werden die Wahrnehmungs- und Reizfilter im Gehirn ganz langsam auf die Wirklichkeit geeicht. Für die optische Wahrnehmung gilt das bis deutlich nach der Geburt.

Die Augen des Kindes sind in der neunten Woche der Schwangerschaft nahezu fertig entwickelt, inklusive der Lider, doch noch nicht sehfähig. Noch befinden sie sich wie bei einem Tier an den Kopfseiten, werden aber im Zuge der Weiterentwicklung in ihre spätere Position an der Kopfvorderseite wandern. Auch die Ohren sind schon entwickelt, sitzen aber tief am Kopf. Auch sie werden bei der weiteren Kopfformung in ihre Zielposition wandern.

Gleichzeitig bilden sich im Beckenbereich männliche oder weibliche Keimdrüsen, Gonaden genannt. Das Geschlecht steht damit fest – auch wenn es noch Wochen dauern wird, bis aus den Gonaden schließlich Hoden oder Eierstöcke entstehen.

14. Botschaft ans ungeborene Kind

Geliebtes Kind, bitte, höre uns! Dein Körper fühlt, Deine Seele empfindet und Dein Geist erfährt. In der Dreieinigkeit entfaltet sich Dein Dasein in diesem Leben. Das ist ein geeigneter Moment, um über den Beginn Deines Lebens zu meditieren.

Vielleicht hast Du es vergessen, weil Du bewusstlos warst. Vielleicht hast Du es vergessen, weil Du tief geschlafen hast. Vielleicht hast Du es vergessen, weil Du erst in diesen Tagen aus dem Tiefschlaf aufgewacht, aber noch nicht vollständig wach bist. Vielleicht hast Du es vergessen, weil Du glücklich bist, es Dir an nichts mangelt und es noch keine Notwendigkeit gab, nachzudenken. Vielleicht denkst Du nicht daran, weil das ozeanische Sein Deine ganze Aufmerksamkeit hat. Vielleicht bist Du so ein reines Gewahrsein, dass Dein Bewusstsein noch keine geistigen Objekte hat. Vielleicht bist Du so vollständig da, dass Dein Dasein kein Hier und Dort kennt, kein Fern und Nah, kein Gestern und Heute, keine Vergangenheit und keine Zukunft, keine Geschichte und keine Biografie, keine Pläne und keine Perspektiven. Vielleicht ist Dein Dasein so absolut, dass Du sogar Deine Herkunft vergessen hast.

Doch Du kommst von weit her. Du entstammst der Quelle allen Seins. Du warst Geist, umgeben von Geist. Als Geist bist Du im Mantel der Seele gereist. So bist Du auf die Seelensphäre gelangt und wurdest zur reisenden Seele mit reingeistigen Qualitäten. Als reisende Seele bekamst Du einen Hunger auf das Leben. Dein

Hunger wuchs mit Deinen Gedanken ans Leben. Dieser gewaltige Appetit auf Körperlichkeit und Verkörperung hat Dich vor die Wahl gestellt. Und Du hast uns gewählt, Deine Eltern.
Wir danken Dir für diese Wahl.

Was es zu beachten gilt: Während der Schwangerschaft speichert der Körper mehr Wasser. Dadurch verdickt sich die Hornhaut am Auge, also die äußerste Hautschicht am Auge um etwa drei Prozent. Diese Veränderung wird ungefähr in der neunten Woche der Schwangerschaft deutlich und hält bis etwa zehn Wochen nach der Geburt an. Gleichzeitig nimmt der Augeninnendruck während der Zeit um etwa zehn Prozent ab. Das Ergebnis: eine leicht verschwommene Sicht. Falls Sie Kontaktlinsen tragen, empfinden Sie diese wahrscheinlich plötzlich als unkomfortabel. Kein Grund zur Sorge. Ihre Augen werden sich innerhalb der nächsten Wochen auf die Veränderungen einstellen.

Was es noch zu beachten gilt: Der menschliche Körper kann Omega-3- und Omega-6-Fettsäuren nicht in ausreichendem Maße produzieren. Sie sind aber essenziell für Wachstum und Gesundheit und müssen daher mit der Nahrung zugeführt werden. Lieferanten dafür sind zum Beispiel Walnüsse, Erdnüsse, Oliven, Avocados und Heringe.

Außerdem: Wenn die Hautempfindlichkeit vor der Periode immer deutlich zunahm, dann wird sie es während der Schwangerschaft wahrscheinlich noch deutlicher tun. Kein Grund zur Beunruhigung. Die Sensibilisierung ist etwas sehr Schönes und eine Einladung, durch ausgiebiges Streicheln genossen zu werden.

Die zehnte Woche (3. Monat)

Das kleine Gesicht bekommt langsam menschliche Züge. Der Kopf wird runder. Die äußeren Ohren formen sich, sitzen aber weiterhin noch zu tief. Die Oberlippe ist bereits erkennbar. Die Gaumenplatten wachsen ineinander, Geschmacksknospen bilden sich auf der noch winzigen Zunge. Die Entstehung der Augen wird nun mit deren Pigmentierung abgeschlossen. Die Großhirnrinde beginnt sich auf typisch menschliche Art zu furchen.

Das Kind ist spätestens jetzt zu ersten Sinnesleistungen fähig. Dies geschieht über die Haut. Die Lippen erlangen als Erstes Berührungsempfindlichkeit, gefolgt vom Gesicht und den Genitalregionen. Dies ist umso interessanter, als sich der Sinn für Berührung zuerst in den Bereichen entwickelt, die im späteren Leben höchstsensibel sind.

Innerhalb der zehnten Woche der Schwangerschaft wird die feine Schicht aus Zellen des äußeren Keimblattes, die den gesamten Körper des Kindes umhüllten, vollständig von einer Schicht aus flächigen Zellen ersetzt worden sein. Diese Zellen bilden später die äußere Haut. Der Darm, bisher zum größten Teil noch außerhalb des Körpers, nämlich in der Nabelschnur gewachsen, wird langsam in den Körper hineingezogen. Die Phase rapiden Herzwachstums ist vorbei. Das Herz des Kindes wird von diesem Zeitpunkt an deutlich verlangsamt weiterwachsen.

Gegen Ende der zehnten Woche endet auch eine wichtige Phase in der Entwicklung der Gliedmaßen. Die Beine haben proportional gesehen ungefähr die richtige Länge erreicht. Sie sind nach innen rotiert und auf einer Linie mit dem Rumpf. Die Schultern dagegen haben sich nach außen gedreht, um die Arme an den Körperseiten zu platzieren. Sämtliche Finger und Fußzehen, die bisher wie durch Spinnweben miteinander verbunden waren, trennen sich voneinander und sind frei beweglich. Unter den Füßen werden die Fußsohlen erkennbar.

Knochen beginnen sich zu bilden. Zuerst in den Unterarmen. In einem nur langsam voranschreitenden Prozess wird dabei Knorpel durch Knochen ersetzt. Mit dem Beginn der Knochenbildung endet die embryonale Phase und beginnt die fetale, auch Fetogenese genannt.

Wenn das Kind ein Junge wird, beginnt sich sein Penis zu bilden. Wird es ein Mädchen, entsteht die Klitoris.

In gewissem Sinne ist das Kind nun fertig, denn Gliedmaßen, sämtliche Organe und körperliche Strukturen haben sich gebildet. Von nun an müssen sie nur noch ausreifen.

Dies ist wunderbar und ein medizinisches Wunder. Allein schon, weil der Fetus in Anbetracht dessen umso kleiner wirkt. Zwar ist das Kind auf knapp drei Zentimeter Länge gewachsen und somit ungefähr fünf Mal so groß wie vor einem Monat, damit aber immer noch so winzig, dass es in einen Teelöffel passen würde. Die Fruchtblase, worin der Fetus schwimmt, ist etwas größer als ein Hühnerei.

Trotz seiner geringen Größe ist das Kind bereits sehr aktiv. Und reagiert auch deutlich auf mütterliche Reize. Bekommt die Mutter Angst, produziert ihr Körper Stresshormone wie Adrenalin und Kortisol, die ungehindert über Plazenta und Nabelschnur zum Kind gelangen. Mit dem Ultraschall konnten die Reaktionen des Kindes auf diese hormonelle Informationsflut beobachtet werden. Manche erstarrten wie vor Schreck, andere begannen wie wild zu strampeln, als wollten sie flüchten. Niemand weiß, was das Kind in dieser Phase seines Daseins wirklich fühlt. Ob es tatsächlich Angst spürt. Und wenn ja, wie sich diese frühkindliche Angst anfühlt. Seine Reaktionen sehen jedenfalls wie Angstreaktionen aus. Angst weckt Vorsicht. Achtsamkeit und Vorsicht sind zum Überleben hilfreich. Daher ist die frühkindliche Erfahrung der Angst nicht grundsätzlich negativ.

Schon in dieser Phase der Schwangerschaft reagieren Kinder auf sämtliche emotionale Zustände der Mutter. Wut, Ärger, Furcht, Heiterkeit, Freude, Lust, Glück – durch die wechselnden Empfindungen der Mutter lernt das Kind die Vielfalt menschlicher Empfindungen kennen. Das ist grundsätzlich positiv, denn es gehört zur gesunden emotionalen Entwicklung des ungeborenen Kindes. Solange es negativen Gefühlszuständen nicht zu lange und zu intensiv ausgesetzt ist.

15. Botschaft ans ungeborene Kind

Geliebtes Kind, bitte, höre uns! Dein Dasein beglückt uns. Wir denken an Dich und träumen von Dir. Wir träumen davon, dass Du auf wohlige Weise wächst. Wir träumen davon, dass auch Deine Neugier auf die Welt da draußen wächst. Und dann stellen wir uns vor, wie Du das Licht der Welt erblickst. Wir werden Dich tragen. Wir werden Dich halten. Wir werden Dich wiegen. Wir werden Dir Lieder vorsummen und schöne Geschichten erzählen. Wir werden Dir beim Spielen zusehen. Wir werden Dich lachen hören. Wir werden Deinen Schlaf bewachen. Wir werden Dich in der Nacht beschützen und am Tag behüten. Wir werden sehen, wie Du wächst. Wir werden beobachten, wie Du gedeihst. Wir werden uns über Deine Freude freuen, denn Dein Glück ist immer auch unser Glück. Wir werden Deine Tränen trocknen, wenn Du weinst, womöglich sogar vor Freude. Wir werden Dich aufheben, wenn Du hinfällst. Wir werden Dich zu gehen lehren, zu laufen und zu rennen. Wir werden Dich lehren, gute Schritte ins Leben zu tun. Und wir werden Dich das Sprechen lehren. Schon jetzt gibt es ja so viel, was Du uns sagen willst. In nicht allzu ferner Zeit reden wir auch darüber.

Was es zu beachten gilt: Die körperlichen Veränderungen während der Schwangerschaft sind enorm. Schlanke Körperformen sind in Mode, Dünnsein gilt als schön. Vom aktuellen Schönheitsideal entfernen Sie sich gerade. Um es direkt zu sagen: Vielleicht fühlen Sie sich dick und unattraktiv. Und zwar ganz besonders in diesen Wochen, wo sich ein kleiner Bauch abzuzeichnen beginnt.

Körperliche Veränderung können starke Gefühle nach sich ziehen. Oder zumindest Unsicherheit: Bin ich für meinen Partner nun noch begehrenswert? Findet er mich auch schwanger noch sexy?

Das sind Fragen, die Frauen vor allem bewegen, wenn sie zum ersten Mal schwanger sind. Wenn sie mit ihrem Partner offen darüber reden, werden sie sehr wahrscheinlich feststellen, dass diese Ängste unbegründet sind.

Wahrscheinlich werden auch Sie sehr schnell Ihren Frieden mit dem wachsenden Leibesumfang machen. Allein schon, weil Ihr Partner ihn schön findet. Und weil Ihr Umfeld Sie um den Zustand der Schwangerschaft beneidet.

Sie werden sehen …

Was es noch zu beachten gilt: Phosphor ist ein für die Vitalität fundamental wichtiges Mineral, denn Phosphorverbindungen sind die wichtigsten Zellbausteine überhaupt. Für eine gesunde Entwicklung des Kindes und die Gesundheit der Mutter werden circa

700 Milligramm täglich empfohlen. Der Bedarf ist über den Verzehr von tierischem Protein leicht zu decken. Wird zu viel Phosphor aufgenommen, aber zu wenig Kalzium, könnte die Neigung zu Muskelkrämpfen begünstigt werden.

Die elfte Woche (3. Monat)

Das Kind wächst nun etwa 1,5 Millimeter pro Tag. Es wiegt etwa sieben Gramm und misst vom Kopf bis zum Steiß durchschnittlich 4,1 Zentimeter. Der Kindskopf macht die Hälfte der Gesamtlänge des Kindes aus. In den Schädelknorpeln beginnt die Knochenbildung. Die Gesichtsmuskulatur ist schon so weit ausgeprägt, dass ein Gesichtsausdruck, eine Mimik erkennbar wird. Der Ausdruck kann wechseln und weist Ähnlichkeiten mit den Eltern auf.

Das Kind hat inzwischen komplexe Empfindungen, die als Erinnerungen im weiter ausgebildeten limbischen System gespeichert werden. Sämtliche Gehirnstrukturen sind zu diesem Zeitpunkt bereits über die ersten Rudimente hinausentwickelt. Nervenimpulse werden vom Gehirn durchs Rückenmark zum Bewegungsapparat gesandt und wieder zurück. Eine Schaltstelle ist der Hirnstamm, in dem die zwölf paarigen Hirnnerven wurzeln. Erst die Hirnnerven übermitteln die Reize aus den einzelnen Sensorien. Einige dieser Nervenstränge sind sehr kurz und verlaufen nur im Kopf. Wie etwa der Seh-, der Riech-, der Hör- und der Gleichgewichtsnerv. Ganz im Gegensatz zum Nervus vagus, dem größten und Hauptnerv des Parasympathikus, der weite Teile des Körpers durchzieht, vegetative Funktionen der Organe enerviert, die Stellung des Kehlkopfes kontrolliert und wahrscheinlich als Bindeglied zwischen Körperempfinden und Sprachvermögen fungiert.

Ob das Kind bereits jetzt über ein Bewusstsein verfügt, ob es womöglich bereits in ersten Ansätzen denkt, weiß die Hirnforschung noch nicht zu beantworten. Ganz sicher verfügt das Kind über Gewahrsein. Es ist sich seiner gewahr, denn es empfindet und spürt seine Körperlichkeit und nimmt darüber hinaus die Befindlichkeit der Mutter wahr. Inwieweit es seine Empfindungen reflektiert, ist damit noch nicht gesagt.

Womöglich löst der kleine Einstein im Bauch schon mathematische Gleichungen mit drei Unbekannten und komponiert der spätere musische Genius bereits seine Zwölftonfugen? Seit die Hirnforschung zu einem immer früheren Zeitpunkt des Lebens Hirnaktivität feststellt, meinen manche Eltern, das Kind erweise sich bereits im Bauch als Genie und müsse daher auch als ein solches behandelt werden. Gewiss, Ihr Kind ist großartig. Bereits jetzt verfügt es über erstaunliche Fähigkeiten, doch die sind wahrscheinlich noch auf eine Weise kognitiv, die nicht mit späterer Erkenntnisfähigkeit zu verwechseln ist. In jedem Fall sind die Objekte des kindlichen Gewahrseins sehr handgreiflicher Natur. Das Kind spürt seine eigene Körperlichkeit und seine Verbindung zur Mutter durch Nabelschnur und Plazenta. Und es spürt den Kosmos der mütterlichen Wahrnehmung. Was die Mutter denkt, empfindet und in ihrem Dasein erfährt, das spürt auch das Kind. Über den Umweg der mütterlichen Wahrnehmung erspürt das Kind so die Welt.

Wenn die Mutter im Frieden mit sich und der Welt ist, dann spürt das Kind die Welt im Frieden. Wenn die Mutter, aus welchen Gründen auch immer, ständig Angst hat, erfährt das Kind die Welt in einem Zustand der Angst. Letzteres sollte die Mutter unbedingt zu vermeiden versuchen, denn sonst verschalten sich die Neuronen des kindlichen Gehirns in Resonanz mit der mütterlichen Angst.

Umso mehr, als etwa in der elften Woche der erste frühkindliche Reflex, nämlich der Furcht-Lähmungs-Reflex, von einer zweiten unwillkürlichen Reizreaktion abgelöst wird. Dieser zweite Primitivreflex wird nach seinem Entdecker Moro-Reflex genannt. Auch dieser ist ein Schreckreflex, ausgelöst durch eine erschreckende Situation, eine überraschende Berührung etwa, einen plötzlichen Kontakt oder einen anderen erschreckenden sinnlichen Reiz. Im Gegensatz zu der Erstarrung und Herzschlagverlangsamung beim Furcht-Lähmungs-Reflex reagiert das Kind nun mit einem beschleunigten Herzschlag und einer Streckung seiner Gliedmaßen – auch das ein Rudiment tierischen Verhaltens. Denn zu einem späteren Zeitpunkt und fortgeschrittener motorischer Entwicklung sieht der Moro-Reflex so aus, wie er eigentlich auch gemeint ist: Erschreckt zuckt das Kind zusammen und spreizt die Arme und Hände. Genau so streckt ein Affe die Hände und Füße aus, wenn er fällt. Um sich umso besser am nächsten Baum festkrallen zu können. Teil zwei des Reflexes ist dann auch genau das. Mit Händen und Füßen wird eine Klammerbewegung ausgeführt. Hände und Füße werden dabei schnell zum Körper gezogen. Der Mund öffnet sich zum Schrei. Der Herzschlag wird beschleunigt und damit die maximale Lebensrettungsleistung ermöglicht.

Auch dieser zweite Primitivreflex ist eigentlich für Extremsituationen reserviert. Häufig und intensiv ausgelöst, wird er im Gehirn als Normalität festgeschrieben. Wahrscheinlich überschreibt das zweite Reflexmuster dabei das erste.

Ich meine aber zu wissen, dass eine Prägung im Furcht-Lähmungs-Reflex die Folgeprägung durch den Moro-Reflex noch verstärkt. Zwar verschwinden dann die Symptome des ersten, doch umso markanter sind die Symptome des zweiten dann da. Auch dies kann das gesamte spätere Leben beeinträchtigen. Der Moro-Mensch errötet schnell, er kann sehr leicht aufbrausen und sich in Angst oder Aggression hineinsteigern. Dabei beschleunigt sich sein Herzschlag, sein Blutdruck steigt. Er neigt entweder zu besonderer Schüchternheit oder zu auffälliger Angriffslust.

Eine Moro-Prägung ist durch Spirituelle Medizin ebenfalls erfolgreich behandelbar. Beide Reflexprägungen auch schon im Mutterleib. Auch deshalb ist es sehr heilsam, wenn die genannten Verfahren der Spirituellen Medizin während der Schwangerschaft zum Einsatz kommen.

In der elften Woche wird die Haut des Kindes dicker und weniger transparent. Der Fetus nimmt eine aufrechte Position ein, die an eine Hockstellung erinnert, aber keine ist, da er ja nicht hockt, sondern im Fruchtwasser schwimmt. Bei Mädchen wird eine Vagina erkennbar, bei Jungen ein Penis.

Innerhalb der nächsten Wochen, genauer kann man das nicht sagen, weil es individuell unterschiedlich ist, wird das Kind zu urinieren beginnen. Der Urin ist steril und wird mit dem normalen Flüssigkeitsaustausch des Fruchtwassers umgewandelt – auch dies eine Leistung der Plazenta, die das Fruchtwasser erst produziert. Gegen Ende der Schwangerschaft wird das Kind täglich etwa einen halben Liter ins Fruchtwasser abgeben.

16. Botschaft ans ungeborene Kind

Geliebtes Kind, bitte, höre uns! Wir, Deine Eltern lieben einander. Kraft unserer Liebe luden wir Dich in unser Leben ein. Und weil Du Dir ein Leben wünscht, bist Du unserer Einladung gefolgt. Nun wächst Du ins Leben hinein. Und wir lieben Dich. Aus der Liebe entsteht das Leben. Durch die Liebe wächst es. Die Liebe ist das eigentliche Grundnahrungsmittel dieser Welt.

Eigentlich gibt es unendlich viel davon, und doch hungern sehr viele Menschen danach. Eigentlich ist die Liebe ein Ozean, der alle Menschen trägt, doch sehr viele landen trotzdem auf dem Trockenen und fühlen sich ungeliebt. Das ist sehr traurig. Nichts tut so weh wie mangelnde Liebe. Voller Schmerz, auf der Suche nach Erklärungen für den Schmerz fragen sich die Ungeliebten: Bin ich vielleicht nicht wert, geliebt zu werden? Und zweifeln schließlich an der Existenz der Liebe überhaupt.

Verehrtes und geliebtes Kind, unsere Liebe, die Liebe Deiner Eltern für Dich ist real. Spüre unsere Liebe in diesem Moment. Das hilft Dir, unsere Liebe auch später umso klarer zu erkennen.

Was es zu beachten gilt: Raffinierter Zucker ist für den Körper so überflüssig, dass es wehtut. Meistens tut es das auch, denn Menschen, die viel raffinierten Zucker zu sich nehmen, werden krank. Das gilt auch für das wachsende Kind. Der Zucker gelangt in seinen Blutkreislauf und bringt dort nichts, außer zusätzlichen Kalorien, einer Veranlagung zu schlechten Zähnen und diversen anderen Krankheiten. Zu viel raffinierter Zucker ist ein weiterer Grund, warum Babys schon mit Übergewicht auf die Welt kommen. Honig ist hingegen eine gesunde Alternative zur künstlichen Süße.

Die zwölfte Woche (3. Monat)

So, wie das Gehirn des Kindes jetzt aussieht, so, bleibt es in Form und Aufbau auch, denn es ist in seiner Struktur nun voll entwickelt. Nur die Größe nimmt noch deutlich zu und natürlich auch die neuronale Vernetzung. Wenn das Gehirn schon ganz da ist und in seinem Dasein auch voll genutzt wird, ist dann nicht doch davon auszugehen, dass das Kind bereits denkt? So gesehen, spricht einiges dafür. Allerdings muss man sich dann etwas genauer fragen, was unter Denken eigentlich zu verstehen ist.

Ich denke, dass das kindliche Gewahrsein und Grundformen des Denkens zu ähnliche geistige Qualitäten sind, um sie in dieser Frühphase menschlichen Daseins überhaupt trennen zu können. Viele Menschen, die mich aufsuchen, glauben, ich hätte so eine Art Röntgenblick, könne also durch Körper hindurch und daher das Kind im Bauch der Mutter beispielsweise lächeln sehen.

Meine Wahrnehmungen sind energetischer Art und keinesfalls so präzise. In den meisten Fällen ist die kindliche Präsenz in der zwölften Woche deutlich. Sie zeigt sich in der Aura der Mutter als besondere Färbung und als spürbares Resonanzphänomen.

Außerdem ist die kindliche Seele ja bereits ansprechbar. Doch heißt das nicht, dass sie zurückmorst: Hallo, ich heiße Friedrich, richten Sie meinen Eltern aus, dass sie mich auch so nennen sollen. Außerdem wünsche ich mir ein Elefantenbild im Kinderzimmer und einen Roller zum Geburtstag.

Die Ansprechbarkeit der kindlichen Seele liegt auf der Ebene des Gewahrseins, und auf der kann das Kind auch bereits antworten. Am besten zu beschreiben als Vermittlung, als ein Austausch von Seinsqualitäten. Denn wenn das Kind antwortet, übermittelt es die Qualität seines Daseins. Ob es zusätzlich oder darüber hinaus noch denkt, also vordenkt, nachdenkt, überdenkt, kann man sich vorstellen, sich einbilden und wünschen, doch genau überprüfen kann man es nicht.

Vielleicht ist der Begriff Denken an dieser Stelle ohnehin unpassend. Weil zum Denken das Bewusstsein eines Ichs gehört. Das Ichbewusstsein fehlt dem Fetus allerdings gewiss. Doch klingt dies nach einem Mangel, wo keiner ist. Denn das Ich bildet sich durch die Wahrnehmung einer Trennung zwischen dem Selbst und der Welt und der Notwendigkeit, sich selbst in Beziehung dazu zu setzen, angetrieben von der Hoffnung, diese Trennung zu überwinden.

Doch das Kind kennt noch keine Trennung. Es ist womöglich schon in Kontakt mit trennenden Empfindungen gekommen, zum Beispiel durch die Wahrnehmung mütterlicher Angst. Aber diese trennenden Empfindungen, so dramatisch sie auch sein mögen, führen noch längst nicht zur Ausbildung eines Ichs.

Daher denkt das Kind in gewisser Weise, weil es sich geistig mit den Objekten seines Gewahrseins befasst, doch hat die kindliche Art des vorgeburtlichen Denkens nur sehr wenig mit dem zu tun, was Erwachsene unter Denken verstehen.

Solange das Individuum sich in verkörperter Form mit der Welt verbunden sieht, solange es ohne das Bewusstsein der Trennung existiert, noch nicht durch die dramatischen Erfahrungen während der Geburt und des ersten Lebensjahres geprägt ist, solange es in dem bereits beschriebenen Kontinuum des intrauterinen Daseins schwebt, solange es sich daher mit allem verbunden fühlt, was ist, so lange verspürt es kaum die Notwendigkeit, sich zur Welt im Sinne von Nähe und Ferne, Intimität und Distanz, Liebe und Angst in Beziehung zu setzen.

So lange ist das Kind in seinem puren Sein. Neugierig fühlt es in die Tiefe seines Seins. Es spürt die Dimensionen seines Seins. Sein Gespür ist unfokussiert, also vollständig ausgedehnt, vorstellbar als eine Art Wahrnehmungsfeld, das sich dem Dasein an sich zuwendet. Erste sinnliche Reize ergeben dabei so etwas wie ein mehrdimensionales Erfahrungsmuster. Dieses Erfahrungsmuster unterliegt einem ständigen Wandel, da die Welt nicht statisch ist, der mütterliche Zustand ganz sicher auch nicht, und die väterlichen Stimmungen ja auch wechseln.

Und natürlich befasst sich das Kind damit. Es hat bereits ein funktionierendes Gedächtnis. Es weiß, was eben war und jetzt ist. Es kann zwischen unterschiedlichsten Wohlgefühlen unterscheiden und ist mit großer Wahrscheinlichkeit auch schon mit negativen Empfindungen wie Angst in Kontakt gekommen. All das gibt jede Menge Stoff zum Denken. Nur logisch ist dieses Denken ganz sicher nicht. Trotzdem ist es folgerichtig, denn wenn dem Kind etwas nicht gefällt, dann dreht es sich einfach weg.

Es hat nun eine geradezu introspektiv oder meditativ anmutende Haltung eingenommen, denn die Augenlider, die sich in den vergangenen zwei Wochen gebildet haben und zeitweise geöffnet waren, haben sich geschlossen. Es ist, als ob sich das Kind mit seinem erwachenden Gesichtssinn einkapselt, weil die Wahrnehmung des Sehens sonst zu machtvoll und eine Überreizung sein würde.

Auch mit geschlossenen Augen beginnt das Kind nun, hell und dunkel zu unterscheiden. Frühestens in der zwölften Woche, ganz sicher in den nächsten vierzehn Tagen. Forscher konnten Bewegungen als Reaktionen auf den Wechsel von Lichtverhältnissen im Mutterleib ausmachen. Kurz gesagt: Wenn sich die werdende Mutter in den nächsten Wochen in der angenehmen Nachmittagssonne sonnt (ohne gleich wie ein Bratfisch zu rösten), wird sich das Kind mitsonnen wollen und sich daher gleichfalls angenehm berührt der Sonne zuwenden, die durch die Bauchdecke in den Uterus scheint. Dieses gebrochene Sonnenlicht ist von einem zarten Violett-Rot und angeblich der Grund, warum Zigeunermütter ihre Kinder später am liebsten in Wäsche dieser Farbe betten. Sie glauben, dass ihre Kinder dann durchsonnt einschlafen.

Mit der zwölften bis spätestens zur 18. Woche wird sich der kindliche Geruchssinn entwickelt haben. Die Frage, ob dies von Bedeutung für das fetale Dasein ist, wurde lange verneint, weil olfaktorische Wahrnehmungen in Flüssigkeiten mit dem menschlichen Geruchsorgan kaum möglich schienen. Allerdings sind Geruchs- und Geschmackssinn während der Zeit im Mutterleib gekoppelt. Und in den nächsten Wochen beginnt das Kind, Fruchtwasser zu schlucken. Beim Schlucken kann es auch dessen Geschmacks-/Geruchsnote wahrnehmen. Je nach Gesundheitszustand der Mutter schmeckt/riecht ihr Fruchtwasser angenehm oder weniger angenehm. Wenn die Mutter ungesund lebt, so haben Forscher festgestellt, kann sich das negativ auf die Beschaffenheit ihres Fruchtwassers auswirken. Schluckt das Kind dieses eher unappetitliche Fruchtwasser, verzieht es das Gesicht, als würde es sich davor ekeln. Nikotingeschmack im Fruchtwasser mögen Feten nicht und auch Alkohol schmeckt ihnen nicht. Umso mehr lieben sie die natürliche Süße, die im Fruchtwasser als Folge einer gesunden Ernährung entsteht.

Die Wahrnehmung von Geruchs- und Geschmackssignalen im Mutterleib hat für das Kind eine besondere Bedeutung: Nach der Geburt erkennt es seine Mutter vor allem am Duft ihrer Muttermilch. Auch ihre Brustwarzen riechen nach einem bestimmten Botenstoff. Dieses sogenannte Pheromon war schon im Fruchtwasser enthalten.

Das Sprichwort »Immer der Nase nach« betrifft also schon die Frühphase des Lebens und lässt vermuten, dass diese olfaktorische Wegweisung bereits in den alten Zeiten bestens bekannt war.

In der zwölften Woche zeigt das Kind neue Reflexe. Wird seine Wange berührt, öffnet es den Mund. Dieses Verhalten wird Suchreflex genannt. Bereits jetzt übt das Kind damit ein Verhalten ein, das später für die Nahrungsaufnahme beim Stillen notwendig sein wird. Und wenn die Handinnenfläche irgendwo gegen stößt, wird der Palmar-Reflex ausgelöst. Die kindliche Hand greift mit all ihrer Kraft zu. Die Berührung der Fußsohlen löst einen entsprechenden Reflex aus, Plantar-Reflex genannt.

Außerdem bildet sich Teil eins des sogenannten tonischen Labyrinthreflexes. Sinkt der Kopf des Kindes nach vorn, nimmt es die fötale Beugehaltung ein. Teil zwei dieses Reflexes entsteht erst bei der Geburt: Im Moment, wo das Kind mit dem Kopf voran in den Geburtskanal eintritt, legt es den Kopf in den Nacken, streckt die Wirbelsäule und die Beine und dreht die Innenarme nach außen, sodass die Schulterblätter zusammengedrückt werden. Bis dahin sind es noch etwa sechsundzwanzig Wochen Zeit.

Seine Schilddrüse ist nun voll entwickelt, ebenso die Gallenblase und die Bauchspeicheldrüse. Im Pankreas wird nun Insulin produziert, ein lebenswichtiges Hormon zur Regulation des Blutzuckerspiegels. Der Darm ist nun nahezu vollständig in die Bauchhöhle gewandert. Innerhalb der nächsten Tage setzt die Darmperistaltik ein. Das heißt, der Ringmuskel des Darms beginnt sich nun rhythmisch zusammenzuziehen. Eine Vorübung der späteren Verdauung. Durch die rhythmischen Kontraktionen soll später die im Magen vorverdaute Nahrung in den Darmeingang hineinbefördert und in vollständig verdautem Zustand aus dem Darmausgang herausbefördert werden. Doch noch gibt es nichts zu verdauen, weil keine Nahrung aufgenommen wird. Denn noch ist der Fetus über die Nabelschnur und die Plazenta mit der mütterlichen Nährstoffquelle verbunden.

In der zwölften Woche ist außerdem die Gaumenhöhle fertig geformt. Damit ist der Mundraum von der Nasenhöhle getrennt. Erst diese Trennung wird es dem Kind später erlauben, gleichzeitig zu atmen und zu essen.

Sein Wachstum hat sich etwas verlangsamt. Der Fetus wiegt jetzt etwa 14 Gramm und ist circa fünfeinhalb Zentimeter lang.

17. Botschaft ans ungeborene Kind

Geliebtes Kind, bitte, höre uns! Angst ist der einzige und wahre Feind der Liebe. Wo die Angst sich niedergelassen hat, bleibt kaum Platz für die Liebe. Wenn man der Angst Raum gibt, breitet sie sich in alle Richtungen aus. Man begegnet ihr plötzlich überall. Wenn man ihr verängstigt zu entfliehen sucht, verfolgt sie einen. Man möchte um sein Leben rennen. Doch je schneller man rennt, umso schneller holt einen die Angst ein.

Solltest Du, geliebtes Kind, einmal Deiner Angst begegnen, dann frage sie besser: Hallo, Angst, was hast du vor.

Dich in Furcht und Schrecken zu versetzen, wird die Antwort wahrscheinlich lauten.

Dann antworte: Okay, dann fang mal am besten gleich damit an, ich bin schon ganz gespannt drauf.

Geliebtes und verehrtes Kind, wir, Deine Eltern, schwören Dir, wenn Du der Angst so begegnest, wirst Du über sie hinauswachsen. Deine Angst wird Dir plötzlich ganz klein und mickerig vorkommen, kaum noch beängstigend.

Was es noch zu beachten gilt: Manche Frauen neigen in diesem Stadium der Schwangerschaft zu Kreislaufproblemen. Wenn einem wackelig auf den Beinen wird, sollte man sich sofort hinsetzen. Wird einem womöglich schwarz vor Augen, ist eine stabile Ruheposition ratsam. So lange, bis sich der Kreislauf erholt hat. Kreislaufprobleme können ein Hinweis auf mangelhafte Ernährung sein.

Auch Kopfschmerzen sind keine Seltenheit, doch dürfen Medikamente nur im äußersten Notfall in Absprache mit einem versierten Arzt eingenommen werden.

Mediziner machen für derartige Symptome gern Eisenmangel verantwortlich oder zumindest mitverantwortlich. Bei nur wenigen Nahrungsbestandteilen ist die Spanne zwischen zu wenig und zu viel womöglich so eng. Neuere Forschungen haben ergeben, dass Werte im unteren Normbereich (häufig bei Vegetariern) wohl keine körperlichen Nachteile gegenüber jenen ergeben, die regelmäßig Fleisch essen und Werte im oberen Normbereich aufweisen. Überhöhte Eisenwerte hingegen führen zu einem Anstieg der Infektionsanfälligkeit. Die Einnahme von künstlichen Eisenpräparaten kann Überdosierungen zur Folge haben, die zu Vergiftungserscheinungen und sogar einem erhöhten Krebsrisiko führen können.

Allerdings haben schwangere Frauen durch die vermehrte Blutbildung einen Extrabedarf. Dieser Bedarf wird aber sicher gedeckt, wenn man regelmäßig Fleisch ist. Vegetarier sollten vermehrt grünes Gemüse und andere natürliche Eisenlieferanten essen.

Was es darüber hinaus noch zu beachten gilt: Die emotionale Stabilität von werdenden Müttern nimmt in diesem Stadium der Schwangerschaft grundsätzlich zu. Sie haben sich an die körperlichen Umstellungen gewöhnt, einigermaßen zumindest. Sie freuen sich auf das Kind, gehen achtsamer mit sich selbst um und kommen zunehmend in eine innere Balance.

Außerdem: Bis zum vierten Monat hat der Gelbkörper in den Eierstöcken die Produktion von Progesteron vollständig eingestellt. Das zum Aufrechterhalten der Schwangerschaft notwendige Gelbkörperhormon wird nun in der Plazenta produziert.

Schwangerschaft und Spirituelle Medizin (2) – Energetisieren mit goldenem Licht

Die Kindesseele hat sich im Körper beheimatet. Das Kind wächst in ozeanischer Ruhe. Mit der Bildung von Rückenmark und der Entstehung der Organe wurden die Stadien der Embryogenese durchlaufen, um mit dem Beginn des Knochenwachstums nun in die Fetogenese überzugehen. Das Kind ist zu Reflexen und Bewegungen fähig. Mit seinen winzigen Händen kann es sich über das Gesicht streichen, nach seinen Zehen greifen und in diesem Frühstadium auch schon am Daumen nuckeln. Als Ausdruck seines Wohlbefindens vermag es zu lächeln. Wahrscheinlich kann es sich an angenehme Empfindungen bereits erinnern, denn ganz sicher verfügt das Kind schon über ein Gedächtnis – Folge der rapiden Entwicklung seines Gehirns. Noch ist dieses sehr klein, doch sämtliche Hirnareale und alle Windungen sind trotz der geringen Größe vollständig angelegt.

Mit diesen Entwicklungsschritten hat das Kind die nächste Stufe seines Daseins erreicht. Seine biologische Existenz ist nun stabiler als zuvor. Gleichzeitig nimmt seine Empfindsamkeit zu, denn seine körperlichen Sinne erwachen und übermitteln Eindrücke, die ins kindliche Gewahrsein einfließen und verarbeitet werden wollen.

Die kindlichen Wahrnehmungen in dieser Phase seines Daseins in Worte zu fassen ist unmöglich, da wortloses Sein nun mal nicht verbalisierbar ist. Doch kann man versuchen, dem Zustand mit Worten an dieser Stelle nochmals nahezukommen. Womöglich so: Das vorsinnliche Gewahrsein des Kindes ruht an der Quelle allen Seins. Die Quelle ist ein Schwingungszustand, ein vibrierendes Meer aus potenzieller Information. Und alles, was ist, tritt als verdichtete Form aus diesem Meer an Information.

Nach Programmschluss war früher im Fernsehen ein weißes Rauschen zu sehen. Dieses wogende Meer aus winzigen blinkenden Lichtpunkten bildete die Ursuppe, aus der das konkrete Programm, zum Beispiel eine Nachrichtensendung, in Erscheinung trat. Das

Urmeer der Urinformationen ist wie ein weißes Rauschen, nur unendlich viel feiner als das auf dem Fernseher. So fein, dass sogar Gedanken und Gefühle verdichtete Formen daraus sind.

Das vorsinnliche Gewahrsein des Kindes ruht in diesem Urmeer. Es ruht in der Grundmatrix allen Seins, aufgehoben in einem intelligenten, äußerst subtilen Gewebe aus Energie. Dieser Zustand ähnelt dem Tiefschlaf, denn nichts daran ist konkret, also auf eine bestimmte Art geformt, irgendwie gemustert oder auf welche Art auch immer gestaltet. Doch das Kind schlummert nicht. Es ist auf keine Weise weggetreten, sondern vielmehr auf seine ganz eigene frühkindliche Art da. Es ist präsent in seinem ungeformten, noch nicht ausgestalteten Gewahrsein. Ein Zustand, welcher der Meditation ähnelt, aber keine Meditation ist, weil Kinder nun mal nicht meditieren, und schon gar nicht im Mutterleib. Am ehesten ist das Wesen dieses Daseins noch als ein Ruhen zu beschreiben. Vielleicht als der Urzustand des auch körperlichen Ruhens an sich. Denn während das Kind biologisch ruht, ruht es seelisch und geistig in seinem vollständig entfalteten Gewahrsein, ausgedehnt in das ungeformte Sein Gottes. Es ruht in Gegenwart des unbewegten Bewegers. Es ruht in einem Zustand endlosen, unkonkreten Glücks. Ein Glück, das einen trägt wie ein Ozean. Ein Glück, in dem man gut aufgehoben ist und wie in einer Wolke schwebt.

Mit dem Beginn der Sinnlichkeit wird das Dasein konkret. Das Kind fühlt zunächst körperliche Nähe. Diese Nähe ist anfänglich noch so zart und wenig greifbar wie ein feines rotes Licht, dass, erwärmend durch einen Vorhang aus Gaze scheint. Die rote, erwärmende Nähe des Urbegleiters ist die erste, fast schon konkrete Wonne, die das Kind erlebt. Doch mit dem Erwachen des Tastsinns und der beginnenden optischen Wahrnehmung kommen sehr schnell weitere Freuden der Weltwahrnehmung hinzu. Und immer wieder lächelt das Kind, um seiner Freude darüber Ausdruck zu verleihen.

Die Ruhe im ungeformten Gewahrsein gibt Kraft, und die erste Methode der Spirituellen Medizin, das Baden des Kindes im Licht des ungeformten göttlichen Seins, fördert diese Kraftgewinnung nach dem Resonanzprinzip. Kraft kann man immer gebrauchen.

Zu Beginn des Lebens ebenso wie in der Lebensmitte und im letzten Lebensabschnitt. Deshalb wirkt die Energie des ungeformten göttlichen Seins immer und ausnahmslos positiv.

Auch die nun folgende Methode wirkt immer und ausnahmslos positiv. Allerdings wird das Verfahren während der ersten drei Monate der Schwangerschaft wahrscheinlich ohne Wirkung für das Kind bleiben, denn innerhalb dieser Zeit ist der im Mutterleib heranwachsende Mensch noch kaum reif dafür. Zur Förderung des mütterlichen Wohlbefindens kann es natürlich auch früher eingesetzt werden.

Die beim ersten Verfahren eingesetzte göttliche Energie kann man auch als Matrix- oder Urenergie bezeichnen. Diese Benennungen geben der Energie den Anschein von Sachlichkeit, und das Attribut »ungeformt« verstärkt das noch.

Ganz anders die Kraft, mit der nun gearbeitet werden wird. Sie ist einerseits jenseits von männlich oder weiblich wie das Prinzip des Göttlichen an sich, doch andererseits individuell, also persönlich, wenn auch auf allerhöchstem Niveau.

Diese vorausgehenden Erklärungen sind sehr wichtig, weil die gleich folgende Benennung sonst Widerstände wecken könnte. Nach meiner Erfahrung gibt es die Heiligen, die Engel, die Genien und die Meister. Ob sie irgendwann in persona auf der Mutter Erde gewandelt sind und dann nach einer Reihe von glanzvollen Verdiensten aufgestiegen sind ins Pantheon, also auf ihrem Weg von höchster Stelle aus geadelt und erhoben wurden zu gewissermaßen göttlichem Personal, oder ob sie schon immer da oben waren und nur immer wieder nach unten wirken, also in die Menschenwelt mit ihren Nöten – die Antwort auf diese Frage ist womöglich weniger wichtig als die Tatsache, dass sie noch immer da sind, wach und wundersam.

Doch sie drängen sich nicht auf. Sie sind einfach. Und wenn man sie ruft, so treten sie mit ihrem Sein hilfreich in Erscheinung. Diese Betrachtung mag kindlich wirken, und das ist sie wahrscheinlich auch. In früheren Zeiten, das muss ich hier zugeben, hätte ich womöglich sogar milde gelächelt, wenn mir jemand auf diese Weise davon erzählt hätte, denn da hatte ich meine eigenen kindlichen Kontakte mit dem Heiligen fast vergessen. Fast, denn in Wahrheit hatte ich meine spirituelle Vergangenheit nur verdrängt, weil das für mein Leben eine Zeit lang ganz einfach praktisch schien.

Auch diese Zeit des Verdrängens habe ich nicht vergessen, deshalb kann ich nun umso mehr Verständnis dafür aufbringen, wenn Menschen mich für verrückt halten, denen ich so nebenbei erzähle, sie würden beispielsweise durch eine Kraft geheilt, die als Christusenergie zu bezeichnen ist.

Wie bitte? Entweder ist das jetzt eine anmaßende, kirchenüberhebliche Frechheit oder eine ganz und gar unorthodoxe Dummheit. Irgendwie schräg in jedem Fall.

Verstehe. Mein Vorschlag: Lassen Sie sich die ganze Sache näher erklären, dann probieren Sie das Verfahren am besten auch noch aus, und dann reden wir weiter. Denn wirklich zu entkräften sind all die sauber durchdachten Einwände gegen das Heilige im Allgemeinen und die Heiligen insbesondere nicht auf der rationalen verbalen Ebene, sondern nur auf der metarationalen, nämlich der Taten und ihren Folgen. Wenn man das macht, was ich nun vorschlage, dann wird man schon sehen, was dabei herauskommt. Von diesem guten Ergebnis bin ich überzeugt. Und das aus nachvollziehbaren, durchaus rationalen Gründen. Ich habe es eben schon sehr, sehr oft erlebt.

Nicht wenige Menschen haben einen Widerwillen gegen das Heilige an sich. Es erscheint ihnen unerreichbar fern und sich selbst sehen sie als mehr oder weniger vollständig unheilig an. Aus einem einfachen Grund: Sie sind schon viele Male enttäuscht worden und wollen nicht wieder enttäuscht werden. Schon gar nicht vom Heiligen. Denn obgleich es ihnen fern erscheint, wollen sie es insgeheim doch nah glauben. So nah wie die eigene Mutter, die zwar da war, aber womöglich nur selten wirklich nah. So fern wie der Vater, der anwesend war, aber womöglich nie ganz da. Das sind die fundamentalen Enttäuschungen, die Menschen schließlich am Heiligen an sich zweifeln lassen, also am Guten in der Welt, an Trost und Hoffnung. Werden sie nach den individuellen Gründen ihrer Enttäuschung und Zweifel gefragt, so sagen diese Menschen gern, das Leben an sich habe sie enttäuscht. Doch das ist nicht wahr. Mami und Papi sind Mutter und Vater der Enttäuschung, nicht das Leben. Und schon gar nicht die Heiligen.

Welche Art die Widerstände auch sein mögen, die Menschen davon abhalten können, sich beispielsweise dem göttlichen Sohn zuzuwenden, sie haben nichts mit dem Christus an sich zu tun. Meine ich, mit Verlaub, mit Respekt und Verständnis für die gewundenen Pfade jeder individuellen Biografie. Und gleichzeitig bitte ich Sie, liebe Leserin, lieber Leser, genau dies jetzt zu tun, nämlich mögliche Widerstände durch Ihre pure Absicht zu überwinden, um sich jetzt im Geiste dem göttlichen Sohn zuzuwenden, dem Christus.

Was denken Sie? Dass er einst ein Mensch namens Jesus war, in der Bibel eine Menge über ihn geschrieben steht, einige Jugendliche so aussehen wollen wie er und dass es Latschen gibt, die nach ihm benannt wurden?

Kein Problem. Doch dann denken Sie bitte dies: Der göttliche Sohn sitzt auf seinem Himmelsthron. Seine Augen leuchten, weil er die Menschen und mich mit Liebe sieht. Seine Lippen lächeln milde und barmherzig, weil er um die Dramatik des menschlichen Daseins und meine persönlichen Dramen weiß und unendlich viel Verständnis für mich und mein Dasein hat. Sein Gesicht strahlt in liebevoller Heiterkeit, weil Freude und Humor die einzigen Mittel sind, um Gleichmut zu bewahren. Einmal wäre der göttliche Sohn beinahe vom Glauben abgefallen, doch es gelang ihm, Gleichmut zu bewahren. Und in diesem Zustand gleichen Mutes kann er den Menschen geben, was wahrhaft göttlich ist: reine, bedingungslose, absolute Liebe.

So thront der göttliche Sohn im Himmel und strahlt Liebe aus. Die Liebe, die der göttliche Sohn ausstrahlt, ist golden. Ein goldenes Licht, das aus seinem Herzen strömt und seinen Händen, die er segnend erhoben hat.

Stellen Sie, liebe Leserin, lieber Leser, sich den göttlichen Sohn genau so strahlend vor.

Dann bilden Sie sich bitte ein, dass Ihre Vorstellung eine Art Kanal für die goldene Energie des göttlichen Sohnes schafft. Durch diesen Einbildungskanal fließt die goldene Christusenergie in Ihren Kopf und von dort durch besondere feinstoffliche Energieleitungen in Ihre Hände. Stellen Sie sich dies bitte so konzentriert wie nur möglich vor.

Spüren Sie, wie es durch den Energiefluss erst in Ihren Armen zu kribbeln beginnt und dann in Ihren Händen.

Dann legen Sie die Hände auf den Bauch, damit die Energie zum Kind strömen kann. So lange, bis Sie das Gefühl haben, nun ist es genug.

Das Verfahren zum Strömen der Christusenergie ist für die werdende Mutter und den Vater identisch. Es sollte zwei-, dreimal pro Woche angewandt werden, idealerweise direkt nach dem bereits beschriebenen göttlichen Energiebad.

Der vierte Monat der Schwangerschaft

Die sprichwörtliche »goldene« Zeit der Schwangerschaft beginnt. Die Irritationen, Unsicherheiten und Fragen des ersten Trimesters der Schwangerschaft gehören weitgehend der Vergangenheit an. Der Körper hat sich an den Zustand des Schwangerseins gewöhnt. Und daher erfolgt nun so etwas wie eine übergeordnete Antwort auf die Fragwürdigkeiten in den ersten Wochen nach der Empfängnis: Wohlgefühl, Freude, die auch vom Körper mitgetragen wird, ein Glück, das aus allen Zellen zu strahlen scheint. Ein Zustand, der sehr vielen werdenden Müttern in dieser Phase des Werdens zuteilwird. Sie fließen geradezu über vor Freude und teilen dies ihrem Umfeld auch freudig mit. Auch das Kind ist von der mütterlichen Freude erfüllt. Und sein Wachstum bekommt einen besonderen Schub.

Satz der Kraft für die werdende Mutter und den werdenden Vater: *Ich diene dem Wohl meines Kindes.*

Was es in diesen Wochen noch zu sagen gibt: Werdende Mutter und werdender Vater berichten ihrem ungeborenen Kind von ihren ganz persönlichen Träumen. Und wie sie vorhaben, ihre Träume mit Kind zu verwirklichen.

Visualisierung beim Einschlafen: *Das mythische Baby ruht auf einer Wolke aus goldenem Licht. Helles weißes Licht leuchtet aus seinen Poren. Das Baby erkennt sich selbst in seinem vollständigen Sein.*

Nun sehr hilfreich: Das göttliche Energiebad, gefolgt vom goldenen Energiestrom. Also das Verfahren Spirituelle Medizin (1), gefolgt von (2).

Bitte nicht vergessen: Das tägliche Singen des Babysong.

Die 13. Woche (4. Monat)

Etwa mit dem Anbruch der 13. Woche bilden sich die Stimmbänder, doch der Fetus wird noch nicht in der Lage sein, damit Laute oder auch nur Geräusche zu erzeugen.

Inzwischen produziert die Leber Gallenflüssigkeit, welche in der Galle gespeichert und zur Verdauung von Fett in den Darm ausgeschüttet wird, und die Bauchspeicheldrüse produziert Insulin. Bis zur 13. Woche ist der Darm vollständig in die Bauchhöhle gewandert. Während der nächsten Tage wird er sich in Schlingen legen. Der Fetus wiegt jetzt etwa 23 Gramm und ist um die siebeneinhalb Zentimeter lang. Die Plazenta hat inzwischen ein Gewicht von circa 28 Gramm. Durch den Wachstumsschub zu Beginn ist die Plazenta dem kindlichen Wachstum etwas voraus. Sie wird mit dem Kind weiterwachsen, doch nicht mehr ganz so schnell. Bei der Geburt wird sie dann (in undurchblutetem Zustand) mindestens 450 und maximal 900 Gramm schwer sein.

Das Baby ist inzwischen sehr agil. Es streckt und reckt sich, steht aufrecht im Fruchtwasser und übt Gehbewegungen darin. Manchmal öffnet es auch den Mund. Das sieht aus, als würde es gähnen. Im dreidimensionalen Ultraschall wurden bei geöffnetem Mund Zungenbewegungen beobachtet. Das soll auf die Beobachter gewirkt haben, als versuche das Kind, ihnen etwas zu sagen.

Ab der 13. Woche werden auf Wunsch der Eltern oder bei genetischen Vorbelastungen medizinische Untersuchungen des Fruchtwassers durchgeführt. Bei diesen Punktionen wird zunächst mit einem Ultraschallbild die genaue Lage des Kindes ermittelt. Dann wird eine Nadel durch die Fruchtblase gestochen und eine geringe Menge des Fruchtwassers entnommen und im Labor einer Analyse auf mögliche Erbschäden oder Fehlentwicklungen im zentralen Nervensystem unterzogen. Trisomien, zu denen auch das Down-Syndrom gehört, lassen sich so mit fast hundertprozentiger Gewissheit ermitteln.

Nur: Was fängt man mit einem negativen Ergebnis an?

Rechtfertigt es einen Abbruch, also die Tötung im Mutterleib? Ich meine, eindeutig: Nein.

Doch ich kann das leicht sagen. Ich habe gesunde Kinder und kann mir die Nöte von Eltern, die wissen, dass sie ein behindertes Kind zur Welt bringen, kaum vorstellen. Allerdings kenne ich Menschen mit Behinderungen, auch schweren Behinderungen, als sehr, sehr liebevolle und reizende Zeitgenossen. Nicht auszudenken, wenn sie abgetrieben worden wären.

Und: Wie reagiert das Baby eigentlich auf den Einstich bei der Punktion? Zunächst spürt es die Angst der Mutter. Ist alles so, wie es sich gehört? Oder womöglich anders, krankhaft anders? Das ist eine massive Angst, und sie geht an dem Kind nicht vorbei. Dann der Einstich selber. Angeblich so wenig schmerzhaft, dass eine Betäubung nicht notwendig ist, doch gleichermaßen so risikoreich, dass die Punktion nur in Ausnahmefällen bereits ab der zehnten Woche durchgeführt wird. Denn zu einem früheren Zeitpunkt ist die Verletzungsgefahr des Kindes zu groß.

Außerdem: Wann auch immer die Punktion erfolgt – sie fördert das Risiko eines vorzeitigen Blasensprungs. Der winzige Einstich kann sich zu einem Riss ausweiten und zur verfrühten Entleerung des Fruchtwassers aus der Fruchtblase führen. Keine gute Prognose für das Überleben des Kindes.

Auch zu einem späteren Zeitpunkt und trotz Ultraschall besteht durch die Punktion immer die Möglichkeit einer Verletzung des Kindes. Was ist, wenn es von der Nadel gestochen wird? Ob Feten Schmerzen empfinden können, wird von Medizinern immer noch diskutiert. Ich meine diese Frage mit einem eindeutigen Ja beantworten zu können. Allein schon, weil ich die problematischen Biogragien vieler früh traumatisierter Menschen kenne, von denen mehrere wahrscheinlich unter den Folgen einer Punktion leiden.

18. Botschaft ans ungeborene Kind

Geliebtes Kind, bitte, höre uns! Der Geist hat das Bedürfnis zu schweifen. Und wenn der Geist ausschweifend war, hat er das Bedürfnis zu ruhen. Die Seele hat das Bedürfnis anzukommen. Und wenn die Seele angekommen ist, hat sie das Bedürfnis, sich zu beheimaten. Jedes Individuum hat einen geistigen Anteil, der schweifen und nach dem Ausschweifen ruhen will. Und jedes Indivi-

duum hat einen seelischen Anteil, der ankommen und sich nach der Ankunft beheimaten will. Geist und Seele sind die zwei Bestandteile des Selbst.

Der Körper ist eine Art Fahrzeug, um sich selbst im Leben zu erfahren. Genau diese Erfahrung, geliebtes und verehrtes Kind, machst Du besonders in diesen Zeiten, wo Dein Körper schnell wächst.

Was es noch zu beachten gilt: Einige schwangere Frauen neigen zu Blasenentzündungen. Es ist sehr empfehlenswert, dem mit erhöhter Flüssigkeitsaufnahme vorzubeugen.

Außerdem: Bereits in dieser Phase der Schwangerschaft könnten sich Rückenschmerzen einstellen, ein gar nicht so seltenes Phänomen, welches häufig noch vor der 14. Woche eintritt. Dies ist eine mögliche Begleiterscheinung der vermehrten Produktion von Relaxin, einem Hormon, das die Bänder dehnt und das Tragen des immer größer werdenden Uterus in der Bauchhöhle erlaubt. Das gleiche Hormon wird später auch die Öffnung des Muttermundes begünstigen.

Die 14. Woche (4. Monat)

Mund und Gaumenhöhle des Kindes sind entwickelt. Die Saugmuskulatur liegt unter den Wangen. Unter dem Zahnfleisch haben sich Zahnwurzeln gebildet. Speise- und Luftröhre existieren. Der Kehlkopf ist mit den Stimmbändern vorhanden. Nun wird in den Speicheldrüsen auch Speichel produziert. In diesen Tagen beginnt das Kind mit Saug- und Schluckbewegungen. Außerdem wird durch das rhythmische Zusammenziehen und Entspannen des Zwerchfells Fruchtwasser durch die Atemwege in die Lunge gesogen und wieder ausgestoßen, also Fruchtwasser gewissermaßen ein- und ausgeatmet. Damit spült das Kind die Atemwege und Lunge, wichtig für die Entwicklung seiner Lungenfunktionen.

Im Bauch verwindet sich der Dickdarm entgegen dem Uhrzeigersinn und schafft so Raum für den Dünndarm, der dadurch vom

Dickdarm wie in einem Bilderrahmen eingefasst wird. Die oberen beiden Winkel des Dickdarms heften sich an die Bauchwand und verleihen dem Ensemble Stabilität.

Von der Leber überwacht, beginnt die Milz in der 14. Woche damit, verbrauchte rote Blutkörperchen aus dem Blut zu entfernen und Antikörper zu produzieren. Noch sind die Beine des Kindes im Vergleich zum Rumpf etwas zu kurz, aber die Arme haben fast ihre spätere relative Länge erreicht. Seine Extremitäten nutzt das Kind nun immer mehr. Aus mechanischen, puppenartigen Bewegungen sind weiche und fließende geworden. Am Ende der 14. Woche sieht man dem Fetus seine tierähnliche Embryogenese kaum noch an. Absolut unverkennbar ist er zu einem kleinen, sehr süßen Baby geworden. Es misst vom Kopf bis zum Steiß etwa 8,7 Zentimeter und wiegt um die 43 Gramm.

19. Botschaft ans ungeborene Kind

Geliebtes Kind, bitte, höre uns! Du hast Dich körperlich gebunden und körperlich verfestigt, doch seelisch bist Du noch sehr fein und geistig noch äußerst weit. Weit wie ein Hauch, der in die Welt hinausgeht und alles umhüllt, hier ist und dort, nah und fern zugleich.

In diesem Zustand wachsender Körperlichkeit und Sinnlichkeit bei gleichzeitiger seelischer Feinheit und geistiger Weite sieh nun den göttlichen Sohn. Sehr wahrscheinlich hast Du ihn schon so gesehen. Er ruht auf einem Thron aus fließendem Licht. Auf seinem Antlitz liegt ein seliger Ausdruck. Er lächelt. Sein Lächeln scheint zu leuchten. Es ist einleuchtend und mitreißend. Sobald man es sieht, muss man selbst lächeln, denn es ist ein Lächeln, das jeden, der es erblickt, sofort heiter stimmt.

Aus dem Herzen des göttlichen Lichtbringers strömt goldenes Licht. Der goldene Strahl strömt zu Dir hin und bringt Dir vollkommene Harmonie, vollendete Güte und absolutes Wissen. Dann sieh, wie der göttliche Lichtbringer die Augen öffnet und Dich mit seinen leuchtenden Augen anschaut. Seine Augen sind wie Seen, wie Meere, wie Ozeane. Sie sehen Dich. Sie erkennen Dich. Sie lieben Dich. Sie segnen Dich.

Was es zu beachten gilt: Bei einer schwangeren Frau erweitert sich zunehmend der Blutkreislauf, also das Herz-Kreislauf-System, in dem das Blut zirkuliert. Etwas weniger schnell nimmt womöglich die Blutmenge zu. Dadurch kann der Blutdruck um etwa zehn Prozent sinken.

Was es noch zu beachten gilt: Durch die erhöhte Produktion der Hormone Progesteron und Östrogen haben die Muskeln die Neigung, sich zu entspannen. Das gilt auch für die Muskeln im Verdauungstrakt. Die Verdauung verlangsamt sich. Nahrung braucht länger, um in den Magen zu gelangen. Von dort braucht sie länger in den Darm und aus dem Darm heraus.

Falls Sie also während der Schwangerschaft unter Darmträgheit oder sogar Verstopfung leiden, dann wundern Sie sich nicht. Essen Sie vermehrt Obst und Speisen, die Ballaststoffe beinhalten. Von Abführmitteln ist deutlich abzuraten. Bei anhaltender Verstopfung sollte medizinischer Rat gesucht werden.

Außerdem: Manche Frauen lieben Sport so sehr, dass sie auch während der Schwangerschaft nicht davon lassen mögen. Ein moderates Training ist zumindest bis zu diesem Zeitpunkt noch möglich, sollte nun aber durch gezieltes Schwangerentraining ersetzt werden. Riskante Sportarten, in denen Unfälle häufig vorkommen und selbst von versierten Sportlern nicht vollständig auszuschließen sind, sollten sofort aufgegeben werden. Surfen? Reiten? Fallschirmspringen? Skifahren? Skateboardfahren? Nein. Selbst vom Fahrradfahren ist eher abzuraten, denn das Risiko eines Sturzes ist es nicht wert.

Die 15. Woche (4. Monat)

Etwa in der 15. Woche sitzt der Kopf des Kindes nicht mehr direkt auf den Schultern, sondern erkennbar auf einem Hals. Das Baby dreht nun seinen Kopf. Insgesamt nimmt seine Mobilität immer weiter zu. Es kann inzwischen die noch sehr kleinen Hände zu Fäusten ballen, die winzigen Daumen bewegen, die Handgelenke beugen und greifen. Es kann seine Füße nach außen drehen und nach innen und es vermag auch schon damit zu treten – was die Mutter wahrscheinlich aber noch nicht spüren wird.

All dies tut das Kind in einem geradezu unermüdlichen täglichen Trainingsprogramm. Es übt sein motorisches Repertoire und erlernt dabei ständig weitere Bewegungen. Damit sorgt es auch für die entsprechenden neuronalen Verschaltungen im Bewegungszentrum seines Gehirns.

Regelmäßig schluckt das Kind jetzt Fruchtwasser. Im Verdauungstrakt wird es (fast) wie Nahrung behandelt, also verdaut und wieder ausgeschieden – als Vorbereitung auf die Nahrungsverwertung nach der Geburt.

Das Herz des Kindes pumpt in der 15. Woche schon etwa 25 Liter Blut pro Tag. 300 werden es kurz nach der Geburt sein. Und etwa 8500, wenn das Kind einmal erwachsen sein wird.

Für die nächsten vier, fünf Wochen steht eine erhöhte Wachstumsphase an. So schnell wie in diesen Wochen wird es anschließend nicht weiterwachsen. Noch ist es von Kopf bis Steiß etwa zehn Zentimeter lang, wiegt dabei aber schon rund 70 Gramm.

20. Botschaft ans ungeborene Kind

Geliebtes Kind, bitte, höre uns! Du ruhst in goldenem Licht. Du wirst von Reichtum getragen. Du wirst von Fülle getragen. Du wirst von Großmut getragen. Du wirst von Wahrhaftigkeit getragen. Du wirst von der Wahrheit der einzigen Wirklichkeit getragen. Du entdeckst, Du erlebst, Du spürst von Tag zu Tag mehr – Dich und die Welt. Das ist fantastisch, denn um Dich und die Welt zu spüren, hast Du das Leben gewählt.

Und wir, Deine Eltern, helfen Dir dabei, dass Du in Ruhe, gut aufgehoben und getragen, mit dem Erspüren der Welt beginnen und weitermachen kannst.

Was es noch zu beachten gilt: Ihr Kind hat womöglich Hunger, wenn Sie gerade keinen haben. Mit der Schwangerschaft geben die meisten Frauen automatisch ihr früheres, vielleicht nicht ganz so gesundes Essverhalten auf. Nehmen Sie eher kleinere und häufigere Mahlzeiten zu sich, als ganze Mahlzeiten ausfallen zu lassen, wie Sie es vielleicht früher manchmal getan haben. Eine regelmäßige und gut verteilte Nahrungsaufnahme ist deutlich gesünder für Mutter und Kind als wenige sehr große Mahlzeiten. Beim Speisen im Restaurant ist es wahrscheinlich ratsam, nicht mehr als die Hälfte zu essen und sich den Rest für später einpacken zu lassen.

Außerdem: Die Lungenkapazität nimmt im Verlauf der Schwangerschaft um 30 bis 40 Prozent zu. Dabei erhöht sich wahrscheinlich auch die Atemfrequenz. Die werdende Mutter atmet nun etwas schneller als zuvor. Durch diese Veränderung kann ihr Herz mehr sauerstoffhaltiges Blut in die Plazenta und zum Kind pumpen. Auf dem Rückweg wird Kohlendioxid abtransportiert. Durch diesen vermehrten Abtransport leiden einige Frauen unter Kurzatmigkeit. Das Atemzentrum im Stammhirn versucht so, die größere Last an Abfallprodukten zu bewältigen.

Hilfreich: Besuchen Sie mit Ihrem Partner eine Therme. Lassen Sie sich von ihm in Embryonalhaltung im körperwarmen Wasser wiegen. Dabei wird gleichzeitig das Kind im Mutterleib gewiegt. Und Sie werden als werdende Mutter an Ihre eigene Zeit als Kind im Mutterleib erinnert. Dadurch lösen sich alte Blockaden. Und neue können nicht so leicht entstehen.

Die 16. Woche (4. Monat)

Die Verknöcherung des kindlichen Knorpelskeletts schreitet fort. Der Hals wird gestrafft, die Muskulatur kann den großen Kindskopf immer besser halten. Er liegt nicht länger auf die Brust gekippt, sondern kann zunehmend aufgerichtet werden. Dabei sollte man allerdings nicht vergessen, dass jede Bewegung und Haltung innerhalb der Fruchtblase, also im Fruchtwasser, erfolgt, in Flüssigkeiten das Eigengewicht aber deutlich vermindert wird.

In der Zeit entwickelt das Kind auch den asymmetrisch-tonischen Nackenreflex. Sobald es den Kopf auf eine Seite dreht, streckt es reflexartig Arm und Bein auf der Seite, zu der es sich gedreht hat, und beugt sie auf der anderen. Später eine weitere Unterstützung für den Geburtsvorgang und ein vorbereitendes Training für die Augen-Hand-Koordination.

In den kommenden Wochen werden Rumpf und Extremitäten des Kindes nun schneller wachsen als sein Kopf. Unter den geschlossenen Lidern üben die Augen die ersten Bewegungen. Wahrscheinlich folgen sie dabei schon Lichtreflexen und anderen sinnlichen Wahrnehmungen. Außer an der Schädeldecke und am Rücken nimmt das Baby nun am gesamten Körper Berührungen wahr. Die körperliche Wahrnehmung von Berührung wird für das spätere Überleben von höchster Wichtigkeit sein. Dieser Sinn ist unverzichtbar. Ohne die Wahrnehmung über die Haut wüsste kein Mensch, wo der eigene Körper endet.

Das Kind ist jetzt etwa zwölf Zentimeter lang und wiegt rund 100 Gramm.

21. Botschaft ans ungeborene Kind

Geliebtes Kind, bitte, höre uns! Wir, Deine Eltern, spüren, wie Du wächst, und das macht uns unendlich froh. Wir denken, Du hast das Leben gewählt, um im Vertrauen ins Leben die Erfahrung des Lebens zu machen. So gewinnst Du Lebenserfahrung. Von Anfang an ein wesentlicher Bestandteil menschlichen Wachstums.

Es ist wunderbar, wie Du wächst, und wir, Deine Eltern, tun unser Möglichstes und geben unser Bestes, damit Du die Erfahrung beginnenden Lebens möglichst vollständig genießen kannst. Und genau so vollständig später auch die Welt. Sie ist ja ganz und nicht nur zur Hälfte da. Die Vollständigkeit der Welt ist wahrscheinlich der größte Genuss, den das Leben an sich bieten kann.

Was es zu beachten gilt: Durch die vermehrte Blutproduktion kann Nasenbluten auftreten. Kommt dies häufiger vor, sollte ein Arzt aufgesucht werden. Außerdem werden die Venen deutlicher sichtbar und treten womöglich hervor, die Beine könnten schmerzen. Stützstrümpfe sind vielleicht nicht schön, doch sie helfen dagegen. Und Schwangerschaftsgymnastik, ohnehin empfehlenswert, hilft wiederum auch gegen Rückenschmerzen, die in dieser Phase der Schwangerschaft nicht selten sind. Ebenfalls sinnvoll ist es, sich bereits jetzt um einen geeigneten Geburtsvorbereitungskurs zu kümmern. Der sollte mit dem Partner besucht werden. Damit auch er weiß, wie eine natürliche Geburt mit sanften Methoden unterstützt werden kann.

Was es noch zu beachten gilt: Durch die erhöhte Hormonproduktion kann es zu vaginalem Ausfluss kommen, weißlich, kaum riechend. Das ist normal in diesen Wochen der Schwangerschaft.

Der fünfte Monat der Schwangerschaft

Mit dem Beginn des fünften Monats der Schwangerschaft pumpt das Herz des Kindes rund 27 Liter Blut pro Tag. Die Nabelschnur ist prall wie ein mit Wasser gefüllter Gartenschlauch. Über die Plazenta wird das Kind weiterhin mit Nährstoffen versorgt. Sie hilft auch beim Abtransport von biologischen Abfallprodukten. Und natürlich wird das Kind immer noch über die Plazenta und Nabelschnur mit Sauerstoff versorgt. Die meisten Bakterien und Viren können die Plazentaschranke auch in diesem Wachstumsstadium nicht überwinden, während es die meisten Inhaltsstoffe von Medikamenten und Drogen vermögen, weshalb bei Medikamenten und Drogen allergrößte Vorsicht geboten ist. Gerade im jetzigen Stadium rapiden körperlichen Wachstums können sie die Entwicklung des Kindes in höchstem Maße stören und beeinträchtigen.

Satz der Kraft für die werdende Mutter und den werdenden Vater:
Ich vertraue dem Leben. In diesem Vertrauen wächst mein Kind.

Was es in diesem Monat noch zu sagen gibt: Mit ihren eigenen Worten erzählen werdende Mutter und werdender Vater ihrem ungeborenen Kind von den wichtigsten Erfahrungen ihres bisherigen Lebens.

Visualisierung beim Einschlafen:
Das mythische Baby schwebt auf einer Wolke aus hellblauem Licht. Sein ätherischer Körper schimmert golden. Es rekelt sich wohlig, streicht sich mit den kleinen Händchen übers Gesicht, nuckelt an Zehen und Daumen. Es spielt mit sich selbst. Es ist sich selbst genug.

Weiterhin sehr hilfreich: Das tägliche Singen des Babysongs, die Verfahren der Spirituellen Medizin (1) und (2).

Die 17. Woche (5. Monat)

Allein während der letzten vier Wochen hat sich das Gewicht des Kindes fast vervierfacht. Es wiegt nun um die 140 Gramm. In dieser Phase des Wachstums haben traumatische Erfahrungen eine besonders zerstörerische Macht. Streitigkeiten in der Partnerschaft sollten möglichst vermieden oder auf eine weise, also möglichst wenig kränkende Art ausgetragen werden.

Ein Zustand der Heiterkeit und Gelassenheit (das muss man ja eigentlich nicht mehr extra betonen) hilft der Mutter und dem in ihr wachsenden Kind. Eine der Aufgaben des Vaters ist es, die werdende Mutter zum Lachen zu bringen. Eine andere, ihr beim Vermeiden von Stress und anderweitigen Belastungen zu helfen und keinesfalls zusätzliche Anstrengungen zu bereiten.

In der 17. Woche erreicht das Baby etwa die gleiche Größe wie sein Urbegleiter, die Plazenta. Danach wird das Baby schneller als die Plazenta an Gewicht zulegen.

Die bestehenden Organe und biologischen Strukturen sind weitergewachsen und werden weiterwachsen, neue werden aber nicht mehr gebildet. Durch die relativ schnelle Streckung des Kindes in die Länge während der vergangenen Wochen, befanden sich die Nieren zeitweise in der Bauchhöhle. Doch innerhalb dieser Woche erreichen sie ihre spätere Lage.

Auch die kindlichen Reflexe werden zunehmend komplexer. So kann das Baby inzwischen auch mit den Augen zwinkern. Eine Bewegung, die ihm nach der Geburt dabei helfen wird, Fremdkörper aus den Augen zu entfernen.

Manche Frauen können bereits zu Beginn des fünften Monats die Bewegungen des Kindes im Uterus spüren. Falls sie die Kindesbewegungen spüren, dann erscheinen ihnen diese so zart wie ein Lufthauch an der Wange oder der Flügelschlag eines Schmetterlings, der einen zufällig streift. Also sehr fein. Und auf eine sehr feine Art beglückend.

22. Botschaft ans ungeborene Kind

Geliebtes Kind, bitte, höre uns! Menschen treten vollständig ins Leben. Wenn sie sich später unvollständig fühlen, ist das ihr ganz persönlicher Irrtum. Ihre persönlichen Irrtümer lassen Menschen leiden und machen sie krank. Je besser sie also persönliche Irrtümer meiden, umso gesünder leben sie. Denn wer seine Vollständigkeit erkennt, meidet Krankheit und kreiert individuelles Glück.

Geliebtes und verehrtes Kind, in diesen Zeiten bist Du Dir Deiner Vollständigkeit gewahr. Wird dein jetziges Gewahrsein später zum Bewusstsein von Vollständigkeit, wird es Dir an nichts fehlen und Dein gesamtes Leben ist von Gesundheit und Glück geprägt.

Was es noch zu beachten gilt: Die Schwangerschaft belastet den mütterlichen Kreislauf. Falls der werdenden Mutter schwindelig wird, sollte sie sich sofort hinsetzen, die Füße hochlegen oder sich vollständig in die Horizontale begeben. Wenn die werdende Mutter geschlafen oder geruht hat, sollte sie sich langsam erheben, damit sie beim Aufstehen keine Kreislaufprobleme bekommt.

Wann sofort ein Arzt aufzusuchen ist: Bei den bereits genannten Symptomen wie heftigen, anhaltenden Kopfschmerzen, Schmerzen im Unterleib, hohem Fieber. Außerdem bei geschwollenen, geröteten und schmerzenden Beinen, stetig tröpfelndem Ausfluss, anhaltenden Blutungen, wiederkehrenden Blutungen, mehrmaligem Erbrechen, Schwindel, plötzlichen Sehstörungen. Sehr ernst zu nehmen ist auch, falls mehrere Symptome gleichzeitig auftreten und sich zudem negative Empfindungen einstellen, zum Beispiel das Gefühl, sich selbst zu schaden oder anderen Schaden zuzufügen.

Die 18. Woche (5. Monat)

Das mütterliche Herz muss von der 18. Woche an etwa 40 bis 50 Prozent mehr leisten, Folge der voranschreitenden Schwangerschaft. Und das, obgleich das Kind immer noch sehr klein ist, klein genug, um in eine Hand zu passen. Vom Scheitel bis zum Steiß misst es etwa 14 Zentimeter und wiegt dabei rund 190 Gramm. Am Kopf des Kindes erreichen die Ohren dieser Tage ihre finale Position. Sie kleben nun auch nicht mehr daran, sondern stehen so weit oder so wenig ab, wie sie es auch später tun werden. Viele Knochen des Kindes sind inzwischen so hart, dass sie im Ultraschall deutlich sichtbar sind.

Durch den Mund atmet es Fruchtwasser ein und spült so seine Lungen. Regelmäßig schluckt es auch Fruchtwasser. Ein Teil gelangt in die Harnwege und wird vom Kind zurück ins Fruchtwasser uriniert. Und ein Teil gelangt in den Darm, durch die Darmwände in den Blutkreislauf und über die Plazenta in den mütterlichen Blutkreislauf und wird dort resorbiert. Eine geringe Menge davon mischt sich im Darm mit Galle und Zellabfällen zu einem ersten Darminhalt. Er ist grünlich schwarz und sämig eingedickt und wird Mekonium oder Kindspech genannt. Das Kindspech sind keine Fäkalien im eigentlichen Sinne, denn die pechschwarze Masse ist noch kein reguläres Verdauungsprodukt.

Im Normalfall wird dieser erste Darminhalt nicht ins Fruchtwasser, sondern erst nach der Geburt entleert. Doch bei großem Stress oder durch einen Schock kann es zu einer vorzeitigen Darmentleerung ins Fruchtwasser kommen. Denn bei Stress oder unter Schock erhöht sich der Sauerstoffbedarf im kindlichen Gehirn, und sauerstoffhaltiges Blut muss vermehrt dorthin gepumpt werden. Dadurch werden andere Organe womöglich unterversorgt. Zum Beispiel der Verdauungstrakt. Kommt es im Darm zu Sauerstoffmangel, erhöht sich zuerst die Peristaltik, dann erschlafft der abschließende Muskel, der Pförtner. Das Kindspech wird ausgeschieden und gelangt ins Fruchtwasser.

Wenn das Kind nun wieder Fruchtwasser einatmet, kann auch Kindspech mit dem Fruchtwasser über die Atemwege bis tief in die Lunge gelangen. In so einem Fall sind Teile der Lunge nach der Geburt womöglich blockiert und nicht ausreichend nutzbar, sodass es sogar zu Atemnot kommen kann.

Das Einatmen von Kindspech heißt Mekoniumaspiration, kurz MAS. Es erschwert die gesunde Weiterentwicklung des Kindes im Mutterleib und gilt in der Medizin als krankhafter Verlauf. Durch MAS kann das Kind eine Infektion bekommen, es kann Fehlbildungen entwickeln. Nicht selten wird die Geburt durch MAS verlängert und erschwert. Häufig entzündet sich die Lunge nach der Geburt.

Bei etwa 13 Prozent aller Neugeborenen ist das eigentlich farblose Fruchtwasser durch Kindspech grünlich verfärbt, doch deshalb leiden sie noch nicht unter MAS.

Ich beschreibe diese mögliche negative Entwicklung, weil manche Mütter meinen, sie könnten dem Ungeborenen wirklich alles Mögliche zumuten. Sie gehen noch im vierten Monat auf den Rummel, um Achterbahn zu fahren. Im fünften Monat sehen sie sich im Kino (wahrscheinlich ihren Partnern zuliebe) die aktuellen Kriegs- und Horrorfilme an.

Wo Erwachsene sich schon fast vor Angst in die Hosen machen, haben werdende Mütter nun wirklich nichts zu suchen. Wie man es auch wendet, daraus wird kein heilsames Angsttraining und Desensibilisierungsprogramm. Stress, Angst, schreckliche Erfahrungen, Sorgen und schockierende Erlebnisse sollten unbedingt so weit wie nur irgend möglich vermieden werden. Das ungeborene Kind leidet in höchstem Maße darunter. Es kriegt ganz einfach schon im Mutterleib eine Angst, die es zur verfrühten Darmentleerung treibt.

23. Botschaft ans ungeborene Kind

Geliebtes Kind, bitte, höre uns! Körper stoßen an ihre Grenzen. Daher ist Begrenzung eine Bedingung der Körperlichkeit. Und Enge ist das daraus resultierende Gefühl. Weite ist hingegen die Qualität der Liebe, daher überwindet sie alle Grenzen. So ist jeder Mensch in seiner Körperlichkeit begrenzt, doch in seiner Liebe grenzenlos.

Das sind also zwei Seiten menschlichen Daseins: Jeder Mensch erlebt sich selbst in den Grenzen seines Körpers und kann gleichzeitig grenzenlose Liebe geben und erfahren. Beides in Harmonie ist wie eine Umarmung, die einem das Leben gibt. Köstliche Enge im richtigen Verhältnis zu herrlicher Weite.

Genieße die Harmonie in diesen Zeiten, geliebtes und verehrtes Kind.

Reise durch die Erinnerung, erster Teil:
Wandern Sie im Gedächtnis zurück. Zurück zu den letzten Jahren.
Den Jahren davor. Der Zeit der Berufsausbildung. Der Zeit von Studium und Lernen. Zurück bis in die Schulzeit und die Kindheit. Vergegenwärtigen Sie sich Ihren Lebensweg. Die Stationen auf Ihrem Weg. Erfahrungen mit Freunden, Gefährten, Partnerschaften. Erinnern Sie sich an angenehme Erfahrungen, weniger angenehme Erfahrungen, traumatische Erfahrungen. Erinnern Sie sich, so gut Sie es vermögen. Seien Sie ehrlich mit sich selbst. Erkennen Sie den roten Faden Ihrer Biografie, geflochten aus Ihrem Verhalten und resultierend aus Ihren persönlichen Eigenschaften, Talenten und Verhaltensmustern. Je besser Sie wissen, wo Sie herkommen, umso besser verstehen Sie, wo Sie hingehen.

Was es nicht zu vergessen gilt: Wenn die Mutter raucht, raucht das Kind mit. Wenn sie Alkohol trinkt, trinkt das Kind mit. Wenn sie Drogen nimmt, nimmt die auch das Kind.
   Was ist das? Schrecklich? Nein, es ist schlimmer als das.

Die 19. Woche (5. Monat)

Das Baby ist zwar ordentlich gewachsen und misst nun vom Scheitel bis zum Steiß um die 15,3 Zentimeter, doch hat es vor allem an Gewicht zugelegt. Das liegt nun schon ungefähr bei 240 Gramm.
   Was wiegt genau so viel? Das gebundene Buch in Ihren Händen ist deutlich schwerer, ein Taschenbuch mit der gleichen Seitenzahl deutlich leichter. Beim Schreiben dieser Zeilen habe ich mich auf die Suche nach 240 Gramm begeben und meinen Moleskine-Kalender gefunden, in den ich die Notizen für dieses Buch schrieb. Der wiegt tatsächlich genau so viel.
   Spätestens in dieser Woche beginnt sich auf der gesamten Haut des Kindes ein feiner, wolliger Haarflaum zu bilden, das Lanugohaar, Rudiment eines Fells und ein Überbleibsel unserer affenähnlichen und vollständig behaarten Vorfahren. Jede Wurzel des Lanugohaars produziert Talk, auch Käseschmiere genannt, die den Fetus vollständig umhüllen wird und schützen soll. Vor allem davor, vom

Fruchtwasser aufgeweicht zu werden. Bis auf die Haare auf dem Kopf wird der größte Teil dieser Behaarung bis zur Geburt wieder verschwunden sein. Ausgefallen, vom Fruchtwasser aufgenommen. Dadurch gelangen Lanugohaare auch in den Magen und Darm des Kindes und trainieren so die Verdauung.

Auch wenn es im Fruchtwasser keine Luft zum Einatmen und Verschlucken gibt, bekommen Kinder schon im Mutterleib häufig Schluckauf, zu spüren als Vibration im Bauch, die ungefähr alle vier Sekunden auftritt. Kein Grund zur Beunruhigung, das ist normal und hört wahrscheinlich nach einer halben Stunde wieder auf.

Wenn das Kind ein Mädchen ist, befinden sich in seinen Eierstöcken nun etwa sechs Millionen Eier, zum Zeitpunkt der Geburt werden es nur noch etwa eine Million sein.

Die Produktion von neuen Nervenzellen verlangsamt sich. Bestehende werden größer. Die Komplexität der Verschaltungen im Gehirn nimmt zu. Die Entwicklung der Sinne erreicht nun einen Höhepunkt. Sämtliche notwendigen nervlichen und neuronalen Verschaltungen sind erfolgt. Fühlen, Schmecken, Hören, Sehen und Riechen sind in den ihnen entsprechenden Regionen des Gehirns entwickelt und größtenteils auch aktiviert. Das Baby kann jetzt mit allen fünf Sinnen wahrnehmen.

Es beginnt nun die Stimme der Mutter zu hören, ihren Herzschlag, Geräusche, die sie beim Laufen und anderen Körperbewegungen macht, das Rauschen des Blutes in den Blutgefäßen der Gebärmutter, ihre Atem- und Verdauungsgeräusche. Die Stimmwahrnehmung formt das Empfinden von Tonhöhe und Melodie. Während Herzschlag und Laufgeräusche das Empfinden für Rhythmus prägen.

Menschen gehen sehr unterschiedlich. Einige gehen sehr ausgewogen und rhythmisch, andere haben einen unruhigen, wechselhaften Gang. Einige Menschen laufen gern und viel, andere wenig oder gar nicht. Wie auch immer die Mutter geht – es prägt das kindliche Empfinden. Herzschlag und Gehrhythmus ergeben dabei eine komplexe Polyrhythmik. Sämtliche in der Musik vorkommenden Rhythmen und rhythmischen Muster könnten, so gesehen, frühkindlicher Wahrnehmung entstammen. Welcher Gangart der geradezu seligmachende Wiener Walzer entstammt, bleibt da noch herauszufinden.

Natürlich wird man sich an dieser Stelle erneut fragen, ab wann ein Mensch eigentlich wirklich hört?

Ich meine, dass das Individuum immer hört. Es hört außerkörperlich. Es hört zu Beginn der Verkörperung. Und es hört im wachsenden Körper. Es hört also meiner Meinung nach auch zu Zeiten, wo das Ohr als Sinnesorgan nicht oder noch nicht zur Verfügung steht. Das kann einem seltsam vorkommen und kommt einem wahrscheinlich auch immer wieder seltsam vor. Allein schon, weil man sich als Leserin oder Leser dieser Zeilen vermutlich kaum vorstellen kann, ohne Ohren zu hören.

Dass dies jedoch möglich ist, meine ich sicher zu wissen. Allein schon aus eigener Erfahrung bei einem Nahtoderlebnis. Da konnten meine Ohren nichts mehr hören, meine Augen auch nichts mehr sehen und doch habe ich gesehen und gehört.

Wenn das Kind im Zuge seiner vorgeburtlichen Entwicklung zu hören beginnt, so meine ich, löst das sinnliche Hören das außersinnliche ab. Dabei durchläuft es eine Übergangsphase. In dieser Phase des Übergangs in die sinnliche Wahrnehmung wird die außersinnliche in den Hintergrund gedrängt. In welchem Maße Letzteres geschieht, ist individuell und wahrscheinlich in einem nicht geringen Maße von der seelischen Befindlichkeit des Kindes abhängig. Je reifer es seelisch ist, umso präsenter bleiben nach meiner Kenntnis die außersinnlichen Fähigkeiten des Kindes.

Prinzipiell werden alle Kinder mit großen außersinnlichen und intuitiven Fähigkeiten geboren. Ob diese Fähigkeiten noch wachsen oder eher wieder verkümmern, hängt dann auch von den weiteren Lebensumständen ab.

24. Botschaft ans ungeborene Kind

Geliebtes Kind, bitte, höre uns! Du bist im Leben angekommen, weil Du es Dir gewünscht hast. Auch wir, Deine Eltern, sind da, weil Du es Dir gewünscht hast. Du hast Dich als Kind bei uns ge-

sehen. Weil Du Dich so genau hier mit uns gesehen hast, ist Dein Wunsch in Erfüllung gegangen. Dein Wunsch wurde Wirklichkeit, weil Du Dir genau dieses Leben gewünscht hast und nicht irgendeins oder einfach nur Leben. Dein Wunsch wurde Wirklichkeit, weil Du Dich im Moment des Wünschens bereits am Ziel Deiner Wünsche gesehen hast. Denn das ist das Geheimnis der erfüllten Wünsche: Im Moment, wo Du Dir etwas wünscht, stellst Du Dir vor, dass Du es bereits erreicht hast. In Deiner Vorstellung tritt Dein Wunsch augenblicklich ein, gefolgt von der Realität.

Geliebtes und verehrtes Kind, wir, Deine Eltern, wünschen Dir, dass alle weiteren wichtigen Wünsche, die Du noch haben wirst, genauso kraftvoll in Erfüllung gehen.

Reise durch die Biografie, zweiter Teil:
Besuchen Sie kraft Ihrer Erinnerung Ihr Elternhaus. Treten Sie in die Haustür, wandern Sie durch alle Zimmer, vergegenwärtigen Sie sich alle Details. Sehen Sie sich selbst im Elternhaus. Sie sind elf bis zwölf Jahre alt. Wie fühlen Sie sich in diesen Räumen? Dann begegnen Sie Ihren Eltern. Sie zeigen sich genau so, wie sie damals waren. Sie reden mit Ihnen. Wie reden Sie mit ihnen? Beobachten Sie, wie Ihre Eltern sich Ihnen gegenüber verhalten. Dann bewegen Sie sich langsam bis zu Ihren frühesten Erinnerungen zurück. Wie sind die? Schön? Weniger schön? Unschön? Nehmen Sie zur Kenntnis, was Sie wahrnehmen. Bald werden Sie selbst ein Kind großziehen. Sie haben ja schon gut angefangen damit. In Ihrer Erinnerung finden Sie wertvolle Hinweise für die Zukunft.

Was es zu beachten gilt: Vielleicht kommt der werdenden Mutter die Schwangerschaft lang vor, vielleicht kurz. Aber das ist weniger wichtig als die Antwort auf die Frage, ob es ihr gut geht. Sollte sie die mit einem Nein beantworten, braucht sie womöglich Hilfe dabei, es sich gut gehen zu lassen. Niemand kann einen anderen zu Wohlbefinden und Glück zwingen, auch nicht der liebende Partner oder Ehemann. Allerdings kann der Mann die Frau nach Herzenslust versorgen. Damit versorgt er auch das Kind. Und er kann ihr sagen, dass sie sich Zeit zur Ruhe nehmen möge, denn dann ruht auch das Kind.

Außerdem: Bis in den siebten Monat nimmt die werdende Mutter nun etwa ein Pfund pro Woche zu. Damit werden Bewegungen beschwerlicher. Um dies so wenig anstrengend wie möglich zu gestalten, sollte geeignete Kleidung bereitliegen. Die Hosen von gestern passen morgen schon nicht mehr.

Die 20. Woche (5. Monat)

Das Baby kann inzwischen seine Augen öffnen und schließen. In dreidimensionalen Ultraschallaufnahmen ist dies bei manchen Kindern beobachtet worden. In Ansätzen kann es womöglich bereits sehen, denn die Fotorezeptoren im Auge des Fetus sind schon seit etwa zwei Wochen lichtempfindlich.

Während der nächsten Tage wächst auf dem Kopf des Kindes ein feiner Haarflaum, der das Lanugohaar ersetzt. Der Flaum deutet bereits die spätere Haarkontur an, ist aber ebenfalls nur vorläufig. Etwa zwei Wochen nach der Geburt wird der Flaum wieder verschwinden, um durch dickeres und strafferes Haar ersetzt zu werden. Erst dies ist dann bleibend – zumindest bis zur möglichen Glatzenbildung. In der 20. Woche werden auch die Augenbrauen sichtbar. Das Baby ist nun vollständig von einer Fettschicht umhüllt, produziert von den Wurzeln der Lanugohaare, der bereits genannten Käseschmiere. Sie wird später auch die Geburt erleichtern, schützt momentan aber noch die Haut des Kindes während seiner langen Zeit im Fruchtwasser.

Das Kind schluckt nun vermehrt davon und uriniert den größten Teil davon wieder ins Fruchtwasser, um schließlich erneut davon zu trinken – ein wichtiger Kreislauf, der weiterhin den Verdauungsapparat trainiert. Die Plazenta muss nun zunehmend mehr Fruchtwasser bilden. Dabei vergrößert sich ihr Durchmesser, doch dicker wird sie nicht.

Ab der 20. Woche wird die Größe des Babys nicht länger vom Scheitel bis zum Steiß gemessen, sondern die Gesamtlänge bis zur Ferse ermittelt. Auch aus praktischen Gründen. Weil das Kind sich nun gern und häufig in die Länge reckt, kann diese im Ultraschall leicht festgestellt werden.

In dieser Zeit entsteht auch ein neuer Primitivreflex, der spinale Galantreflex. Wenn die Lendenwirbelsäule des Kindes berührt wird, beugt es die Hüfte. Eine Hilfe, um sich bei der Geburt leichter durch den Geburtskanal zu bewegen.

Am Ende der 20. Woche ist das Kind nun wahrscheinlich etwa 25,6 Zentimeter lang und wiegt etwa 300 Gramm – ungefähr so viel wie das Buch in Ihren Händen.

25. Botschaft ans ungeborene Kind

Geliebtes Kind, bitte, höre uns! Du hast das Leben gewählt, weil Du weißt, was Leben ist. Du hast dieses Leben gewählt, weil Dir dieses Leben vertraut erscheint. Du hast uns, Deine Eltern, gefunden, weil Du in uns etwas Vertrautes erkannt hast.

In Deinem weiteren Leben triffst Du auf Vertrautes und Du begegnest Fremdem. Auch das Fremdeste des Fremden kann Dir aber nicht gänzlich fremd sein, weil es zur Welt gehört, in der Du lebst, und damit zu Deinem Leben.

Menschliche Eigenschaften können Dir fremd vorkommen, doch wirklich fremd sein können sie Dir als Teil des Lebens nicht.

Menschliches Verhalten kann Dir fremd vorkommen. Doch sämtliches Verhalten beruht auf menschlichen Eigenschaften. Nur was dem Menschen zu eigen ist, ist ihm auch möglich. Was ihm möglich ist, kann er auch tun. Die menschlichen Möglichkeiten sind allen Menschen zu eigen, deshalb können einzelne ihrer Taten fremd erscheinen, doch ihr Tun ist Dir grundsätzlich vertraut.

Alles Mögliche in der Welt kann Dir fremd vorkommen, doch bleibt es ein Teil der grundsätzlich vertrauten Welt.

Geliebtes und verehrtes Kind, wir bitten Dich, Dich immer daran zu erinnern, dass die Welt Dir grundsätzlich vertraut ist, auch wenn Dir etwas in der Welt fremd erscheint. Denn umso vertrauenswürdiger erscheint Dir auch die Welt an sich.

Reise durch die Biografie, dritter Teil:
In Ihrer Kindheit gibt es einen Garten, in dem Sie besonders gern gespielt haben. Vielleicht ist das der Garten hinter Ihrem Haus, ein Blumenbeet am Spielplatz oder eine besonders schöne Stelle im Wald. Fin-

den Sie den Garten Ihrer Kindheit in Ihrer Erinnerung. Vor langer Zeit haben Sie diesen Garten besucht und darin eine paradiesische Erfahrung gemacht. Sie waren zwischen zwei und fünf Jahre alt. Sie haben in dem Garten gesessen, den Wind auf der Haut gespürt, die Vögel singen hören und das Harz an Bäumen und den Duft der Blumen gerochen. Sie waren glücklich. Finden Sie das Glück Ihrer Kindheit in Ihrer Erinnerung. Es hilft Ihnen, dem Glück Ihres Kindes angemessenen Raum zu geben.

Worauf es besonders zu achten gilt: Durch das rapide Wachstum des Kindes hat sich der Bedarf an Eisen weiter erhöht. Herrscht Eisenmangel, kann das zu Blutarmut führen, da das Baby Eisen braucht, um rote Blutkörperchen zu produzieren. Es ist weiterhin ratsam, den steigenden Bedarf möglichst durch nahrungsgebundenes Eisen zu decken. Allerdings ist das gar nicht so einfach, ohne sich dabei zu überessen, denn natürliche Eisenlieferanten sind rotes Fleisch, Geflügel, Fisch, Linsen und Spinat. Auch Sesam, Amaranth, Hirse, Mohn und Prinzessbohnen enthalten besonders viel Eisen. Die Eisenaufnahme wird allerdings durch die gleichzeitige Zufuhr von Vitamin C begünstigt. Wer also zeitnah Obst isst, kann vermehrt Eisen aufnehmen. Von künstlichem Vitamin C ist abzuraten. Es schadet mehr, als es nützt. Hilfreich kann die zusätzliche Zufuhr eines Eisenpräparats sein, allerdings nur in Absprache mit einem Arzt oder Ernährungsberater.

Der sechste Monat der Schwangerschaft

Hurra! Die Hälfte ist geschafft. Die 19. Woche seit der Befruchtung bricht an. In weiteren 19. Wochen wird das Baby geboren. Laut statistischer Wahrscheinlichkeit jedenfalls. Darauf kann man anstoßen. Besser nicht mit Champagner oder Sekt, sondern einem anderen Getränk, prickelnd auch ohne Alkohol.

Das Baby schlägt vor Freude Purzelbäume im Uterus. Im sechsten Monat, der nun beginnt, dreht es sich, beugt sich vor und zurück und bewegt sich aufgeregt hin und her. Wenn ihm etwas Unwohlsein bereitet, tritt es ärgerlich gegen die Gebärmutterwand. Bei einem Gefühl der Bedrohung kauert es sich zusammen. Es kann vor Schreck zusammenzucken und die Stirn runzeln, wenn ihm etwas nicht gefällt. Auf dreidimensionalen Ultraschallbildern hat man Feten sogar weinen sehen. Nicht hörbar, denn dafür bräuchten sie Luft, sondern still und mit dem Gesichtsausdruck eines Kindes, das weint.

Immer wieder muss das Baby nun gähnen. Es reibt sich vor Freude die Hände, streicht sich glücklich übers Gesicht, nuckelt selig am Daumen oder an den Zehen, lächelt und reckt und streckt sich lustvoll. Es genießt sein Dasein in der Mutter, von ihr getragen, gut aufgehoben in der Fruchtblase, im Fruchtwasser schwimmend. Dadurch fühlt es sich leicht an und kann seine noch jungen Muskeln mit Leichtigkeit für immer neue Bewegungen trainieren.

Es schläft und wacht nun zu den Zeiten, zu denen es wahrscheinlich auch nach der Geburt schlafen oder wach sein wird. Wenn es schläft, sinkt sein Kopf entweder mit dem Kinn auf die Brust oder in den Nacken. Bereits jetzt hat das Baby seine Vorlieben. Und die zeigt es auch.

Satz der Kraft für die werdende Mutter und den werdenden Vater:
Ich bin dankbar, dass ich dies erleben darf – die wachsende Nähe zu meinem Kind.

Was es in diesem Monat noch zu sagen gibt: Mit ihren eigenen Worten erzählen werdende Mutter und werdender Vater ihrem ungeborenen Kind von ihren größten, wahr gewordenen Wünschen.

Visualisierung beim Einschlafen:
Das mythische Baby hält die Hände wie zum Gebet gefaltet. Seine Augen sind geschlossen. Es ist ganz bei sich. Sein mythischer Körper entspricht nun seinem biologischen Leib. Seine Haut schimmert wie Perlmutt. Es ruht auf einem Regenbogen.

Bitte nicht vergessen: Den Babysong und die Spirituelle Medizin (1) und (2).

Die 21. Woche (6. Monat)

»Kleine Leute haben große Ohren« besagt ein Sprichwort – keine Sorge, die Ohren Ihres Babys sind genau richtig, nicht zu klein, nicht zu groß und ganz sicher inzwischen groß genug, um Mutter und Vater und die Welt zu hören. Medizinische Untersuchungen deuten darauf hin: Baby bekommt besonders große Ohren, also es hört besonders hin, wenn es die Stimme der Mutter oder die des Vaters hört. Wenn die Mutter ihm etwas erzählt, hört es zu und kann wahrscheinlich aus dem Klang der Stimme auf die Stimmungslage der Mutter schließen. Wenn die Mutter ihm etwas vorliest, erkennt es an den Klangmustern, wenn es das Vorgelesene schon einmal vorgelesen bekommen hat. Wenn die Mutter ihm etwas vorsingt, freut es sich über die Tonlage ihrer Stimme. Und wenn ihm die Mutter dasselbe Lied immer wieder vorsingt, kommt es ihm bald bekannt vor.

Was auch immer das Baby hört, Geräusche, Laute, Lieder – es verknüpft das Gehörte in seiner Erinnerung, schließlich auch mit Daseinszuständen, also Schlafen oder Wachen, Aktivität oder Ruhe. Wenn die Mutter ihm den mehrfach erwähnten Babysong zur natürlichen Schlafenszeit vorsingt, so wird das Kind dieses Lied schon im Mutterlieb als Schlaflied erkennen und bereits mit den ersten Tönen seine Ruhe finden.

Studien haben ergeben, dass Säuglinge intensiver an der Brust saugen, wenn ihnen dabei eine Geschichte vorgelesen wird, die sie bereits im Mutterleib gehört haben.

Noch ist es nicht so weit. Aber in der 21. Woche erreicht das Baby immerhin die Proportionen, mit denen es auch geboren wird. Das betrifft vor allem die Beine, die im Verhältnis zu den Armen, zum Rumpf und Kopf nun die passende Länge erreichen. Sie werden im Verhältnis erst wieder deutlich länger, wenn das Kind später nach der Krabbelphase zu laufen beginnt.

Das kindliche Herz schlägt nun immer kräftiger. In dieser Woche ist der Herzschlag des Babys deshalb bereits mit einem einfachen Stethoskop zu hören.

Am Ende der 21. Woche ist es vom Scheitel bis zur Ferse etwa 26,7 Zentimeter lang und wiegt rund 360 Gramm.

26. Botschaft ans ungeborene Kind

Geliebtes Kind, bitte, höre uns! Dass die Welt Dir grundsätzlich vertraut ist und ebenso auch das Leben, heißt noch lange nicht, dass Du die Welt und das Leben kennst.

Manche Menschen kennen sehr viel vom Leben, andere nicht. Doch niemand kann das Leben vollständig kennen. Deshalb kann man auch darauf vertrauen, dass einem das eigene Leben nie langweilig wird. Und im Vertrauen auf die Unerschöpflichkeit der Welt und des Lebens kann man sich in der Welt und im Leben gut auskennen, nicht zuletzt auch im eigenen.

Das ist ein Zustand der Gnade.

Geliebtes und verehrtes Kind, alle Menschen werden in diese Gnade hineingeboren – auch Du. Je wacher Du lebst, je aufmerksamer und bewusster Du bleibst, umso sicherer wird es Dir gelingen, diese Gnade zu bewahren.

Reise durch die Biografie, vierter Teil:
Sehen Sie Ihre Eltern in Ihrer Vorstellung. Es ist die Zeit Ihrer Zeugung. Wie ging es Ihren Eltern zu der Zeit? Wie war ihre Liebe zueinander geartet? Mit welchem Impuls wurden Sie gezeugt? Wie haben Sie sich im ersten Monat der Schwangerschaft im Mutterleib gefühlt? Wie im

zweiten Monat? Im dritten usw? Wie kurz vor der Geburt? Wie bei der Geburt? Und wie haben Sie die ersten Monate nach der Geburt erlebt? Fühlen Sie die Antworten, wenn Sie die Fragen lesen. Je genauer Sie die Antworten kennen – wie auch immer sie ausfallen –, um so hingebungsvoller können Sie sich der Schwangerschaft und Geburt Ihres Kindes widmen. Denn es wird immer auch das innere kindliche Selbst mitgeboren.

Was es noch zu beachten gilt: Demnächst sollte ein Geburtsvorbereitungskurs aufgesucht werden. Jetzt ist der richtige Zeitpunkt, um sich darum zu kümmern. Eine geeignete Vorbereitung erleichtert die Geburt erheblich.

Die 22. Woche (6. Monat)

Weil das Kind eine zunehmend feinere akustische Wahrnehmung hat, kann es den Ausdruck Ihrer Freude hören. Und ich glaube, dass es sie auch versteht und mitempfinden kann.

Es hört nun so gut, dass es durch Stimmen und Geräusche geweckt werden kann. Es wacht auf, wenn die Eltern sich nach einer Zeit der Ruhe plötzlich wieder zu unterhalten beginnen. Es wacht auf, wenn ein Auto auf der Straße hupt. Das Anspringen einer Waschmaschine kann es wecken. Und erschrecken. Durch ein lautes Geräusch aufgeschreckt, wird es womöglich hektische Bewegungen machen, als wollte es um sich schlagen. Krachend laute Konzerte, etwa Heavy Metal, können es in Panik versetzen, sind also zu meiden.

Tut mir leid, Ihr Slayer-Freunde, Mozart ist angesagt, Beethoven und Wagner rocken eigentlich auch schon zu sehr. All das aufwühlende Zeugs ist nichts fürs Kind, also auch nichts für die Mutter. Muss man von ihr fernhalten, auch wenns einem selbst irgendwie wehtut. Dies ist die Zeit fürs Wellnessprogramm, auch im akustischen Sinn. Nun ist eben der Babysong dran.

Denn nun wird das Wachstum des kindlichen Gehirns weiter beschleunigt. Die bereits bestehenden Neuronen werden weiter verschaltet, und sehr viele neue Hirnzellen werden gebildet, dadurch nimmt die Hirnmasse weiter zu. Diese Phase erhöhten Hirnwachstums wird bis zum fünften Lebensjahr anhalten.

Allerspätestens jetzt wächst Haar auf dem Kopf des Kindes. Aber wie auch immer die Haarfarbe des Kindes später sein wird, rot, blond, brünett, braun oder schwarz – noch ist es farblos. So farblos wie seine Augen, die ebenfalls noch über keine Pigmente für Farbe verfügen.

Im Zuge der fetalen Lungenreifung beginnt sich in den Lungen ein Sekret abzusondern, genannt »surface active agent« (kurz: Surfactant), der es der Lunge später erlaubt, aufgeblasen zu werden.

Weil das Baby bisher noch kein Fettgewebe bilden konnte, ist es noch sehr dünn. Seine Haut ist schrumpelig, denn der Körper füllt die Haut noch nicht so weit aus, dass sie gespannt wird.

Das Kind wiegt jetzt annähernd 400 Gramm und ist bereits bis zu 28 Zentimetern lang. Sein Kopf hat einen Durchmesser von 4,6 bis 5,5 Zentimetern.

Der seit der zwölften Woche bestehende Suchreflex wird um den Saugreflex erweitert. Wenn das Baby an der Wange berührt wird, dreht es den Kopf in Richtung der Berührung, öffnet den Mund und streckt die Zunge zum Saugen heraus. Immer wieder übt es schon mal am Daumen, den Fingern oder Fußzehen.

Die Menge des Fruchtwassers, in dem es schwimmt, entspricht inzwischen etwa dem Inhalt einer Kaffeetasse. Alle drei Stunden wird es vollständig ausgetauscht – eine große Leistung der Plazenta, die sich aber noch deutlich steigern wird.

27. Botschaft ans ungeborene Kind

Geliebtes Kind, bitte, höre uns! Du wächst und damit wachsen auch Deine Bedürfnisse. Du hast das körperliche Bedürfnis nach Nahrung. Du hast das Bedürfnis nach Nähe in körperlicher Form. Du hast das sinnliche Bedürfnis, Deine Umwelt zu entdecken, denn Du hast zunehmend das Bedürfnis zu tasten, zu schmecken, zu riechen, zu hören und zu sehen.

Deine Seele ist in einem Körper angekommen, doch sie will noch mehr und noch weiter ankommen. Auch dieses Bedürfnis ist groß und wird es auch bleiben.

Dein Geist hat durch die Ankunft im Körper Ruhe gefunden, doch hat er immer wieder das Bedürfnis zu schweifen und nach der Ausschweifung zu ruhen.

Körperliche, seelische und geistige Bedürfnisse gehören zum Leben und formen es. Deine Freiheit als Individuum besteht darin, mit Deinen Bedürfnissen auf eine ganz eigene Art umzugehen. Genieße diese, Deine Freiheit, geliebtes Kind.

Was es zu beachten gilt: Rückenschmerzen sind im sechsten Monat keine Seltenheit. Durch das zunehmende Gewicht des Kindes verlagert sich auch der Körperschwerpunkt. Als Folge von Fehlhaltungen beginnt der Rücken zu schmerzen. Die nachstehende Übung ist hilfreich. Setzen Sie sich dafür auf einen Stuhl. Die Sitzhöhe sollte so hoch sein, dass Unter- und Oberschenkel beim Sitzen einen rechten Winkel bilden. Konzentrieren Sie sich nun auf die Sitzposition. Sitzen Sie so gerade wie möglich, ohne den Rücken anzulehnen. Dann stellen Sie sich vor, vom Steiß bis zum Scheitel verläuft ein Band. Es tritt aus dem Kopf aus. Und jemand zieht nun von oben daran. Ihre Wirbelsäule richtet sich dadurch auf. Die Wirbelkörper werden auseinandergezogen und die Bandscheiben entlastet. In gerader Haltung werden Sie so weit hochgezogen, dass Sie ein zunehmendes Gewicht in den Fußsohlen spüren. Sie halten das Gewicht einen Moment, dann lassen Sie sich langsam zurücksinken. Wiederholen Sie die Übung einige Male. Und hören Sie auf, bevor es anstrengend wird.

Weitere Ratschläge zur Vermeidung von Rückenschmerzen: Tragen Sie kein unnötiges Gewicht. Dazu gehört auch unnötiges Körpergewicht, zugelegt durch das Essen von zu fetten Speisen. Wechseln Sie Ihre Körperposition häufiger als sonst. Legen Sie Ihre Beine beim Sitzen hoch. Meiden Sie asymmetrische Körperbelastungen. Verteilen Sie das Gewicht auf beide Hände, wenn Sie etwas Leichtes tragen müssen, zum Beispiel einen Einkauf. Heben Sie ein Gewicht immer aus den Beinen, nie mehr mit dem Rücken. Tragen Sie keinesfalls mehr schwere Einkaufstaschen. Bitten Sie selbst bei leichten jemanden, Ihnen beim Tragen zu helfen. Durch die Schwangerschaft tragen Sie schon genug. Es ist sehr wichtig, dass Sie dies jetzt akzeptieren. Und: Wählen Sie bequeme Schuhe. High Heels sind nichts für schwangere Frauen. Falls Sie dies alles beachten und trotzdem Probleme haben, lassen Sie sich von einer Physiotherapeutin beraten, die Erfahrung mit Schwangeren hat. Sie wird Ihnen sagen, welche Muskeln Sie trainieren können, damit Sie Ihr erhöhtes Körpergewicht möglichst schmerzfrei tragen können.

Die 23. Woche (6. Monat)

Mit dem Hörorgan hat sich auch das Lageorgan entwickelt. Indem es sich dreht und wendet und Purzelbäume schlägt, trainiert das Kind auch sein Gleichgewicht.

Weil sich in den Mittelohren des Kindes die Gehörknöchelchen verfestigen, hört es immer besser. In einer Studie wurden 23 Wochen alten Kindern die »Vier Jahreszeiten« von Vivaldi vorgespielt. Bei dem ruhigen Adagio blieb auch das Kind besonders ruhig. Das Andante brachte es dazu, sich etwas mehr zu bewegen, und beim schnellen Allegro zeigte es sich besonders aktiv.

Die Welt klingt nicht immer nur nach Vivaldi. Umweltlärm nimmt zu. Laute Geräusche sind nicht in allen Situationen zu vermeiden. Doch das ist kein Grund zur Sorge. Im Mutterleib ist das Kind geschützt. Sollte es sich doch einmal erschrecken und vor Schreck hektisch zu strampeln beginnen – als wollte es im Bauch weglaufen –, dann dient es seiner Beruhigung, wenn wenigstens die Mutter ruhig bleibt.

Auch mit den besten Absichten ist nicht jeder Schreck zu vermeiden. Selbstvorwürfe helfen dem Baby nicht, sondern umwölken zusätzlich sein Gemüt.

Was also tun, wenn es sich erschreckt hat? Als Sofortmaßnahme setzt oder legt sich die Mutter am besten hin und streicht mit ihren Händen sanft über ihren Bauch, um dem Baby Aufmerksamkeit zu signalisieren. Kein Grund zur Sorge, ich bin für dich da, soll das heißen, in einer Sprache, die das Kind garantiert versteht. Wenn sich der erste Schreck etwas gelegt hat, kann die Mutter dem Kind seinen Babysong vorsingen. Zur Auflösung traumatischer Folgen sollten im Anschluss die beschriebenen Methoden der Spirituellen Medizin angewandt werden.

Durch die Errungenschaften modernster Medizin sind Babys, die im sechsten Monat geboren werden, inzwischen mit wachsender Wahrscheinlichkeit lebensfähig – obwohl der Atmungstrakt noch nicht so weit entwickelt ist, dass das Kind nun selbstständig atmen könnte.

Am Ende der 23. Woche hat der Kopf des Kindes nun einen Durchmesser von 5,2 bis 6,2 Zentimetern. Und bei einer Länge von knapp 29 Zentimetern wiegt das Kind etwa 500 Gramm. In den nächsten fünf Wochen wird sich sein Gewicht verdoppeln, doch vom Scheitel bis zu den Fersen wird es nur um etwas mehr als ein Viertel länger werden.

Spätestens jetzt ist es ratsam, sich über das Wo und Wie der Geburt Gedanken zu machen. Zu Hause? Im Geburtshaus? In der Entbindungsstation eines Krankenhauses? Das sind die drei grundsätzlichen und verbreiteten Optionen. Es bringt wenig, sie dogmatisch zu sehen. Wenn die Schwangere Angst vor einer Hausgeburt hat, sich beim Besuch des Geburtshauses auch nicht wohlfühlt und die Entbindungsstation wählt, ist das keine Aufforderung an den Mann oder die nächsten Angehörigen, so lange auf sie einzureden, bis sie nachgibt und gegen ihr Gefühl doch eine Hausgeburt oder die Entbindung im Geburtshaus wählt.

Es gibt Frauen, die schamanische Ozeangeburten wählen. Sie bringen ihr Kind in den warmen Fluten vor Hawaii zur Welt. Und wenn diese Geburten ohne Komplikationen verlaufen, sind sie absolut fantastisch. Direkt nach der Geburt, noch durch die Nabelschnur verbunden, beginnt das Kind schon zu schwimmen. Wie ein Delfin im weiten Ozean, getragen vom sanften Wellengang, der an die schaukelnden Bewegungen im Mutterleib erinnert. So simpel es klingt, doch diese Erfahrung hat einen sehr weitreichenden positiven Effekt auf das gesamte spätere Leben.

Wenn die werdende Mutter das Empfinden hat, eine Unterwassergeburt, das ist richtig für mich. Oder das Geburtshaus ist richtig. Oder zu Hause ist es gut. Wenn sie dieses sichere Empfinden hat, dann sollte sie diesem Empfinden auch folgen. Und die Aufgabe des

Mannes und werdenden Vaters ist es, sie in diesem Empfinden und der daraus folgenden Wahl zu bestärken.

Falls sie unsicher ist, dann ist es umso ratsamer, nun eine kundige und sympathische Hebamme zu finden, die von nun an die Geburt begleitet und auch bei der Wahl des Ortes und den Umständen der Entbindung berät.

28. Botschaft ans ungeborene Kind

Geliebtes Kind, bitte, höre uns! Du warst Geist im Ozean des Geistes. Weite in der Weite, ausgedehnt in die Endlosigkeit. Du hast im Licht der einen Quelle allen Seins geruht und Liebe ohne Ende erfahren. Von Liebe erfüllt, bist Du aus der Erfahrung der Quelle aufgetaucht. Plötzlich sehntest Du Dich danach, die Liebe, die Dich erfüllt, zu leben. Also hast Du Dich in den Mantel Deiner Seele gehüllt, bist ins Leben aufgebrochen, hast uns, Deine Eltern, gefunden, die Stadien der Glückseligkeit durchlaufen und die Frucht beseelt.

Du bist in der Verdichtung durch Körperlichkeit angekommen. Aber im Geiste bist Du noch weit. So erlebst Du Deine wachsende Körperlichkeit. Deine körperlichen Sinne sind erwacht. Du spürst Dich körperlich. Du hörst Klänge und kannst unsere Stimmen, die Stimmen Deiner Eltern, daraus erkennen. Du weißt Dich getragen und fühlst Dich aufgehoben. Du fühlst Dich von Liebe umgeben und in Liebe geborgen. Du erlebst endlose körperliche Freude. Du spürst Dich ganz besonders und fühlst die Herrlichkeit begrenzten körperlichen Seins. Zugleich ist Dein Geist grenzenlos wie der Ozean. Und grenzenlos ist auch Dein Glück körperlichen, seelischen, geistigen Daseins. Das ist die ozeanische Phase – die Erfahrung der Weite in der Körperlichkeit.

Geliebtes und verehrtes Kind, genieße diese Erfahrung, solange sie Dir noch zuteilwird.

Was es noch zu beachten gilt: Manche Eltern meinen, verstärkte akustische Reize wären hilfreich für ihr Kind. Sie reden über ein Megafon auf das Kind im Mutterleib ein oder platzieren Kopfhörer auf den Bauch der Schwangeren, um dem Kind klassische Musik oder Jazz vorzuspielen – in der Hoffnung, dass sich dadurch die Neuronen im kindlichen Gehirn auf Genie-Niveau verschalten. Vorsichtig ausgedrückt: Megafone und Kopfhörer gehören nicht unmittelbar zur Welt eines Kindes, schon gar nicht, wenn es sich noch im Bauch befindet. Ich glaube, dass diese Art Aktionismus kommunikationshungriger Eltern eher zum Nachteil des Babys ist.

Die 24. Woche (6. Monat)

Die Menge des Fruchtwassers, in der das Baby nun schwimmt, entspricht etwa dem Inhalt von eineinhalb Kaffeetassen. Doch mit der wachsenden Größe des Kindes wird sein Bewegungsraum zunehmend begrenzt. Es beginnt die Gebärmutter auszufüllen. Innerhalb einer Woche ist es rund 100 Gramm schwerer geworden. Bei einer Länge von 30 Zentimetern wiegt es etwa 600 Gramm. Sein Kopfdurchmesser beträgt zwischen 5,8 und 6,9 Zentimetern.

Seine Haut ist noch so dünn und durchscheinend, dass man Organe und Knochen darunter erkennen kann, spannt sich aber immer mehr, weil nun Fett eingelagert wird. Dadurch wird die bisher schrumpelige Hautoberfläche zunehmend geglättet. Die Fettpolster sind wichtig für die Wärmeregulierung nach der Geburt.

Das Baby schwimmt im Fruchtwasser, glücklich, so gut aufgehoben zu sein. Es hört die Stimme der Mutter, die vor allem über die Knochen zu ihm geleitet wird. Es hört die Geräusche, die die inneren Organe machen. Vor allem das Herz. Jedes Herz klingt anders. Der besondere Klang des mütterlichen Herzschlags wird bereits im Mutterleib wahrgenommen. Spielt man Neugeborenen Aufnahmen der mütterlichen Herztöne vor, beruhigen sie sich. Derselbe Effekt wird erzielt, wenn die Mutter das Baby auf den Arm nimmt. Mit dem Köpfchen an der Mutterbrust hört es ihren Herzschlag. Und beruhigt sich. Deshalb ist der Platz am Herzen der Mutter sein Lieblingsplatz. Das Kind reagiert frühestens ab der 20. Woche auf auditive Reize und spätestens jetzt.

In einem besonderen Zusammenhang muss deshalb auch Gesang gesehen werden. Gesang beruhigt, das haben wissenschaftliche Studien bewiesen. Wenn die Mutter singt, so beruhigt sich ihr

Herzschlag. Durch eine singende Mutter wird das Kind also schon im Mutterleib durch die besonders beruhigende Verbindung von Gesang und Herzschlag geprägt. Ein Grund mehr für das Singen des Babysongs.

In diesem Stadium der Schwangerschaft hat sich die werdende Mutter wahrscheinlich an ihren Zustand gewöhnt und genießt ihn hoffentlich. Selbst wenn sie hin und wieder Rückenschmerzen und Magenprobleme hat. Die körperlichen Veränderungen durch die Dynamik der Schwangerschaft sind übersehbar und machtvoll. Die Frau gerät körperlich und seelisch womöglich an ihre Grenzen. Das kann wehtun und kostet Energie. Doch die Grenzerfahrung durch das Austragen des Kindes gibt der werdenden Mutter auch Kraft. Vor allem wenn sie sich diesem Zustand hingibt.

Ich meine, dass das Baby schon lange körperlichen Schmerz empfinden kann. Medizinisch gesichert sind Schmerzreaktionen bei Frühgeborenen im jetzigen Stadium ihrer Entwicklung. Tut ihnen etwas weh, verziehen sie das Gesicht und zeigen Fluchtreflexe. Außerdem wird berichtet, dass Feten bei einer Abtreibung ab der 21. Schwangerschaftswoche hörbar schreien. Ich finde dies so grauenhaft, dass ich mich überwinden musste, es aufzuschreiben. Doch ich tue es dennoch, um noch deutlicher zu sagen: Das Baby ist ein Mensch. Es muss nicht erst einer werden. Es ist von Anfang an ein Mensch. Nämlich vom Moment der Zeugung an.

29. Botschaft ans ungeborene Kind

Geliebtes Kind, bitte, höre uns! Aus der Weite jenseits jeder Körperlichkeit kommend, hast Du Weite auch in der Erfahrung der Körperlichkeit gefunden. Aus dem Genuss des ozeanischen Daseins am Beginn des Lebens ist Dein Wunsch nach mehr Nähe erwachsen. So hast Du zu Deinem Lebensbaum gefunden und ihr seid aufeinander zugewachsen. Nun steht ihr einander so nahe, dass Du seine Wärme ständig spüren kannst. Der Urbegleiter ist wie ein Ofen, an den man sich herrlich erwärmend lehnen kann. Der Urbegleiter ist wie ein warmes Kissen, auf dem man kuschelig gewärmt ruhen kann. Du hast sehr viel und gut geruht.

Du bist ausgeruht. Ausgeruht spürst Du den Drang, Dich zu bewegen. Wenn Du Arme und Hände ausstreckst, spürst Du einen warmen Widerstand. Wenn Du die Beine reckst, stoßen Deine Füße weich an. Das muss so sein, weil Du Dich in einer Höhle befindest. Noch ist diese Höhle groß genug, noch kannst Du darin Deine Arme und Beine ausstrecken. Noch kannst Du Dich darin mit Leichtigkeit drehen und wenden. Noch kannst Du darin sogar Purzelbäume schlagen.

Geliebtes und verehrtes Kind, genieße diese Zeit großer Bewegungsfreiheit bei gleichzeitigem Aufgehobensein.

Massage:
Bitten Sie ihren Mann, Sie von nun an regelmäßig zu massieren. Zuerst Ihre Füße, dann Ihre Beine, dann Ihre Hände, Arme, Schultern, Ihren Rücken, Ihren Kopf, Ihr Gesicht. Um dann auch massierend über Ihren Bauch zu streichen. Dies beruhigt. Von nun an regelmäßig angewandt, erleichtert es die Geburt.

Was es noch zu beachten gilt: Falls sich Ihr Blutdruck durch die Schwangerschaft verändert hat, so wird er nun wahrscheinlich wieder die gleichen Werte erreichen wie vor der Schwangerschaft.

Der siebte Monat der Schwangerschaft

Das Kind wächst und gedeiht im Uterus – im mütterlichen Resonanzfeld. Dieses Resonanzfeld ist am Beginn des siebten Monats sehr komplex. Es besteht aus sämtlichen möglichen sinnlichen Wahrnehmungen der Innen- und Außenwelt. Es beinhaltet auch die geschmackliche Qualität des Fruchtwassers. Vor allem aber wird das Resonanzfeld der Mutter nach wie vor durch deren Hormone und Botenstoffe »emotional« gefärbt. Diese Färbung kann massiv sein. Zum Beispiel wenn die Mutter depressiv ist.

Die physiologischen Begleiterscheinung einer Depression, nämlich ein erhöhtes Kortisol- und Norepinephrinniveau und ein niedriger Dopaminspiegel, wirken sich über Plazenta und Nabelschnur ganz unmittelbar auf die Befindlichkeit des Kindes aus. Studien haben ergeben, dass depressive Mütter mit hoher Wahrscheinlichkeit depressiv geprägte Kinder bekommen. Also Kinder, die später auch depressiv werden.

Das Kind erlernt im Mutterleib eine depressive Befindlichkeit, ein depressives Verhalten, die Depression als Daseinszustand. Es kann in seinem späteren Leben freudvollere Verhaltensmuster und Daseinszustände erlernen. Doch der Weg dahin ist häufig weit und mühsam.

Umso wichtiger ist es für die werdende Mutter, auf ihr seelisches Gleichgewicht zu achten. Die Aufgabe des werdenden Vaters ist ganz eindeutig und ohne Wenn und Aber: sie dabei zu unterstützen. Ihr also ein gutes Gefühl zu geben, ihr Freude zu vermitteln, sie zu erheitern, sie zum Lachen zu bringen, ihr seine Liebe zu zeigen. Nur davon zu reden reicht jedenfalls nicht.

Sätze der Kraft für die werdende Mutter und den werdenden Vater:
Alle alten Wunden sind verheilt. Im Zustand vollständiger Gesundheit erwarten wir unser gemeinsames Kind.

Was es in diesem Monat noch zu sagen gibt: Mit ihren eigenen Worten erzählen werdende Mutter und werdender Vater ihrem ungeborenen Kind, was sie in dieser Zeit der Schwangerschaft besonders schön finden.

Visualisierung beim Einschlafen:
Das mythische Baby schwebt in einer zartlila Aura. Seine Schönheit ist überwältigend. Es hat die Augen geöffnet und betrachtet voller Neugier seine eigenen Hände.

Bitte nicht vergessen: Den Babysong und die Spirituelle Medizin (1) und (2).

Die 25. Woche (7. Monat)

Die bisher bleiche Haut des Kindes beginnt sich rosa zu färben. Optische Folge der zunehmenden Bildung von feinsten Blutgefäßen unter der Haut, Kapillaren, in denen rotes, sauerstoffhaltiges Blut fließt. Kapillaren haben sich nun auch in den Lungen gebildet. Eine weitere Voraussetzung für das spätere Atmen. Durch den Blutfluss in den Lungen kann später Sauerstoff aus der Atemluft in den Blutkreislauf aufgenommen werden.

Die bisher noch geschlossenen Nasenlöcher beginnen sich zu öffnen. Unter den ersten Zähnen, den Milchzähnen, bilden sich bereits tief in den Kiefern die zweiten Zähne. Langsam wachsen auch die Finger- und Zehennägel aus ihren Betten.

Die Menge des Fruchtwassers nimmt weiter zu. Das Baby trinkt vermehrt davon und trainiert so seine Schluckbewegungen, aber auch die Harnwege mit den Nieren, weil der größte Teil der getrunkenen Flüssigkeit über den Urin wieder ins Fruchtwasser ausgeschieden wird. Da es alle drei Stunden vollständig ausgewechselt wird, werden innerhalb von 24 Stunden mehr als 26 Liter Fruchtwasser ausgetauscht.

Der Kopf des Kindes hat jetzt einen Durchmesser von 5,8 bis 6,9 Zentimetern. Sein Körpergewicht beträgt etwa 700 Gramm. Es ist durchschnittlich knapp 35 Zentimeter lang.

30. Botschaft ans ungeborene Kind

Geliebtes Kind, bitte, höre uns! Du ruhst im Bauch Deiner Mutter. Dort bist Du sehr gut aufgehoben, doch wird es darin für Dich nun enger werden. Denn Du bist ein Kind und Du wächst. Du wächst ins Leben, getragen vom Leben, denn Deine Mutter trägt Dich in sich. Sie trägt Dich gern. Sie liebt es, Dich zu tragen, auch wenn Du schwer und immer schwerer wirst und ihr Bauch groß und größer.

Im Bauch Deiner Mutter, in der Höhle, die sie dir zur Wohnung überlassen hat, sind die Wände weich und warm. Doch am wärmsten ist Dein Lebensbaum, Dein Urbegleiter. Wenn Du Dich an ihn lehnst, spürst Du einen warmen Puls, ein innerliches Strömen und Fließen. Das ist der Strom und der Fluss, der Dich nährt.

Gut genährt wächst Du weiter dem Leben zu. Und weil Du wächst, doch Deine Höhle, Dein jetziges Zuhause, nicht so schnell mitwachsen kann, hast Du nun das Gefühl, dass die Wände auf Dich zukommen. Auch das ist herrlich. Ein Empfinden, wie wenn aus einem wattig-weichen Aufgehobensein eine sanfte, warme und liebevolle Umarmung wird.

Genieße diese liebevolle, sanfte und warme Umarmung, die Dir das Leben nun bietet. Diese Umarmung ist eine der schönsten aller Zeiten. Gib Dich ihr ganz hin und spüre, wie sie langsam kräftiger wird.

Reise ins innere Heiligtum:

Wählen Sie eine bequeme Sitzposition. Schließen Sie die Augen und sehen Sie in der Mitte Ihrer Brust, in Höhe Ihres Herzens, knapp vor Ihrer Wirbelsäule, also in Ihrem Körper einen Tempel. Dies ist der schönste der Tempel, den Sie je gesehen haben, denn er ist Ihr persönliches inneres Heiligtum.

Stellen Sie sich vor, dass Sie mit Ihrem Bewusstsein wie ein kleiner Däumling in Ihrem Körper wandern können. Seilen Sie sich aus Ihrem Gehirn in die Mundhöhle ab. Rutschen Sie über den Rachen durch den Hals. Sie können einen Atemweg nehmen, die Speiseröhre runtersausen oder an der Wirbelsäule hinabklettern. Doch achten Sie auf die Abzweigung. Sie ist nicht ausgeschildert. Aber wenn Sie hinwollen, kom-

men Sie immer an. Sie betreten Ihr Heiligtum durch einen Seitenein-
gang, das rückwärtige Tor oder über die vordere Treppe. Stellen Sie sich
nun vor, dass Sie Ihr Heiligtum auf die eine oder andere Art betreten.
Im Moment des Eintretens verändern Sie sich. Sie werden zum hö-
heren Selbst, also der höchsten, liebe- und hingebungsvollsten Vorstel-
lung von sich selbst. Richten Sie Ihre Aufmerksamkeit darauf, wie Sie
sich selbst wahrnehmen und wie sich diese Selbstwahrnehmung an-
fühlt. Dann laden Sie Ihr Kind in Ihr inneres Heiligtum ein. Auch Ihr
Kind erscheint als sein höchstes Selbst. Genießen Sie die Begegnung.
Sie können alles mit ihm besprechen. Es geschieht auf der Herzens-
ebene.

Was es zu beachten gilt: Nahrungsmittel können mit gefährlichen
Bakterien verseucht sein. Sie können Viren beinhalten, Gifte und
Parasiten. Selbst der Verzehr einer geringen Menge belasteter Spei-
sen kann sehr gefährlich werden.

Symptome treten meistens innerhalb von Stunden auf, manchmal aber auch erst Wochen später.

Kommt es nach einem Essen zu ungewöhnlich starker Übelkeit
mit Erbrechen oder heftigem Durchfall, muss wahrscheinlich ein
Arzt aufgesucht werden.

Um Krankheiten, ausgelöst durch verdorbene Nahrung, zu vermeiden, sollte Folgendes beachtet werden. Beim Einkaufen dürfen
Obst und Gemüse nicht in direkten Kontakt mit rohem Fisch oder
Fleisch kommen. Fisch, Fleisch, Gemüse und Obst müssen vor
der Zubereitung sorgfältig gewaschen werden. Mindestens so sorgfältig sind anschließend auch die Hände zu reinigen.

Sushi, so vertrauenswürdig es auch erscheinen mag, ist viel zu
gefährlich für schwangere Frauen. Roher Fisch und rohes Fleisch
gehören vom Speisezettel verbannt. Erst gut gekocht oder gebraten
sind Fisch und Fleisch zum Verzehr geeignet.

Was es noch zu beachten gilt: An den Brustwarzen tritt nun womöglich eine weiß-gelbliche Flüssigkeit aus, das Kolostrum, eine
Vormilch, die in sehr hohem Maße Antikörper enthält, und noch
einige Tage nach der Geburt produziert wird – um das Kind, aber
auch die Brustwarzen vor Infektionen zu schützen.

Die 26. Woche (7. Monat)

Das Kind ist nun schon ziemlich groß. Innerhalb einer Woche hat es knapp 100 Gramm an Gewicht zugelegt, ist aber nur etwa einen Zentimeter in der Länge gewachsen. Bei einer Länger von knapp 36 Zentimetern – vom Scheitel bis zur Sohle – wiegt es um die 800 Gramm. Es wirkt zunehmend rundlich wie ein Baby und sieht schon fast so gut gepolstert wie bei der Geburt aus. Durch die Fetteinlagerungen spannt sich die Haut inzwischen faltenfrei. Über den Augen sind Augenbrauen erkennbar. An den Lidern wachsen die Wimpern.

Das Gehirn bildet weiterhin mit größter Geschwindigkeit neue Zellen, die neuronale Vernetzung nimmt gleichfalls rapide zu. Angeregt auch durch immer feinere und komplexere sinnliche Wahrnehmungen, bilden sich im Gehirn Verbindungen, die dem Kind die Möglichkeit geben werden, seine Erfahrungen später zu deuten. Diese durch sinnliche Reize ausgelösten Aktivitäten im Gehirn des Kindes sind nun auch ziemlich deutlich in Form von Gehirnwellen messbar.

Das Reizverständnis, also die Interpretation von sinnlichen Erfahrungen, muss, wie vieles im Leben, erst geübt werden. Denn noch hat das Kind ja kaum Vergleiche. Alles scheint zum ersten Mal zu passieren oder fühlt sich so an. Geräusche in der Nachbarschaft, Stimmen, Musik, Lärm, dazu die Wahrnehmungen unterschiedlicher Helligkeit – all das will langsam eingeordnet und in eine sinnvolle Beziehung gebracht werden. Das dauert. Und es fordert das kindliche Gehirn. Also verschaltet es sich immer weiter und kreiert die biologische Grundlage für sein Bewusstsein und auch sein späteres Ich.

Inzwischen verfügt es über einen ziemlich guten Geschmack. Spätestens ab der 26. Woche kann das Kind auch unterschiedliche Geschmacksrichtungen unterscheiden. Schluckt es Fruchtwasser, nimmt es wechselnde Süße wahr.

Seit sich die Nasenlöcher geöffnet haben, atmet der Fetus das Fruchtwasser auch durch die Nase ein, als weiteres Training für die nach der Geburt einsetzende Lungenatmung. Während der nächsten Tage beginnen sich in den Lungen kleine Bläschen zu bilden, Alveolen genannt. Rund zehn Jahre wird das Wachstum der Lungenbläschen nun anhalten und damit stetig die Fähigkeit der Lunge zur Sauerstoffaufnahme erhöhen.

Denn über die Lungenbläschen erfolgt der Austausch der Atemgase – also der Austausch von Sauerstoff aus der Atemluft in die Blutkapillaren und der Austausch von Kohlendioxid aus den Blutkapillaren in den Atem.

Als Frühgeburt wäre das Kind nun sehr wahrscheinlich lebensfähig. Am Ende dieses sechsten Monats sind rund zwei Drittel der Schwangerschaft geschafft.

31. Botschaft ans ungeborene Kind

Geliebtes Kind, bitte, höre uns! Du kannst hören, sehen, riechen, schmecken und tasten. Alle Deine Sinne sind wach. Du spürst die feinste Berührung auf der Haut und ertastest mit den Händen Deinen eigenen Körper. Du schmeckst das Fruchtwasser, in dem Du schwimmst. Und Du riechst es auch. Du hörst den Herzschlag Deiner Mutter und hörst ihren Atem in ihren Lungen rauschen. Am Tag siehst Du die Wände um Dich herum leuchten und nachts ruhst Du in angenehmer Dunkelheit. Der Tag ist die Zeit, wo Du meistens wach bist. Und die Nacht ist die Zeit, wo Du meistens schläfst.

Wenn Du wach bist, kitzelst Du mit bestimmten Bewegungen manchmal Deine Mutter von innen im Bauch. Das ist lustig und bringt sie zum Lachen. Dann hüpft ihr Bauch und du hüpfst mit. Obwohl Du ja noch nicht laut mitlachen kannst, findest Du das bestimmt auch lustig. Humor ist ja ansteckend. Bestimmt auch im Bauch.

Da sehen wir Dich in diesem Moment lächeln, geliebtes Kind. Wissend um den Witz in dieser Welt.

Was es noch zu beachten gilt: Unsaubere Restaurants gilt es zu meiden. Wenn der Dreck schon beim Betreten sichtbar ist, wird die Küche wohl kaum sauberer sein. Das gilt, egal ob man mit einem Kind schwanger geht oder nicht. Doch während der Schwangerschaft muss man ohne Wenn und Aber auch mit leerem Magen die Konsequenz daraus ziehen: Nichts wie weg. Es wird sich schon was Besseres finden. Die Krankheiten und Folgen fürs Kind, ausgelöst durch verunreinigte Speisen, können schwerwiegend sein.

Wo auch immer Sie essen, verlangen Sie, dass Fisch oder Fleisch gut durchgekocht oder durchgebraten werden.

Außerdem: Wundern Sie sich nicht, wenn Sie mitten in der Nacht durch Tritte im Bauch geweckt werden. Das Baby übernimmt wahrscheinlich weitgehend Ihren Schlafrhythmus, wacht aber womöglich zwischendurch auf und ist dann einige Zeit agil. So wie Sie, wenn Sie nachts aufwachen, sich von einer Seite auf die andere drehen und die Bettdecke hin und her ziehen.

Schwangerschaft und Spirituelle Medizin (3)

Sie haben sich mit den ersten beiden Teilen von »Schwangerschaft und Spiritueller Medizin« befasst. Sie wenden beide an. Hoffentlich regelmäßig. Sehr gut. Dann sind Sie und das Kind nun reif für eine weitere Anwendung.

Ähnlich wie in Teil (2) denken Sie bitte dies: Die göttliche Mutter, die Maria, thront auf ihrer Himmelsempore. In ihrem Gesicht ist nicht die geringste Anspannung zu erkennen. Ihr Blick ist weich wie ihre Lippen, ihre Stirn so rund wie ihre Wangen. Aus jeder Pore strahlt sie Wärme, eine liebevolle, hingebungsvolle, berührende, anrührende Wärme. Eine Wärme, die Seelen erwärmt und Herzen aufwärmt. Eine Wärme, so sanft und weich, dass man in sie eintauchen und in ihr baden möchte. Auf ihre warme Weise schaut die göttliche Mutter mich an.

Ihr Blick rührt mich zu Tränen, doch weiß ich nicht, warum. Sind es Tränen der Freude? Rührt sie an meine Trauer? Wahrscheinlich ist es beides und mehr als das. Die Maria schaut mich an, schaut in mich hinein, sieht mich, erkennt mich, versteht mich und befreit mich. Durch ihre Einsicht, durch ihr Erkennen meiner Person, durch die Erkenntnis meines Wesens. Die göttliche Mutter sieht mich vollständig. Und vollständig gesehen erfahre ich durch ihre Sicht Vollständigkeit.

Sie sieht mich an. So warm und weich wie nur die göttliche Mutter einen anschauen kann. Ein Blick wie ein Meer. Endlos, doch nicht ohne Ende, denn ich bin das Ufer. Und wie eine Welle, ganz sanft und zugleich mächtig, spült der wogende Blick der göttlichen Mutter all ihre Wärme direkt in mein Gemüt. Sie sieht mich an. So warm und weich wie nur die göttliche Mutter einen anschauen kann. Ein Blick wie ein Ozean. Weiter als die Welt. Eine Weite voller Liebe. Liebe ohne Ende. Die Kraft, die nur das Gute gibt und das Beste meint. Für mich in diesem Moment. Denn ich bin von der göttlichen Mutter gemeint. Sie meint mich als Mensch. Dass sie mich so sehr meint, das fegt wie eine Woge durch meine Seele.

Und die göttliche Mutter sieht mich an. Ihr Blick reinigt mich. Kein Wunder, dass mir die Tränen kommen. Auch wenn ich mich schon auf meine Weise um die Reinigung meiner Seele gekümmert habe, es gibt noch einiges zu tun. Das erkenne ich jetzt. Und auch darum muss ich weinen. Meine Seele weint. Dies sind gute und heilsame Seelentränen. Es spielt keine Rolle, ob auch welche aus meinen Augen fließen, solange meine Seele im Fluss ist.

Und die göttliche Mutter sieht mich an. Während sie mich ansieht, beginnt ihr Herz zu leuchten. Hell und rötlich leuchtet ihr Herz. Hell und rötlich strömt ihr Herzenslicht.

Liebe Leserin, lieber Leser, stellen Sie sich die göttliche Mutter genau so vor, warm und unendlich hingebungsvoll. Die göttliche Mutter gibt den Strahl ihrer Liebe. Hell und rötlich strömt er aus ihrem Herzen. Er strömt und strömt. Ein feiner, sehr heilsamer Strom von Energie.

Stellen Sie sich, liebe Leserin, lieber Leser, nun vor, dass die hell rötliche Heilenergie der göttlichen Mutter in die Krone, also den höchsten Punkt auf Ihrem Kopf, strömt und von dort durch Ihren Körper in Ihre Hände. Stellen Sie sich vor, dass dieses Licht nun aus Ihren Handflächen leuchtet.

Mit dieser Vorstellung legen Sie Ihre Hände auf den schwangeren Bauch, um dem Kind diese Energie zu geben. Wahrscheinlich wird es unmittelbar reagieren und sich im Bauch zu Ihren Händen hindrehen.

Natürlich können Sie nun auch andere körperliche Probleme bei sich oder Ihrem Partner durch Handauflegen und energetisches Strömen lindern oder heilen.

Die goldene Christusenergie und die hell rötliche Marienenergie werden alternierend gegeben, weder in einer Behandlung noch am gleichen Tag. Bei Bedarf auch von Tag zu Tag abwechselnd, aber nicht zwangsläufig.

Es kann auch für eine längere Zeit nur die eine geströmt werden und dann wieder die andere. Schaden kann dies in keinem Fall, nur nützen. Denn wenn das Kind so mit den göttlichen Energien in Kontakt kommt, dann ist dies heilsam auf sämtlichen Ebenen seines Daseins.

Die 27. Woche (7. Monat)

Sechs Schwangerschaftsmonate liegen hinter Ihnen. Kompliment! Ich denke, Sie haben sich als sehr gute werdende Mutter erwiesen. Ihr Kind ist prächtig gediehen. Es wiegt etwa 900 Gramm, und sein Kopf hat einen Durchmesser von 6,4 bis 7,5 Zentimetern. Seine Gehirnwellen zeigen nun genauso komplexe Muster wie bei Neugeborenen.

Während der kommenden Wochen wird sich vor allem das Vorderhirn, also der Teil des Gehirns, der hinter der Stirn und dem vorderen Teil des Kopfes liegt, weiter vergrößern. Die bereits bestehende Unterteilung in eine rechte und linke Hemisphäre bleibt dabei erhalten. Das Vorderhirn beinhaltet den Hypothalamus, die Leitzentrale des vegetativen Nervensystems, den Thalamus, eine Art Übersetzungsbüro, damit die sinnlichen Reize vom Gehirn verarbeitet werden können, und den sogenannten Frontallappen.

Der Frontallappen ist die größte Struktur des Gehirns. Er gehört zur Großhirnrinde und ist maßgeblich für höhere kognitive Prozesse verantwortlich, also Aufmerksamkeit, Denk- und Entscheidungsvermögen, willentliche Bewegung, sprachlicher Ausdruck.

Die Lungen des Kindes sind nun so weit entwickelt, dass es außerhalb des Uterus atmen könnte. Die Geburt rückt näher.

Während die Geburt mit dem Beginn des siebten Monats näher rückt, neigen viele Paare dazu, sich nur noch darauf zu konzentrieren. Kein Wunder. Das letzte Drittel der Schwangerschaft ist besonders reich an Erfahrungen. Das Paar sieht sich bereits als Familie und fiebert dem eigentlichen Beginn des familiären Daseins entgegen. Wann wird das Kind kommen? Wie wird es sein, wenn es kommt? Und wie wird es sein, wenn es da ist?

Das fragen sich werdende Eltern, und die Antwort, das werde sich dann schon zeigen, ist eine, die sie nicht zufrieden stellt. Die Spannung und gespannte Erwartung, die sich aus der Unmöglichkeit ergeben, diese Fragen befriedigend zu beantworten, kann an dieser Stelle nicht aufgelöst werden. Denn das ist einer der Gründe für die Magie und das Faszinosum der Schwangerschaft: Sie ist immer wieder anders und anders, als man denkt.

Doch gibt es einige Gedanken, die an dieser Stelle sinnvollerweise zu erwähnen sind.

Erstens: Zu zweit ist es vollkommen anders als zu dritt. Der Unterschied zwischen dem Dasein als Paar und dem als Familie ist eklatant. Wenn Menschen mit Familie dies einem Paar erklären, dann sagen sie, wisst ihr, es ist abenteuerlich, erst waren wir zu zweit, dann zu dritt, und dann war alles anders. Nicht ein bisschen anders, sondern vollkommen anders. Wenn man so etwas einem Paar gegenüber erwähnt, wird man womöglich ein verständnisvolles Nicken als Antwort bekommen, doch ganz ehrlich: Jedes Paar glaubt, Familie ist nur für die anderen schwierig, für einen selbst aber nicht. Warum? Allein schon, weil Verliebtheit plus Kinderwunsch einen sehr großen Sog entfalten, was wiederum eine eher irrationale und romantisierende Sicht auf das künftige familiäre Dasein zur Folge hat. Das Paar glaubt, es ist auch mit Kind cool. Und kann sich absolut nicht vorstellen, dass Coolness ihm womöglich mit Kind vollkommen gleichgültig sein wird.

Zweitens: Schon die Schwangerschaft räumt mit dem Thema Coolness auf, also den Fragen: Wie stehe ich in Gesellschaft da? Wie sehe ich aus? Bin ich lässig?

Wie steht man als werdende Mutter da? Mit einem dicken Bauch. Wie bewegt man sich ab dem sechsten Monat? Wahrscheinlich leicht watschelnd. Was will man hoffentlich nicht? Sich betrinken. Was hat man hoffentlich aufgegeben? Das Trinken und das Rauchen. Was sagt man zu Leuten, die einem Zigaretten und Alkohol anbieten? Nein, danke, bin schwanger, ist zu ungesund, trinke lieber Apfel- oder Orangensaft. Und was ist das? Uncool in den Augen derer, die trinken und rauchen. Was kann man dagegen tun? Nichts. Ist das ein Problem? Nicht im Geringsten, denn mit den Leuten, die das für uncool, wenn nicht irgendwie bescheuert halten, wird man in Zukunft immer weniger zu tun haben. Das ist eigentlich ein Segen, doch auch gewöhnungsbedürftig.

Drittens: Wenn man als Paar sein Leben einigermaßen komfortabel geregelt bekommt, ist das zwar eine gute Voraussetzung für das kommende familiäre Glück, doch geht der erste Zustand nicht automatisch in den zweiten über. Die Schwangerschaft ist eine anstrengende Zeit. Das Dritte macht sich als mächtige Wölbung im Bauch und zunehmend auch durch schmerzhafte Tritte bemerkbar. Es ist unübersehbar da, doch noch nicht direkt in Erscheinung getreten. Das tut es nach einem Orkan der Schmerzen mit der Geburt. Kaum da, will es schon was, nämlich die Mutterbrust. Für die Frau, vollkommen erschöpft von der Geburt, beginnt womöglich der nächste Stress. Klappt es mit dem Anlegen oder nicht? Der Mann, vergleichsweise ausgeruht, doch wahrscheinlich auch gestresst, würde dem Kind gern geben, was es braucht, kann das aber nicht. Das ist die erste väterliche Frustration. Die zeigt er nicht. Und die Frau sieht sie wahrscheinlich auch nicht, denn sie ist mit sich selbst und dem Kind beschäftigt.

Der Mann ist vielleicht noch nie so unmittelbar mit den Urkräften des Lebens in Kontakt gekommen wie bei der Geburt seines Kindes. Und nun fühlt er sich mehr oder weniger außen vor. Eine Art Zaungast des Daseins. Er versucht, dieses Gefühl zu ignorieren, Frau und Kind geben ihr Bestes, um ihm dieses Gefühl zu nehmen, doch vollständig gelingt ihnen das wahrscheinlich nicht.

Auch wenn die Harmonie bei der Geburt perfekt erscheint – das männliche Empfinden, irgendwie danebenzustehen, ist eine Saat der Disharmonie, die in kommenden Momenten der Anspannung aufgehen könnte. Die Zeit der Geburt, so entspannend man sie auch zu gestalten versucht, ist immer auch eine anstrengende Zeit. So viel ist neu. So viel Neues will bedacht und vor allem gemacht werden. Das wird immer wieder auch zu Krisen führen. Wenn Krisen nicht in Ruhe bewältigt werden, können sie Streit verursachen. Das ist normal und kommt in den besten Familien vor. Das sollte man wissen.

Viertens: Doch Streiten ist nicht gleich Streiten. Es gibt liebevollen Streit (so seltsam das klingen mag) und lieblosen, nämlich vernichtenden Streit. Streit entsteht durch Enttäuschung. Meistens ist eine ganze Reihe von Enttäuschungen nötig, bis es zum Streit kommt. Dann ist die Krise da. Die Partner sind emotional und mental überfordert und beginnen zu streiten. Prinzipiell ist Streit sinnvoll, denn er schafft Distanz und durch die Distanz den Raum, den die Partner brauchen, um sich neu und liebevoll zu sehen. Im Streit erfahren die Streitenden die Schwierigkeiten des anderen und erreichen so ein tieferes Verständnis des Partners, um ihm daraufhin wieder nahe- oder noch näherzukommen.

Doch nicht selten ist die Annäherung nur teilweise, etwas Distanz bleibt. Und wächst durch weitere Missverständnisse. Bis die Partner grundsätzlich voneinander enttäuscht sind. Auch das, da soll man sich nichts vormachen, kommt in den besten Familien vor. Die Folge ist liebloser, vernichtender Streit, um nämlich eine dauerhafte Entfernung zu erzwingen, weil sich die Partner dies unterbewusst bereits wünschen – auch wenn sie bewusst das genaue Gegenteil behaupten würden.

Fünftens: Mit dem Satz »Nun hören wir mal auf zu streiten« ist es wahrscheinlich nicht getan. Obwohl das Paar wahrscheinlich am besten weiß, dass liebloser, vernichtender Streit, also Streit, der unter die Gürtellinie geht und entwürdigend ist, die Familie auseinanderbringt. Obwohl das Paar deutlich ahnt, wohin es diese Art Streit bringt, ist es wahrscheinlich außerstande, das Streiten zu beenden. Dann ist der Streit zur Angewohnheit geworden, womöglich schon eine Sucht. Doch es gibt ein Mittel, um die Sucht zu dämpfen und schließlich zu beenden und vernichtenden Streit in konstruktiven und sogar liebevollen Streit zu verwandeln.

Sechstens: Wenn Menschen streiten, erheben sie meistens ihre Stimme, bis sie zunehmend wütend klingen, so als würden sie mit Worten um sich schlagen, lieber aber noch mit Fäusten. Einige Menschen werden aber auch besonders leise und erzeugen so eine Spannung vor einem drohenden vulkanischen Ausbruch, womöglich noch mit aggressivem Körpereinsatz. Streit ist kein Streit ohne diese körperliche Dimension, die irgendwie tierisch wirkt. Selbst bei den größten und überzeugtesten Gewaltverächtern ist diese körperliche Dimension da – und sei es in Form eines möglichen, aber garantiert unterdrückten körperlichen Gewaltimpulses.

Siebtens, die Lösung: Menschen, die einander an den Händen halten, können nicht streiten. Ich weiß, das klingt irgendwie profan. Ist es aber nicht. Im Gegenteil, dieses Faktum ist von höchster Tragweite. Wenn Menschen einander an den Händen oder an einer Hand halten, ist das ein unmittelbares Signal der Verbindung und Verbindlichkeit. Um zu streiten, müssen sie den Handkontakt zunächst lösen. Niemand streitet Hände haltend. Das ist wahrscheinlich ein Erbe aus der Abteilung tierische oder frühmenschliche Instinkte. Doch es ist tatsächlich so einfach. Zum Streiten muss man die Hände freihaben, selbst wenn man nur mit Worten streitet und niemals mit Fäusten.

Für den Alltagsgebrauch ist diese Tatsache folgendermaßen zu verwenden: Sowie das Paar zu streiten anfängt, greift es nach der Hand des anderen und versucht, die Krise im Gespräch Händchen haltend zu bewältigen. Die Hände gehen erst dann auseinander, wenn das Problem gelöst ist – so gut es in diesem Moment möglich scheint. Idealerweise einigt sich das Paar auf dieses gemeinsame Vorgehen. Beim nächsten Streit wird es angewandt. Versucht etwa der Partner, die Hand fortzuziehen, dann in dem Impuls, vernichtend zu werden. Die Frau kann ihn liebevoll darauf hinweisen, ihn an die Verabredung erinnern – um seine Hand erneut zu ergreifen. Diese Streitdisziplin ist nicht ganz einfach. Im Streit möchte man sie womöglich über den Haufen werfen, doch wenn die Partner verstanden haben, was sie dabei verlieren können, dann werden sie sich daran halten. Je häufiger sie so verfahren, umso besser und effektiver und heilsamer werden sie zu streiten lernen. Je früher sie damit anfangen, umso besser.

Am besten schon jetzt, in dieser Phase der Schwangerschaft, denn ein Leben ganz ohne Streit, ohne Krisen und größere Anstrengungen gibt es nicht mal im Märchen und auch nicht in der märchenhaft schönen Zeit der Schwangerschaft.

32. Botschaft ans ungeborene Kind

Geliebtes Kind, bitte, höre uns! In Deiner Höhle im Bauch Deiner Mutter wird es nun enger werden. Eng und enger und schließlich sehr eng. Erst wachsen die Wände auf Dich zu, so wird es sich jedenfalls anfühlen, denn eigentlich wächst Du auf die Wände zu, weil Du ja immer größer wirst. Dann beginnen sich die Wände vor und zurück zu bewegen, in einem Rhythmus, der Dir schließlich irgendwie bekannt vorkommen wird. Und dann weißt Du: Nun ist es Zeit.

Geliebtes und verehrtes Kind, wenn die Wände sich vor und zurück bewegen und Du weißt, dass Deine Zeit gekommen ist, dann wird es womöglich so eng werden, dass Du alle Erfahrung der Weite vergessen könntest.

Geliebtes und verehrtes Kind, wenn Deine Zeit gekommen ist und es eng wird, dann könnte diese Enge so schmerzhaft sein, dass Dir die Erinnerungen an körperliche Freude und seelisches Glück abhanden kommen.

Geliebtes und verehrtes Kind, falls die Enge so sehr wehtut, dass Deine Erinnerung an ozeanische Weite und selige Geborgenheit gelöscht zu werden droht, dann könntest Du Todesangst bekommen.

Geliebtes und verehrtes Kind, falls Du einen gewaltigen und übermächtigen Schmerz fühlst, falls Du Todesangst empfindest und in Ohnmacht fallen könntest, dann erinnere Dich an den göttlichen Sohn.

Du hast ihn auf dem Weg durch die Zwischenwelt gesehen. Du hast ihn leuchten sehen, sehr hell und aus allen Poren. Du hast ihn als ein Wesen aus purem Licht gesehen. Du hast ihn als göttlichen Lichtbringer erkannt. Und im Moment des Erkennens hat der göttliche Sohn und Lichtbringer zu lächeln begonnen.

Sein Lächeln ist Wahrheit.

Sein Lächeln ist Heiterkeit.

Sein Lächeln ist Glückseligkeit.

Und sein Lächeln ist Liebe.

Geliebtes und verehrtes Kind, sieh den göttlichen Sohn im Moment deiner Not. Erkenne in ihm den göttlichen Lichtbringer und sieh ihn lächeln. Sein Lächeln hebt Dich. Sein Lächeln trägt Dich. Im Moment Deiner größten Not durch die Pforte ins Leben.

Was es sonst noch zu beachten gilt: Wundern Sie sich nicht, falls Sie noch keine überwältigende Liebe für Ihr Kind empfinden. Vielleicht lesen Sie dieses Buch und denken immer wieder, so weit bin ich noch nicht, eine so intensive Beziehung zum Kind, wie der Autor das hier fordert, habe ich doch noch gar nicht. Das ist nicht ungewöhnlich. Nicht wenige Frauen empfinden das Kind in ihrem Bauch als eine Art Alien, und sie versuchen, sich mit dem Gefühl anzufreunden, dass sich ein Außerirdischer in ihrem Körper niedergelassen hat. Und wenn sie ehrlich sind, freuen sie sich allein schon deshalb so sehr auf die Geburt, weil dann dieses Wesen, das sich in ihnen breitgemacht hat, endlich herauskommt. Hoffentlich nicht ganz so schmerzhaft, wie die anderen Mütter immer sagen.

Manchmal können die ersten Gefühle gegenüber dem Kind sehr ambivalent sein. Natürlich ist die Liebe fürs Kind da. Doch ist sie da, weil alle Welt davon spricht oder weil ich sie wirklich empfinde? Da ist, und das ist gewiss, ein anderes Wesen. Das ist in mir drin. Irgendwie seltsam. Eine Frucht der Liebe, natürlich. Doch es saugt mich aus. Seht her, wie fertig ich jetzt schon bin. Dabei ist es ja noch gar nicht auf der Welt. Wie soll das erst werden?

Es bringt wenig, sich die Dinge schönz reden. Es bringt viel, sie mit der eigenen Mutter oder einer Freundin, die schon ein Kind hat, zu besprechen und erst dann mit dem Partner. Umso größer wird die Chance einer echten und tiefen Eltern-Kind-Bindung.

Außerdem: Wenden Sie das Verfahren, beschrieben im Kapitel »Schwangerschaft und Spirituelle Medizin« (1), an, gefolgt von (3). Machen Sie dies gern eine Woche täglich. Dann können Sie abwechselnd (1) plus (2) oder (1) plus (3) anwenden. Dies kann alternierend täglich sein, muss es aber nicht. Alle paar Tage angewandt, ist es auch schon sehr gut.

Die 28. Woche (7. Monat)

Spätestens jetzt öffnet das Baby die Augen, wenn es wach ist, und schließt sie zum Einschlafen.

Was sieht es in den Phasen der Wachsamkeit?

Hell, dunkel, wechselnde Schimmer durch die Bauchdecke, mehr wohl nicht. Die optische Wahrnehmung ist wahrscheinlich noch unkonkret. Doch sie ist vorhanden, denn das Kind reagiert nachweislich auf Licht.

Genauer ist inzwischen die akustische Rezeption. Seit Wochen reagiert das Kind auf Geräusche, empfindet unterschiedliche Musik als mehr oder weniger angenehm und kann höchstwahrscheinlich auch die Stimmen der Mutter und des Vaters voneinander unterscheiden.

Hirnforscher meinen, dass Kinder bereits in der 18. Woche träumen. Beobachtungen während der Ultraschallbildgebung deuten auf REM-Phasen (»rapid eye movement«) hin. Dabei bewegen sich die Augen schnell unter den Lidern, ein Hinweis auf den sogenannten paradoxen Schlaf. Hierbei sind die Muskeln weitgehend blockiert, doch das Gehirn ist fast so aktiv wie im Wachzustand. Das Kind schläft, es ruht körperlich, bewegt sich jedoch mit seinem Bewusstsein durch eine Traumwelt. Der Bewegung durch die Traumwelt folgt es mit Augenbewegungen, schaut aber nicht mit seinen biologischen Augen, sondern in seiner Fantasie. Seine akustische Wahrnehmung durch den biologischen Gehörsinn ist in der Traumphase wahrscheinlich nur teilweise oder kaum blockiert. Geräusche und Stimmen können daher in den Traum integriert werden. Ich glaube, dass dies besonders bei Kindern im Mutterleib und während der ersten Lebensjahre in einem viel größeren Maße geschieht als bei erwachsenen Träumern.

Doch wovon träumen Kinder in der 28. Woche der Schwangerschaft?

Während der vergangenen Monate haben sie von der Welt jedenfalls noch nicht so viel gesehen, dass sie bildlich davon träumen könnten. Umso mehr haben sie bereits gehört. Und deshalb ist anzunehmen, dass die frühstkindlichen Träume Ausflüge in akustische Traumwelten sind. Erkundungsreisen ins fantastische Reich des virtuellen Schalls, gewoben aus unzähligen Klangerinnerungen. Das ist sehr wahrscheinlich. Ich meine allerdings, dass in der frühst- und frühkindlichen Traumwelt immer wieder auch Erinnerungen früherer Inkarnationen bearbeitet werden. Darauf deuten die Erzählungen von Kindern im sprachfähigen Alter hin. Wenn sie ihre Träume erzählen, tauchen manchmal Details und Perspektiven auf, die typisch für eine erwachsene Wahrnehmung sind und sehr, sehr untypisch für eine kindliche.

Einmal hat mir ein Sechsjähriger erzählt, wie es sich anfühlt, ein alter Mann zu sein. Und eine fünfjährige Patientin berichtete von Erfahrungen auf einer Krankenstation, obwohl sie in diesem Leben noch kein Krankenhaus von innen gesehen hatte. Auch nicht bei ihrer Geburt. Ich selbst hatte als Kind einige Träume, die auf frühere Leben verwiesen – wie ich heute weiß.

Mehrfach haben mir Kinder auch von Albträumen berichtet, die auf vergangene Inkarnationen hinzuweisen scheinen. Bei entsprechender Aufarbeitung stellte sich eine Verbesserung des Gesamtbefindens ein. Das ist kein Beweis für die Existenz früherer Leben oder auch nur die Erinnerung daran, dementsprechend auch kein unübersehbarer Hinweis auf die traumhafte Nachbetrachtung früherer Inkarnationen.

Allerdings bin ich überzeugt davon, dass es so ist: Das Kind bewegt sich im Mutterleib träumend auch durch frühere Inkarnationen. Dazu gehören Erinnerungen an das Ableben, Erfahrungen aus der Zwischenwelt, die Schau des göttlichen Lichts. Jüngere Wahrnehmungen, vor allem akustischer Art, werden in diese Inkarnationsträume integriert. Nicht zuletzt dadurch bereitet sich das Kind auf die Welt außerhalb des Mutterleibes vor. Und nicht zuletzt deshalb blicken nicht wenige Neugeborene geradezu weise und wissend in die Welt. Meine ich, doch beweisen kann ich es nicht.

33. Botschaft ans ungeborene Kind

Geliebtes Kind, bitte, höre uns! Wir spüren, wenn Du wach bist. Wir spüren, wenn Du schläfst. Wir spüren, wenn Du Dich vor Freude bewegst. Wir spüren, wenn Du wach, aber ganz ruhig bist, um genau wahrzunehmen, was in der Welt vor sich geht. Wir spüren Deine Neugier. Wir spüren Deinen Hunger aufs Leben. Wir spüren Deine Lust am Dasein. Wir spüren, dass es Dir gut geht.

Es ist sehr schön, dass es Dir gut geht. Manchmal könnten wir vor Freude weinen, wenn wir nur daran denken. Dann geht etwas auf in uns und wir werden weit.

Weit und immer weiter.

Weil wir Dich so lieben, lieben wir die Welt. Wir lieben das Dasein an sich, weil Du da bist. Wir lieben das Leben, weil Du lebst. Wir lieben so sehr, dass wir für die Größe unserer Liebe eigentlich keine Worte haben.

Wohin wir auch blicken, unsere Liebe ist schon da.

Wohin wir auch hören, unsere Liebe gehört dahin.

Wohin wir auch fühlen, da spüren wir unsere Liebe.

Geliebtes und verehrtes Kind, wir danken Dir für die Liebe, die wir mit Dir und durch Dich erfahren dürfen.

Ritual zur Selbstliebe (während der kommenden Wochen regelmäßig zu wiederholen):
Die werdende Mutter stellt sich nackt vor den Spiegel. Sie schaut sich von Kopf bis Fuß genau an. Dann sagt sie zu sich selbst: Ich bin eine weibliche, gesunde und schöne Frau. Ich liebe mich so, wie ich bin. Meine Liebe gibt mir Kraft.

Was es noch zu beachten gilt: Kuhmilch enthält relativ wenig Vitamin C, Muttermilch ist reich daran und nicht nur daran. In der Milch einer gesunden und sich gesund ernährenden Frau ist genau das, was das Kind für sein weiteres gesundes Wachstum braucht. Muttermilchersatz, wie hochwertig er auch angeblich sein mag, bleibt ein Ersatz. Daher ist es sehr wünschenswert, sich trotz möglicher Widerstände mit dem Vorgang des Stillens anzufreunden. Im Grund ist es ja auch sehr praktisch. Man hat die Nahrung fürs Kind immer dabei und braucht nicht noch extra welche mitzunehmen.

Wichtig: Eine Schwangerschaft, so schön sie auch ist, ist trotzdem manchmal auch ein wenig beängstigend. Vielleicht wünschen Sie sich, stark zu sein, und verschweigen Ihrem Partner Ihre Ängste. Vielleicht versucht er ebenfalls, stark zu sein, und verschweigt Ihnen seine Ängste. Vielleicht haben Sie und Ihr Partner dieselben Ängste, reden aber nicht darüber, um dem anderen nicht noch mehr Angst zu machen. Aber geteilte Angst ist halbe Angst. Und ausgesprochene Ängste haben weniger Macht. Also reden Sie miteinander.

Der achte Monat der Schwangerschaft

Immer häufiger öffnet das Baby nun die Augen und schaut sich im Fruchtwasser um. Objekte kann es zu Beginn des achten Monats wahrscheinlich noch kaum wahrnehmen. Aber wenn die Mutter sich mit nacktem Bauch in die Sonne legt, scheint das Licht durch die Bauchdecke und das Kind erblickt ein hellrosa Leuchten. Bei Kunst- oder Kerzenlicht wird ein lila-rötlicher Schein daraus. Diese Unterschiede in Helligkeit und Farbe kann es sicher wahrnehmen.

Am Tage ist es gut, wenn das Kind viel Licht bekommt. Warum sollte es dem ungeborenen Kind anders gehen als Erwachsenen? In langen Wintern, an langen, trüben Tagen wird auch die Stimmung irgendwann trüb. Im Sommer dagegen, draußen in der Sonne, erwärmen sich auch die Seelen, und aus Melancholikern werden, zumindest saisonweise, heitere Menschen. Daher ist es auch von Bedeutung, in welcher Jahreszeit die zweite Hälfte der Schwangerschaft liegt. Fällt sie auf den Winter, kann man sich deshalb natürlich nicht bei klirrender Kälte die Kleider vom Körper reißen, um dem Zwerg die Sonne auf den Bauch scheinen zu lassen. Aber man kann die Wohnung behaglich heizen, um den Bauch wenigstens bei Kunstlicht zu entblößen. Damit das Kind nicht immer nur Dämmerung oder Dunkelheit erblickt.

Satz der Kraft für die werdende Mutter und den werdenden Vater:
Das Leben gibt uns alles, was für uns und unser Kind gut ist.

Was es in diesem Monat noch zu sagen gibt: Mit ihren eigenen Worten erzählen werdende Mutter und werdender Vater ihrem ungeborenen Kind, was sie an sich selbst lieben.

Visualisierung beim Einschlafen:
Das mythische Baby schwebt in einer Wolke aus weißem Licht. Um seinen Kopf und aus seinem Herzen leuchtet ein hellrosa Schein. Es hat die Augen geöffnet und blickt unendlich liebevoll.

Weiterhin bitte nicht vergessen: Den Babysong und die Spirituelle Medizin.

Die 29. Woche (8. Monat)

Die neuen Errungenschaften des Daseins: Das Gehirn des Kindes ist nun imstande, die Körpertemperatur zu kontrollieren und die Atmung zu koordinieren. Würde das Kind also jetzt geboren, könnte es mit allergrößter Sicherheit aus eigener Kraft atmen und seine Körpertemperatur konstant halten.

Das Baby wiegt nun etwa 1100 Gramm. Sein Kopf hat einen Durchmesser von 7 bis 8 Zentimetern. Vom Scheitel bis zur Sohle misst es ungefähr 38,5 Zentimeter. Wenn das Kind ein Junge wird, wandern seine Hoden nun von den Nieren in Richtung Hodensack. Wenn es ein Mädchen ist, steht seine Klitoris noch vor, weil die Schamlippen erst in den letzten Wochen vor der Geburt so gewachsen sind, dass sie die Klitoris bedecken. Dies kann in seltenen Fällen während der Ultraschalldiagnostik zu Irrtümern bei der Bestimmung des kindlichen Geschlechts führen.

34. Botschaft ans ungeborene Kind

Geliebtes Kind, bitte, höre uns!

Wir umarmen Dich im Geiste. Wir umarmen Dich mit unseren Gedanken. Wir herzen Dich. Wir amüsieren uns mit Dir. Wir spielen mit Dir. Wir faulenzen mit Dir. Wir ruhen mit Dir. Wir wachen mit Dir. Wir durchleben den Tag mit Dir. Wir erwarten die Nacht mit Dir. Wir bewegen uns mit Dir. Wir erleben Abenteuer mit Dir. Wir kommen an mit Dir. Wir brechen auf mit Dir. Wir gehen durchs Leben mit Dir. Wir leben auf mit Dir. Wir erleben mit Dir. Wir wachsen mit Dir. Wir reifen mit Dir. Wir kommen zu neuen Erkenntnissen mit Dir. Wir werden älter mit Dir. Wir fühlen uns jünger mit Dir. Wir erleben die Jugend mit Dir. Wir freuen uns mit Dir. Wir sind froh mit Dir. Wir werden durch Dich beglückt. Wir sind glücklich mit Dir. Dafür danken wir Dir.

Hier. Jetzt. Mit Hingabe. In Liebe.

Rituelle Ablösung von Ängsten:

Es ist normal, manchmal vor etwas Angst zu haben. In der Schwangerschaft können einen unterschiedlichste irrationale Ängste umtreiben. Dann ist Folgendes zu empfehlen. Gehen Sie mit Ihrem Partner in die Natur. An einem ungestörten Platz lässt Ihr Partner Sie für etwa 45 Minuten allein.

Sie sammeln etwa zehn kleine Steine, Tannenzapfen oder andere Gegenstände. Sie nehmen das erste Fundobjekt in die Hand, schließen die Augen und stellen sich vor, dass eine Ihrer Ängste hineinfließt. So vollständig, dass nichts davon in Ihnen zurückbleibt. Dann werfen Sie das so aufgeladene Objekt über die rechte Schulter hinter sich und sagen dabei: »Ich lasse nun ... hinter mir.« So lösen Sie sich von sämtlichen Ängsten. Das hilft sehr.

Was es noch zu beachten gilt: Im letzten Drittel der Schwangerschaft hat das Kind den höchsten Nährstoffbedarf. Achten Sie daher nun noch mehr auf eine ausgewogene und reichhaltige Nahrung. Das Kind braucht Proteine, Vitamin C, Folsäure und Kalzium – um nur das Wichtigste zu nennen. Gibt es Hinweise auf Mangelerscheinungen, sollte ein Arzt aufgesucht werden.

Außerdem: Vermeiden Sie langes Herumstehen. Setzen Sie sich, wann immer Sie die Möglichkeit haben. Bitten Sie andere aufzustehen, wenn Sie in Bus oder Bahn keinen freien Platz mehr finden.

Achtung: Wenn Sie längere Zeit heftige Kopfschmerzen haben, wenn Sie plötzlich stark zunehmen, wenn Sie Schwellungen an den Füßen, den Fußgelenken, an den Fußfesseln, im Gesicht oder an den Händen bemerken, wenn Ihre Wahrnehmung plötzlich verschwimmt, wenn Sie mehrfach Nasenbluten haben, wenn mehrere dieser Symptome zusammenkommen, dann könnte dies auf einen erhöhten Blutdruck hinweisen.

Suchen Sie bei derartigen Anzeichen bald einen Arzt auf, um den Blutdruck messen zu lassen. Denn zu hoher Blutdruck kann für Mutter und Kind gefährlich werden.

Die 30. Woche (8. Monat)

Das Baby wiegt inzwischen etwa 1200 Gramm und ist ungefähr 39,5 Zentimeter lang. Es hält seine Augen nun immer länger offen. Mit offenen Augen blickt es sich um und trainiert so Sehbewegungen. Seine Großhirnrinde, der Cortex cerebri, jener Bereich, in dem sich Denkvermögen, Bewusstsein und Kognition biologisch manifestieren, wird zunehmend faltiger, weil die Rinde rapide wächst und sich dabei ineinanderlegt. Der Cortex wird aus Nervenzellen gebildet und wegen seiner Färbung graue Substanz genannt. Das darunter liegende Hirnmark, die weiße Substanz aus neuronalen Fasern, wächst ebenfalls, jedoch nicht so schnell wie die Rinde.

Untersuchungen haben ergeben: Je höher die Faltungsdichte in der grauen Substanz des Cortex wird, umso größer ist die Anzahl der dort vorhandenen Hirnzellen und umso leistungsfähiger ist auch das Gehirn.

Außerdem erhöht ein bisher noch nicht erwähnter Prozess zunehmend die Gehirnleistung und damit die Denkfähigkeit. Im Zuge der sogenannten Markreifung werden die Nervenfasern im Hirnmark mit einer Substanz umkleidet. Diese heißt Myelin, wird bis zur Geburt im Rückenmark und Hirnstamm gebildet und legt sich als eine Art Isolierschicht um Nervenfasern in der weißen Substanz des Hirnmarks. Wie bei einem Stromkabel schirmt die Isolation den Leiter ab. Dadurch erhöht sich in den Nervenfasern die Geschwindigkeit der Reizleitung und somit, etwas vereinfacht gesagt, auch die Geschwindigkeit des Denkens an sich.

Etwa in der 30. Woche nähert sich ein Lebensabschnitt seinem Abschluss: Die Produktion der roten Blutkörperchen ist nun für den Rest des Lebens einigermaßen geklärt. Erst hatte die Leber des Kindes neue Erythrozyten produziert. Dann hatte die Milz dies übernommen. Und nun übernimmt das Knochenmark diese Aufgabe von der Milz – auch wenn die ihre Produktionsfähigkeit potenziell behält.

Und eine weitere Lebensphase geht bereits wieder dem Ende entgegen: Die feinen Lanugohaare, die den Körper des Kindes fast vollständig bedeckten, fallen langsam wieder aus. Bis nur noch ein

Flaum an den Schultern, im Nacken und am Rücken übrig bleibt. Und die Haare auf dem Kopf. Wahrscheinlich deutlich erkennbar auf dem Ultraschallbild.

Viele Babys begeben sich bereits jetzt in die optimale Geburtsposition. Dabei liegen sie mit dem Kopf nach unten in Richtung Becken. Die Lage ihres Kindes fühlt die werdende Mutter meistens selbst. Und wenn nicht sie, dann die begleitende Hebamme. Dafür braucht man in vielen Fällen keine Ultraschalldiagnostik.

Trotzdem nutzen Ärzte ihre Ultraschallgeräte an Schwangeren, so oft es nur geht. Das bringt Geld. Und ist eine feine Sache, weil Nebenwirkungen dabei aus medizinischer Sicht nicht auftreten können. Außerdem lieben viele Eltern den Ultraschall, weil er ihr Kind schon im Bauch sichtbar macht. Sicher, Ultraschalldiagnostik ist ein Segen. Auf ungefährliche und sanfte Weise können so bereits sehr früh wichtige Hinweise auf mögliche Gefährdungen und Erkrankungen des Kindes gefunden werden.

Aber: Es kann auch zum Fluch werden. Denn der Arzt sucht damit nach möglichen Erkrankungen, nach Hinweisen auf mögliche Erkrankungen. Und diese durchaus gut gemeinte Suche nach Negativem versetzt werdende Mütter und Väter nicht selten in einen Zustand permanenter Unsicherheit und Sorge. Ist mein Kind wirklich okay? Was zeigt sich nun wieder im Ultraschall? Schlägt das kindliche Herz wirklich so, wie es soll? Ist vielleicht ja doch etwas krank am Kind? Vielleicht muss man es nur noch genauer untersuchen, um die bisher verborgene Krankheit zu erkennen? Vielleicht stellt es sich beim nächsten Ultraschall heraus? Wann sollen wir unser Kind wieder per Monitor begutachten lassen? Übermorgen? Ist das vielleicht schon zu spät? Wäre morgen nicht besser? Wäre heute nicht noch besser? Wäre jetzt nicht am besten? Oder gehe ich besser gleich ins Krankenhaus? Wenn was ist, bin ich wenigstens in der Nähe von Arzt und Ultraschall, oder?

Diese Darstellung ist übertrieben. Zugegeben. Doch gilt es zu überlegen, ob man sich als werdende Mutter wirklich in diese medizinischen Mühlen begeben will. Es gibt Argumente dafür. Nummer eins: erhöhte Sicherheit bei Risikogeburten. Zwei wichtige Argumente dagegen: Erstens bringt die Untersuchung eine nicht zu unterschätzende Belastung durch Elektrosmog für Mutter und Kind. Und zweitens begibt man sich durch Ultraschall ins Resonanzfeld einer durch Negativergebnisse geprägten Diagnostik. Genauer: Der Arzt freut sich (hoffentlich) an der Gesundheit, doch in Wahrheit sucht er immer nach dem Haar in der Suppe. Er forscht nach dem kleinsten Hinweis auf eine Krankheit. So ein Hinweis findet sich eigentlich immer – wenn man nur mit der nötigen Ausdauer und Sorgfalt sucht.

Das Ergebnis: Häufigere Untersuchungen und eine Anhäufung von Gedanken des Zweifels. Ist alles in Ordnung mit meinem Kind? Ist wirklich alles in Ordnung mit meinem Kind? Ist auch ganz sicher wirklich alles in Ordnung mit meinem Kind? Kann ich überhaupt sicher sein, dass mein Kind in Ordnung ist?

Was für eine Frage. Als Mutter spürt man das. Wenn man spürt, dass es dem Kind gut geht, sollte man sich durch Diagnosen besser nicht künstlich verunsichern lassen. Das macht auch die Geburt nicht leichter, sondern womöglich deutlich schwerer.

Wenn man spürt, dass es dem Kind vielleicht nicht so gut geht, dann besteht zumindest die Chance, dass ein positiver Bescheid beim Ultraschall ein zusätzliches Gefühl von Sicherheit verschafft. Dies wird sich positiv auf den weiteren Verlauf der Schwangerschaft und die Geburt auswirken.

Die Entscheidung dafür oder dagegen kann nur die werdende Mutter selbst treffen.

35. Botschaft ans ungeborene Leben

Geliebtes Kind, bitte, höre uns! Deine Nähe zu uns wächst, so wie Du wächst. Du bist uns nahe und kommst uns zugleich noch näher. Allein schon, weil Du täglich größer wirst. In einigen Wochen wirst Du Deine jetzige Wohnstatt verlassen. Dann bist Du groß genug, um nach draußen zu gehen. Draußen werden wir Dich in Empfang nehmen. Wir werden Dich in der Welt willkommen heißen. Und Du wirst uns auf eine andere Art nahe sein als jetzt.

Draußen wirst Du uns deutlich riechen, hören, tasten und sehen können. Du wirst nuckeln und trinken, kleine Bäuerchen machen und in Dein Lätzchen sabbern. Du wirst kieksen und brabbeln. Und wir werden uns darüber freuen und Dich in unseren Armen wiegen.

So wirst Du uns dann nahe sein. Immer wieder und immer wieder anders. Denn kein Moment ist gleich. Auch kein Moment der Nähe. Das ist das Leben: lebendige Nähe.

Wir, Deine Eltern, genießen, was jetzt ist, und freuen uns auf das, was kommt. Wir genießen die Nähe und Innigkeit dieser Tage und freuen uns auf die Nähe und Innigkeit kommender Jahre. Denn Du, geliebtes und verehrtes Kind, trittst immer mehr in unser Leben. Du wächst uns zu, und auch für uns erwächst Wachstum daraus. Dem wollen wir gewachsen sein.

Märchenstunde, erster Teil:
Wählen Sie ein Märchen (das Sie mögen, in dem keine Gewalt vorkommt) und machen Sie es sich mit Ihrem Partner bequem. Die werdende Mutter liest es ruhig und mit klarer Stimme vor.

Was es noch zu beachten gilt: Das Baby kann inzwischen sehr kräftig treten. Das kann schmerzhaft sein. Wenn das Kind aufrecht im Uterus sitzt, kann sich ein Taubheitsgefühl unter den Rippen einstellen, manchmal auch ein stechender Schmerz wie bei Blockaden im Rücken.

Außerdem: Während Sie sich den letzten Wochen der Schwangerschaft nähern, wird eine Schwangerschaftsbegleitung unentbehrlich. Eine Hebamme mit viel Erfahrung ist sehr zu empfehlen.

Die 31. Woche (8. Monat)

Würde das Kind zu Beginn des achten Monats geboren, sagen Forscher, die sich mit der Entwicklung von menschlichen Feten befassen, dann sei sein Gehirn so weit entwickelt, dass es alle fünf Sinne gebrauchen und lernen und erinnern kann. Die Wissenschaftler halten dies auch für eine Art Geburtsstunde des Bewusstseins. Ich halte diese Auffassung für unzureichend. Allein schon, weil das westliche Verständnis des Bewusstseins glauben macht, vor dessen Entstehung herrsche so eine Art tierischer Leere. Alles Mögliche ist natürlich schon da: nämlich ein wachsender Körper und eine Menge animalischer Reflexe, doch nichts, was die Bezeichnung Persönlichkeit verdient. Das wiederum halte ich für eine geradezu verbrecherische Geringschätzung des heranwachsenden Menschen und zudem eine grobe Untertreibung, wenn nicht gar eine bösartige Lüge. In die Welt gesetzt, um Feten von moralischen Zwängen befreit als Ersatzteillager nutzen zu können.

Vor dem Bewusstsein, meine ich, verfügt das Baby über Gewahrsein. Um Gewahrsein bemühen sich auf diesem Planeten Millionen von Menschen. Sie besuchen esoterische Veranstaltungen, lernen Praktiken der Meditation oder gehen ganz einfach in die Moschee, den Tempel, die Synagoge oder die Kirche, um ihr Gewahrsein zu entfalten und Gott oder das Göttliche zu erfahren. Feten brauchen nicht in die Kirche zu gehen. Sie halten sich unentwegt darin auf. Sie wachen darin, schlafen darin und wachsen darin. Im Uterus, im Kokon ihres individuellen Gewahrseins.

So gehütet, entwickeln sie langsam ein Bewusstsein und schließlich das unterscheidende Instrument der Vernunft. Später, wenn sie dann erwachsen sind, hängt ihnen das ständige Unterscheiden und Unterschiedemachen bald zum Hals raus, und sie fühlen sich konfus im Gehirn, weil sie die alten Wahrheiten des Gewahrseins nicht wiederfinden. Dann versuchen sie mit aller Kraft, ihre Vernunft zu überwinden und ihr Bewusstsein zu erweitern. Doch eigentlich wünschen sie sich nur die Rückkehr in die erste Kirche ihres Lebens, in den Mutterleib.

Oder sie sind schrecklich vernünftig, dann tun sie so, als hätten sie vergessen, wonach sie sich eigentlich sehnen. Und weil sie so traurig darüber sind, dass ihre Vernunft sie ihm Kerker eines rationalen und damit eingeengten Bewusstseins gefangen hält, behaupten sie, das Bewusstsein eines Menschen bilde sich erst nach der Geburt und eine Persönlichkeit entstehe als Folge dieser Entwicklung in den ersten Lebensjahren.

Was für ein Quatsch! Man müsste darüber lachen, wenn so ein Unsinn nicht auch lebensverachtend und lebensgefährdend wäre.

Während der letzten Wochen ist das Baby jedenfalls rapide gewachsen. Vom nun beginnenden achten Monat an bis zur Geburt wird sich das Wachstum im Verhältnis zur bereits bestehenden Körpergröße wieder etwas verlangsamen. Trotzdem wird es allein in diesem Monat knapp 900 Gramm zunehmen. Es ist nun etwa 41 Zentimeter lang und wiegt dabei mindestens 1300, durchschnittlich aber 1500 Gramm. Sein Kopf hat einen Durchmesser von 7,5 bis 7,8 Zentimetern. Seine Beine kann das Baby nun nicht mehr ausstrecken. Der Uterus ist inzwischen zu eng dafür.

36. Botschaft ans ungeborene Kind

Geliebtes Kind, bitte, höre uns! Im Bauch Deiner Mutter wird es eng für Dich. Falls Dir die Enge zu eng erscheint, dann nimm Zuflucht bei der göttlichen Mutter. Sie thront auf einer leuchtenden Empore. Ihre Haut schimmert. Ihr Gesicht ist weich und ihr Blick sanft. Die göttliche Mutter strahlt liebevolle Wärme aus. Liebevolle Wärme leuchtet aus ihren Poren und strömt als heller rötlicher Strahl aus ihrem Herzen.

Geliebtes und verehrtes Kind, sieh die göttliche Mutter als ozeangleiche Lichtbringerin. Ihr Blick ruht in vollendeter Hingabe auf Dir. Ihr Blick strömt als Energie in Dich hinein. Fühle Dich gesehen. Sieh Dich erkannt. Sieh Dich verstanden. Fühle Dich befreit.

Die ozeangleiche Lichtbringerin sieht Dich an. Warm und weich, wie nur sie einen anblicken kann. Ein Blick wie ein Meer. Endlos, aber nicht ohne Ende, denn Du, geliebtes Kind, bist das Ufer. Wie eine Welle, sanft und mächtig zugleich, spült der wogende Blick der ozeangleichen Lichtbringerin all ihre Wärme in Dein kindliches Gemüt.

Die ozeangleiche Lichtbringerin sieht Dich an. Ihr Blick ist weiter als die Welt. Er umfasst den Himmel und die Erde. Die ganze Weite des Universums liegt in ihrem Blick. Eine Weite voller Liebe. Liebe ohne Ende. Die Kraft, die das Beste gibt und das Allerbeste meint. In diesem Moment meint sie Dich.

Die ozeangleiche Lichtbringerin sieht Dich an. Und strömt vollständig zu Dir. Sie verschmilzt mit Dir und erfüllt Dich mit ihrem göttlichen Sein.

Märchenstunde, zweiter Teil:

Wählen Sie ein Märchen (das Ihnen gut gefällt, in dem keine Gewalt vorkommt) und machen Sie es sich mit Ihrem Partner bequem. Der werdende Vater liest es ruhig und mit klarer Stimme vor.

Was es noch zu beachten gilt: Vier Gewebelagen trennen den mütterlichen vom kindlichen Blutkreislauf in der Plazenta. Solange die Plazentaschranke intakt ist, können sich die Kreisläufe nicht vermischen und daher wahrscheinlich auch keine Erreger vom mütterlichen Blut ins kindliche gelangen.

Sehr häufig treten in dieser Phase der Schwangerschaft Übungswehen auf. Braxton-Hicks-Kontraktionen sind unangenehm, aber noch nicht schmerzhaft, können manchmal sogar Stunden anhalten, gehen dann aber meistens wieder. Die Muskulatur des Uterus wird nur während der Geburt gebraucht. Durch die Kontraktionen werden diese Muskeln daher für die Geburt trainiert.

Weil der Uterus in diesen Wochen besonders gedehnt wird, können Schmerzen im Bauch auftreten oder bereits vorhandene zunehmen. Wenn Sie dies besorgt, dann suchen Sie jetzt besser einen Arzt auf.

Wissenswert für die Zeit nach der Geburt: Abgepumpte Muttermilch kann eingefroren werden. Dabei gehen kaum Wirkstoffe verloren, und die Milch steht zu einem späteren Zeitpunkt zur Verwendung bereit. Doch einmal aufgetaute Muttermilch darf auf keinen Fall nochmals eingefroren werden.

Die 32. Woche (8. Monat)

Wenn mehr Licht ins Auge fällt, zieht sich die Iris, der farbige Teil des Auges, zusammen und verengt die Pupille. Beim Pupillenreflex fungiert die Iris als Blende, die den Lichteinfall begrenzt, wenn er zu groß wird – oder erweitert, falls das Licht knapp wird. Erweiterung oder Verengung geschehen automatisch, um das Auge möglichst optimal an die jeweiligen Lichtverhältnisse anzupassen und eine präzise optische Wahrnehmung zu ermöglichen. Dafür sorgt ein Ringmuskel im Auge, der vom vegetativen Nervensystem gesteuert wird und nicht willentlich beeinflusst werden kann. Zumindest ab der 32. Woche. Von da an sind bei Feten Pupillenreflexe beobachtbar – je nach Helligkeit oder Dunkelheit im Uterus.

Weil das Gehirn des Babys so schnell gewachsen ist, hat sich der Kopfdurchmesser deutlich erhöht – immerhin um 1,2 Zentimeter innerhalb der vergangenen sechs Wochen. Er misst nun zwischen 7,6 und 8,8 Zentimeter. Das Baby wiegt jetzt etwa 1600 Gramm und ist circa 42 Zentimeter lang. Und: Seine Zehennägel sind nun vollständig bis ans Ende des Nagelbetts gewachsen. Falls das Baby ein Junge wird, sind seine Hoden wahrscheinlich nun aus dem Körper in den Hodensack gewandert. Manchmal bleibt ein Hoden auf dem Weg nach draußen im Körper hängen, manchmal auch beide. Dieser sogenannte Hodenhochstand korrigiert sich nach der Geburt meistens von selbst.

Innerhalb der nächsten Wochen wird die Mutter ungefähr ein Pfund pro Woche zunehmen, denn bis zur Geburt verdoppelt sich das Gewicht des Kindes.

37. Botschaft ans ungeborene Kind

Geliebtes Kind, bitte, höre uns! Aus dem Dom Deiner Ankunft wurde eine Kirche. Aus der Kirche wurde eine Kapelle. Nun wird auch die Kapelle langsam zu klein für Dich. Daher wirst Du diesen geschützten und stillen, doch immer mehr beengenden Andachtsraum, nämlich den Bauch Deiner Mutter, in absehbarer Zeit verlassen. Du wirst diesen Raum Deiner Einkehr, Deinen Raum der Wärme und der Stille verlassen. Das ist gewiss. Du wirst hinausziehen in die Welt.

Der Auszug wird ein Abenteuer sein. Und die Welt steckt voller Abenteuer. So schön Dein Leben da draußen auch sein wird, so wunderbar und gesegnet es Dir auch vorkommen wird, den Raum Deiner Einkehr ins Leben, Deine erste Heimat, die Höhle, die am Anfang ein Dom war, dann zur Kirche wurde und zur Kapelle – diesen besonderen Ruheraum wirst Du in Deinem späteren Leben nicht selten vermissen.

Vielleicht wirst Du Dich nach fernen Paradiesen sehnen, doch dieses meinen: das erste Schlaraffenland Deines Lebens im Bauch Deiner Mutter.

Umso mehr genieße die Zeit, die Dir da drinnen noch bleibt. Jeder Tag hier drinnen gibt Dir Kraft, um das Leben draußen umso mutiger zu wagen.

Freies Reimen:

Unterhalten Sie sich mit Ihrem Partner über Schwangerschaft und Geburt in Reimen. Das ist am Anfang vielleicht nicht ganz einfach, wird mit zunehmender Übung aber immer leichter. Sehr schnell ist es sehr witzig, und auch schwierige Themen wirken leicht.

Was es noch zu beachten gilt: Frauen mit schwachen Bauchmuskeln ziehen häufig die Schultern zu weit zurück oder lehnen sich auch mit dem gesamten Körper zu weit nach hinten. Durch Fehlhaltungen wie diese und daraus folgenden Muskelüberlastungen können heftige Schmerzen im Rücken auftreten. Dagegen hilft entsprechende Schwangerschaftsgymnastik.

Der neunte Monat der Schwangerschaft

Je größer der Uterus und das Kind, umso mächtiger der Bauch der werdenden Mutter. Doch wie schwanger eine Frau zu Beginn des neunten Monats wirkt, hängt auch von der Lage des Kindes ab. Wird es hoch getragen, drückt es auf die Lungen (was sehr unangenehm sein kann), verleiht aber der Schwangeren ein kompakteres Aussehen. Liegt es hingegen tief im Becken, wirkt der Bauch wahrscheinlich umso mächtiger. Daher können Frauen zu diesem Zeitpunkt der Schwangerschaft sehr unterschiedlich schwanger erscheinen. Manchen Frauen sieht man ihre Schwangerschaft selbst in der 33. Woche so wenig an, dass man sie sogar übersehen könnte. Dies ist aber überaus selten. Noch seltener wird die Schwangerschaft fast bis zur Geburt nicht wahrgenommen. »Schatz, hast du zugenommen?«, fragt der Mann. Dabei ist die Frau schon im neunten Monat.

Ich kenne so einen Fall. Es klingt merkwürdig, doch so soll es gewesen sein: Eine junge Frau aus dem entfernten Bekanntenkreis soll ihre Schwangerschaft erst bemerkt haben, als die Geburtswehen einsetzten. Die Anzeichen für die Schwangerschaft waren angeblich so wenig eindeutig gewesen, dass sie diese schlicht übersehen hatte. In den letzten Monaten vor der Geburt lag das Kind angeblich so ruhig, dass ihr dessen Anwesenheit auch nicht durch inneren Radau aufgefallen war. Ihr Partner hatte einige Male spitze Bemerkungen über ihre Gewichtszunahme gemacht. Doch da sie zu den Menschen gehört, die manchmal saisonweise zu- und abnehmen, hatte sie darüber nicht weiter nachgedacht. Bis das Ziehen im Unterleib so unangenehm geworden war, dass sie trotz ihrer Abneigung gegen Ärzte zu einem gegangen war. Und direkt danach in die Entbindungsstation.

Ich habe die Frau in der Zeit ihrer Schwangerschaft nicht gesehen. Ihr Kind soll ein Geburtsgewicht im unteren Normbereich gehabt haben. Es ist ein Mädchen und vollkommen normal, also in keiner Weise unterentwickelt, was man annehmen könnte. Ganz im Gegenteil. Das Mädchen ist inzwischen 15, geht aufs Gymnasium und ist angeblich überdurchschnittlich intelligent. Ihre Mutter ist Sozialpädagogin.

Ich finde diese Geschichte rätselhaft. Einerseits kann ich mir nicht vorstellen, dass eine Frau im neunten Monat schwanger ist und dies nicht bemerkt. Andererseits mag ich mir auch nicht vorstellen, dass es Männer gibt, denen die Schwangerschaft ihrer Frau verborgen bleibt. Doch es muss wohl genau so gewesen sein.

Ich erzähle diese Geschichte auch, weil sie in gewisser Hinsicht sehr lehrreich ist, nämlich so betrachtet: Neues Leben findet seinen Weg. Selbst im Verborgenen. Nicht wahrgenommen, vermag es gesund zu reifen, gesund zu wachsen und gesund ins Leben zu treten. Es ist schön, das werdende Leben willkommen zu heißen, ihm gutzutun, es zu lieben und sich auf seine Geburt zu freuen. Es ist hilfreich, auf gute Ernährung zu achten und gute Gedanken. Doch das Leben, es wird schon werden – solange die Mutter es nicht aktiv ablehnt oder andere, wirklich ungesunde und daher gravierende Fehler macht. Es gibt also keinen Grund, sich aus Fürsorge verrückt zu machen.

Satz der Kraft für die werdende Mutter und den werdenden Vater: *Ruhig und in innerem Frieden freue ich mich auf die Geburt unseres Kindes.*

Was es in diesem Monat noch zu sagen gibt: Mit ihren eigenen Worten erzählen werdende Mutter und werdender Vater ihrem ungeborenen Kind von den großen Aufbrüchen in ihrem Leben – weiten Reisen, wichtigen Umbrüchen, großen Veränderungen.

Visualisierung beim Einschlafen: *Das mythische Kind ruht in einer Seerose aus violettem Licht. Es umarmt seine Beine und liegt mit einem seligen Lächeln eingerollt. Es sammelt Kraft.*

Weiterhin bitte nicht vergessen: Den Babysong und die Spirituelle Medizin.

Die 33. Woche (9. Monat)

Das Baby wächst mit einer verblüffenden Geschwindigkeit. Es wiegt jetzt etwa 1800 Gramm und legt nun von Woche zu Woche zwischen 150 und 200 Gramm zu. Auch wenn das relative Wachstum weiter verlangsamt ist – allein in dieser Woche wird es fast einen Zentimeter länger werden.

38. Botschaft ans ungeborene Kind

Geliebtes Kind, bitte, höre uns! Noch wächst Du im Bauch Deiner Mutter. Leben, umarmt vom Leben. Diese Umarmung ist schön. Diese Umarmung wird enger. Diese Umarmung wird kraftvoll. Diese Umarmung wird Dir zeigen, wo es langgeht. Nämlich noch weiter ins Leben. Wenn es an der Zeit ist.

Dann muss es vorangehen. Mit dem Kopf zuerst. Das könnte Dir schwierig vorkommen. Doch habe keine Angst, geliebtes und verehrtes Kind. Heldenhaft wirst Du Deinen Weg dann finden. Es wird sich vielleicht wie mit dem Kopf durch die Wand anfühlen. Es wird sich vielleicht anfühlen, als wäre die einzige Öffnung nach draußen zu klein. Zu winzig, um mit dem Kopf zuerst hindurchzupassen. Aber wenn es an der Zeit ist, wird die winzige Öffnung weiter werden. Weit genug, damit Du mit dem Kopf zuerst hindurchpasst. Genau so werden Kinder am leichtesten geboren. Bewege Dich bald in diese Position. Mit dem Kopf nach unten. In die beste Startposition für die Geburt.

Malerische Selbsterfahrung:
Setzen Sie sich mit Ihrem Partner hin. Jeder malt den Umriss eines Baumes. Dann schließen Sie die Augen und stellen Sie sich vor, dass dies der Baum Ihres Lebens ist.

An welcher Stelle sitzen Sie im Baum? Warum gerade da? Öffnen Sie die Augen, markieren Sie auf dem Blatt Ihre Position im Baum. Dann erklären Sie sich gegenseitig, was Sie für einen Baum gezeichnet haben, ob es beispielsweise eine Tanne, Pappel oder Eiche ist, und warum Sie wo im Baum sitzen. Besprechen Sie die Ergebnisse.

Was es noch zu beachten gilt: Mit besonderen Griffen kann eine erfahrene Hebamme die Lage des Kindes beeinflussen – nicht festlegen, denn das Kind wählt seine Position. Falls das Kind ungünstig liegt, die Hebamme aber mit besonderen Hebammengriffen Erfolg hat und sich das Kind dreht, gibt es leider keine Gewähr dafür, dass es sich bei nächster Gelegenheit nicht wieder zurückdreht.

Außerdem: Das Baby hat in den letzten Wochen vor der Geburt einen gewaltigen Appetit. Sein Gewicht wird sich innerhalb der verbleibenden Zeit im Bauch etwa verdoppeln. Es ist daher sehr wichtig, dass seine Mutter genug Protein und gesunde Fette zu sich nimmt.

Zur Information: Eine Mutter produziert während der Stillzeit etwa einen Dreiviertelliter Muttermilch pro Tag. Je nach Appetit des Kindes auch etwas mehr oder weniger.

Die 34. Woche (9. Monat)

Die Schädelknochen des Kindes bleiben bis nach der Geburt biegsam. Auch seine Schädeldecke wird sich erst danach zu schließen beginnen. Eine Voraussetzung, um durch das Becken und den Geburtskanal zu passen. Für den engen Durchgang müssen sich die Knochen verformen und teilweise sogar übereinanderschieben. Dies klingt etwas brachial, ist aber eine Grundbedingung für eine natürliche Geburt.

Das Fruchtwasservolumen hat nun sein Maximum erreicht. Allerdings ist das Kind nun bereits so groß, dass es nicht mehr darin schwimmt, weil es gegen alle Wände stößt, also daher eher gegen die Wand gelehnt ruht.

Obwohl das Kind durch das mütterliche Immunsystem geschützt wird, entwickelt es zunehmend eine eigene Immunabwehr. Würde es jetzt geboren, könnte es bereits aus eigener Kraft Krankheitserreger abwehren.

Noch immer wächst es schnell. Etwa 1,3 Zentimeter wird es in dieser Woche länger werden. Sein Kopf hat nun einen Durchmesser zwischen 8 und 9,3 Zentimetern. Es ist circa 44,5 Zentimeter lang und wiegt nun ungefähr 2000 Gramm.

In den kommenden Tagen oder Wochen werden die Senkwehen wahrscheinlich dafür sorgen, dass sich das Kind mit dem Kopf nach unten ins Becken senkt. Falls nicht, wird eine Hebamme nun versuchen, dem Baby durch äußere Impulse den richtigen Dreh zu geben – in der Hoffnung, dass sich das Kind später nicht wieder zurück in eine Steißlage wendet.

Spätestens jetzt sollten Sie oder Ihr Partner sich um die Erstausstattung des Kindes kümmern. Besorgen Sie nun, was noch fehlt – um sich so späteren Stress zu ersparen.

39. Botschaft ans ungeborene Kind

Geliebtes Kind, bitte, höre uns! Wenn Du Dich noch nicht mit dem Kopf nach unten gedreht hast, dann tue es besser jetzt. Jetzt hast Du noch so viel Platz, dass es Dir besonders leichtfällt, Dich in die beste Geburtsposition zu bewegen. Doch kannst Du es auch noch kurz vor der Geburt tun.

Die Wände kommen langsam auf Dich zu. Manchmal bewegen sie sich auch rhythmisch vor und zurück. Das könnte Dir Angst machen. Ein bisschen Angst gehört in dieser Phase Deines Daseins zur Verdichtung des Lebens dazu. Die Angst verdichtet Dich als Individuum.

So unangenehm es Dir auch erscheinen mag – die nun beginnenden Phasen der Verdichtung sind lebens- und überlebenswichtig für Dich. Akzeptiere daher die zunehmende Enge – auch wenn sie Dir den Brustkorb zusammenschnürt, auch wenn Du Dich gequetscht fühlst, auch wenn das Gewicht auf Dir monströs wird und Du Todesangst bekommst.

Bewahre Mut, geliebtes und verehrtes Kind, diese Angst ist eigentlich Dein bester Freund. Sie gibt Dir den Rat, alle Deine Kraft zusammenzunehmen und alles für Dein Leben zu wagen. Sie wird Dir den Weg weisen, wie Du Dich in Sicherheit bringst.

Was es noch zu beachten gilt: Jede Geburt ist ein machtvolles Ereignis. Selbst Mütter, die bereits Kinder haben, sind jedes Mal aufs

Neue überrascht. Man kann sich auf eine Geburt vorbereiten. Man kann eine Menge tun, um darauf möglichst gut vorbereitet zu sein. Doch Gebären kann man nicht trainieren. Es ist garantiert anders als alles, was man bisher erlebt hat, und auch anders als das Mal oder die Male davor. Und es ist normal, dass im Zuge der Geburt bei Gebärenden extreme und widersprüchliche Gefühle auftauchen. Diese starken Gefühle können verwirrend sein. Ohnehin bringt die schiere Macht des Geburtsprozesses auch stabile Gemüter an ihre Grenzen – selbst wenn sie als Partner dabei sind und selbst gar nicht gebären müssen. All dies sollte man vorher wissen, um sich während der Geburt auf die eigene Rolle dabei konzentrieren zu können. Nämlich als werdende Mutter das Kind möglichst natürlich und gesund zur Welt zu bringen. Und als werdender Vater die Frau bedingungslos und hingebungsvoll genau darin zu unterstützen. Genau so, wie man es im Geburtsvorbereitungskurs hoffentlich immer wieder geübt hat. Schlaue Sprüche und cooles Gehabe will die Frau vom Mann während der Geburt jedenfalls nicht erleben.

Was es außerdem noch zu beachten gilt: Vor der Geburt und nach der Geburt sind für alle Beteiligten vollständig unterschiedliche Daseinszustände. Kein Wunder, wenn es etwas dauert, bis man sich mit dem Neuzuwachs und der veränderten Familiensituation vertraut fühlt.

Außerdem: Es ist sehr hilfreich, den Beckenboden als Vorbereitung auf die Geburt zu trainieren. Ziehen Sie den Beckenboden für fünf Sekunden hoch und lassen Sie ihn für fünf Sekunden los. Wiederholen Sie diese Übung fünf Mal. Dann machen Sie eine Pause von einigen Minuten und wiederholen das Ganze zwei weitere Male mit einer entsprechenden Pause dazwischen. Geben Sie dann nach einigen Tagen beim Hochziehen und Loslassen jeweils eine Sekunde dazu, dann noch eine und noch eine – bis Sie für zehn Sekunden hochziehen und halten und zehn Sekunden loslassen können.

Während Sie hochziehen und halten und auch beim Loslassen bleiben die übrigen Muskeln im Becken und Bauch entspannt. Das ist sehr wichtig. Näheres erfahren Sie bei einem Geburtsvorbereitungskurs.

Die 35. Woche (9. Monat)

So weit, so schwach. Das denken viele werdende Mütter während der 35. Woche der Schwangerschaft. Das Gehen fällt ihnen schwer, falls das Kind ungünstig liegt, auch das Atmen. Doch bald ist die Anstrengung geschafft. So mulmig einem beim Gedanken an die Geburt auch sein mag, nun sehnt die werdende Mutter ihre Niederkunft herbei. Hochschwanger, wünscht sie sich das Ende der Schwangerschaft. Wenn man das als Mann nicht versteht, kann man sich ja mal einen Kartoffelsack vor den Bauch schnallen, einen ganzen Tag damit herumlaufen und auch am besten über Nacht damit schlafen, dann wird man viele weibliche Belange viel besser verstehen.

Das Kind hat nun das Tausendfache seiner anfänglichen Größe erreicht. Es wiegt nun mindestens 2100, wahrscheinlich aber schon 2300 Gramm. Vom Kopf bis zum Steiß misst es etwa 30 Zentimeter, bis zur Ferse sind es sogar schon durchschnittlich 45,5 Zentimeter. Der Durchmesser seines Kopfes liegt zwischen 8,2 und 9,5 Zentimetern. Das schnelle Wachstum des Kindes hat frühere Proportionen gründlich verschoben. So machte die Leber in der neunten Schwangerschaftswoche 10 Prozent des Körpergewichts aus, nun sind es nur noch 5 Prozent.

Während der nächsten Tage erhöht sich die Blutmenge im mütterlichen Kreislauf. Eine Vorbereitungsmaßnahme des weiblichen Körpers auf den Blutverlust bei der Geburt. Aus durchschnittlichen 5 Litern werden 6,5. Als werdende Mutter haben Sie wahrscheinlich zwischen 11 und 13 Kilogramm zugenommen. Das ist nun der Höchststand.

Dem Baby im Bauch geht es prächtig. Wohlig nuckelt es am Daumen oder anderen Fingern. Es übt damit den Saugreflex für die Stillphase nach der Geburt.

Das Kind verfügt bereits über ein exzellentes Gehör. Es kann Männer- und Frauenstimmen unterscheiden und abenso verschiedene Sprachmelodien erkennen. Vokale nimmt es deutlicher wahr als Konsonanten und Schlaginstrumente hört es lauter als Celli oder Violinen. Am deutlichsten hört es jedoch die Stimme seiner

Mutter, die ja auch über die Knochen zu ihm geleitet wird. Denn das mütterliche Becken bildet einen Resonanzkörper, der ideal ist für die Verstärkung der Frequenzen einer weiblichen Stimme. Deshalb klingt die Stimme der Mutter im Mutterleib kaum anders als außerhalb.

Alle anderen Stimmen, nämlich sämtliche übrigen aus der Außenwelt, somit auch die des Vaters, dringen jedoch mit sehr unterschiedlicher Intensität zum Kind vor. Eine männliche Stimme mit charakteristisch männlichem Stimmspektrum wird von ihm nun klarer und deutlicher gehört als eine weibliche. Ein weiterer Beweis für die wundersame Weisheit und Umsicht der Natur: Durch den Ausschlussmechanismus gegenüber fremden weiblichen Stimmen wirkt die Stimme der Mutter umso unverwechselbarer. Und je nach Präsenz des Vaters erscheint auch seine Stimme dem Kind vertraut.

40. Botschaft ans ungeborene Kind

Geliebtes Kind, bitte, höre uns! Deine Mutter liebt Dich. Sie liebt Dich im Geiste. Sie liebt Dich seelisch. Sie liebt Dich mit jeder Faser ihres Seins. Sie liebt Dich auch auf der körperlichen Ebene. Sie nährt Dich körperlich und schützt Dich mit ihrem Körper.

Doch nun, wo es für Dich eng wird, könntest Du die Liebe Deiner Mutter vergessen. Wenn es für Dich sehr eng wird, könntest Du denken, Deine Mutter wende sich körperlich gegen Dich. Wenn es extrem eng wird, wenn sich die Enge mit titanischer Kraft verengt, wenn Du Dich geknetet und gequetscht fühlst und wenn Du schmerzhaft zu einem winzigen Ausgang geschoben wirst, wenn Dein Schmerz wächst und der Ausgang Dir winzig und wie eine Sackgasse erscheint, wenn Du im Moment größter Schmerzen jede Hoffnung auf Erlösung aufgibst – wenn dies geschieht, dann könntest Du denken, Deine eigene Mutter bedrohe Dein Leben.

Doch das ist ein Irrtum.

In Wahrheit schützt Deine Mutter Dein Leben. Sie behütet Dein Leben. Sie stärkt Dein Leben. Und sie bestärkt Dich im Leben. Dazu gehört auch die Erfahrung der Verdichtung vor und bei der Geburt. Diese Erfahrung gehört nun mal zum Leben dazu. Sie meiden zu wollen hieße, das Leben an sich zu meiden.

Dies, geliebtes und verehrtes Kind, sagen wir Dir in dem Wissen, dass wir selbst so geboren wurden. Wir sagen es voller Demut und Hingabe an den machtvollen Weg ins Dasein. Wir sagen es in Liebe.

Was es zu beachten gilt: Sollte eine größere Menge Fruchtwasser abgehen, muss eine Ärztin oder ein Arzt aufgesucht werden, denn dadurch erhöht sich das Risiko einer Infektion.

In der letzten Phase der Schwangerschaft hat das Baby nun einen besonders großen Kalziumbedarf. Achten Sie darauf, ausreichend Kalzium zu sich zu nehmen.

Jederzeit kann das Kind nun das Signal für die Geburt geben. Halten Sie alles bereit, was Sie für den Aufenthalt in einem Geburtshaus oder in einer Entbindungsstation brauchen.

Die 36. Woche (9. Monat)

Mit dem Beginn der 36. Woche der Schwangerschaft beginnt die 34. Woche seit der Befruchtung. Eigentlich ist das Baby somit aber erst 33 Wochen gewachsen.

Der Durchmesser seines Kopfes liegt zwischen 8,4 und 9,7 Zentimetern. Von Kopf bis Ferse beträgt seine Länge etwa 47 Zentimeter. Es wiegt nun annähernd 2600 Gramm. Mit Blut gefüllt bringt die Plazenta fast genauso viel auf die Waage.

Genährt durch die Nabelschnur und angeschlossen an das Versorgungssystem der Plazenta, muss sich das Kind weder um Nahrung noch Nahrungsverwertung kümmern. Daher ist sein Verdauungssystem bis zur Geburt so gut wie gar nicht gefordert. Auch nach der Geburt wird es noch lange nicht voll funktionsfähig sein. Die volle Verdauungsfähigkeit wird erst im Alter von drei bis vier Jahren erreicht.

»Die allererste und wichtigste Aufgabe des Gehirns ist (und bleibt zeitlebens) nicht das Denken, sondern das Herstellen, Aufrechterhalten und Gestalten von Beziehungen«, sagt der Hirnforscher Gerald Hüther. Dies beginnt mit den ersten Impulsen und Regelkreisen zur Steuerung von körperlichen Prozessen, setzt sich fort mit komplexeren Organkoordinationen, geht über zu Muskel-kontraktionen und Bewegungen im Rumpf und den Extremitäten, erreicht auch die Fähigkeit der sinnlichen Wahrnehmung und re-flexartigen Reaktion und erlaubt schließlich ein willentliches und bewusstes In-Beziehung-Treten zur Welt und anderen Individuen. Dies beginnt bereits im Mutterleib zwischen Mutter und Kind. Werdende Mütter fühlen und wissen das. Inzwischen weiß es auch die Wissenschaft.

41. Botschaft ans ungeborene Kind

Geliebtes Kind, bitte, höre uns! Im Leben angekommen, hast Du Dich im Leben eingerichtet. Doch ein Grundprinzip des Lebens ist Bewegung. Deine momentane Wohnung wird sehr bald zu klein für Dich sein. Deshalb wirst Du sie rechtzeitig verlassen müssen. Wenn es für Dich an der Zeit ist, wirst Du Dich herausbewegen. Gleichzeitig wirst Du Dich weiter ins Leben hineinbewegen.

Das ist großartig. Das ist ein Abenteuer. Und Du wirst aben-teuerliche Erfahrungen dabei machen. Erst durch diese Erfahrung kommst Du richtig im Dasein an.

Draußen werden wir Dich liebevoll in Empfang nehmen. Wir werden Dich wärmen, Dich nähren und in Liebe und zärtliche Worte hüllen. Wir werden es Dir gut gehen lassen. Das versprechen wir Dir.

Und bitten Dich nun, etwas sehr Wichtiges zu tun: loszulassen.

Das können wir Dir nicht abnehmen. Das musst Du selbst tun. Lasse Deine jetzige Wohnung los, denn wenn Du sie verlässt, wird es kein Zurück mehr geben. Und lasse auch Deinen Urbegleiter los, denn Du wirst Dich von ihm verabschieden müssen.

Du bekommst etwas Wunderbares dafür: eine neue, größere Wohnung, neue Freunde, mit denen Du ganz neue und abenteuer-liche Spiele spielen kannst. Und Du wirst viele neue und schöne Erfahrungen machen. So ist das menschliche Dasein: Auf dem Weg ins Leben und durchs Leben lassen wir alte Erfahrungen hin-ter uns, um neue machen zu können, denn Veränderung ist das Grundprinzip allen Seins.

Was es noch zu wissen gilt: Das Fruchtwasser gleicht den Druck aus. Bei auftretenden Vorwehen verteilt sich so der Druck aufs ganze Baby.

Der Uterus der Mutter hat eine Menge zu leisten. Daher konzentriert sich dort nun etwa ein Sechstel des mütterlichen Blutes.

Der Stoffwechsel der Mutter hat während der Schwangerschaft etwa um 25 Prozent an Effizienz zugenommen, um das Kind auch gegen Ende der Schwangerschaft optimal versorgen zu können.

In den letzten Wochen der Schwangerschaft gewinnen viele Frauen, die sich womöglich vormals zerschlagen und schlaff gefühlt haben, plötzlich wieder Energie. Manchmal erleben sie sogar regelrechte Energieeruptionen. Damit will sorgfältig und ausgeruht umgegangen werden. Der weibliche Körper bereitet sich auf die Geburt vor. Er braucht diese zusätzliche Energie für die Austreibungsphase. Daher sollte sie nicht verschwendet, sondern vielmehr bewahrt werden.

In den kommenden Wochen verliert die werdende Mutter wahrscheinlich wieder an Gewicht. Dies ist normal in der Zeit unmittelbar vor der Geburt.

Wichtig: Klarer oder leicht rötlich gefärbter Schleim kann ein Zeichen dafür sein, dass sich der Schleimpfropf gelöst hat, der den Uterus versiegelt. Das ist meistens ein Anzeichen dafür, dass sich der Gebärmutterhals zu öffnen beginnt. Als Vorbereitung auf die Geburt. Bis zum Einsetzen der Eröffnungswehen kann es dann nur noch wenige Tage dauern. Häufig setzen sie aber schon Stunden später ein.

Außerdem: Geringfügige Blutungen sind normal. Treten plötzlich stärkere Blutungen auf, kann dies ein Zeichen dafür sein, dass die Plazenta sich von der Uteruswand gelöst hat, rissig geworden ist oder zu zerfallen beginnt. Das gilt als medizinischer Notfall und erfordert eine sofortige Arztkonsultation.

Nach dem neunten Monat der Schwangerschaft

Die 37. Woche

Der zehnte Monat der Schwangerschaft (nach offizieller Rechnung), den es im Sprachgebrauch aber nicht gibt. Der Kopf ist nun das Schwerste am Kind. Das Gewicht des Kopfes zieht ihn runter. Allein deshalb hat das Kind die Neigung, sich zu drehen. Wenn die werdende Mutter auf einmal wieder freier atmen kann, wenn sie plötzlich wieder mehr essen kann, wenn sie beim Hinsetzen plötzlich Enge im Schoß spürt und starken Druck in der Hüfte, wenn sie deutlich schlechter gehen kann, plötzlich häufigeren Harndrang verspürt und das Gefühl hat, ihr Kind sitze so tief, dass es herausfallen könnte – wenn das der Fall ist, dann hat sich das Kind sehr wahrscheinlich in die Geburtslage gedreht.

Falls nicht, kein Grund zur Aufregung. Es bleibt ja noch genug Zeit für den richtigen Dreh. Manchmal erfolgt der auch erst unmittelbar vor der Geburt.

Achtzig Prozent aller Kinder kommen in den zwei Wochen vor oder nach ihrem errechneten Geburtstermin auf die Welt. Dieses insgesamt vierwöchige Zeitfenster der höchstwahrscheinlichen Geburt öffnet sich ab der 38. Woche und schließt sich wieder mit der 42. Woche. Kinder, die davor kommen, werden als Frühgeburten behandelt. Babys, die danach das Licht der Welt erblicken, gelten als übertragen. Nur eine Geburt innerhalb des Zeitfensters gilt als termingerecht.

Allerdings merkt man an der Wortkrücke »termingerecht«, dass es sich um eine Schublade der Statistik handelt, die von Köpfen über andere Köpfe hinweg geöffnet oder geschlossen wird.

Kinder richten sich nicht nach Zeitfenstern, Statistiken und Termingerechtigkeiten.

Kinder sind unterschiedlich. Und das ist sehr gut so.

Geburtshelfer und Personal auf Geburtsstationen wünschen sich Normgeburten, wie sie auch nach Normobst im Supermarkt greifen.

Doch Kinder unterliegen keinen Normen und keinen Standards. Sie machen zwar ähnliche Entwicklungsschritte, doch nur einigermaßen annähernd zu einem ähnlichen Zeitpunkt. Daher bieten sämtliche Angaben über das kindliche Wachstum, über Größe und Gewicht nur Durchschnitts- oder Annäherungswerte. Hilfreich, um in etwa zu wissen, wie der Stand der kindlichen Entwicklung sein könnte.

Dies sind also die ungefähren Normwerte, die aber garantiert von dem tatsächlichen Entwicklungsstand abweichen: So wiegt das Gewebe der Plazenta blutleer nun etwa 650 Gramm, mit Blut gefüllt aber knapp 2000 mehr. Die Gesamtmenge des Fruchtwassers wiegt etwa 900 Gramm. Das Gewicht des Kindes liegt bei 2750 Gramm. Der Durchmesser seines Kopfes beträgt ungefähr 8,6 bis 9,9 Zentimeter. Vom Scheitel bis zur Ferse misst es um die 48 Zentimeter.

Das Baby hat beinahe seine spätere Geburtsgröße erreicht.

Die Zeit des Wartens auf die Geburt beginnt.

42. Botschaft ans ungeborene Kind

Geliebtes Kind, bitte, höre uns! Dein Kopf wird nun immer schwerer. Das ist auch sehr richtig so, denn darin befindet sich eine Menge Gehirn. Das wiegt schwer. So schwer, dass Du Deinen Kopf aus eigener Kraft unmöglich halten kannst. Also lehnst Du ihn irgendwo an. Kein Problem, ist ja inzwischen ohnehin ziemlich eng hier. Doch bei manchen Bewegungen rutscht Dein Kopf einfach weiter.

Weiter und immer weiter. Genau so muss es sein.

Geliebtes und verehrtes Kind, lass es einfach zu, wenn die Schwere Deinen Kopf nach unten zieht. Dein Kopf ist auch so schwer, damit er nun nach unten sinkt und unten bleibt.

Ganz unten, am Boden Deiner Höhle, da liegt er richtig. Mutter Natur hat das so eingerichtet, damit ihre Kinder richtig liegen.

Genau richtig für die Geburt.

Mit dem Kopf voran in Richtung Ausgang.

Noch ist der Ausgang verschlossen, doch kann er sich jederzeit öffnen, wenn es an der Zeit ist.

*An der Zeit ist es, wenn Du, geliebtes und verehrtes Kind, genug
gewachsen und reif für die Geburt bist.*
Diese Zeit naht.

Was es noch zu wissen gilt: Wenn die Geburt nah ist, platzt vorher
womöglich die Fruchtblase. Viele Frauen glauben, wenn die Fruchtblase platzt, ergießt sich das Fruchtwasser in einem Schwall nach
draußen, doch meistens fließt es eher tröpfelnd als in einem Strom.

Wichtig: Wenn sich das Kind viel bewegt, doch plötzlich so gut wie
gar nicht mehr, muss sofort ein Arzt zurate gezogen werden. Es ist
aber normal, dass ein Kind vor der Geburt etwas ruhiger wird. So
sammelt es Kraft für den großen Tag.

Die 38. Woche

Wenn man den eigenen Oberschenkel betrachtet, wird einem auf-
fallen, dass er deutlich länger ist als der zugehörige Fuß. Bei einem
38 Wochen alten Baby ist das nicht der Fall. Da sind Oberschenkel
und Fuß noch fast gleich lang. Diese und weitere recht bizarr anmutende Proportionen werden sich erst nach der Geburt »zurecht-
wachsen«.

Da der Raum im Uterus inzwischen sehr knapp geworden ist,
hält das Kind die Arme und Beine an den Körper gepresst. Bewegung ist nur noch in höchst eingeschränktem Maße möglich.

Finger und Fußnägel sind bis ans Ende des Nagelbetts und womöglich schon etwas darüber hinaus gewachsen. Das Haar auf dem
Kopf des Kindes kann bereits bis zu 5 Zentimeter lang sein.

Das Baby wirkt rundlich und gut genährt, was wunderbar ist, aber
dank elterlicher Sorgfalt und Achtsamkeit wiederum auch kein un-
erklärliches Wunder. Der ehemalige den Körper bedeckende Haarflaum ist bis auf Haupthaar, Augenbrauen und Wimpern nahezu
vollständig verschwunden. Verschluckt vom Kind beim Trinken
des Fruchtwassers. Auch die käsige Schmiere und andere Sekrete
landeten in seinem Magen und von da aus im Darm. Im Darm ge-

lagert, wurden und werden sie mit Sekreten der Leber, Gallenblase und Bauchspeicheldrüse vermischt, um nach der Geburt für die erste Darmentleerung zu sorgen.

Erblickt das Kind in dieser Phase seiner Entwicklung eine Lichtquelle, dann folgt es einem Orientierungsreflex und dreht mit größter Wahrscheinlichkeit seinen Kopf darauf zu. Das Kind hat gelernt, das Licht wahrzunehmen und dieser Wahrnehmung mit einer Körperbewegung zu folgen. Kinder, die das dritte Trimester der Schwangerschaft in der warmen Jahreszeit erleben, reagieren besonders auf Licht, weil ihnen die Wärme der Sonne angenehm erscheint. So funktioniert Lernen: Wenn etwas gut läuft, aber auch wenn etwas misslingt, wird im Gehirn eine Reaktion ausgelöst, die als »Gefühl« bezeichnet wird. Ein gutes Gefühl gibt uns den Hinweis: Dahin kannst du dich wenden. Ein schlechtes Gefühl ist die Warnung: Sofort abwenden, Flucht!

Das Kind lernt gut und viel in diesen Zeiten. Am Anfang der Schwangerschaft fühlte es sich aufgehoben. Dann getragen. Dann zunehmend umarmt. Und nun wahrscheinlich umschlossen. Zunehmend auch eingeschlossen. Auch daraus lernt es. Als Erstes lernt es wachsende Nähe zu schätzen. Dann wachsenden Druck zu ertragen. Sehr bald wird es lernen, dass es vorangehen muss.

Der Kopf hat nun einen Durchmesser von 8,7 bis 10 Zentimetern. Das Baby wiegt etwa 2900 Gramm. Es hat seine Geburtsgröße erreicht. Jetzt heißt es: warten auf die Wehen und andere Zeichen für den Geburtsbeginn.

43. Botschaft ans ungeborene Kind

Geliebtes Kind, bitte, höre uns! Vielleicht hast Du an allen Zehen, Fingern und Daumen schon mindestens einmal genuckelt und weißt nicht, wie Du Dich noch beschäftigen kannst. Vielleicht trommelst Du vor Übermut und Langeweile gegen die Wände, weil Du die Welt draußen erfahren willst. Vielleicht möchtest Du die Zeit des Wartens abkürzen.

Geliebtes und verehrtes Kind, aus welchen Gründen auch immer Du so schnell wie möglich ins Leben treten willst – wir, Deine Eltern, bitten Dich noch um etwas Geduld.

Erinnere Dich nun an die schönen Erfahrungen auf Deinem bisherigen Weg ins Leben. Erinnere Dich an die geistige Weite im endlosen Raum des Geistes. Erinnere Dich an das Licht der einen Quelle allen Seins. Erinnere Dich an die Verlockung durch das Leben und die Sehnsucht nach Verkörperung. Erinnere Dich an den Leitstrahl ins Leben und den köstlichen Sog ins biologische Dasein. Erinnere Dich an Deine Verkörperung und Dein Empfinden von Glückseligkeit. Erinnere Dich an das ozeanische Sein nach Deiner Ankunft. Erinnere Dich an die Wellen des Glücks im Mutterleib. Erinnere Dich an die wachsende Nähe Deines Urbegleiters. Erinnere Dich an die Umarmungen durch das Leben.

Ruhe in Deiner Erinnerung, geliebtes und verehrtes Kind, und warte auf den geeigneten Moment für Deinen nächsten Schritt ins Leben. Er kommt gewiss und sehr bald.

Was es noch zu beachten gilt: Echte und falsche Wehen. Falsche Wehen oder vielmehr Übungs- und Vorwehen, auch Braxton-Hicks-Kontraktionen genannt, fühlen sich anders an als »echte«, also Wehen, die eine Geburt einleiten. Falsche Wehen beginnen wahrscheinlich als leichter Schmerz im unteren Bauchbereich. Echte Wehen beginnen mit einem Schmerz im Rücken, der in den unteren Bauch zieht. Doch diese Darstellung kann nur ein vager Hinweis sein. In der Realität wird die werdende Mutter den Unterschied wahrscheinlich am besten bei Bedarf durch Konsultation ihrer Hebamme kennenlernen. Wenn die Geburt näher rückt, wird die Hebamme sie anweisen, auf die zeitliche Dimension der Kontraktionen zu achten. Die Dauer der einzelnen Kontraktionen und die Länge der Pause zwischen den Kontraktionen geben wichtige Hinweise auf das Nahen der Geburt.

Die 39. Woche

Das Kind ist reif für die Geburt. Sein Kopf hat nun einen Durchmesser zwischen 8,9 und 10,2 Zentimetern. Es wiegt nun wahrscheinlich über 3000 Gramm. Es wird versorgt von 80 Litern mütterlichem Blut, das täglich durch die Plazenta fließt. Der Uterus besteht zu einem hohen Prozentsatz aus Muskelgewebe und wiegt in seinem jetzigen Zustand etwa 1100 bis 1200 Gramm. Wenn dieser Muskel kontrahiert, entsteht ein Druck in Richtung Beckenboden, der ungefähr einem Gewicht von 25 Kilogramm entspricht. Man kann sich also vorstellen, was für eine Kraft notwendig ist, um den Gebärmuttermund zu öffnen, das Kind in den Geburtskanal und schließlich nach draußen zu pressen. Während der Austreibungsphase muss die werdende Mutter allerdings in den meisten Fällen willentlich mitpressen, damit das Kind tatsächlich kommt.

Einige Frauen bekommen Durchfall, wenn die Eröffnungswehen zur Geburt einsetzen. Andere bemerken den Übergang von den Vorwehen zu den Eröffnungskontraktionen nicht. Wieder andere verwechseln bereits Vorwehen mit Geburtswehen. Oft werden Wehen mit Wellen verglichen. Sie kommen auf einen zugerollt, türmen sich auf, brechen über einen herein und ziehen sich wieder zurück. Dann beginnt das Warten auf die nächste Welle. Wird sie so mächtig sein wie die Welle eben? Oder noch mächtiger? Und womöglich wächst die Angst, in einen Ozean der Schmerzen gezogen zu werden. Wehen werden im Englischen »Labor« genannt, Arbeit. Auch wenn diese Arbeit ziemlich schmerzhaft ist – gibt es eine sinnvollere Tätigkeit? Wenige Jobs sind so befriedigend wie der Geburtsjob – trotz der vielen »Arbeit«, die dabei anfällt.

Das Kind ist nun bereit für den »Job«. Wann macht es sich also auf den Weg? Es hat von seiner Zeugung bis jetzt eine Serie von Verdichtungen erfahren. Die letzte, die größte Verdichtung, nämlich durch die Geburt, steht noch aus. Das Kind hat gelernt, sich von unangenehmen Reizen abzuwenden und sich angenehmen zuzuwenden. Etwas Angenehmes macht Freude, das hat das Kind gelernt. Etwas Unangenehmes macht Angst. Wenn man sich davon nicht abwenden kann, erzeugt es anhaltende Furcht. Im Klammergriff des Uterus wird das Kind mit seiner Angst konfrontiert. Einer Angst, der es nicht ausweichen kann, weil der Raum dafür fehlt. Eine Angst, die in Wellen kommt, nämlich mit den Wehen, und zunehmend zu einem Dauerzustand der Angst wird.

Diese Angst ist notwendig, denn sie lässt das Kind nach einem Ausgang suchen. Sobald es den Ausweg gefunden hat, spürt es, dass es auf dem richtigen Weg ist. Auf dem richtigen Weg gewinnt es an Kraft. Trotz größter Schmerzen macht der richtige Weg dem Kind Freude. Es bereitet ihm auch körperliche Lust, auf dem richtigen Weg zu sein. Die Lust besiegt die Schmerzen. Und das Kind spürt eine lustvolle Begeisterung auf seinem Weg aus der Enge.

Mit der Überwindung der Enge und der Erfahrung der Weite empfindet es Glück. Ein Glück wie Rausch. Ein Ozean des Glücks. Ozeanisches Glück. Ein Glück, das alles bisherige Glück übersteigt. Und das Kind gleichzeitig an bereits empfundenes Glück erinnert. Nämlich sein Glück in den ersten Monaten der Schwangerschaft während der sogenannten ozeanischen Phase. Doch was damals als Gefühl seidenweich und samtwattig war, ist nun wie eine Woge der Euphorie. Und voller Glück, selig im Dasein in der Welt, öffnet das Kind die Augen und blickt der Mutter voller Freude direkt ins Gesicht.

44. Botschaft ans ungeborene Kind

Geliebtes Kind, bitte, höre uns!

Du bist in den Strom des Lebens gestiegen. Der Strom trägt Dich, weil Du in ihm schwimmst. Sehr bald wird Dich der Strom des Lebens aus der Enge Deiner Höhle nach draußen in die Weite der Welt tragen. Damit dies gut gelingt, bitten wir Dich, möglichst kraftvoll mitzuschwimmen.

Manche Menschen steigen in den Strom des Lebens, weigern sich aber zu schwimmen. Ihnen droht der Untergang. Andere Menschen versuchen ständig, gegen den Strom zu schwimmen. Der Strom des Lebens trägt, auch wenn man gegen ihn schwimmt. Doch es kostet sehr viel Kraft. Und auch diesen Menschen droht der Untergang. Ganz besonders gefährlich ist es, wenn man bei der Geburt gegen den Strom zu schwimmen versucht.

Geliebtes und verehrtes Kind, wenn Dich der Strom des Lebens aus Deiner Höhle in Richtung Ausgang zieht, dann halte nirgends fest, sondern lasse los. Und wenn der Strom des Lebens zum Sog wird, dann nimm all Deinen Mut und Deine Kraft zusammen und bewege Dich auf den Ausgang zu. Umso besser kommst Du in unseren Armen an.

Wichtig: Auch wenn Sie alles für eine Hausgeburt oder eine Entbindung im Geburtshaus vorbereitet haben – die aktuellen Notfallnummern sollten griffbereit liegen. Außerdem stehen Sie bitte in einem regelmäßigen Kontakt mit Ihrer Hebamme. Zu deren Arbeit gehört es, auch mitten in der Nacht erreichbar zu sein.

Außerdem: Die Spannung steigt. Das ist nahezu unvermeidlich. Der Körper der Frau steht nach den Anstrengungen der Schwangerschaft vor einer weiteren großen Herausforderung durch die Geburt. Unruhe ist dabei normal. Kein Wunder auch, wenn die werdende Mutter nun schlechter schläft. Dem Kind ist es im Bauch inzwischen zu eng. Immer wieder stemmt es sich wahrscheinlich gegen innere Organe. Das kann sehr schmerzhaft sein. Vorwehen kommen und gehen womöglich auch nachts.

Die 40. Woche

Das Kind wiegt wahrscheinlich ungefähr 3300 Gramm. In der Gebärmutter ist es nun so eng, dass es sich kaum noch bewegen kann. Wenn das Kind trotzdem tritt, was es ziemlich sicher hin und wieder auch tut, dann beult sich sogar die Bauchdecke. Inzwischen hat es eine Kraft in den Beinen, die manchmal ausreicht, um einen auf dem Bauch liegenden Gegenstand, zum Beispiel ein Buch, herunterzutreten.

Es ist von knapp einem Liter Fruchtwasser umgeben. Das vormals klare Fruchtwasser ist inzwischen durch die darin gelöste Käseschmiere milchig geworden.

In der 24. Woche betrug der Anteil des Babyspecks am Körpergewicht etwa zwei bis drei Prozent. In der 32. Woche waren es bereits acht Prozent Babyspeck, und am Ende der Schwangerschaft sind es sogar 15 Prozent. Dies braucht das Kind nach der Geburt für die Regulation seiner Körpertemperatur, aber auch als Nahrungsreserve.

Die Lungen sind von innen inzwischen vollständig mit Surfactant ausgekleidet, einer »grenzflächenaktiven« Substanz, die verhindert, dass die Lunge in sich zusammenfällt und verklebt. Damit ist das Kind nun zu eigenständiger Atmung befähigt, also auch in diesem Sinne reif für die Geburt. Die ersten fünf Atemzüge nach der Geburt werden die anstrengendsten seines Lebens sein. Denn um einatmen zu können, muss es zunächst das Fruchtwasser in seinen Lungen ausatmen. Die Haltung kopfüber an den Beinen vereinfacht dies. Manchmal muss das Fruchtwasser auch mit einem Schlauch aus den Lungen gesogen werden, um die kindliche Atmung in Gang zu bringen.

Der Kopfdurchmesser des Kindes beträgt nun wahrscheinlich zwischen 9 und 10,3 Zentimetern. Sein Schädel besteht aus fünf großen Platten, die noch nicht vollständig verhärtet und miteinander verwachsen sind, sodass sie während der Geburt im engen Geburtskanal etwas ineinandergeschoben werden können.

Keine Angst, wenn der Kopf des Kindes während der Geburt in die Länge gedrückt wird und dadurch an die Langköpfe der alten Ägypter erinnert. Innerhalb von wenigen Tagen bewegen sich die Schädelplatten in ihre normale Ausgangslage zurück. So gefährlich das zunächst aussehen mag – die Formbarkeit des Kindskopfes ist eine von der Natur erprobte Vorsichtsmaßnahme, damit das Kind gut durch den Beckenausgang passt und während der Geburt eben nicht zu Schaden kommt.

45. Botschaft ans ungeborene Kind

Geliebtes Kind, bitte, höre uns! Wir, Deine Eltern, möchten Dir sagen: Nun kann es langsam losgehen. Wir sind bereit.

Wir sind so bereit, wie man als Eltern für die Geburt des eigenen Kindes bereit sein kann. Unsere Bereitschaft ist so groß, dass wir kaum noch an etwas anderes denken können, kaum noch über etwas anderes als Deine Geburt reden können und nachts davon träumen, wie Du auf die Welt kommst.

Wir freuen uns mit all unserem Sein und Dasein auf Dich. Deshalb sind wir so absolut bereit. Zum Beispiel jetzt. Oder jetzt. Jetzt auch noch. Gleich werden wir genauso bereit sein. Ebenso etwas später auch. Zum Beispiel nachher. Morgen sind wir natürlich auch bereit. Und auch übermorgen werden wir in Bereitschaft sein. Wann immer Du kommen willst, wir sind bereit.

Also üben wir uns voller Liebe in Geduld und warten in Bereit-
schaft auf das Zeichen. Denn Du, geliebtes und verehrtes Kind,
gibst das Zeichen zum Aufbruch.

Was es noch zu wissen gilt: Wenn das Baby sich mit dem Kopf in
die Geburtslage dreht, dann meistens so, dass sein Gesicht zum
Rücken der Mutter zeigt und sein Rücken zu ihrem Bauch. Einige
Babys drehen sich aber auch genau anders herum. Dann zeigt der
Babyrücken zum Rücken der Mutter und das Gesicht des Babys
nach vorn. Diese Kinder kommen als sogenannte Sternengucker
zur Welt. Ihre Geburt ist manchmal etwas schwerer, weil ihr Hin-
terkopf bei den Eröffnungswehen auf die Lendenwirbelsäule der
Mutter drückt und dadurch den Wehenschmerz verstärkt. Selbst
Wehenpausen bleiben dann womöglich schmerzhaft.

In dieser Endphase der Schwangerschaft schläft die werdende Mutter wahrscheinlich nur noch bruchstückhaft, zwischendurch immer wieder geweckt von Wehen, Lageschmerzen, Tritten oder innerer Unruhe vor dem großen Ereignis. Das ist normal. Hilfreich
sind in diesen nächtlichen Wachphasen folgende Techniken der
Meditation.

Methode eins:
Bilden Sie sich zunächst ein, Ihr Körper würde schwer werden. Das
Schwereempfinden beginnt in den Füßen, wandert langsam nach oben,
erreicht Rumpf und Arme und zuletzt den Kopf. Körperlich schwer,
beobachten Sie nun Ihre Gedanken. Sie ziehen wie Wolken am Him-
mel. Doch was ist, wenn eine Gedankenwolke weg ist? Was ist dann
da? Konzentrieren Sie sich, so gut Sie es vermögen, auf das, was da ist,
wenn die letzte Gedankenwolke weg ist.

Methode zwei:
Ihr Körper ist schwer. Körperlich schwer, rezitieren Sie im Geiste eine
Silbenfolge. Sie lautet »Umma-Raminu-verenguli-umma-larimu-ma-
rengolo«. Rezitieren Sie in Gedanken diese Silben und versuchen Sie,
an nichts sonst zu denken. So lange, bis Sie gar nichts mehr denken.

Methode drei:

Ihr Körper ist schwer. Körperlich schwer, doch geistig leicht, stellen Sie sich vor, dass lilafarbenes Licht in die Krone auf Ihrem Kopf strömt. Das lila Licht strömt als Lichtfluss in Ihren Körper. Sobald es Ihren Körper vollständig erfüllt, sehen Sie sich lila leuchten. Ruhen Sie in dem lila Leuchten.

Außerdem: Bei Vorwehen ist es sehr hilfreich, langsam zu gehen und bewusst in den Bauch zu atmen. Mit dem Einsetzen der Eröffnungswehen bleiben Atmen und Gehen hilfreich, doch sollte die zunehmend zur Geburt reife Frau nun alle paar Schritte einmal in die Hocke gehen, um so die Öffnung des Muttermundes zu unterstützen. Doch diese Verfahren müssen unbedingt mit einer Hebamme abgesprochen sein. Denn unter bestimmten Bedingungen ist davon abzuraten.

Die Zeit rund um die Geburt sollte grundsätzlich eine Zeit der Ruhe, des Kraftschöpfens, des Verweilens, des Ausruhens sein. Die Wohnung müssen andere putzen. Wände müssen jetzt ganz sicher nicht frisch gestrichen werden. Der Hausbau pausiert schon länger, ebenso wie die reguläre Arbeit. Die Geburt ist schon anstrengend genug, mehr Anstrengung ist viel zu viel.

Die 41. Woche

Warten. Immer nur warten. Wenigstens weiß man, worauf. Ist anders als das Warten auf Godot, aber manchmal auch wie im Theater. Hin und wieder liegen die Nerven blank. Das viele Warten kann einen zermürben. Dann erwacht urplötzlich ein starker Nestbautrieb. Auf einmal soll die ganze Wohnung noch mal geputzt werden. Ach, Schatz, was könnten wir am Haus noch verschönern? Und das Kinderzimmer. Da fehlt doch noch was. Hier kann noch was hin. Ist die Wickelkommode auch wirklich gut? Liebling, wann holst du den Kinderwagen ab? Wo sind noch mal die Strampler? Herrje, die Windeln, wir werden mehr brauchen als die paar.

Warten. Was tun? Von der Geburt träumen. Auf die ersten Anzeichen horchen. War da was? Vielleicht eine Wehe?

Hurra, die Wehen. Oh weh, was für Wehen. Schatz, hol schon mal das Auto aus der Garage. Ach, ne, musst du doch nicht, ist doch noch nicht so weit. Oder doch?

Warten. Weiter warten. Die Spannung steigt. Was ist mit dem Kind? Baby, hörst du uns? Sag schon was, damit wir wissen, dass alles okay ist. Na, dann, auf zum Ultraschall. Reingucken, ob auch alles in Ordnung ist. Wenn dann Wehen kommen, ist man schon am richtigen Platz.

Verehrte Eltern, in größter Demut vor den Prozessen der Geburt, in dem Wissen, dass ich als werdender Vater auch ganz schön nervös war, erlaube ich mir, Ihnen »Gemach!« zuzurufen, Geduld, das wird schon. In seiner unendlichen Weisheit führt uns das Leben. Wenn wir uns der Führung überlassen, geht es uns sehr gut. Je ruhiger wir bleiben, umso deutlicher zeigt uns das Leben, wenn es die Führung übernimmt. Und ganz besonders deutlich zeigt das Leben seine Führung bei der Geburt.

Auch wenn das Baby nun die vollständige Geburtsreife erreicht hat, wächst es natürlich trotzdem weiter. Vom Scheitel bis zur Ferse misst es nun um die 50 Zentimeter und wiegt etwa 3400 Gramm. Tendenz steigend.

46. Botschaft ans ungeborene Kind

Geliebtes Kind, bitte, höre uns! Wir erwarten Dich. Was bleibt noch zu tun? Nichts. Außer: Warten. Und: Geduld haben. Ruhe bewahren. Mit sich selbst gut sein.

Auch diese Zeit vor dem Aufbruch ist schön. Alle spüren, gleich geht es los. Gleich wird sich die Welle erheben und zur Woge werden. Und die Woge wird einen packen und mitreißen. Ach, ist das herrlich. Also nimmt man noch Anlauf dazu und springt mitten rein. Hinein in die Erfahrung. Hinein in das Mitreißende. Hinein in den Strudel. Hinein in den Sog. Hinein in die absolute Gegenwart. Hinein in eine fantastische Zukunft. Hinein in den Strom des Lebens, der einen trägt, wenn man in ihm schwimmt.

So ist die Zeit vor dem Aufbruch: schon erfüllt von dem Geschmack des Abenteuers, das gleich kommt. Erfüllt von einer Bewegung, die im Warten auf die Bewegung beginnt. Erfüllt von einer

Möglichkeit, die gleich ergriffen wird. Es gibt nichts mehr vorzu-
bereiten. Also endet hier alles Tun. Es beginnt die Phase des Seins.
Pures Sein. Dasein.

Und so ist die Zeit vor dem Aufbruch: erfüllt von einer einzigen
Frage: Wann?

Was es noch zu beachten gilt: Sich durch das Warten auf die Geburt nicht verrückt machen zu lassen. Wenn der berechnete Zeitpunkt der Niederkunft verstrichen ist, werden Ärzte von Berufs wegen nervös. Aus welchem Grund eigentlich? Dafür gibt es viele. Die
meisten sind statistischer Natur. In so und so viel Fällen passiert aller Wahrscheinlichkeit dies und das. Oder auch nicht. Denn jedes
Kind ist anders. Fachkundige Beobachtung ist ja grundsätzlich gut,
doch der kritische, nicht selten grobe Blick aus den Sichtfenstern
der Schulmedizin auf etwas so Feines wie ein ungeborenes Kind hat
Nebenwirkungen. Meistens übersteigt der Nutzen eindeutig den
Schaden. Daher ist in den allermeisten Fällen zum Arztbesuch und
zur ärztlichen Beobachtung zu raten. Doch was auch immer die
Medizin diagnostiziert – sehr wichtig ist, dass die werdende Mutter
nicht in Angst und Schrecken versetzt wird.

Hinzukommt: Der errechnete Geburtstermin ist häufig ungenau.
Ein Kind ist womöglich noch gar nicht übertragen, selbst wenn die
Ärzte schon davon reden.

Und: Keine Angst, falls der errechnete Geburtstermin kam – und
ging. Sie werden nicht für immer schwanger bleiben – auch wenn
Sie genau das womöglich befürchten.

Die 42. Woche

Niemand kann für immer schwanger bleiben. Das Kind wächst.
Wahrscheinlich ist es inzwischen fast 52 Zentimeter lang und wiegt
bereits über 3500 Gramm. Irgendwann wird es zu groß sein, um
noch durch den Geburtskanal zu passen. Außerdem ist die Plazenta auch nicht für die Ewigkeit gemacht. Wenn die Zeit der normalen Schwangerschaft überschritten ist, beginnt langsam ihr Zer-
fall. Sie bricht in Stücke oder löst sich stückweise auf. Wird das

Kind übertragen, muss die Funktion der Plazenta regelmäßig überwacht werden. Sonst ist die Gefahr einer unbemerkten Mangelversorgung einfach zu groß.

Neben diesen Risiken hat eine verlängerte Zeit im Mutterleib wahrscheinlich auch positive Folgen. Die Hirnreifung verläuft intrauterin wahrscheinlich etwas anders als außerhalb des Mutterleibs. Ist das Kind geboren, dann ist das Wachstum in utero abgeschlossen und die nächste Phase der Reifung beginnt. Dies betrifft vor allem das Vorder- oder Großhirn, jenen Teil des Gehirns, in dem die höheren kognitiven Prozesse stattfinden. Denn in diesen Hirnregionen teilen sich die Zellen bis zum Zeitpunkt der Geburt. Ob die Geburt diesen Hirnzellen dann das Signal gibt, dass sie sich nun nicht mehr teilen müssen, oder ob dies zeitnah durch andere biologische Vorgänge erfolgt, ist noch nicht erforscht. Allerdings vermuten Neurologen, dass die zusätzliche Zeit in der Gebärmutter die Neuronen- und Verschaltungsdichte in diesem Teil des Gehirns zumindest geringfügig erhöht. Daher der Mythos, übertragene Kinder seien besonders intelligent.

47. Botschaft ans ungeborene Kind

Geliebtes Kind, bitte, höre uns! Keine Angst, es geht Dir nicht an den Kragen, kannst den Ritt ins Leben ruhig wagen. Inzwischen, das kann man hier ehrlich sagen, bist Du auch schon etwas übertragen. Also mach das Beste draus und komm endlich raus.

Was es noch zu beachten gilt: Eine natürliche Geburt ist einem Kaiserschnitt immer vorzuziehen. Meine ich. Doch wenn ein Kind mehrere Wochen übertragen und zudem auch noch sehr groß ist, dann kann eine Geburt durch Kaiserschnitt unvermeidbar sein. In diesem und anderen Ausnahmefällen ist es sinnlos, sich dagegen zu wehren. Dann ist der werdenden Mutter zuzuraten, sich auch dieser Art Geburt und den entsprechenden Begleitumständen vollständig hinzugeben.

Endlich raus: freudiger Aufbruch –
der Tag der Geburt aus der Sicht der Mutter

Heute ist alles anders. Vielleicht begann es mit vorübergehendem Durchfall, minutenlangem Gliederzittern, den bisher heftigsten Wehen, einer plötzlichen inneren Unruhe, ungewohnt heftigen Rückenschmerzen, einer Kombination aus diesen Anzeichen oder nur dem sicheren Empfinden, dass die stabile Phase der Schwangerschaft nun endet und etwas ganz Neues beginnt: eine Reise.

Für das Baby die Reise in die Welt, nur wenige Zentimeter weit, doch ein Eintritt in eine andere Dimension.

Für die Mutter eine Reise zu sich selbst, zu ihrem Körper und bisher ungeahnten körperlichen Empfindungen, mit dem Ergebnis, das eigene Kind im Arm zu halten.

Deshalb ist heute alles anders. Die Reise steht unmittelbar bevor. Es gibt Hinweise für den Beginn der Reise, doch diese Hinweise sind von Frau zu Frau verschieden. Sie sind so verschieden, wie eben Menschen verschieden sind, die gebären werden. Allein schon, weil die Hinweise sehr unterschiedlich aufgenommen und emotional bewertet werden.

Keine Geburt ist wie eine andere. Und bei jeder Frau beginnt sie auch anders.

Wenn der Kopf des Kindes sich bereits tief ins Becken gesenkt hat, ist bei Erstgebärenden mit dem baldigen Einsetzen der Eröffnungswehen zur Geburt zu rechnen. Wenn sich der Gebärmutterhals bereits geweitet und den Schleimpfropf gelöst hat, zu erkennen an einem schleimigen, meistens leicht blutigen Ausfluss, auch dann ist die baldige Eröffnung der Geburt wahrscheinlich. Doch trotzdem kann es manchmal noch Tage bis dahin dauern.

Aber heute ist alles anders. Während der letzten Tage war es vergleichsweise ruhig gewesen. In der Woche davor hatte sich mehr bewegt. Zum Beispiel das Baby in die Hinterhauptslage. Darüber hatte sich die Hebamme mit einem breiten Grinsen gefreut. Ein paar Tage später hatten die Wehen eingesetzt. Etwas stärker als in den Wochen zuvor, aber immer noch unregelmäßig. Trotzdem hatten alle gedacht, jetzt geht es los. Aber mehr war nicht gewesen. Und dann hatten die Wehen wieder aufgehört. Bis heute. Denn am Morgen waren die Kontraktionen wieder gekommen, noch immer unregelmäßig, aber noch ein bisschen stärker. So schmerzhaft wie ein schmerzender Rücken, wenn man in einer unglücklichen Lage geschlafen hat und morgens verlegen aufwacht.

Doch heute Morgen sind Sie überhaupt nicht verlegen, sondern bester Stimmung. Das Baby ist ruhiger als sonst, gut ruhig, gesund ruhig, denn manchmal spüren Sie, wie es sich bewegt. Ihr Mann ist gelöster Stimmung. Auch er scheint zu spüren, dass der Moment für den Aufbruch gekommen ist, dabei haben Sie ihm noch gar nichts gesagt.

Gegen neun Uhr sind aus den schwachen, unregelmäßigen Kontraktionen regelmäßigere geworden. Die Wehen kommen etwa alle 18 Minuten. Das haben Sie mit einer Stoppuhr festgestellt. Und dauern etwa 45 Sekunden.

Sie glauben, dass dies der Beginn der Geburt ist, also die eröffnende Latenzphase, und keine vorübergehende Wehenaktivität.

Sie stehen auf, sind unruhig, gehen in der Wohnung auf und ab, setzen sich hin, schalten den Fernseher ein und wieder aus, müssen auf die Toilette. Nach der Darmentleerung sind die Kontraktionen immer noch da. Das waren sie die ganze Zeit. Unvermindert? Nein, stärker. Und länger. Eine Wehe dauert nun fast eine Minute.

»Jetzt kommt das Kind«, sagt der Mann mit leuchtenden Augen.

»Habe ich doch gesagt«, sagen vielleicht Sie.

»Endlich«, erwidert der Mann.

»Wird aber auch Zeit«, erwidern womöglich Sie.

»Ich freu mich drauf«, sagt der Mann.

»Das will ich aber auch meinen«, sagen vielleicht Sie.

Womöglich müssen Sie vor Freude weinen. Oder vor Aufregung. Oder aus vielen Gründen. Oder weil es so viel auf einmal ist. Oder weil Ihr Mann in diesem Moment weint.

Warum weint Ihr Mann? Vielleicht weil er sich auf eine besonders gefühlvolle Weise als Mann fühlt. Und als werdender Vater. Und vielleicht müssen Sie weinen, weil Sie das sehen. Und weil Sie sehr freut, was Sie sehen.

Und vielleicht nehmen Sie und Ihr Mann einander in den Arm in diesem besonderen Moment an diesem besonderen Tag des Aufbruchs. Und dann rufen Sie die Hebamme an.

Zu welcher Zeit auch immer: Haben Sie keine Scheu, Ihre Hebamme anzurufen, wenn es an der Zeit dafür ist.

Jetzt ist es an der Zeit, denn die Wehen kommen regelmäßig alle 17 Minuten und dauern eine Minute an, also melden Sie sich bei der Hebamme.

Die meint auch, die Geburt steht wohl bevor. Da Sie nicht zu Hause entbinden wollen, aber auch nicht in einem Krankenhaus, sondern im Geburtshaus, kommt die Hebamme dorthin. Sie sollen sich sofort auf den Weg machen.

Keine Angst, Sie werden nicht während der Fahrt niederkommen. Wo auch immer Sie nun zur Geburt hinmüssen, der Anfahrtsweg dauert nicht länger als 45 Minuten. Als Erstgebärende werden Sie das sicher schaffen. Auch wenn die Kontraktionen nun noch intensiver werden.

Sind das schon Eröffnungswehen? Oder noch Vorwehen?

Möglich. Das eine wie das andere.

Ihr Partner ist bei Ihnen. Er hält und stützt Sie, falls notwendig, beruhigt Sie und lässt Sie nicht mehr allein. Das ist sein Job am Tag des Aufbruchs: Ruhe bewahren, beruhigend mit ihnen reden, Sie vor unnötiger Unruhe schützen. Ihr Mann ist nun der Beschützer des Geburtsprozesses. Er ist so ruhig, dass er notfalls auch als Geburtshelfer bei einer Spontangeburt im Taxi einspringen könnte.

Dies ist die Zeit des bedingungslosen, aber nicht blöden Optimismus. Kluger Optimismus bedeutet strahlende Zuversicht, wenn die werdende Mutter das gerade braucht. Ein Lächeln, ein liebevolles Lachen, eine zartfühlende Erheiterung während der Wartezeiten auf die nächste Wehe, aber keine Brüllwitze, wenn die Gebärende gerade unter Kontraktionen stöhnt. Kluger Optimismus bedeutet auch Zuversicht, wo sie angebracht ist, und vorsichtige Achtsamkeit, wenn diese gefordert ist, oder stille Präsenz, falls diese nötig ist.

Was brauchen Sie jetzt? Richtig, genau das. Dabei sind Sie schon unterwegs. Doch Sie sind unsicher, haben das Gefühl, dass etwas fehlt. Ja, seit einigen Minuten sind die Wehen wieder weg.

Sollen Sie umkehren?

Wieder nach Hause fahren?

Falscher Alarm?

Was sagt der Mann dazu?

»Immer die Ruhe, Schatz.«

Der hat Humor! Sie müssen lachen. Einige Minuten albern Sie im Auto. Dann sind die Wehen wieder da. Unvermindert.

Endlich! Das Geburtshaus. Die Hebamme ist auch schon da und begrüßt Sie an der Tür. Das Zimmer ist bereit. Sie dürfen sich erst einmal betten. Die Hebamme untersucht die Lage des Kindes. Optimal, Hinterhauptslage. So wie die meisten Babys vor der Geburt. Der Kopf drückt bereits tief ins Becken. Doch die Öffnung Ihres Muttermundes beträgt erstmal zwei Zentimeter, Wehen sind zwar schon da, doch die Geburt hat noch nicht eingesetzt.

Was tun?

Dann setzen auch die Wehen wieder aus.

Was ist das für ein Chaos hier?

Also doch zurück nach Hause?

Nein, meint die Hebamme. Sie redet kurz mit Ihrem Mann. Der lacht. Was ist so lustig?

»Sex?« Ja, richtig gehört. Ein Naturheilmittel, um die Geburt einzuleiten, das kannten schon die alten Völker. Heute weiß man: Sperma enthält Prostaglandine. Das sind entzündungshemmende Hormone, die unter Wehen die Öffnung des Muttermundes fördern, Zervixreifung genannt.

Sex – nur das Wort ist falsch. Dies ist kein Moment für Sex, sondern ein Moment, um Liebe zu machen. Sehr liebevoll und zärtlich.

So berührt Sie nun Ihr Mann.

Warum zieren Sie sich? Womöglich, weil Sie Bedenken haben: »Wir sind hier doch nicht allein.«

»Schatz«, erwidert Ihr Mann und küsst Sie dabei direkt auf den Mund. »Schatz«, sagt er, »schau dich um. Hier und jetzt sind wir allein. Wir und unser Kind. Und der Rest der Welt ist meilenweit weg. So weit weg, dass wir ...« Er streichelt Sie dabei und küsst Sie wieder. »... dass wir diesen Moment nun nutzen können. Und weißt du was, die Hebamme hat es erlaubt. Sie hat es geraten. Wir haben ihren Segen. Was für ein Segen.« So oder so ähnlich spricht Ihr Mann. Und Sie? Sagen: »Ja.«

Dieser Tag, dieser Moment ist so besonders, dass er tatsächlich auch lustvoll ist. Trotz der Nähe der Geburt spüren Sie in diesem Moment wahrscheinlich Lust. Sie haben Lust auf die Vereinigung mit Ihrem Mann. Das ist so fantastisch und gleichzeitig einfach nur passend.

So sanft und so vorsichtig wie womöglich nie zuvor dringt er schließlich in Sie ein. Ihr Körper muss sich danach gesehnt haben, denn Sie nehmen ihn erregt in sich auf.

Und nichts, absolut nichts ist daran irgendwie seltsam, peinlich oder aus irgendeinem anderen Grund merkwürdig.

Ihr Mann bewegt sich langsam in Ihnen, achtsam genug, um nicht am Muttermund anzustoßen.

Sie genießen. Falls Sie noch nie zuvor am Gipfel ankamen, erreichen Sie ihn wahrscheinlich jetzt.

Danach liegen Sie atmend da. Die Situation erscheint Ihnen plötzlich so seltsam, dass Sie lachen müssen. Ihr Mann macht Witze darüber. Sie erinnern sich an andere seltsame Orte, wo Sie ihn körperlich geliebt haben. Sie fühlen sich ihm nah. In seinen Augen sehen Sie, wie sehr er Sie liebt. Und begehrt, sogar jetzt, kurz vor der Niederkunft. Wenn es nicht so schön und so schön richtig wäre, erschiene es Ihnen womöglich grotesk. Darüber reden Sie. So entspannt wie selten.

Dann, zwei Stunden später, setzen die Wehen wieder ein. Sehr regelmäßig, sehr lang, in relativ kurzen Abständen und deutlich schmerzhafter als zuvor.

Die Hebamme meint, dies sei der Beginn der aktiven Phase. Sie sind glücklich, dass es nun weitergeht. Und dankbar für die erotische Ruhepause davor. Ihr Mann legt die »Goldberg-Variationen« in den CD-Player und lässt ihn leise laufen.

Bach tut Ihnen gut. Er hat diese Musik extra zur Heilung geschrieben. Vielleicht lenken die barocken Klänge deshalb besonders gut von den Schmerzen ab. Die Hebamme rät, im Zimmer auf und ab zu gehen und sich alle Paar Schritte hinzuhocken, um die Öffnung des Muttermundes zu unterstützen. Eine halbe Stunde später ist er schon drei Zentimeter weit. Eine weitere Stunde später sind es dreieinhalb Zentimeter. Gegen 15 Uhr erreicht die Öffnung fünf Zentimeter.

Die Wehen sind inzwischen so intensiv, dass Sie ein Stöhnen kaum noch unterdrücken können. Die Hebamme rät Ihnen, während einer Wehe kurz und flach zu atmen.

Um halb vier ist der Muttermund neun Zentimeter weit.

»Sehr gut«, sagt die Hebamme, damit sei jetzt die Übergangsphase erreicht, die dritte Phase der Geburt.

Ihr Mann fragt nach und erfährt: Die Geburt wird in mehrere Geburtsstadien unterteilt und das erste Stadium wiederum in drei Phasen. Die Übergangsphase ist die Endphase des ersten Stadiums der Geburt.

»Na toll«, sagen Sie. »Dann kann es ja noch dauern.«

»Im Gegenteil«, ermutigt die Hebamme, die Geburt sei nun vielmehr in greifbare Nähe gerückt.

Kurz darauf sackt das Kind mit dem Kopf tiefer und dreht sich dabei ins Becken hinein. Die Hebamme rät zu einer Geburt in der Hockstellung, weil die Schwerkraft dabei dem Geburtsprozess zugutekommt. Auch durch sein Eigengewicht rutscht das Kind besser in den Geburtskanal. Die gebräuchliche Rückenlage ist eigentlich eine ungünstige Gebärhaltung. Allein schon, weil die Frau im Liegen schlechter atmen kann und auch das Kind weniger Sauerstoff bekommt. Den braucht es bei der Geburt aber besonders dringend.

Die Wehen fühlen sich noch schmerzhafter an. Jetzt könnten Sie schreien, wenn die Wehenwoge kommt. Sie kommt schnell, mit Macht, türmt sich über Ihnen, bricht über Ihnen, begräbt Sie unter einer Woge des Schmerzes und zieht sich viel zu langsam zurück.

Hilfe, wann kommt die nächste? Das kann doch nicht wahr sein! Vielleicht denken Sie das. Vielleicht sagen Sie das. Vielleicht rufen Sie das. Vielleicht sind Sie verzweifelt. Vielleicht denken Sie, die nächste Wehe können Sie nicht mehr ertragen.

Was tun Sie?

Sie drücken die Hand Ihres Mannes. Sie drücken so fest Sie können. Und Sie konzentrieren sich auf die Atmung, immer wenn die Wehe kommt. Sie finden Ihren eigenen Atemrhythmus. Man kann sich in Geburtsvorbereitungskursen mit Atemtechniken befassen, doch die eine richtige Methode gibt es nicht. Jede Frau findet ihren eigenen Rhythmus. Sie findet ihn, sobald sie erkennt, wie wichtig bewusstes Atmen bei der Geburt ist.

Die Wehen kommen immer machtvoller. Sie türmen sich. Sie brechen. Sie begraben. Sie bringen unvorstellbare Schmerzen. Und Sie atmen durch die Schmerzen hindurch. Sie atmen und konzentrieren sich vollständig darauf. Allein schon, um einen wenig hilfreichen Kreislauf gar nicht erst in Gang kommen zu lassen: Angst – Spannung – Schmerz. Je mehr Angst, umso mehr Spannung, umso mehr Spannung und noch mehr Angst …

Also atmen Sie. Warum hat einem das vorher niemand gesagt, wie weh das hier wirklich tut? Warum hat einen niemand gewarnt, dass Kinderkriegen die härteste Sache der Welt ist? Warum kriegen Frauen keine Orden dafür? Warum trägt sie die Welt nicht auf Händen dafür? Und warum legt man ihnen keine Königreiche zu Füßen dafür? Das kann doch nicht sein, dass es so wehtut. So unendlich weh.

Sie atmen. Sie denken, Sie zweifeln und Sie atmen weiter. Ich will ein Schmerzmittel, denken Sie. Ich will betäubt werden. Ich will sediert werden. Ich will abtauchen ins Nichts. Ich will mich davonmachen. Ich will mich verabschieden.

Nein, das will ich nicht. Ich will da sein. Ich will mein Kind gebären. Ich will es wach gebären. Ich will es bewusst gebären. Und ich will fühlen, wie ich es zur Welt bringe.

Sie atmen um Ihr Leben. Und so unglaublich es ist, so unvorstellbar es eben noch war – die Kombination aus bewusstem Atmen und unfassbarem Schmerz bringt die Euphorie. Die Euphorie ist das gelobte Land, das die Gebärende erreicht, nachdem sie sich durch den Abgrund der Schmerzen geatmet hat.

»Bravo«, lobt die Hebamme.

»Keine Periduralanästhesie?«, fragt mein Mann.

»In dem Fall müssten wir jetzt den Arzt rufen«, sagt die Hebamme.

»Nein«, stöhne ich mit zusammengebissenen Zähnen, »nicht nötig. Ich will keine PDA.«

Dabei weiß ich gar nicht, was ich will. Doch, ich will keine Schmerzen mehr. Und noch mehr will ich mein Kind. Ich will mein Kind wie nichts sonst auf dieser Welt.

»Hecheln«, mahnt die Hebamme. Dabei will ich eigentlich pressen. Ich will mein Kind jetzt rauspressen. Jetzt sofort und vollständig.

»Hecheln«, mahnt die Hebamme.

Tue ich doch! Ich hechele mir die Lunge aus dem Hals. Lichter tanzen vor meinen Augen. Hoffentlich ist alles okay mit meinem Kind.

»Ist alles okay mit meinem Kind?«

»Ja«, sagt die Hebamme.

Sie hilft mir, auf die Knie zu gehen, dann auf die Arme zu stützen. Ich hocke auf allen vieren, den Hintern in die Höhe gereckt, muss komisch aussehen, doch der Druck ist nicht mehr ganz so groß. Die Wehen sind monströs. Ich spüre die Monster kommen und gehen. Dann gibt mein Mann eine Information der Hebamme an mich weiter: Muttermund vollständig geöffnet. Geburtsposition einnehmen.

Die Hebamme hilft mir auf den Geburtshocker. Mein Mann setzt sich hinter mich, stützt mich an den Schultern.

»Jetzt pressen«, sagt die Hebamme. Das zweite Geburtsstadium hat begonnen, die Phase der Austreibung. Austreibung – was für ein Wort! Klingt irgendwie gewalttätig. Aber mächtig ist die Sache hier. Warum kann ich eigentlich noch denken? An irgendwas anderes denken als den Schmerz? Himmel, tut das weh.

Ich schreie: »Himmel, tut das weh!« Nein, ich sage es nur. Ich stöhne, wie weh das tut. Und ich atme dabei. Ich atme die Silben aus, während ich die Worte denke.

Ich tue, was die Hebamme sagt.

»Atmen«, sagt sie. »Den Atem anhalten. Und dabei pressen. Sehr gut. Genau so. Ja, weiter so, richtig. Ich sehe den Kopf des Kindes. Gleich kommt er raus.«

Der Kopf ist gleich da. Hast du das gehört? Welt, hast du das gehört? Ach, du lieber, du großer Gott, der Kopf meines Kindes ist gleich da! Ach, ihr Heiligen, ihr Engel, ihr Meister und anderen netten Leute, mein Kind kommt! Hier kommt mein Kind! Ich presse es raus ins Leben. Ich gebäre es mit der Kraft meiner Lenden. Hier kommt das Leben ins Leben. Was gibt es Besseres als dieses Leben? Was gibt es Schöneres? Ich hocke, ich presse, ich bin ein Tier. Ich muss pinkeln.

»Dann pinkeln Sie«, sagt die Hebamme. Mache ich ja schon. Muss auch den Darm entleeren.

»Dann entleeren Sie«, sagt die Hebamme.

Dann platzt die Fruchtblase. Der nächste Schwall ergießt sich ins Laken.

»Na endlich«, sagt die Hebamme.

Was mache ich hier? Ins Bett.

Wann war ich zuletzt Mensch? Vor einer Ewigkeit.

Wie lange geht das hier noch? Womöglich Stunden.

Halte ich das aus? Niemals.

Warum gebe ich nicht auf? Weil das nicht geht.

Was geht? Atmen und pressen. Dreimal ein. Dreimal aus, heftig gepresst. Dann Pause. Und das gleich von vorn. Weiter und immer so weiter. Wie weh das tut. Warum hat mir das keiner gesagt? Niemand hat mir gesagt, dass ich mit meinem Mann im Geburtshaus vögeln werde, um anschließend ins Bett zu machen, und dabei solche Schmerzen haben werde, als würde der Zahnarzt ohne Betäubung auf der Wurzel des Backenzahns herumbohren.

»Jetzt erst recht«, sagt die Hebamme. »Jetzt einatmen, den Atem anhalten. Und pressen. Einatmen, anhalten, pressen. Und noch mal. Bitte! Jetzt!«

Wie lange noch? Jedenfalls zerreißt es mich. Ich werde auseinandergerissen. Man reißt mich in Stücke. Hilfe, ich bin unten offen.

»Nicht mehr lange«, sagt die Hebamme. »Der Kopf ist da.«

Dann ist der Druck weg. Meine Sicht verschwimmt. Warum sehe ich verschwommen?

»Weil du weinst, geliebte Frau«, flüstert mein Mann und zieht mich in eine liegende Position.

Warum weine ich? Ich glaube, vor Erschöpfung, vor Freude und wegen der Erlösung, die ich in diesem Moment empfinde, denn ich höre einen hellen Schrei.

»Es atmet«, sagt mein Mann.

»Ja, es atmet«, wiederholt die Hebamme. »Es ist ein prächtiges und gesundes Kind.«

Die Hebamme legt es mir auf den Bauch, warm und weich – mein Kind.

Ich wische die Tränen weg. Und weine weitere, weil sich mein Kind warm und weich und lebendig anfühlt.

Ich liege in den Armen meines Mannes. Unser Kind liegt auf meinem Bauch.

Wir berühren es, wir streicheln es.

»Unser Kind«, flüstert mein Mann.

Dass es auch seins ist, nicht nur meins, daran muss ich mich vielleicht erst noch gewöhnen – nach all den Schmerzen.

Es liegt seitlich, sein winziges Gesicht mir zugewandt. Dann öffnet es die Augen und schaut mich an. Lange. Ohne zu blinzeln. Habe ich jemals in schönere Augen geblickt?

*D*a bin ich: die Ankunft –

aus der Perspektive des Kindes

Endlich da. Uff, war das anstrengend. Ein weiter Weg, kann ich euch sagen. Aber der Stress ist noch nicht vorbei. Die Frau, die nicht meine Mutter ist, hat mich am Kopf rausgezogen und hält mich nun an den Füßen. Uhh, irgendwas läuft mir aus Mund und Nase. Muss das sein? Kann man mich vielleicht mal wieder umdrehen. Kopfüber war ich lange genug. Will mich endlich ausruhen. Iiiih, was da läuft, schmeckt nicht so gut. Ist außerdem so laut hier. Was soll das Geschrei? Muss man mich hier so anschreien?

Tschuldigung, das bin ja ich. Schreie mir die Lunge aus dem Hals. Ich soll irgendwas tun. Was? Keine Ahnung. Oder doch? Aber es tut so unsäglich weh. Auch deswegen schreie ich. Helft mir doch. Es drückt in meiner Brust. Es saugt in meiner Brust. Was kann ich tun? Was muss ich tun?

In meiner Brust ist so ein schrecklicher Druck. Jetzt strömt was rein. Und wieder raus. Richtig, das muss ich tun. Es wollen und es lassen, gleichzeitig.

Hurra, ich atme! Geht schon besser. Mit jedem Zug. Leichter und immer leichter. Ist eigentlich gar nicht schwierig. Und jetzt riecht es auf einmal richtig gut. Mal gucken, was so gut riecht.

Also mache ich meine Augen auf. Mensch, ganz schön hell hier. Tut fast weh. Kann mal jemand das Licht dämpfen, bitte? Würde ja gern was sehen. Alles so grell und unscharf. Aber dafür gut riechend. Was sage ich? Sehr gut. Es riecht fantastisch. Es riecht nach Mami hier. Uhh, Mami, riechst du gut. Du musst mir nah sein.

Mal nachsehen. Ich weiß, ihr denkt, ich kann noch nicht sehen. Aber ich habe die Augen offen, und ich sehe nun schon ziemlich klar. Ich sehe ein Gesicht. Aus dem Gesicht gucken mich zwei große Augen an. Das sind deine Augen, Mami, und das ist dein Gesicht, denn du riechst so gut.

Du sagst: Ohh, mein Kind.

Du nennst mich: Unser allerliebstes Baby.

Er, der mein Vater ist, weil ich seine Stimme erkenne und er sein Gesicht ganz nahe bei deinem hält, er nennt mich: »Mein über alles geliebter kleiner Liebling.«

Warum nennt ihr mich nicht bei meinem richtigen Namen? Ihr kennt ihn doch? Ihr habt ihn doch schon längst gefunden? Ich weiß das, denn ihr habt meinen Namen schon gesagt. Oder habt ihr ihn wieder vergessen?

Wahrscheinlich wundert ihr euch jetzt. Ihr denkt, wieso denkt es das? Wieso versteht es das? Es ist doch noch so klein. Dutzi, dutzi, ganz klein. Immer wieder der gleiche Irrtum am Anfang. Ich wundere mich wirklich über eure Vergesslichkeit. Habt ihr wirklich alles vergessen? Als du geboren wurdest, Mami, war es doch genauso.

Okay, lassen wir einen Moment den Autor dieses Buches reden: Es wird behauptet, so spricht kein Neugeborenes. Allein schon, weil kein Kind, das gerade auf die Welt gekommen ist, sprechen kann. Aber vielleicht kann es bereits denken. Und wahrscheinlich ist es sehr heilsam, genau davon auszugehen. Nämlich so:

Hört mal, ihr Eltern und all ihr anderen! Ihr denkt vielleicht, dass ich noch zu klein bin, um irgendwas zu verstehen, aber da irrt ihr euch. Keine Sorge, ich werd's euch nicht übel nehmen. Das tun wir Kleinen nicht, wenn wir die Irrtümer der Großen bemerken. Gut, ich kann hier nicht für alle sprechen, aber ich glaube, sie würden mir schon recht geben. Ihr Erwachsenen braucht bei einigen Sachen eben länger als wir Kinder.

Also, ich weiß schon eine Menge. So weiß ich zum Beispiel, dass ihr mich wirklich liebt. Ich spüre das, aber ich sehe es auch. Ich sehe es an dem besonderen Leuchten, das deinen Kopf umgibt, Mami. Weißt du, dass du hellblau leuchtest, mit einem bisschen Rosa darin? Und du, Vati, weißt du, dass du bläulich-gelb leuchtest, auch mit ein wenig Rosa darin? Die Frau, die dir geholfen hat, Mami, damit ich leichter kommen kann, die leuchtet auch, aber anders.

Sie legt mich nun auf deinen Bauch. Uhh, riecht es hier gut. Der Geruch kommt daher, wo deine Berge sind. Mir läuft das Wasser im Mund zusammen, wenn ich nur daran denke. Dein Geruch ist das Schönste überhaupt. So habe ich dich noch nie gerochen, Mami – wie jetzt, wo ich atmen kann.

Hurra, ich atme, ich lebe, ich habe es geschafft, ich bin geboren. Und jetzt, das kann ich euch sagen, jetzt habe ich Durst. Wen wundert das – nach all den Anstrengungen. Uhh, wie das hier gut riecht, wahnsinnig lecker. Mensch, habe ich einen Durst. Mami, hörst du? Ich habe Durst. Ich habe einen solchen Durst, dass ich ein Meer austrinken könnte. Das Meer in deinen Brüsten, Mami. Sieh her, ich schmatze schon mit den Lippen. Kann gar nichts dagegen tun, weil ich so durstig bin. Himmel, habe ich einen Durst.

Darauf habe ich mich schon im Bauch gefreut, dass ich das hier draußen machen kann: trinken.

Mami, du hast meine Gedanken gelesen. Oder die Frau, die dir hilft, hat es dir gesagt. Oder Vati. Habe nicht darauf geachtet. Jedenfalls bin ich dran. Saugend. Ich sauge mit allen Kräften.

Oh, ist das köstlich. Das ist unbeschreiblich köstlich. Mami, du schmeckst so gut. Mami, du bist so süß. Du bist die süßeste Mami auf der ganzen Welt, denn deine Milch ist einfach unbeschreiblich köstlich und süß. Und das Trinken ist auch gar nicht so schwer. Jedenfalls nicht so schwer, wie das Atmen am Anfang war.

Und ich finde, dass es, alles in allem ein guter Anfang war. Nee, das ist nicht übertrieben. Wenn ihr mich so reden hört, denkt ihr bestimmt: Das ist übertrieben. Ist es nicht. In Wahrheit ist es noch untertrieben. Wenn man so ins Leben kommt wie ich gerade – das ist der Wahnsinn, das ist wunderbar. Darüber kann man nur so reden, begeistert, aufgeregt. Geboren werden, das muss ich schon sagen, ist jedenfalls übertrieben gut. Vor allem, wenn man den Tunnel hinter sich hat. Wenn ich an den Tunnel denke, dann gruselt es mich. Aber so ist das Leben: Wenn man den Schrecken hinter sich hat, kommt es einem umso schöner vor. Ist doch richtig? Oder etwa nicht?

Jedenfalls bin ich jetzt so müde, dass ich erst mal schlafen will. Wir reden dann später in Ruhe weiter …

Ach, ja, eins noch: Gut, dass ihr mich noch an der Leitung gelassen habt. Ich fürchtete schon, ihr würdet sie kappen, wie es allgemein üblich ist. Wenn ihr wüsstet, wie weh das tut. Das ist ein Schmerz, der geht bis tief ins Innerste …

So oder so ähnlich könnte das Baby denken – wenn es überhaupt etwas denkt. Doch davon bin ich, wie gesagt, überzeugt.

1. Botschaft ans geborene Kind

Herzlichen Glückwunsch zum Geburtstag! Willkommen in dieser
Welt, geliebtes und verehrtes Kind! Schön, dass Du ganz da bist!
Wir, Deine Eltern, segnen Dich mit Liebe.
Wir segnen Dich mit Fülle.
Wir segnen Dich mit Freude.
Wir segnen Dich mit Gesundheit.
Bitte, nimm unseren Segen an.

Was es noch zu beachten gilt: Als Alternative zur Geburt in Rückenlage im Bett oder in Hockstellung auf einem Geburtshocker werden in Geburtshäusern zunehmend Wassergeburten angeboten. Auch dabei hockt die Gebärende. Allerdings in einer Wanne mit körperwarmem Wasser, das ihr etwa bis zum Bauchnabel reicht. Ihr Mann sitzt entweder neben der Wanne oder hinter ihr mit im Wasser. Durch die Wärme kann sich die werdende Mutter besser entspannen. Der sich gegenseitig aufschaukelnde Kreislauf aus Angst, Spannung und Schmerz wird gedämpft. Daher sind Wassergeburten meistens weniger schmerzhaft und dauern weniger lang.

Die Herztöne des Kindes können auch unter Wasser abgehört werden, für Untersuchungen zur Öffnung des Muttermundes muss die Hebamme ins Wasser greifen oder die Gebärende bitten, sich zu erheben.

Sehr häufig sind Darmentleerungen unmittelbar vor der Austreibungsphase. Der Kot muss dann aus dem Wasser gefischt werden – eine Vorstellung, die nicht wenigen Menschen sehr unangenehm ist, doch in der Realität deutlich angenehmer als die Entfernung der Ausscheidung im Bett oder auf dem Hocker.

Das Wasser werde durch die Kolibakterien verunreinigt, wenden Mediziner ein. Kolibakterien könnten in die Lunge des Kindes gelangen und lebensgefährliche Infektionen verursachen. Kaum eine Argument: Das Risiko besteht bei der Geburt aber genauso an Land. Auch dabei kann das Baby mit Ausscheidungen in Kontakt kommen und sich eine Infektion zuziehen. Tatsächlich ist das Infektionsrisiko unter Wasser womöglich noch vermindert. Denn unter Wasser atmet das Baby nicht. Bis zu vier Monaten nach der Geburt besitzt es einen Tauchreflex. Es hält den Mund geschlossen und saugt auch keine Flüssigkeit durch die Nase. Falls es den Mund doch öffnet, so schluckt es aber garantiert nicht. Ganz anders außerhalb des Wassers.

Auch der bestehende Tauchreflex wird von einigen Medizinern benutzt, um trotz offensichtlicher Vorteile gegen Wassergeburten zu sprechen. Dadurch würde der Atemreflex ausgebremst, behaupten sie. Der Atemreflex werde durch Kälte gefördert. Entschuldigung: Was für eine Idiotie. Babys werden auch in heißen Ländern geboren. Sie fangen auch bei 40 Grad im Schatten zu atmen an. Man muss ihnen keinen Kälteschock verpassen, damit sie in Panik nach Luft schnappen.

Und das ist ein weiteres Argument für eine Wassergeburt: Das Baby kommt aus der Wärme und es gleitet in die Wärme. Für einige Sekunden schwimmt es schwerelos im Wasser. Es muss nicht atmen, weil es über die Nabelschnur noch mit der Mutter verbunden ist. Unmittelbar nach der Geburt hat es also nicht den Stress, sofort atmen zu müssen. Sobald es an die Wasseroberfläche kommt und herausgehoben wird, setzt der Atemreflex ein. Der Ereignisse der Geburt sind dadurch weniger überstürzt.

Solange es keine Komplikationen gibt. Dann könnte die Haltung in der Wanne weniger günstig sein. Daher wird Erstgebärenden von dieser Methode eher abgeraten.

Die Geburt im Wasser ist keine Mode neuerer Zeit: Neuseeländische Maori und Panama-Indianer praktizieren sie bereits seit Jahrhunderten. Und die alten Ägypter gebaren sogar schon vor über 2000 Jahren so.

Was es außerdem noch zu beachten gilt: Vor allem nach einer schwierigen vaginalen Entbindung hat der Kopf des Kindes eine spitze oder kegelartige Form. Etwa eine Woche nach der Geburt haben die Schädelknochen sich wieder auseinandergeschoben, und der Kopf erreicht seine spätere runde Form.

Bonding nach der Geburt –
vom gegenseitigen Zueinanderfinden
und Annehmen nach der Geburt

Ist es nicht süß? Was für ein niedliches Baby! Ist es nicht reizend und zauberhaft?

Weit über tausend Kinder hat die Hebamme zur Welt gebracht. Und sie hat den Eltern immer die gewünschte Bestätigung gegeben.

Gibt es ein schöneres Kind als dieses?

Natürlich nicht.

Das eben geborene Kind ist immer das schönste auf der ganzen Welt. Egal, wie zerknautscht sein Kopf auch ist, wie faltig sein Gesicht, wie erschöpft es sich nach der Geburt auch zeigt – dieses gerade angekommene Kind ist das größte Wunder des Daseins. Und es tut dem Wunder nicht den geringsten Abbruch, dass es jede Sekunde irgendwo auf der Welt geschieht.

Um an dem Wunder mitzuwirken und es gleichzeitig immer wieder mit eigenen Augen zu sehen, dafür ist die Hebamme eine Hebamme geworden. Krankenschwester wäre auch eine Option gewesen, dabei erlebt man vielleicht andere Wunder, aber nicht dieses.

Obwohl es üblich ist, von Ärzten auch geraten wird, hat sie das Baby noch nicht abgenabelt. Dadurch fließt weiterhin Blut von der Plazenta zum Neugeborenen. Und es braucht Blut. Babys haben zunächst ein relativ geringes Blutvolumen.

Das meiste Blut strömt in den ersten 30 Sekunden nach der Geburt zum Kind, der Rest fließt in den nächsten Minuten danach. Dann hört das Pulsieren in der Nabelschnur auf. Ein gesundes Baby beginnt mit intakter Nabelschnur 30 bis 60 Sekunden nach der Geburt eigenständig zu atmen. Der Atemreflex ist ein automatischer biologischer Impuls, der durch die veränderten Bedingungen in der Außenwelt ausgelöst wird – nicht durch das Kappen der Nabelschnur, wie viele Mediziner noch bis vor wenigen Jahren behaupteten. Diese Behauptung gehört schlichtweg auf den Schrottplatz der falschen Legenden.

Mit dem Einsetzen des Atemreflexes muss die Lunge stärker durchblutet werden als noch im Mutterleib, deshalb muss sich auch der Blutkreislauf im Herzen umstellen. Bis zum ersten Atemzug sind beide Herzhälften des Kindes durch zwei Öffnungen verbunden, sodass sich das Blut beider Vorhöfe vermischen kann. Beim ersten Atemzug sinkt der Druck in den Blutgefäßen der Lunge, und die Öffnungen schließen sich, um später zu verwachsen. Mit dem ersten Atemzug hat das Baby einen Blutkreislauf wie ein Erwachsener.

Damit sich die Lunge aber überhaupt mit Luft füllen kann, muss erst das restliche Fruchtwasser herausfließen. Dafür wird das Baby unmittelbar nach der Geburt einen Moment kopfüber gehalten.

Solange die Verbindung zur Plazenta und Mutter über die Nabelschnur besteht, ist das Kind keinem Trennungsstress ausgesetzt – das ist der Hauptgrund, um sie auch nach Erliegen des Nabelschnurpulses noch nicht zu kappen. Denn diese ersten stressfreien Minuten nach der Geburt sind sehr wichtig für eine weitere Intensivierung der Mutter-Kind-Bindung.

Beim Bonding erkennen Mutter und Kind einander in einer Art Superwahrnehmung. Durch die Geburtserfahrung extrem wach, nehmen Mutter und Kind sich gegenseitig mit sämtlichen verfügbaren Sensoren auf einmal wahr. Wahrscheinlich ist die Mutter-Kind-Wahrnehmung und die Kind-Mutter-Wahrnehmung so intensiv und unmittelbar in den Momenten nach der Geburt, dass die neuronale Verschaltungsebene im Gehirn direkt davon betroffen wird. Die gegenseitige Bindung wird in gewisser Weise sofort und absolut in die Gehirne von Mutter und Kind wie in einen Schaltkreis eingebrannt. Diese Darstellung klingt allerdings zu technisch und dadurch unpassend, denn das Bonding ist auf eine sehr weiche Art stark.

Die Wichtigkeit dieses Vorgangs wurde in den modernen Kulturen lange Zeit unterschätzt. Seit einigen Jahrzehnten wird auch bei Entbindungen im Krankenhaus zunehmend auf die Zeit fürs Bonding geachtet.

Das Bonding kann natürlich nicht losgelöst von der Schwangerschaft gesehen werden. Denn das gegenseitige Zueinanderfinden, Erkennen und Annehmen von Mutter und Kind in den Momenten direkt nach der Geburt baut auf die Nähe im Mutterleib auf. Was im Mutterleib nicht da war, wird womöglich nicht innerhalb von Minuten nach der Niederkunft entstehen. Falls die werdende Mutter ihr Kind eigentlich nicht haben wollte, vielleicht mit dem Zustand der Schwangerschaft gehadert hat, dann wird sie in den Augenblicken nach der Geburt wahrscheinlich auch nicht die gleiche erlöste Begeisterung für ihr Kind empfinden wie eine Mutter, die Schwangerschaft und kindliche Präsenz umso mehr genossen hat.

Eine erfahrene Hebamme weiß das. Und mit diesem Wissen hilft sie Mutter und Kind, so nahe wie möglich zueinanderzukommen. Und sie hilft dem Vater, damit er in diesen Annäherungsprozess mit einbezogen wird.

Die Anstrengungen der Geburt, das habe ich an vielen Stellen gesagt, können traumatisierend sein. Die Zeit unmittelbar danach sind die Minuten, in denen das Trauma mit größter Wahrscheinlichkeit auch wieder überwunden oder in seiner späteren Wirkung abgeschwächt werden kann. Denn im Augenblick des ersten körperlichen Kontakts von Mutter und Kind nach Verlassen des Mutterleibs wird die soeben gemachte Erfahrung größten Schmerzes durch das Empfinden ebenso großer Wonne überschrieben. Diese Wonne ist der Balsam, den Mutter und Kind nun brauchen, um die Wunde zu schließen, die das Martyrium des Gebärens und Geborenwerdens hinterlassen hat.

Auch das weiß die erfahrene Hebamme. Und deshalb achtet sie darauf, dass das Bonding nicht durch Außenstehende gestört wird. Ich verneige mich an dieser Stelle vor dieser und allen anderen erfahrenen Hebammen. Sie sind die weisen Frauen dieser Welt. Sie arbeiten an einer Schaltstelle des Lebens. Ihre Arbeit ist wahrscheinlich die wichtigste überhaupt – wenn man die Konsequenzen bedenkt.

Die Lotusgeburt –
warum die Verbindung zum
Urbegleiter so wichtig ist

Den wenigsten Menschen ist bekannt, dass es biologisch keine Notwendigkeit gibt, die Nabelschnur direkt nach der Geburt zu kappen. Tatsächlich ist das Gegenteil der Fall. Wenn die Nabelschnur vor dem ersten Atemzug des Kindes durchtrennt wird, wird Organen sogar Blut entzogen und die Entfaltung der Lunge behindert.

Bleibt die Verbindung hingegen bestehen, dann erzeugt der einsetzende Atemreflex einen Unterdruck im Blutkreislauf des Kindes, der vermehrt Blut aus der Plazenta über die Nabelschnur zum Kind befördert. In dem Plazentablut sind wertvolle Nährstoffe enthalten, die der Gesundheit des Kindes zugutekommen. So bekommt es vermehrt mütterliche Antikörper, und der Anteil an Stammzellen in seinem Blut wird erhöht. Darüber hinaus wird durch den Blutentzug in der Plazenta deren spätere Ablösung von der Gebärmutterwand gefördert.

Viele Urvölker lassen die Verbindung durch die Nabelschnur intakt, bis das Kind eigenständig atmet und das Pulsieren in der Nabelschnur aufhört. Dies geschieht nach einigen Minuten. Einige alte Völker, wie beispielsweise australische Aborigines und Indigo-Stämme in Südamerika, aber auch Bevölkerungsgruppen in Thailand und viele Balinesen, die als eines der glücklichsten Völker gelten, lassen die Nabelschnurverbindung auch weiterhin bestehen – sogar bis über die dritte Phase der Geburt hinaus, die sogenannte Nachgeburt.

Denn etwa eine halbe Stunde nach der Geburt, manchmal auch erst Stunden danach, zieht sich die Gebärmutter nochmals zusammen. Dabei beginnt sich die Plazenta von der Gebärmutterwand abzulösen. Gleichzeitig begünstigen Nachwehen, dass die Plazenta ausgestoßen werden kann. Wie zuvor bei der Geburt hat die Mutter jetzt das Bedürfnis zu pressen. Die Hebamme unterstützt diesen Vorgang, indem sie mit einer Hand auf den Unterbauch über dem

Schambein drückt. Nach etwa 20 Minuten löst sie die Plazenta vollständig mit einem vorsichtigen Zug an der Nabelschnur. Über die Scheide kann die Plazenta dann ausgestoßen werden, gefolgt von den Eihäuten und mütterlichem Blut. Anschließend massiert die Hebamme die Gebärmutter. Durch die Massage kann sie sich in den meisten Fällen schneller zurückbilden. Wird die Gebärmutter während der ersten Stunde nach der Geburt mehrfach massiert, verkürzt sich die Zeit der Nachwehen. Außerdem wird die Blutung in der Gebärmutter schneller gestillt.

Bei dem alten Brauch, heute Lotusgeburt genannt, wird die Verbindung des Kindes über die Nabelschnur zur Plazenta, dem Urbegleiter, dann noch immer nicht gekappt. Zwar ist der Blutstrom längst zum Erliegen gekommen und die Nabelschnur pulsiert nicht mehr, doch besteht weiterhin eine energetische Verbindung zwischen Urbegleiter und Kind, die sich erst nach etwa drei bis fünf Tagen ganz von allein und natürlich auflöst. Dabei dreht sich die Nabelschnur spiralförmig ein, bis sie abfällt.

Die modernen Apologeten des alten Brauchs empfehlen, die Verbindung möglichst so lange auch bestehen zu lassen. Praktisch sieht das folgendermaßen aus: Das Kind beginnt nach der Geburt unabgenabelt zu atmen. So wird es auch zum ersten Stillversuch an die Brust gelegt (sofern die Nabelschnur lang genug ist). Ist die Nachgeburt erfolgt, wird die Plazenta in eine Schale neben das Kind verfrachtet – über die Nabelschnur weiterhin mit dem Kind verbunden. Etwa drei Stunden nach der Geburt wird sie dann gewaschen, abgetrocknet und auf ein Sieb über ein Gefäß gelegt, damit das Plazentagewebe atmen kann und Fäulnisprozesse verhindert werden. Nach 24 Stunden wird die Plazenta kräftig gesalzen, mit aromatischen Ölen eingerieben und trocken gehalten, damit sich auch weiterhin keine Fäulnisprozesse bilden. Zum Transport wird die Plazenta in ein Tuch gewickelt und in einer separaten Tasche mit dem Baby getragen.

Dies klingt umständlich und ist es auch. Das Hauptargument, diese Umstände als Mutter und Vater trotzdem in Kauf zu nehmen: Wenn das Kind reif dafür ist, sich von seinem Urbegleiter zu lösen, fällt die Nabelschnur von allein ab. Das Kind wird nicht durch den verfrühten Verlust des Urbegleiters traumatisiert. Diese Urwunde entsteht nicht. Sondern es wächst vielmehr eine sehr ursprüngliche Eigenständigkeit und Verbindung zu sich selbst, zur eigenen Kraft, zur eigenen Selbstständigkeit. Immerhin ist der Nabel ein wichtiges energetisches Zentrum. Über das Nabelzentrum spüren wir das Wesen von anderen Menschen. Ist die Abnabelung natürlich erfolgt, ist das Nabelzentrum besonders stark. Solche Menschen erfreuen sich einer besonders hohen persönlichen Kraft. Außerdem verheilt der Nabel nach einer natürlichen Abnabelung wohl besonders gut.

Gleichermaßen finde ich das Herumschleppen einer eingesalzenen Plazenta – vorsichtig ausgedrückt – seltsam. Viele Säugetiere durchbeißen die Nabelschnur, wenn die Nachgeburt ausgestoßen wurde, bei anderen reißt sie automatisch. Das erscheint mir natürlich. Ist die Nachgeburt erfolgt, so meine ich, ist das Kind reif für die Trennung vom Urbegleiter.

Ein zu frühes Kappen der Nabelschnur ist eindeutig traumatisch für das Kind. Die Plazenta, der Urbegleiter, wird auch Zwillingsseele genannt. Viele Menschen, die einen sehr tief sitzenden und sehr schmerzhaften Verlust empfinden, leiden unter der traumatischen Trennung von der Zwillingsseele. Sehr leicht kann man dieses Trauma mit dem Verlust eines tatsächlichen biologischen Zwillings verwechseln, denn dieser Verlust ist meiner Erfahrung nach nicht minder furchtbar. Daher auch die Notwendigkeit, sich als Mutter sehr genau Gedanken zu machen über das Wann und Wie der Abnabelung.

Doch was tun mit Nabelschnur und Plazenta?

Nabelschnurblut und Plazenta-Erdweihe – Möglichkeiten bei der Abnabelung und der bewusste Umgang mit dem Urbegleiter

Immer mehr Krankenhäuser und Blutbanken bieten das Einlagern von Nabelschnurblut an. Nabelschnurblut ist reich an Stammzellen, also undifferenzierten Zellen, die sämtliche Aufgaben im Körper wahrnehmen können – je nachdem, wo sie sich teilen werden. Bei späteren Erkrankungen des Kindes könnten sie lebensrettend sein, sagt die Medizin, und die guten Gründe sind nicht von der Hand zu weisen.

Ich meine, dass man am Lebensbeginn nicht über ein vorzeitiges Ende nachdenken soll. Jedoch schadet die Einlagerung auch nichts und niemandem. Außer dem eigenen Geldbeutel, denn die Angelegenheit ist nicht gerade billig.

Der Hauptgrund dagegen: Dafür müsste die Nabelschnur frühzeitig gekappt werden. Falls dies aus anderen schwerwiegenden medizinischen Gründen ohnehin notwendig ist, dann ist es wahrscheinlich auch sinnvoll, das Nabelschnurblut einlagern zu lassen.

Noch komplizierter erscheint der Umgang mit der Plazenta. Was soll mit dem mythischen Urbegleiter geschehen? Sieht aus wie eine Mischung aus Hirnmasse und Leber, blutig und nicht gerade appetitlich. Alle Säugetiermamis verspeisen die Nachgeburt. Sogar eingefleischte Vegetarier wie die Kühe. Und es gibt gute Gründe für dieses Verhalten: Die Plazenta ist extrem nährstoffreich. Wird sie mit ihrem Nährstoffreichtum gegessen, kommt die Mutter umso schneller wieder zu Kräften. Außerdem enthält die Plazenta besondere Botenstoffe. Das Verspeisen bewirkt, dass sich die Gebärmutter schneller zurückbildet.

Doch welche Mutter möchte in einen blutigen Fleischklumpen beißen, den sie eben erst ausgestoßen hat? Man könnte ihn doch für später einfrieren, könnten abgehärtete Gemüter jetzt vorschlagen. Genau das tut der Führungszirkel einer bekannten, weltweit agierenden Sekte. Da fragen wahrscheinlich die gewordenen Väter die eben gewordene Mutter: Gibst du mir auch was ab? Willst du's durch oder nur angebraten?

Klingt makaber, ich weiß. Ehrlich, ich könnte mich dazu wohl nicht überwinden. Biologisch gesehen, ist es eindeutig sinnvoll, im kulturellen Kontext erscheint es abwegig. Und allein darüber zu reden berührt eine Ekelbarriere. Diese Barriere ist besonders hoch, seitdem wir angefangen haben, uns vor Blut zu ekeln. Noch vor wenigen Jahrzehnten galt Blut als rein. Seit HIV gilt es als unrein, fast mit der Anmutung einer Fäkalie. Nur Lebensmüde schließen heute noch Blutsbruderschaft. Und die Indianer aus den Karl-May-Romanen, die so gern blutig Bruderschaft schlossen, wären heute wahrscheinlich alle aidskrank.

Das ist allerdings keine Einladung, die Plazenta einfach in den Müll zu werfen oder der Kosmetikindustrie zur freien Ausschlachtung zu überlassen. Der Urbegleiter ist die Gestalt gewordene biologische Verschränkung von Mutter und Kind. Die einzige und alleinige, denn Mutter wie Kind sind ja eigenständige Individuen. Und näher als in der Plazenta können sie einander biologisch nicht kommen. Deshalb ist die Plazenta auch mehr als ein kindliches Organ, welches mit der Geburt unbrauchbar geworden ist und daher einfach entsorgt werden kann.

Falls die Plazenta nicht gegessen wird, was zwar eigentlich sinnvoll, doch aus kulturellen Gründen ziemlich sicher unmöglich ist, dann – so meine ich – sollte mit ihr so verfahren werden, dass sie Kraft gibt, auch wenn sie nicht verzehrt wurde. Sie sollte unter einem Baum im eigenen Garten vergraben werden. Oder an einer Stelle im Wald, die man jederzeit wiederfindet. Das ist eine zeitgemäße und praktikable Möglichkeit, um die Kraft des Urbegleiters nutzbar zu machen. Nicht zuletzt für das Kind. Dieses Ritual wird Plazenta-Erdweihe genannt – ein schöner Begriff, wie ich finde.

Auch das ist Spirituelle Medizin. Menschen bestehen aus Energie. Der Urbegleiter ist nicht nur biologisch wertvoll, er ist auch hochenergetisch. Und dementsprechend will mit ihm umgegangen werden.

Schwangerschaft und Spirituelle Medizin (4) – Energetisieren mit hellblauem Licht

In den ersten Tagen nach der Geburt verarbeiten Mutter und Kind die Geburt. Jede Geburt hat traumatische Aspekte. Selbst eine ideale Geburt. Allein schon, weil die Wehen schmerzhaft sind.

Die weißliche Energie des ungeformten göttlichen Seins wirkt auf die subtile und äußerst subtile Ebene individuellen Seins. Sie wirkt ausgleichend auf den Energiekörper, also die Aura, und hat auch einen harmonisierenden Effekt auf die energetischen Wirbel, also die Chakren. Die rötliche Energie der göttlichen Mutter und die goldene Energie des göttlichen Sohnes wirken sehr heilsam auf den biologischen Körper und die Einheit von Körper, Seele und Geist und helfen bei der Überwindung von Blockaden im aktuellen Gewahrseinsfeld.

Das nun in Folge beschriebene Verfahren erschließt eine weitere Energie. Diese Energie ist hellblau. Sie wirkt auf das karmische Persönlichkeitsfeld, also die biografische Dimension eines Individuums, auch über Inkarnationsgrenzen hinaus. Daher nenne ich das hellblaue Strömen energetische Psychotherapie.

Da Mutter und Kind nach der Geburt die Hauptbedürftigen dafür sind, wird das Verfahren vom gewordenen Vater ausgeführt. Die vorher beschriebenen Anwendungen der Spirituellen Medizin (1) bis (3) werden währenddessen ausgesetzt.

Dies ist die Methode der energetischen Psychotherapie, ausgeführt vom Vater, erst für die Mutter, dann fürs Kind. Ähnlich wie bei Spirituelle Medizin (2) und (3) visualisieren und denken Sie dies:

Der Lichtbringer der höchsten Realität, der Buddha, thront auf einer Blüte aus leuchtend weißer Energie. Seine Haut schimmert golden. Seine Aura changiert in Regenbogenfarben. Der Lichtbringer der höchsten Realität hat seine Augen geöffnet. Er sieht mich regungslos an. Sein Blick berührt mein Innerstes. Und in der Berührung beginnt mein Innerstes zu schwingen. Der Lichtbringer der höchsten Realität ruht mit Blick auf mich und versetzt mich in die Schwingung seines gleichmütigen Geistes.

Ich vibriere körperlich.

Ich vibriere mit meiner Seele.

Ich vibriere mit meinem gesamten Wesen.

Ich vibriere mit meinem vollständigen Sein.

Und plötzlich geht mir ein Licht auf.

Der Lichtbringer der höchsten Realität ist jenseits von Gefühlen, jenseits von Gedanken, jenseits von Absichten und jenseits jeglicher Persönlichkeit, denn er ruht im ozeangleichen Gewahrsein der göttlichen Realität.

Der ozeangleiche Lichtbringer schaut mich an.

Sein Blick ist so leer und rein, dass ich in ihm die Quelle allen Seins erkenne.

In seinen Augen finde ich das Leuchten, das die Welten erschuf.

In seinen Augen erkenne ich das Licht, das alles Dasein hervorbrachte.

In seinen Augen sehe ich die Quelle aller Liebe.

In seinen Augen sehe ich die Quelle der Dualität.

In seinen Augen erkenne ich die Quelle allen Lebens und Sterbens.

Und in seinen Augen finde ich das funkelnde Kleinod grenzenloser Heiterkeit.

Im Moment der Erkenntnis grenzenloser Heiterkeit sehe ich das Klare Licht der einen Quelle allen Seins. Ich dehne mich über die Grenzen meiner Persönlichkeit hinaus. Ich dehne mich über die Grenzen aller jemals gedachten Grenzen hinaus. Ich bin alles, was ist, das Wir, ein Ihr, ein Euch, ein Ist, ein Alles, die Welt und mehr.

Ozeangleicher Lichtbringer, goldener Buddha, Du bist alles, was ist. Heiter, strahlend, endlos, gleichmütiges Licht. Aus Deinen Augen und Deiner Stirn, Deinen Händen und Deinem Herzen strömt Dein alles vollendendes Wissen als hellblauer Strahl.

Deine Hände sind meine Hände.

Dein Herz ist mein Herz.

Deine Augen sind meine Augen.

Deine Stirn ist meine Stirn.

In Demut, in Liebe, in Hingabe und in Heiterkeit verströme ich den hellblauen Strahl des ozeangleichen Lichtbringers.
   Ich ströme hellblau.
   Ich halte meine Hände über meine geliebte Frau.
   Ich ströme hellblau zu ihr.
   Ich ströme hellblau zu ihr, denn dies ist meine Haltung und meine Absicht.
   Dann halte ich meine Hände über mein geliebtes Kind.
   Ich ströme hellblau zu ihm.
   Ich ströme hellblau zu ihm, denn dies ist meine Haltung und meine Absicht.

Spüren Sie, wie der hellblaue psychoaktive Heilstrom zu Frau und Kind fließt.

* * *

Wenden Sie das Verfahren möglichst bald nach der Geburt einmal pro Tag an sieben Tagen in Folge an. Dann immer mal wieder wöchentlich. Schließlich je nach persönlichem Gefühl und Bedarf im Wechsel zu den anderen Methoden der Spirituellen Medizin.

Stille Zeit, zweiter Teil –
warum Väter gern ein Fläschchen geben,
die Mutterbrust aber die bessere Wahl ist

Auch das noch – nach den Anstrengungen von Schwangerschaft und Geburt eine weitere Hürde: Stillen, das Kind mit dem eigenen Körper füttern.

Was auch immer man dagegen vorzubringen hat: Es ist gut fürs Kind. Tatsächlich ist es auch unglaublich praktisch für die Mutter. Wenn sie das Haus verlässt, muss sie nicht extra Babynahrung mitschleppen. Sie muss in Restaurants nicht darum bitten, die Milch fürs Fläschchen zu erwärmen, was doch sehr lästig ist. Als Mutter, die stillt, verfügt sie über alles, was ihr Kind braucht, und kann ihm auch jederzeit alles geben.

Gerade diese Verfügbarkeit ist aber auch ein Teil des Problems und weckt Widerstände, bewusste wie unbewusste.

Jede Mutter muss sich mit diesen Widerständen selbst auseinandersetzen und zu einer Entscheidung finden. Ich als Autor, männlich, zwei Kinder, kann an dieser Stelle nur eine vorsichtige Bitte äußern. Versuchen Sie es zumindest: Ein bisschen ist mehr als nichts. Auch wenn Sie Ihr Kind nur wenige Tage stillen oder es zu stillen versuchen, erweisen Sie ihm einen viel größeren Dienst, als würden Sie es gar nicht erst versuchen.

Das Kolostrum, die Vormilch, ist reich an mütterlichen Antikörpern und Nährstoffen, die in dieser Balance und Konzentration nicht künstlich herstellbar sind. Wenn die eigentliche Muttermilch nach zwei bis drei Tagen einschießt, enthält auch sie Nährstoffe, die in diesem Reichtum nicht mal annähernd zu ersetzen sind. Außerdem schluckt das Kind an der Brust weniger Luft als an der Flasche, muss also nach dem Trinken weniger aufstoßen und leidet auch seltener an Bauchschmerzen.

Und darüber hinaus, und das ist vielleicht der wichtigste Aspekt überhaupt, bewirkt das Stillen des Kindes eine weitere Stärkung der Mutter-Kind-Bindung und die nächste Stufe des Bondings. Als spiritueller Heiler weiß ich um die Folgen fürs Kind bei einer mangelhaften Mutter-Kind-Bindung. Dies ist der Hauptgrund, warum ich Stillen so wichtig finde.

Aus sehr eigennützigen Gründen befürworten Väter im Allgemeinen die Fütterung mit der Flasche. Allein schon, weil sie fürchten, dass die Brüste ihrer Frau nach der Stillzeit weniger schön aussehen als vorher. Vor allem aber, weil sie die Flasche selbst geben können. Welchen Vater lockt das nicht? Bei der Geburt hat er sich schon ausgeschlossen gefühlt – auch wenn die Frau sich jegliche Mühe gegeben hat, ihn bestmöglich teilhaben zu lassen. Sie hat das Kind empfangen, ausgetragen und geboren. Er war dabei, hat geholfen, aber meistens einfach nur danebengesessen. Besonders in den entscheidenden Momenten der Geburt. Nun würde er auch gern tätig werden. Wenigstens darf er Baby ab und zu wickeln. Aber es gibt etwas Schöneres, als den Hintern abzuwischen, das möchte er am liebsten ganz deutlich sagen: die Flasche. Zu gern würde er danach greifen, um sie seinem Kind zu geben. Er möchte es halten. Er möchte es wiegen. Er möchte es beruhigen – können. Dafür müsste er es nähren – können. Also: Her mit der Flasche. Am besten sofort.

Väter, die um die Wichtigkeit des Stillens wissen, sagen das so nicht. Sie wünschen das Allerbeste für ihr Kind. Deshalb sprechen sie für die Brust. Doch sobald die Frau Schwierigkeiten hat, zum Beispiel Schmerzen in der Brust, weil sich ein Milchstau gebildet hat, dann sagen sie wahrscheinlich nicht: Schatz, das ist normal. Wenn die Milch einschießt, dann sind die Brüste während der ersten 24 Stunden so voll, dass es wehtut. Still dein Baby einfach öfter, damit es die Brüste leer trinkt. Lass es erst die eine vollständig leer trinken und dann die andere.

Und wenn eine Brustwarze eingerissen ist, dann raten sie auch nicht, trotzdem weiterzustillen, weil sie ja von selber wieder heilt. Oder die Milch zeitweise abzupumpen, wenn es zu wehtut, um nach der erfolgten Verheilung weiterzustillen.

Falls Milchgänge blockiert sind und sich schon ein roter Fleck auf einer Brust gebildet hat, dann raten sie nicht, besonders an der betroffenen Brust zu stillen. Oder auf allen vieren zu stillen, weil sich die Brust so schneller und vollständiger entleert.

Derartige gute Ratschläge geben sie wahrscheinlich nicht. Warum? Ist doch logisch: Weil sie es nicht können. So genau haben sie sich mit dem Thema auch wieder nicht befasst. Wenn überhaupt, haben sie zur Vorbereitung etwas über die kindliche Entwicklung im Mutterleib gelesen und über mögliche Komplikationen bei der Geburt. Sie waren beim Geburtsvorbereitungskurs mit dabei. Als es ums Stillen ging, haben sie weggehört. Über mögliche Schwierigkeiten und Lösungen haben sie weder etwas gelesen noch gehört. Die Sache war ihnen ganz einfach egal.

Bis zu dem Moment, wo das Kind da ist.

Es ist da. Es ist süß. Es braucht Zuwendung. Es braucht Nahrung. Auch der Vater würde ihm liebend gern alles geben, was es braucht. Wenn die Mutter Schwierigkeiten beim Stillen hat, eröffnet sich diese Möglichkeit.

Schatz, wenn es zu sehr wehtut, dann musst du dich nicht quälen. Ich weiß, wie gesund und gut Muttermilch fürs Baby ist, doch Flaschenkinder werden auch großartige Menschen. Foltere dich nicht aus Verantwortungsgefühl. Wenn es gar nicht mehr geht, können wir ja mit der Flasche zufüttern.

So oder so ähnlich reden die verantwortungsvollen Väter. Sie meinen es nicht böse. Sie wollen einfach nur gern die Flasche geben. Sie möchten auch das Gefühl haben, unverzichtbar zu sein.

Mein Tipp daher: Sprechen Sie über das Stillen mit Ihrer Hebamme, Ihrer Mutter und anderen Müttern, die sich damit auskennen – aber eher nicht mit Ihrem Mann.

Wie klingt der Babyblues? –
Melancholie und depressive Tendenzen
nach der Geburt

Das Kind ist da. Die Freude ist groß. Aber Sie wollen nur noch eines: schlafen. Möglichst lange, möglichst ungestört. Mein Lieber, mach du das mal mit dem Kind. Kannst du, bitte?

Aber es braucht doch dich, die Mutter.

Stöhn … Leider.

Wie beglückend die Geburt auch war, wie schön das Bonding unmittelbar danach – jetzt fühlen Sie sich wahrscheinlich: richtig fertig. Kein Grund, sich komisch vorzukommen oder ein schlechtes Gewissen zu haben. Nach den Anstrengungen von Schwangerschaft und Geburt ist das absolut normal. Denn so wunderbar das ja alles ist – es ist auch ein unglaublicher Stress. Danach möchte man sich erst mal erholen. Und dieses Bedürfnis ist in keiner Weise seltsam.

Allerdings sind Sie nun Mutter. Das ist wahrscheinlich etwas gewöhnungsbedürftig. Es ist womöglich auf eine anstrengende Art gewöhnungsbedürftig. Doch Urlaub machen können Sie von Ihrem Mutterdasein in den kommenden Wochen und Monaten nicht. Zumindest nicht, ohne Ihrem Kind dadurch sehr wehzutun und vielleicht sogar lebenslang zu schaden.

Diese Tatsache, um die Sie ja schon deshalb wissen, weil Sie spüren, wie sehr Ihr Baby Sie braucht – diese Tatsache erhöht womöglich noch den Druck.

Was tun?

Bitten Sie Ihren Mann, sich bei seiner Arbeitsstelle einige Wochen freizunehmen. Sie brauchen seine Hilfe. Jetzt mehr denn je. Sagen Sie ihm genau, wo und wie er Sie unterstützen kann. Wahrscheinlich hat auch er große Freude daran. Allein schon, weil er spürt, wie die Nähe zu Frau und Kind wächst und damit auch der familiäre Zusammenhalt. Und bitten Sie Ihre Mutter, Ihnen zu helfen. Oder eine Freundin, die selber Kinder hat.

Moderne Kulturmythen und Medien suggerieren, dass man alles aus eigener Kraft hier und jetzt schnell und effizient zu bewältigen hat. Ganz einfach perfekt: Eben noch schwanger, dann schon entbunden, dann wieder der Haushalt, sofort den dicken Bauch wieder wegtrainieren, wieder rein in die hautengen Jeans, dazwischen schnell das Baby gestillt, hoffentlich bald wieder Sex mit dem Mann (damit er nicht zu einer anderen geht), möglichst schnell wieder zurück in die Arbeitswelt (weil meinen Job sonst vielleicht eine andere übernimmt), kann das Kind ja auf dem Klo stillen, wenn dem Chef der Anblick nicht gefällt.

Was ist das? Schrecklich? Nein, es ist ein Grauen.

Mutter und Vater zu werden ist wunderbar. Aber auch furchtbar anstrengend. In den meisten Fällen findet das nun zu Eltern gewordene Paar nur unter Mühen in die veränderten Rollen. Es braucht Zeit, bis eine weniger anstrengende Balance gefunden wird.

Wenn das Baby gestillt werden möchte, tut es das womöglich durch einen Schrei kund, der klingt, als würde es gerade gefoltert werden. Allen möglichen Lärm kann die Mutter ignorieren, Pöbeleien auf der Straße, irgendein Geschimpfe im Nachbarhaus oder das Geschrei anderer Kinder – nicht aber, wenn ihr eigenes Baby schreit. Darauf ist die Mutter auch biologisch geeicht. Sowie ihr Baby schreit, ist sie in höchstem Maße alarmiert. Das ändert sich auch nicht mit der Zeit. Diese Reaktion ist ein mütterlicher Reflex. Sie muss nähren und versorgen, und zwar am liebsten sofort. Das Baby schreit, wenn es die Brust will, eine Blähung drückt, wenn es die Windeln voll hat, wenn es nicht einschlafen kann oder wenn ihm aus irgendeinem anderen Grund nicht wohl ist. Womöglich schreit es häufig und lange.

Das ist keiner Mutter zu wünschen. Es kann viele Ursachen haben, auch ärztliche Betreuung erfordern, in jedem Fall macht es weiteren Stress.

Die wenigsten Mütter haben eine Vorstellung, was wirklich auf sie zukommt, wenn das Kind geboren ist. Sie denken, die Schwangerschaft ist anstrengend, natürlich auch die Geburt, doch danach beginnt die Erholung. Das ist ein großer Irrtum. Der Irrtum ist wahrscheinlich umso größer, als diese Frauen vor ihrer Schwangerschaft kaum Gelegenheit hatten, mit anderen Müttern zu sprechen, um vor allem deren Befindlichkeit nach der Geburt zu erfahren. Doch auch das hilft ja nur bedingt. Allein schon, weil andere junge Mütter zwar sehr gern von ihren Babys schwärmen, doch die Schattenseiten des Mutterseins lieber verschweigen, damit nämlich alle ihre Freundinnen möglichst bald auch Kinder kriegen und sie in ihrem Muttersein nicht mehr ganz so allein sind.

Das ist übertrieben, sicher. Doch kaum jemand vermag zu vermitteln, wie Schwangerschaft, Geburt und Stillzeit wirklich sind. Und wenn es jemand kann, wird demjenigen kaum geglaubt. Nein, das kann doch nicht sein, dass es so heftig ist.

Doch, ist es aber. Sehr heftig und sehr, sehr schön. Aber damit die Mutter die Schönheit der Zeit mit dem Kind unmittelbar genießen kann, braucht sie Hilfe. Sie braucht andere Mütter um sich, die diese Erfahrung schon gemacht haben, sie braucht ihre Mutter, und sie braucht ihren Mann.

Die familiären Netzwerke sind in der modernen Welt nur noch rudimentär oder gar nicht mehr vorhanden. Die Mitglieder von Großfamilien wurden regelmäßig mit der Tatsache konfrontiert, dass Menschen sterben, was traurig ist, und dass Menschen geboren werden, was mit Schmerzen verbunden, aber auch sehr beglückend und in nicht geringem Maße anstrengend ist. Weshalb die Familie nach der Entbindung zusammenrückt, um der Mutter nach Kräften zu helfen.

Heute kommt die junge Mutter womöglich nach Hause. Und ist mit ihrem Baby tatsächlich allein oder fühlt sich zumindest so. Auf sich allein gestellt als Mutter. Und dann bekommt sie am vierten und fünften Tag, wenn die Vormilch versiegt, die eigentliche Muttermilch einschießt und sich ihr Hormonhaushalt wieder umstellt, auch noch einen Babyblues.

Die Mutter denkt, das Kind ist da, es ist gesund, es trinkt, es schläft, alles läuft gut, irgendwie, eigentlich müsste ich mich doch freuen. Eigentlich müsste ich »Hurra« rufen und »Super« schreien, denn das Ärgste ist überstanden. Der Horror der Geburt ist vorbei. Aber ich freue mich nicht. Ich bin nicht so glücklich, wie es alle von mir erwarten. In Wahrheit ist mir zum Heulen zumute. Immer wieder fließen mir auch die Tränen. Meistens heimlich, damit es mein Mann nicht sieht.

Die Wochenbettmelancholie, auch Babyblues genannt, wird hormonell ausgelöst und ist eine mentale Reaktion auf die Macht des Geburtsprozesses. Die Tränen nach der Geburt sind ein Ventil, und die Tränenphase ist auch eine seelische Notwendigkeit. Dieser emotionale Impuls hilft der Mutter, sich selbst und ihr Kind noch genauer wahrzunehmen und alles für eine dauerhafte Mutter-Kind-Balance zu tun. Nach etwa zwei Wochen lassen die Gefühlswallungen meistens nach. Eine neue Stabilität wird erreicht. Die Frau hat wieder das Empfinden, Herrin ihrer Gefühle zu sein.

Die Phase der Melancholie kann durch äußere Faktoren begünstigt oder abgeschwächt werden. Wenn der Mann sich entzieht, wird der ohnehin schon labile Gemütszustand der Frau weiter destabilisiert. Wenn der Mann zwar da ist, ihr aber kaum hilft, und sie auch von anderen keine Unterstützung bekommt, wächst ihre Schwermut. Bis zu 20 Prozent aller Frauen entwickeln darüber hinaus eine Wochenbettdepression. Die postnatale Depression der Mutter hat schwerwiegende Folgen für die Mutter-Kind-Beziehung und für das weitere Gedeihen des Kindes und ist als Krankheit anzusehen. Meine Erfahrungen als Heiler deuten daraufhin, dass die Hauptauslöser traumatische Erfahrungen bei der Geburt sind, gefolgt von zusätzlichem Beziehungs- und Familienstress. Diese Traumen müssen therapeutisch behandelt werden.

Falls Sie nach der Geburt über Wochen unter extremer Müdigkeit leiden, falls Sie sich wie gelähmt fühlen, kaum schlafen können, ständig Angst spüren, sehr oft weinen müssen, ein Gefühl der Ablehnung gegenüber Ihrem Partner haben, falls Sie unter mangelndem Selbstvertrauen leiden und wenig Appetit haben – dann bedürfen Sie ziemlich sicher fachkundiger Hilfe.

Ganz sicher brauchen Sie niemanden, der Ihnen noch weitere Sorgen bereitet. Sie brauchen niemanden, der Sie zusätzlich unter Druck setzt. Sie brauchen niemanden, der Sie auffordert, möglichst schnell wieder arbeiten zu gehen.

Sie brauchen Menschen, denen Sie vertrauen können, mit denen Sie besprechen können, wie es Ihnen geht, Menschen, die Sie um Rat bei Schwierigkeiten mit Ihrem Baby bitten können. Sie brauchen Menschen, denen Sie sich anvertrauen können, wenn

Sie sich schwach und überfordert fühlen, wenn Sie sich dafür schämen, dass Sie nicht so stark sind, wie alle Welt es Ihrem Empfinden nach von Ihnen erwartet.

Sie brauchen Behüter und Unterstützer der stillen Zeit.

Tag und Nacht mit Baby –

zwei Varianten

Wo schläft das Baby? In einem eigenen Bettchen in einem separaten Raum? In einem eigenen Bettchen im Schlafzimmer der Eltern?
Im Bett bei den Eltern?

Es könnte einem unerheblich vorkommen, doch dies sind sehr
wichtige Fragen. Und die Antwort darauf ist mitentscheidend für
das Wohl des Kindes.

Hilfreich ist, die Sache einmal von ganz oben zu sehen, nämlich
aus der Vogelperspektive, also mit einem göttlichen Ausblick –
oder vielmehr Einblick –, denn Sie, liebe Leserin, lieber Leser, blicken nun von oben auf eine Wohnung. Es gibt keine Decken, Sie
sehen den Grundriss mit hochgezogenen Wänden. Die Wohnung
ist vollständig eingerichtet und wird von einem Paar mit Kind be-
wohnt. Ein Zimmer ist das Kinderzimmer. Zu erkennen an der Wickelkommode, dem Kinderbett und den aufgeklebten Fabeltieren
an den Wänden.

Die Frau muss am Vortag entbunden haben. Ihr Baby ist winzig
und sieht noch ein wenig zerknittert aus. Sobald es schreit, geht
die Frau ins Kinderzimmer, hebt das Kind aus dem Bettchen, geht
mit ihm zum Schaukelstuhl, der auch im Kinderzimmer steht, ent-
blößt eine Brust und lässt es trinken. Sehr oft, meistens abends, legt
sie sich mit dem Kind auch ins Bett und stillt es da. Meistens liegt
ihr Mann dann neben ihr und schaut ihr still zu. Oder streichelt
sanft Frau und Kind.

Hat das Kind getrunken, steht meistens der Mann auf, nimmt
vorsichtig das Kind, legt es auf die rechte Schulter und klopft ihm
sanft auf den Rücken, bis es aufgestoßen hat. Dann trägt er oder die
Frau es zurück ins Bettchen, damit es ruhig schlafen kann. Abwechselnd gehen der Mann oder die Frau ins Kinderzimmer und sehen
nach, ob es auch ruhig schläft. Über den Tag betrachtet, ist es ein
ganz schönes Hin-und-her-Gelaufe. Hin zum Kind, wieder weg,
Kind hochheben, anlegen, ablegen, wickeln, streicheln, schmusen,

wieder ablegen, wieder weg, wieder hin und so weiter. So verfahren die meisten Eltern und meinen es liebevoll.

Nun ein anderes Extrem: Die gleiche Wohnung. Kein Kinderzimmer, kein Kinderbett, nur ein sehr breites Bett im Schlafzimmer der Eltern. Es ist Nacht. Die Mutter schläft in der Mitte. Sie liegt auf der Seite, ihrem Kind zugewandt, das rechts neben ihr schläft. Ihr Mann schläft an ihrem Rücken geschmiegt, einen Arm über ihre Hüfte gelegt. Am frühen Morgen erwacht das Kind. Die Mutter spürt die Bewegung, weil es so nah ist. Vorsichtig legt sie das Baby an ihre Brust und stillt es. Ihr Mann wacht diesmal nicht auf. Meistens wird er kurz wach, um gleich wieder einzuschlafen. Mutter und Kind sinken nach dem Stillen gleich wieder in den Schlaf. Am nächsten Morgen stillt die Mutter das Kind, bevor sie gemeinsam mit ihm ein Bad nimmt.

Den Tag über wird man die Familie nun in der Wohnung wuseln sehen. Doch was auch immer die Mutter tut, sie legt ihr Kind niemals ab, weil das für sie bequemer wäre. Vielmehr achtet sie auf ständigen Körperkontakt. Manchmal gibt sie das Kind dem Vater, doch lässt sie es dabei nicht los, sondern hält es weiterhin an einem Arm, an einer Hand, an einem Fuß. Die Mutter achtet darauf, dass ihre Verbindung zum Kind auch körperlich ununterbrochen bestehen bleibt. So lange, bis das Kind dem Vater die Arme entgegenreckt, um von ihm allein gehalten zu werden.

Die erste Darstellung deutet schematisch die Lebensrealität in vielen, durchaus harmonischen und liebevollen Kleinfamilien an. Die zweite Darstellung zeigt die kompromisslos liebende Hinwendung zum Kind.

Ich meine, dass es hilfreich ist, einen Mittelweg zwischen den beiden Varianten zu finden, der aber möglichst nahe bei der zweiten liegt. Die nächtliche Nähe zum Kind, der körperliche Kontakt zum Kind in der Nacht heilt wahrscheinlich viel – auch sehr alte und tiefe Wunden, womöglich eine traumatische Schwangerschaft oder eine sehr schwierige Geburt.

Der Tragling und das erste Jahr –
wo das Kind am besten schläft

Nicht jede Frau kann das: ihr Kind ein Jahr lang am Körper tragen. Womöglich fehlen ihr die körperlichen Kräfte dazu. Doch ist es für das kindliche Gedeihen sehr gut, wenn sie es so lange wie möglich versucht.

Hauptfeind dieses Versuchs ist nicht körperliche Schwäche, sondern das Trennungstrauma der Mutter durch ihre Mutter. Das immer gleiche Problem wird auf etwas unterschiedliche Weise über Generationen weitergereicht. Die Mutter, die eben gerade entbunden hat, ist von ihrer Mutter eher abgelegt als getragen worden. Die Erfahrung der Trennung ist für sie ein Teil der Heimat geworden. Trennung ist ihr vertraut. Besonders in Situationen, wo sie sich überlastet fühlt, greift sie umso eher auf vertrautes Verhalten zurück. Vielleicht denkt sie, was mir nicht geschadet hat, kann auch nicht schlecht für mein Kind sein. Wahrscheinlich legt sie ihr Kind aber ohne nachzudenken im Kinderbettchen ab.

Das Bettchen ist schön. Es war teuer. Geradezu sündhaft teuer. Und es hat Mühe gekostet, es zu kaufen. Aber die Eltern haben sich diese Mühe gemacht. Daher hat es einen Wert, auch für das Kind. Und weil das Bett diesen Wert hat, muss es auch einen Wert haben, das Kind darin abzulegen.

Was für ein Blödsinn. Die Blümchentapete macht die Familie nicht netter. Das eigene Nobelbettchen verbessert nicht den kindlichen Schlaf. Im Gegenteil: Es schläft nirgends so gut wie direkt bei der Mutter. Es schläft prächtig, wenn die Mutter es trägt, und es erwacht selig, wenn die Mutter es dann immer noch trägt. Nachts schläft es länger und besser in der unmittelbaren Nähe der Mutter. Und am Morgen erwacht es umso froher mit Körperkontakt.

Kinder, die so die ersten Monate ihres Lebens verbringen, empfinden menschliche Nähe auch später als etwas Vertrautes und Vertrauensvolles. Sie können Nähe wagen, sich auf Nähe einlassen und sind in der Nähe zu einem besonderen geistig-seelischen Austausch fähig. Aus der Nähe erwerben sie Fähigkeiten wie die am Anfang beschriebenen Kinder der Familie Weiss und können sich vollständig der Welt zuwenden.

Das ist trotzdem nicht immer leicht und wird es womöglich auch nie sein, denn jede Zeit hat ihre Katastrophen. Jedes Leben erlebt seine größte Herausforderung. Allerdings: Je mehr Kraft wir unseren Kindern geben, umso kraftvoller werden sie später am Rand des großen Canyons stehen. Springen müssen auch sie. Die Frage ist, wo sie landen.

Nachwort des Autors –
der Abschluss einer Trilogie

Mit dem »Buch der Ankunft – Spirituelle Medizin und Geburt« habe ich eine Reihe aus drei Büchern zum Abschluss gebracht. »Spirituelle Medizin – Heilen mit der Kraft des Geistes« war das erste dieser Reihe und beschreibt Methoden geistigen Heilens in Form eines Lehrbuchs. Das »Buch des Übergangs – Spirituelle Medizin und Sterbebegleitung« ist das zweite. Es befasst sich mit den Prozessen des Sterbens, des Übergangs in die Jenseitswelt, es beschreibt das Dasein in der Zwischenwelt, den Weg zur Wiedergeburt und meine Sicht als spiritueller Heiler. Das »Buch der Ankunft« beginnt, wo das vorige Buch aufhört, und beschreibt den Weg ins Leben nach meinem jetzigen Kenntnisstand.

Diese Trilogie ist, so gesehen, ein Kompendium meiner Arbeit mit Menschen und für Menschen. Ich werde gewiss weitere Bücher schreiben, doch diese drei bilden ein Triptychon, drei eng zusammenhängende, von mir ausformulierte Bilder des Lebens.

Mein bester und engster Freund hat kürzlich gemeint: »Mein lieber Otmar, in diesen drei Büchern bearbeitest du die drei Grundfragen des Lebens. Im ersten findest du Antworten auf die Frage ›Wer bin ich?‹, Im zweiten folgt eine Antwort auf die Frage ›Wohin gehe ich?‹. Und im dritten geht es um das ›Woher komme ich?‹.« Mein Freund schaut mich abwartend an: »Bist du dir bewusst, was du damit geleistet hast?«

Bin ich das?

Weiß nicht.

Ich weiß nur: Ich habe mein Bestes gegeben. Und mir wurde gegeben. Letzteres empfinde ich als größte Gnade. Ich achte darauf, dass sie mir gesund und nicht komisch zu Kopf steigt. Und mein Freund (und nicht nur er) achtet auch darauf. Ich finde das sehr beruhigend.

»Das Buch der Ankunft« ist der Versuch, die Annäherung ans Dasein und die Nähe zum Leben in sämtlichen Stadien und auf sämtlichen Ebenen zu beschreiben. Ich hoffe, dass dies als einigermaßen gelungen zu betrachten ist.

Falls Sie, liebe Leserin, lieber Leser, mir dazu ein Feedback zu geben wünschen, können Sie das gern tun: www.otmarjenner.de.

Mit den besten Wünschen, liebevollsten Gedanken und in Demut an einem feinen Frühsommertag in Berlin.

Ihr
Otmar Jenner

Der Autor

© Dieter Zinn

Otmar Jenner kam schon in frühester Kindheit mit Geistigem Heilen in Kontakt. Krankheiten linderte sein Vater durch Handauflegen. Erste heilerische Erfolge als Jugendlicher brachten ihn aber nicht davon ab, zunächst Journalist zu werden und als Kriegsreporter zu arbeiten. Ein Nahtoderlebnis weckte erneut sein Interesse für die spirituelle Dimension. Dabei entwickelte er seine eigene Methode, die »Spirituelle Medizin«, über die er auch ein erfolgreiches Buch schrieb. Inzwischen leitet er das Zentrum für Energetisches Heilen in einem Berliner Ärztehaus. Dabei arbeitet er immer eng mit Medizinern zusammen. Otmar Jenner hat zwei Kinder.

Danksagung

Michael Görden gebührt mein größter Dank. Es ist mehr als nur eine Freude, einen so engagierten Verleger zu haben. Bedanken möchte ich mich an dieser Stelle auch bei meinem Lektor. Bernd Jost hat mir wichtige inhaltliche Impulse gegeben und den Text auf eine sehr hilfreiche Weise gestrafft.

Mit Vehemenz habe ich auch Dr. Sabine von Bernewitz, Dr. Maria Jagla, Dr. Helga Lippert und nicht zuletzt Dr. Anne Hewig zu danken. Durch ihre kritische Durchsicht des Manuskripts konnten Fehler, etwa bei medizinischen Fakten, rechtzeitig getilgt werden.

Dorothea Bohde danke ich für ihre klugen und sehr inspirierenden Literaturempfehlungen. Und Eloisa Happel habe ich die hilfreiche Vorrecherche zu diesem Buch zu verdanken.

Olivia und Desmond McGoldrick, Rita und Rainer Jolowicz, Gisela und Michael Klimek, Maria Stähle und Siegfried Mendler danke ich für die liebevolle und sehr kompetente Unterstützung bei der Organisation meiner Kurse und Seminare.

Meinem Yogalehrer Christoph Mamat (www.sunyoga.de) habe ich für seine Unterstützung meiner Haltung zu danken. Und meinem besten Freund, Horst Dieter Zinn, danke ich für seine gedanklichen Anregungen, seine mentale Aufbauarbeit in schwierigen Phasen und seine herrlich hingebungsvolle Freundschaft.

Quellen und begleitende Bücher

Auf der Suche nach dem verlorenen Glück, Jean Liedloff (C. H. Beck), München 1980.

Checkliste Neonatologie – Das Neo-ABC, Reinhard Roos, Orsolya Genzel-Boroviczény und Hans Proquitté (Thieme-Verlag), Stuttgart 2003.

Das Buch des Übergangs – Spirituelle Medizin und Sterbebegleitung, Otmar Jenner (Allegria), Berlin 2009.

Das Geheimnis der ersten neun Monate, Gerald Hüther und Inge Krens (Beltz), Basel 2009.

Das Gehirn – ein Unfall der Natur: Und warum es dennoch funktioniert, David J. Linden (Rowohlt), Hamburg 2010.

Das Leben vor der Geburt, Dr. Thomas Verny und Pamela Weintraub (Rogner & Bernhard), Hamburg 1992.

Das Gedächtnis des Körpers, Jörg Blech (Der Spiegel, Nr. 32, Titel), Hamburg 2010.

Das starke Ich, Katja Thimm (Der Spiegel, Nr. 15, Titel), Hamburg 2009.

Das Seelenleben des Ungeborenen, Dr. Thomas Verny und John Kelly (Rogner & Bernhard), München 1981.

Das Wunder des Lebens – Faszination Liebe, Lennart Nilsson (ZDF – Komplett Media GmbH), DVD.

Der erste Schrei, Gilles de Maistre (Maijuin Productions – Arthaus), DVD.

Der Seelenraum des Ungeborenen, Ludwig Janus (Patmos), Düsseldorf 2000.

Der zweite Code – Epigenetik oder: Wie wir unser Erbgut steuern können, Peter Spork (rororo), Hamburg 2010.

Die seelischen Wurzeln der Musik – Psychoanalytische Erkundungen, Bernd Oberhoff (Herausgeber), (Psychosozial-Verlag), Gießen 2005.

Frühe Erfahrungen des Kindes – Ergebnisse der pränatalen Psychologie und Bindungsforschung, Christian Rittelmeyer (Kohlhammer), Stuttgart 2005.

Flügel und Wurzeln – Persistierende Restreaktionen frühkindlicher Reflexe und ihre Auswirkungen auf Lernen und Verhalten, Dorothea Beigel (Verlag Modernes Leben), Dortmund 2009.

Gebären und Geboren Werden, Karin Berghammer (Universitätsfrauenklinik Wien, www.birth-and-culture.com), DVD.

Geburt, Tod und Transzendenz, Stanislav Grof (rororo), Hamburg 1991.

Greifen und Begreifen – Wie Lernen und Verhalten mit frühkindlichen Reflexen zusammenhängen, Sally Goddard Blythe (VAK-Verlag), Kirchzarten 2009.

Kunst als kulturelles Bewusstsein vorgeburtlicher und geburtlicher Erfahrungen, Ludwig Janus und Klaus Evertz (Herausgeber), (Mattes), Heidelberg 2008.

Liebe, Schwangerschaft, Konflikt und Lösung, Rupert Linder (Herausgeber), (Mattes), Heidelberg 2008.

Mayo Clinic Guide To A Healthy Pregnancy, Roger W. Harms (Herausgeber), (HarperResource), New York 2004.

Memorix Kindernotfälle, Sönke Müller und Matthias Thöns (Thieme-Verlag), Stuttgart 2009.

Neugeborenenintensivmedizin, Michael Obladen und Rolf F. Maier (Herausgeber), (Springer-Verlag), Heidelberg 2006.

Persönlichkeit, Entscheidung und Verhalten – warum es so schwierig ist, sich und andere zu ändern, Gerhard Roth (Klett-Cotta), Stuttgart 2007.

Pränatale Psychologie und Psychotherapie, Ludwig Janus (Herausgeber), (Mattes), Heidelberg 2004.

Sphären I, II, III, Peter Sloterdijk (Suhrkamp), Frankfurt am Main, 1998 – 2004.

Spirituelle Medizin, Otmar Jenner (rororo), Hamburg 2005.

The Pregnancy Journal – A Day-to-Day Guide to a Healthy and Happy Pregnancy, A. Christine Harris (Chronicle Books), San Francisco 2005.

Prenatal Exposures – Psychological and Educational Consequences for Children, Roy P. Martin, Stefan C. Dombrowski (Springer), New York 2008.

Vorgeburtliche Wurzeln der Individuation, Alfons Reiter (Herausgeber), (Mattes), Heidelberg 2005.

What Babies And Children Really Need, Sally Goddard Blythe (Hawthorn Press), Gloucestershire 2008.

Your Pregnancy Bible, Anne Deans (Herausgeberin), (Carrol & Brown Publishers Limited), London 2007.

Your Pregnancy Week By Week, Lesley Regan (Dorling Kindersley), London 2005.

Register